생각하고 소통하는
글쓰기

생각하고 소통하는 글쓰기

2018년 2월 15일 초판 1쇄 펴냄
2023년 2월 20일 초판 3쇄 펴냄

펴낸곳 (주)도서출판 **삼인**

지은이 김성수 진영복 유광수 김예림 김현강 권창규 김성연 임유경
펴낸이 신길순

등록 1996. 9. 16 제25100-2012-000046호
주소 03716 서울시 서대문구 성산로 312 북산빌딩 1층
전화 (02) 322-1845
팩스 (02) 322-1846
전자우편 saminbooks@naver.com

디자인 김효중
인쇄 수이북스

© 김성수·진영복·유광수·김예림·김현강·권창규·김성연·임유경, 2018

ISBN 978-89-6436-137-5 03710

값 23,000원

생각하고 소통하는
글쓰기

김성수 외 지음

삼인

차례

이 책의 특성과 활용 방법

　『생각하고 소통하는 글쓰기』는 의사소통을 위한 기초 과목인 대학 글쓰기 교재로 구성한 책이다. 학생들은 이 책을 통해서 대학 공부의 기초를 이루는 글쓰기의 원리와 방법을 학습하고 다양한 양식의 학술적인 글쓰기를 익힐 수 있을 것이다. 이 책의 전반적인 내용을 이해하고 효과적으로 활용할 수 있도록 몇 가지 사항을 정리해 둔다.

■ 이 책의 특성과 구성 형태

쓰기의 의미와 읽기 원리
(1~2부)

쓰기의 방법과 전략
(3부)

쓰기의 응용과 확장
(4부)

- 1부: 글을 쓰는 의미와 목적, 좋은 글의 의의와 요건 (도입)
- 2부: 글쓰기를 위한 읽기의 방법 (원리)
- 3부: 글쓰기의 여러 단계와 과정 (방법과 전략)
- 4부: 여러 유형의 학술 글쓰기 실습 (응용과 확장)

대학의 글쓰기 교재로서 이 책은 글쓰기의 기술이나 방법뿐 아니라 학술적 글쓰기의 의미와 원리에 대한 깊이 있는 이해를 돕고자 했다. 기술적인 글쓰기technical writing보다는 수준 높은 텍스트 생성 능력을 바탕으로 하는 학술적인 글쓰기academic writing 능력을 향상시키는 것이 중요하기 때문이다.

따라서 이 책은 학문 윤리를 준수하는 한편 현실에 대한 비판적 사고critical thinking를 바탕으로 창의적 글쓰기creative writing로 나아갈 수 있도록 본문과 학습 활동을 구성하였다. 학생들은 쓰기의 의미와 읽기의 원리를 파악하고, 쓰기 방법과 전략을 충실하게 학습하면서 여러 유형의 학술 글쓰기를 수행하게 될 것이다.

■ 이 책의 체제와 내용

이 책은 크게 네 개의 '부部'와 '부록'으로 구성되어 있다. 제1부는 글을 쓰는 이유와 의미, 좋은 글의 의의와 요건을 이해하는 부분이며(도입), 제2부는 글쓰기를 위한 텍스트 읽기의 방법과 활용에 관한 내용으로 이루어져 있다(원리). 제3부는 글쓰기의 방법과 전략을 다루며(방법과 전략), 제4부는 학술 글쓰기의 다양한 유형을 파악하고 실습하는 내용으로 짜여 있다(응용과 확장). 그리고 표준어 규정과 바른 문장 쓰기를 '부록'으로 수록하였다.

제1부 쓰기의 의미

1장 [왜 쓰는가, 무엇을 쓰는가]에서는 글을 쓰는 이유와 의미 그리고 글쓰기의 목적에 대해 이해한다. 이와 함께, 대학에서는 주로 어떤 글들을 쓰는지 살펴본다. 2장 [좋은 글이란 무엇인가]에서는 좋은 글의 의의로서 성찰과 소통, 발견과 참여의 의미를 생각해 보고 참신성, 논리성, 정성이 담긴 글을 쓰는 방법을 학습한다.

제2부 쓰기를 위한 읽기

3장 [읽기와 텍스트]에서는 읽기의 필요성을 이해하고 다양한 텍스트 읽기를 바탕으로 글을 쓰는 연습을 한다. 3장은 읽기의 의미와 과정, 읽기와 쓰기의 관계와 함께 정보와 지식 습득으로서의 읽기, 입장과 의견을 이해하는 읽기, 그리고 읽기를 통한 소통의 과정에 대해 살펴보고 텍스트의 범위와 의미를 이해하는 학습을 한다.

4장 [읽기의 방법]에서는 읽기의 여러 기술을 파악하고 이를 바탕으로 자신의 사고를 창의적으로 생성하는 방법을 익힌다. 4장의 내용은 읽기 연습을 통해 쓰기의 기초를 익힐 수 있도록 구성하였다. 글의 정확성, 객관성, 타당성과 설득력을 판단하는 비판적 읽기와 정확하게 이해하고 창의적으로 발견하여 적극적으로 소통하는 대화적 읽기에 대해 살펴본다.

제3부 쓰기의 과정

5장 [구상하기]에서는 글쓰기를 준비하는 구상 단계에 대해 학습한다. 화제를 잡을 때 고려해야 할 점을 검토하고 브레인스토밍과 마인드맵을 활용하여 화제 찾기를 실습해 본다. **6장 [논제 설정과 내용 생성]**에서는 논제 생성에서 주의해야 할 사항을 알아보고, 논제 설정의 방향과 구체적인 기술에 대해 생각해 본다. **7장 [자료 탐색과 글쓰기 윤리]**에서는 학술 글쓰기가 갖추어야 할 기본 요건으로서 자료를 탐색하는 방법과 함께, 글을 쓸 때 요청되는 학습 윤리에 대해 알아본다. **8장 [논증의 이해와 유형]**에서는 글의 논리적 설득력을 높이는 논증의 구조와 방법을 살펴보고 논증의 여러 유형들을 학습한다. **9장 [글 전체 쓰기]**에서는 통일성, 일관성, 응집성을 중심으로 단락 구성과 배열의 원리, 서두와 결말 쓰기를 알아보고 본격적인 초고 쓰기를 통해서 한 편의 글을 구성하는 방법을 습득한다. 10장 [고쳐쓰기]에서는 글을 고쳐 쓰는 방법을 검토하고, 여러 차례 수정을 거쳐 한 편의 글을 완성해 가는 고쳐쓰기 과정을 실습한다.

제4부 다양한 글쓰기

11장 [자기표현 글쓰기]에서는 자기표현 글쓰기의 텍스트 구성 방법을 익히고 여러 가지 방식을 활용하여 글쓰기를 수행한다. 12장 [제안서 쓰기]에서는 제안서의 개념과 요건을 이해하고, 가치 있고 창의적인 제안을 창출하여 문서와 포스터 등의 형식으로 제안서를 작성하는 실습을 한다. 13장 [학술 에세이 쓰기]에서는 학술 에세이의 개념과 요건을 살펴보고, 학술 에세이 쓰기의 과정을 학습한다. 14장 [학술 보고서와 논문 쓰기]에서는 학습 또는 연구의 과정과 성과를 주어진 형식에 따라 기술하는 학술 보고서와 논문 양식에 관해 살펴본다.

[부록]에서는 글쓰기의 기초를 이루는 언어 규범과 바른 문장 쓰기의 이해를 돕는 표준어 규정을 다룬다. 표준어 규정에 맞는 맞춤법, 띄어쓰기, 외래어 표기법을 비롯하여 한국어의 어법과 문법에 맞는 다양한 규칙을 정확하게 습득하여 사용할 수 있도록 구성하였다.

■ 교수가 알아야 할 사항

• 이 책은 교수의 이론 강의보다는 학생들의 사전 학습과 수업 중의 조별 활동 및 글쓰기 실습을 활성화할 수 있도록 구성하였다. 따라서 글쓰기 이론과 방법에 대한 지식은 학생들이 사전 학습을 통해 습득할 수 있게 하고, 수업 시간에는 책의 핵심 내용을 확인하고 학생들이 실제로 활동하게 하는 방식으로 진행한다.

• 이 책을 효과적으로 사용하기 위해서는 먼저 제1부를 통해 글쓰기의 의미와 목적, 좋은 글의 의의와 요건에 대하여 이해시킨다. 그리고 제2부의 텍스트 구조의 이해와 읽기 – 쓰기의 방법을 고려하면서, 제3부의 글쓰기 과정과 전략을 연결하여 지도한다. 제4부에서는 여러 가지 장르의 글쓰기를 실습하도록 한다.

• 이 책은 제1부에서 제4부까지 유기적인 체제로 구성되어 있지만, 교수는 글쓰기 과목의 학습 단위와 상황에 맞게 각 부의 장들을 선별하여 활용할 수 있다. 가령, 글쓰기 기초 과정 학습이 중심을 이루는 수업이라면 제1부와 제3부 및 '부록'을 활용하여 수업을 진행할 수 있다. 또한, 읽기–쓰기를 강조하여 수업을 진행하는 심화 학습 중심의 과정에서는 제2부와 제3부의 내용을 집중적으로 다루면서 교수가 가지고 있는 연관 자료들을 보완하여 수업을 진행할 수 있다.

• 각 장의 절마다 본문 내용을 적용하고 응용하여 심화된 논의와 토론을 진행할 수 있도록 학습 활동 문제를 배치하였다. 교수는 실제 수업에서 학습 활동 문제들을 적절하게 활용하여 학생들의 조별 토론이나 발표를 유도할 수 있다.

• 이 책은 최근의 학술적인 쟁점뿐만 아니라, 국내외의 시사적 관심사를 반영하는 인문 · 사회 분야 및 과학 기술 분야의 예문들을 엄선하여 수록하고 있다. 좋은 글을 쓰기 위해서는 다양한 관점을 담고 있는 좋은 글들을 찾아 읽는 경험이 중요하므로, 교수는 예문으로 인용한 글의 원문을 학생들이 적극적으로 찾아 읽도록 지도한다.

• 교수는 학습 활동 문제나 글쓰기 과제에 대해 피드백을 해 줌으로써 글쓰

기 교육의 효과를 높일 수 있다.

■ 학생이 알아야 할 사항

• 대학의 기초 과목으로서 글쓰기는 글쓰기의 세부 지식이나 글쓰기 기술(요령)을 학습하는 데 치중하는 과목이 아니다. 학생들은 글쓰기에 관한 단편적인 기술을 습득하는 데 관심을 갖기보다는 연관 텍스트 읽기와 쓰기 실습을 통해 사고 능력과 글쓰기 능력을 향상시킬 수 있도록 노력해야 한다.

• 각 장의 학습 활동 내용을 효과적으로 수행하기 위해서는 책의 본문에 나오는 예문과 연관된 자료들을 적극적으로 찾아 읽어 본다. 그리고 자신의 시각으로 정리하여 글을 구성하는 습관을 들이는 것이 중요하다.

• 학습 활동은 질문하기 방식을 통해 화제를 논제로 구체화하는 능력을 함양하는 데 초점을 두고 있다. 학생들은 학습 활동에 있는 여러 유형의 질문이 가지는 의도와 맥락을 파악할 수 있어야 하며, 이러한 활동을 토대로 비판적 사고를 강화하고 가치 있는 논제를 구성하는 능력을 신장시키는 데 관심을 가져야 한다.

• 글쓰기의 학습 성과를 높이고 좋은 글을 쓰기 위해서는 관련 논제에 대해 동료 학생들과 적극적으로 대화하고 토론하는 과정이 수반되어야 한다. 또한

작성한 글을 여러 번 검토하고 고쳐 쓰는 일을 통해 글의 완성도를 높이려는 노력을 하는 것이 중요하다.

• 자신이 쓴 글에 대해서는 동료 학생이나 튜터(조교), 또는 교수의 피드백을 받는 것이 도움이 된다. 필요할 경우에는 글쓰기 센터에 도움을 요청하는 노력을 기울여야 한다.

• 학생들은 학습 윤리를 숙지하여 정직한 글쓰기를 해야 한다. 만약, 과제 제출 기한이 촉박하거나 급한 사정이 발생했을 경우에는 담당 교수와 상의하여 문제를 해결해 나가는 것이 바람직하다.

2018년 2월 10일
『생각하고 소통하는 글쓰기』 저자

제1부
쓰기의 의미

01

왜 쓰는가,
무엇을 쓰는가

"글쓰기는 체험과 사색을 기록하는 일이며 진실을 담아내고 진리를 도출하는 행위이다. 글 쓰는 행위를 통해 사람들은 자기 탐색과 성찰의 과정을 경험할 수 있으며 더 나은 존재로 성장하는 기회를 얻는다. 자기 자신에 대해 깊이 생각하는 것에서부터 출발할 때, 비로소 글쓰기는 사회적으로 의미 있는 발화로 확장하고 발전한다."

"문자 언어는 실제를 기술하기 적당한 방법으로 생겨났지만, 서서히 실제를 고쳐 쓰는 강력한 방식이 되었다."

Yuval N. Harari, 『호모 데우스(Homo Deus)』

글쓰기의 의미

인류는 문자를 발명한 이래로 적어도 6,000년 이상 글쓰기 활동을 지속해 왔다. 중동의 메소포타미아 지역에서 비교적 긴 문장 형태로 글을 쓰기 시작했다는 주장이 현재로서는 유력한 정설로 받아들여지고 있다.

인류 문명에서 글을 쓰고 전달하는 행위가 중요한 의미를 가졌던 까닭은 글을 통해 정보를 교환하고 문화를 축적할 수 있었기 때문이다. 인류의 긴 역사에서 초기 단계의 쓰기는 어떤 모습으로 어떻게 이루어졌을까? 역사학자 유발 하라리가 서술하고 있듯이, 글자의 발명과 쓰기는 구어로서 말이 가진 불완전한 체계와 기억력의 한계를 보완하고 극복하기 위한 필요에서 형성되었다.

예문 1

쓰기는 유형의 기호를 통해 정보를 저장하는 방법이다. 수메르의 쓰기 체계는 점토판에 눌러 쓴 두 종류의 기호를 이용했다. 기호의 한 유형은 숫자를 나타냈다. 각각 1, 10, 60, 600, 3,600, 36,000을 나타내는 기호였다.(수메르 사람들은 6진법과 10진법을 섞어서 썼다. 6진법은 오늘날 우리에게 중요한 유산을 남겼다. 하루를 24시간으로 나눈다거나 원을 360도로 분할하는 것이 그런 예다.) 또 다른 유형의 기호는 사람, 동물, 사유품, 토지, 날짜 등을 나타냈다. 두 유형의 기호를 결합함으로써 수메르인들은 많은 데이터를 보존할 수 있었다. 어떤 한 인간의 뇌가 기억할 수 있는 것보다, 어떤 한 DNA 사슬이 부호화할 수 있는 것보다 훨씬 더 많은 양이었다.

초기 단계의 쓰기는 사실과 숫자에 한정되었다. 만일 위대한 수메르 소설이 존재했더라도, 점토판에 쓰이지는 않았다. 쓰기는 시간이 걸리는 일이었고, 기호를 읽을 줄 아는 사람은 몇 되지 않았다. 그래서 장부 기록 이외의 일에 활용할 이유가 없었다. 만일 우리가 5천 년 전의 선조들이 남긴 지혜의 말을 찾으려 한다면 크게 실망을 할 수밖에 없었을 것이다. 조상들이 남긴 가장 초기의 메시지는 가령 이랬기 때문이다. '보리 29,086자루 37개월, 쿠심.' 이 문장의 의미는 아마도 '37개월에 걸쳐 보리 29,086자루를 받았다. 서명자 쿠심'일 것이다. 아, 슬프다. 역사상 최초의 문서에 담긴 것이 철학적 통찰도, 시도, 전설도, 심지어 왕의 승리도 아니었다니. 세금 지불액과 쌓이는 빚의 액수와 재산의 소유권을 기록한 평이한 경제 문서였다니.

수메르 시대부터 지금까지 살아남은 문서로서 이것과 유형이 다른 것은 딱 하나뿐인데, 그 내용은 더더욱 흥미롭지 않다. 그것은 필경자 견습공이 교육을 받으면서 반복해서 쓰고 또 썼던 단어의 목록이다. 지루해진 학생이 매매 증서가 아니라 직접 지은 시를 쓰고 싶었다 할지라도 그는 그렇게 하지 못했을 것이다. 수메르 초기의 문자는 완전한 문자 체계(스크립트)가 되지 못한 부분적인 것이었다. 완전한 문자 체계란 구어를 어느 정도 완벽하게 표현하는 기호 체계를 말한다. 시를 포함해 사람들이 말할 수 있는 것은 무엇이든지 표현할 수 있는 체계 말이다. 불완전한 문자 체계는 인간 행동의 제한된 영역에 속하는 특정 유형의 정보만을 표현할 수 있는 기호 체계를 말한다. 라틴어, 고대 이집트 상형 문자, 브라유 점자는 완전한 문자 체계이다. 우리는 이것들을 이용해 세금을 기록하고, 연애 시나 역사책을 쓰고, 음식 요리법이나 상법을 쓸 수 있다. 이와 대조적으로 수메르인의 최초 문자 체계는 현대의 수학이나 음악 기호처럼 불완전했다. 수학 스크립트로 계산을 할 수는 있지만 연애 시를 쓸 수는 없다.

수메르인들은 자신들의 문자가 시를 쓰는 데 부적합하다는 것에 불편함을 느끼지 않았다. 그들이 문자를 발명한 이유는 구어를 복사하기 위해서가 아니라 구어가 하지 못하는 일을 하기 위해서였다. 콜럼버스가 미 대륙을 발견하기 이전 안데스산맥의 문화와 같은 일부 문화들은 역사 내내 불완전한 문자 체계를 사용했지만 그 한계에 불편함을 느끼지 않았으며 완전한 문자 체계의 필요성도 느끼지 않았다. 안데스산맥의 문자 체계는 수메르의 그것과는 사뭇 달랐다. 사실 너무 달라서 문자 체계가 아니라고 주장하는 사람들도 많았다. 그것은 점토판이나 종이 위에 쓰인 것이 아니었다. 그 대신 키푸(잉카 제국의 결승 문자―옮긴이)라고 불리는 색색의 끈을 매듭짓는 방법으로 표현되었다. 키푸는 영모나 면으로 만들어졌으며 색색의 끈으로 구성되었다. 하나의 키푸가 수백 개의 줄과 수천 개의 매듭으로 구성될 수도 있었다. 각기 다른 색을 지닌 각기 다른 줄에 각기 다른 매듭을 지음으로써, 그들은 예컨대 제금 징수나 재산 소유권과 관련된 대량의 수학적 데이터를 기록할 수가 있었다.

키푸는 수백 년, 아마도 수천 년 동안 도시와 왕국과 제국의 상업에 핵심적 역할을 했다. 그 기능은 잉카 제국에서 최고조에 이르렀는데, 오늘날 페루, 에콰도르, 볼리비아, 그리고 칠레, 아르헨티나, 콜롬비아의 상당 부분을 지배하며 1천만~1,200만 명의 백성을 다스렸다. 잉카인들은 키푸 덕분에 대량의 데이터를 저장하고 처리할 수 있었다. 이것이 없었더라면 그처럼 거대한 제국에 필요한 복잡한 행정 기구를 유지할 수 없었을 것이다.

유발 하라리, 『사피엔스』, 조현욱 옮김, 김영사, 2015, 183~186쪽.

인류는 문자를 사용함으로써 하나의 시간과 장소에서만 고정되어 살아가던 방식에서 벗어나 무한한 시간과 공간이라는 새로운 세계를 만드는 기회를 가지게 되었다. 또 문자를 활용하여 거래를 할 수 있었고 재산 소유권과 관련된 수치를 기록할 수 있었다.

인류가 문자를 발명하지 않았더라면 거대한 제국 운영에 필요한 행정 기구를 유지할 수도 없었을 것이다. 이렇게 인류는 파피루스나 점토판, 양피지나 종이에 문자를 기록하여 남겼다. 더 나아가 끈을 매듭짓는 방법으로 문자의 사용을 확장하고 의미를 표현함으로써 인류 문명의 모습을 담아내고 문화의 내용을 이어 올 수 있었다.

파피루스에 담겨 있는 고대 이집트의 문서

문자를 사용하여 정보를 생산, 유통, 확산시키는 과정에서 인류는 새로운 문명을 발달시키고 다양한 문화를 창조했다. 고대와 중세를 거쳐 근대에 접어들어서도 문자나 글은 문명을 개척하고 문화를 확장해 나가는 중요한 수단이 되었다. 진화 생물학자 재레드 다이아몬드가 말하고 있듯이, 인류는 문자가 있었기 때문에 여러 가지 정보를 더 쉽고 자세하게, 더 정확하고 솔직하게 전달할 수 있었다.

19세기의 저술가들은 역사를 흔히 야만에서 문명으로 진행되는 과정으로 해석했다. 그리고 이러한 변천의 핵심적 특징으로 농업, 야금술, 복잡한 기술, 중앙 집권적 정치 체제, 문자의 발달 등을 들었다. 이슬람이 팽창하고 유럽의 식민지 개척이 시작되기 전에는 오스트레일리아, 적도 남쪽의 아프리카, 그리고 중앙아메리카의 한 지역을 제외한 신세계 전역에 문자가 없었던 것이다. 문자를 사용하는 지역이 이렇게 한정되어 있었기 때문에 스스로 문명인이라고 자부하는 민족들은 언제나 자신들을 '미개인' 또는 '야만인'과 구별해 주는 가장 뚜렷한 특징으로 문자를 꼽았다.

아는 것이 힘이다. 문자는 근대화된 사회에 힘을 가져다주었다. 문자가 있으면 더 먼 곳, 더 오래된 시대에 대해 훨씬 더 정확하고 풍부한 지식을 전달할 수 있었기 때문이었다. 물론 어떤 민족(특히 잉카족)은 문자가 없어도 제국을 다스릴 수 있었고 훈족과 싸운 로마 군대가 몸소 체험했듯이 '문명인'들이라고 반드시 '미개인'들을 이길 수 있는 것도 아니었다. 그러나 전형적인 결과는 유럽인들이 남북 아메리카, 시베리아, 오스트레일리아 등을 정복한 것이었다.

근대에 와서 문자는 무기, 세균, 중앙 집권적 정치 조직 등과 나란히 행진하면서 정복을 도왔다. 군주나 상인들이 식민지 개척을 위한 선단을 조직할 때에도 문서로 명령을 시달했다. 이들 선단은 종전의 원정에서 작성된 해도와 항해 지시서에 의거해 항로를 잡았다. 원정에 대한 보고서들은 정복자들을 기다리고 있는 기름진 땅과 그곳의 풍요로움을 묘사함으로써 새로운 원정의 동기가 되었고, 그 이후의 탐험가들에게 어떤 상황을 예상해야 하는지 알려 줌으로써 미리 준비를 갖추도록 도와주었다. 그렇게 해서 세운 제국을 통치하는 일도 문자의 도움으로 이루어졌다. 물론 이런 여러 가지 정보들은 문자를 모르는 사회에서도 다른 방식으로 전달할 수는 있었지만 문자가 있음으로 해서 쉽고 자세하게, 더 정확하고 솔직하게 전달될 수 있었다.

재레드 다이아몬드, 『총, 균, 쇠』, 김진준 옮김, 문학사상사, 2010, 314~315쪽.

위 예문에 따르면, 문자의 발명과 문서의 활용은 인류 문명의 진행 과정에서 발견할 수 있는 흥미로운 현상이다. 문자는 '미개인'과 '문명인'을 구별해 주는 가장 뚜렷한 특징이기도 했다. 문자를 구성하여 문장을 만들고 글을 남기는 행위는 개인의 정감을 표현하고 전달하는 의사소통 과정에서부터 상업의 발달과 항로 개척을 위해 필요한 정보를 수집하고 지도를 제작하는 일에 이르기까지 다양한 차원에서 영향을 주었다.

고대 중국의 나시족은 조상들의 관습을 표현하고 경전을 기록하기 위해 특정한 그림 문자를 사용하여 2,000자 이상의 글자로 이루어진 문자 체계를 만들어 냈다. 조선 시대에는 신분의 높고 낮음을 넘어서서 사람들의 의사소통과 정보 교환을 자유롭게 해 주기 위해 '백성을 가르치는 바른 소리'로 〈훈민정음訓民正音〉을 창안하여 백성들의 문자 생활을 도왔다.

중국의 고대 나시족 둥바 문헌 필사본
(Ancient Naxi Dongba Literature Manuscripts).
2003년 유네스코 세계 기록 유산 등재.

'백성을 가르치는 바른 소리' 〈훈민정음〉.
1997년 유네스코 세계 기록 유산 등재.

근대에 접어들어 제국의 영토를 넓혀 나가는 일뿐만 아니라 효율적인 통치를 위한 수단으로도 문자가 활용되었다. 문서의 협약을 통해서 토지의 소유권을 인정받았고, 토지를 다스리는 직책과 특권을 자손에게 전승한다는 계약 내용 등을 상세하게 기록할 수 있었다.

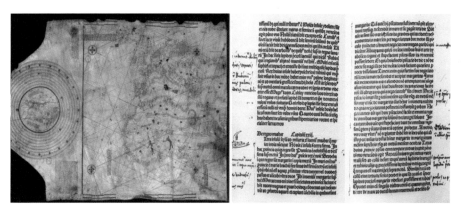

카스티야의 이사벨라 1세 여왕과 아라곤 국왕 페르난도 1세는 1492년 무렵 이탈리아 제노바 출신의 항해가 크리스토퍼 콜럼버스(Christopher Columbus)를 등용하면서, 땅을 발견하면 토지의 부왕(副王)으로 임명하고 산출물의 일부를 자손에게 전승할 수 있는 특권을 부여한다는 내용의 '산타페 협약(Santa Fe Capitulations)' 문서를 작성했다. 2009년 유네스코 세계 기록 유산 등재.

15세기 중반, 구텐베르크의 활판 인쇄술 발명은 성서를 대량으로 인쇄하여 널리 보급하는 계기를 마련하였다. 인쇄술의 발명으로 사제나 성직자가 아닌 일반 사람들도 성서를 읽고 해석할 수 있게 되었는데 이것은 16세기 초반 유럽 사회 전체를 근본에서부터 뒤흔든 종교 개혁의 기폭제가 되었다.

산업 혁명과 20세기 후반의 정보 통신 기술ICT이 혁명적으로 발달하면서, 인류는 문자 중심의 소통 방식에서 벗어나 모바일이나 컴퓨터와 결합된 새로운 의사소통 방식으로서 '복합 문식성multimodal literacy'을 활용한 디지털 커뮤니케이션 시대로 빠르게 진입하고 있다.

1455년 무렵, 독일 마인츠에서 금속 활자를 발명한
요하네스 구텐베르크(Johannes Gutenberg: 1398?~1468)의 모습(좌)과
금속 활자를 이용하여 '42행 성서' 또는 '마자랭 성서'(Mazarin Bible)로 알려진
「구텐베르크 성서(Gutenberg Bible)」를 찍어 내는 장면(우).

21세기 이른바 4차 산업 혁명 시대에도 SNS Social Network Service: 사회 관계망 서비스 같은 디지털 매체를 통해서 인류는 글을 쓰고 의사소통을 한다. 대학 사회에서도 디지털 매체의 활용으로 새로운 학습 환경이 조성되고 있으며, 이를 기반으로 다양한 지식 체계와 학문 담론이 창출되고 있다.

인류의 역사에서, 문자를 발명하여 글을 쓰고 남기는 행위에는 어떤 의미가 담겨 있을까. 글쓰기는 체험과 사색을 기록하는 일이며, 진실을 담아내고 표명하는 행위이다. 글을 쓰는 행위를 통해 사람들은 자기 탐색과 성찰의 과정을 경험할 수 있고, 더 나은 존재로 성장하는 기회를 얻는다. 자기 자신에 대해 깊이 생각할 때, 하고 싶은 말이 내면으로부터 넘쳐흐를 때, 비로소 글쓰기는 의미 있는 일로 확장되어 나간다.

이러한 맥락에서 다음 예문은 '왜 쓰는가?'라는 질문을 중심에 두고 글쓰기의 의미를 탐색한다. 이 글에서 글쓴이는 의식을 갖춘 존재로서 무엇인가를 기록하고 글로 남겨 두고 싶어 하는 욕망이 글을 쓰는 본질적인 이유라고 서술한다.

사람들은 그 어떤 엄혹한 환경에서도, 그 어떤 끔찍한 상황에서도, 그 어떤 절망의 순간에서도 글을 씁니다. 그것은 왜일까요? 글쓰기야말로 인간에게 남겨진 가장 마지막 자유, 최후의 권능이기 때문입니다. 모든 것을 빼앗긴 인간도 글만은 쓸 수 있습니다. 거꾸로 말하자면, 글을 쓸 수 있는 한, 우리는 살아 있습니다. 죽지 않았다는 것입니다. 완전히 파괴되지 않았다는 것입니다. 글을 쓴다는 것은 한 인간을 억압하는 모든 것으로부터 자기 자신을 지키는 마지막 수단입니다. 그래서 예로부터 압제자들은 글을 쓰는 사람을 두려워했습니다. 그들은 본질적으로 굴복을 거부하는 사람들이니까요.

글쓰기는 우리 자신으로부터도 우리를 해방시킵니다. 왜냐하면 글을 쓰는 동안 우리 자신이 변하기 때문입니다. 글을 쓰기 전까지 몰랐던 것들, 외면했던 것들을 직면하게 됩니다.

제가 대학교에서 학생들에게 글쓰기를 가르쳤던 시절에 이런 수업을 했습니다. 학생들이 둥그렇게 모여 앉아 '나는 용서한다'로 시작하는 글을 쓰는 것이었습니다. '나는 용서한다'로 시작했으니 자연스럽게 그 뒤에는 그때까지도 용서하기 어려웠던 사건이나 기억을 써 내려가야 합니다. 예를 들어, 중학교 때 나를 왕따 시켰던 아무개, 아이들에게 내 험담을 하고 나를 괴롭히라고 충동질하고 내 가방을 찢은 아무개, 이제 나는 너를 용서한다, 뭐 이런 글을 쓰는 것이었습니다. 꼭 사실을 적을 필요는 없었습니다. 가상의 사례를 적어서 완성해도 되는 것이었습니다. 그런데 그 첫 문장을 쓰자마자 학생들은 무섭게 글에 빨려 들어가고 있었습니다. 저는 그걸 느낄 수 있었습니다. 그들은 글쓰기를 통해 고통스러웠던 기억과 바로 대면하기 시작한 것입니다. 거기에 실린 시간은 불과 몇 분도 안 되었습니다. 쓰다가 못 쓰겠다며 뛰쳐나간 학생도 있었습니다. '아직도 그 사람을 용서

할 수 없다'며 글쓰기를 포기한 학생도 있었습니다. 저는 괜찮다고 했습니다. 저는 종교 지도자도 아니고 그 모임이 용서를 강요하는 회합도 아니었으니까요. 제가 그들에게 알려 주고 싶었던 것은, 아니 저 자신이 그 수업을 통해서 배운 것은 글쓰기가 가진 힘이었습니다. 글쓰기는 우리가 잊고 있던, 잊고 싶었던 과거를 생생하게 우리 앞으로 데려다 놓습니다. 이것은 한 인간이 자기의 과거라는 어두운 지하실의 문을 열어 젖히는 행위라고 할 수 있습니다. 이런 행위는 왜 필요할까요? 그냥 묻어 두면 안 되는 것일까요? 꼭 다시 돌아봐야 하는 것일까요? (중략)

글을 쓴다는 것은 인간에게 허용된 최후의 자유이며, 아무도 침해할 수 없는 마지막 권리입니다. 글을 씀으로써 우리는 세상의 폭력에 맞설 내적인 힘을 기르게 되고 자신의 내면도 직시하게 됩니다. 지금 이 순간도 뭔가 쓰지 않고는 견딜 수가 없어서 책상 앞에 앉아 있는 이들이 분명히 있을 거라고 생각합니다. 그중에는 직장이나 학교, 혹은 가정에서 비인간적인 대우나 육체적, 정신적 학대를 겪었거나 현재도 겪고 있는 분들도 있을 것입니다. 여러분은 혼자가 아닙니다. 한계에 부딪쳤을 때 글쓰기라는 최후의 수단에 의존한 것은 여러분이 처음도 아니고 마지막도 아닙니다. 그런 분들에게 말씀드리고 싶습니다. 그게 무엇이든 일단 첫 문장을 적으십시오. 어쩌면 그게 모든 것을 바꿔 놓을지도 모릅니다.

김영하, 『말하다』, 문학동네, 2015, 56~60쪽.

글쓴이는 쓴다는 것이 "인간에게 허용된 최후의 자유이며, 아무도 침해할 수 없는 마지막 권리"라는 점을 강조한다. 그에 따르면, 사람들은 글을 쓰는 일을 통해 자신의 내면을 들여다볼 수 있으며, 폭력에 맞서는 내적인 힘을 기를 수 있다. 글쓰기는 인간이 개인적 존재이면서 동시에 역사적 존재라는 점을 알게 해 준다. 글을 쓰는 동안 사람들은 내면의 변화를 경험할 수 있으며, 기존의 편견과 속박으로부터 자기를 해방할 수도 있다. 이러한 경험은 궁극적으로 사회와 역사를 변화시키는 힘이 된다.

화학자이자 작가인 프리모 레비는 글을 쓰면서 갖게 되는 항구적인 욕망에 대해 말하면서, 글쓰기의 의미를 탐색한다. 다음 예문에서 프리모 레비의 생각을 읽을 수 있다.

예문 4

화학자가 작가에게 주는 다른 이점들, 다른 선물들이 있다. 우선 물질을 꿰뚫어 보고 그 구성과 조직을 알고자 하며 속성과 행동 양식을 예견하는 습성이 있는데, 이는 통찰(insight), 구체화한 간결화의 정신적 습관, 사물의 표면을 뚫고 들어가려는 항구적인 욕망으로 이끌어 준다. 또, 화학은 분리하고 측량하고 분류하는 기술인데, 이 세 가지는 사건을 묘사하거나 상상을 구체화하려는 사람에게 유용한 훈련이다. 게다가, 과거와 현재의 화학으로부터 작가가 얻을 수 있는 거대한 은유의 유산이 있다. 이는 실험실과 공장에 거의 가 보지 못한 사람들이 대강만 알 수 있는 것이다. 문외한이라도 여과, 결정, 증류의 의미는 알지만 단지 간접적으로만 알 뿐이다. '각인된' 열정을 알지 못하며, 이러한 행위들과 연결된 감정들에 무지하며, 상징적 그림자를 인지하지 못한다. 또한 현직 화학자들은 '…처럼 씁쓸한' 같은 비유의 영역에서 스스로가 의외의 자산을 소유하고 있음을 깨닫곤 한다. 점성, 점착성, 무거움, 악취, 유동성, 휘발성, 비활성, 가연성, 이 모두는 화학자가 잘 아는 성질들이며, 각각의 성질을 탁월하게 예시할 만한 함유 물질을 선택할 수도 있다. 전직 화학자인 나는, 실험실로 돌아간다면 이제는 위축되고 능력 부족일 나는, 글을 쓰면서 이런 레퍼토리에서 도움을 받는 것에 부끄러움마저 느낀다. 나와 같은 전직 배경이 없는 새로운 동료 작가들을 대할 때 불공정한 이점을 누리는 것 같기 때문이다.

이 모든 이유를 무릅쓰고 나 같은 화학자가 작가의 길을 선택했다는 사실에 독자가 놀라움을 표시할 때, 바로 내가 화학자이기 때문에 글을 쓴다고 대답할 자격이 있다고 느낀다. 나의 옛 직업이 내 새로운 직업 속에 평범하게 스며들었기 때문이다.

프리모 레비, 「전직 화학자」, 『고통에 반대하며』, 심하은 · 채세진 옮김, 북인더갭, 2016, 28~29쪽.

위 예문에서 글쓴이는 자신의 "옛 직업"(화학자)과 "새로운 직업"(작가)이 어떤 점에서 닮아 있고 서로 연관되어 있는지 설명한다. 그에 따르면, 화학자는 실험 정신으로 불릴 만한 "항구적인 욕망"에 이끌리며, 새롭고 정확한 실험을 수행하기 위해 "분석의 기술"을 익힌다. 글쓴이는 화학자로서 겪었던 욕망과 기술을 작가로서 글을 쓸 때에도 유사하게 경험하고 있으며, 또한 이것이 하나의 "이점"으로 작용했다고 말한다.

이 글에서 글쓴이는 화학 실험과 글쓰기는 "통찰, 구체화한 간결화의 정신적 습관, 사물의 표면을 뚫고 들어가려는 항구적인 욕망"의 소산이라는 점에서 비슷하다고 말한다. 그는 글을 쓰는 동기를 아홉 가지로 정리하여 제시한다.

프리모 레비가 제시하는 글쓰기의 아홉 가지 동기

- 충동이나 욕구를 느끼기 때문에
- 다른 사람들과 자기 자신을 즐겁게 하기 위해서
- 무언가를 누군가에게 가르치기 위해서
- 세상을 더 낫게 만들기 위해서

- 자기 생각을 알리기 위해서
- 고뇌에서 해방되기 위해서
- 유명해지기 위해서
- 부자가 되기 위해서
- 습관에 의해서

프리모 레비, 「왜 쓰는가?」, 『고통에 반대하며』, 58~63쪽.

글쓰기의 아홉 가지 동기에는 기록의 욕구, 쾌락의 욕구, 계몽의 욕구, 변혁의 욕구, 표현의 욕구, 해방의 욕구, 허영의 욕구, 출세의 욕구 등이 포함되어 있다. 이러한 다양한 욕구는 글을 쓰고 싶다는 의지를 불러일으키며 때로는 여러 가지 욕구들이 뒤엉켜 작용하기도 한다.

영국의 작가인 조지 오웰 역시 1946년에 쓴 에세이 「나는 왜 쓰는가Why I Write」에서 글을 쓰는 이유를 네 가지로 정리하여 설명한다.

조지 오웰의 글을 쓰는 네 가지 이유

- 남들보다 똑똑해 보이고 사람들의 입에 오르내리며 죽은 후에도 기억되고 어린 시절 자신을 무시했던 어른들에게 보복하고 싶은 '순전한 이기심(Sheer egoism)'.
- 외부 세계의 아름다움, 혹은 말의 아름다움과 말의 적절한 배열이 지니는 아름다움을 지각하기 위한 '미적 열정(Aesthetic enthusiasm)'.
- 사물이나 사건을 있는 그대로 보고 진실한 사실들을 발견하며, 후대를 위해 이것들을 모아 두려는 '역사적 충동(Historical impulse)'.
- 세계를 특정 방향으로 밀고 가려는 욕망, 성취하려고 하는 사회가 어떤 사회여야 하는지에 대한 문제를 두고 다른 사람들의 생각을 바꿔 보려는 '정치적 목적(Political purpose)'.

「나는 왜 쓰는가(Why I Write)」에서

조지 오웰은 글을 쓰는 이유를 '순전한 이기심', '미적 열정', '역사적 충동', '정치적 목적' 네 가지로 들고 있다. 이 네 가지의 글 쓰는 이유는 각각 개별적으로 작용하기도 하고, 서로 연결되어 복합적으로 작용하기도 한다.

작가가 되고자 하는 사람만이 조지 오웰이 말하는 글쓰기의 특별한 이유를 가지고 있는 것은 아니다. 사람들은 살아가면서 위의 네 가지 글쓰기 욕망을 다채롭게 경험하면서 자신만의 글을 쓴다. 특히 글을 쓰는 핵심 이유 가운데 하나는 현실과 삶의 여러 현안에 관해 비판적인 성찰을 표명하려는 열망과 관련되어 있다.

예문 5

스페인 전쟁과 1936~1937년의 기타 사건들은 정세를 결정적으로 바꿔 놓았고 그 이후 나는 내가 어디에 서 있는가를 알게 되었다. 1936년 이후 내가 진지하게 쓴 작품들은 그 한 줄 한 줄이 모두 직접적으로나 간접적으로 전체주의에 '반대'하고 내가 아는 민주적 사회주의를 '위해' 쓰였다. 우리 시대처럼 소란한 세월을 살면서 이런 문제들을 회피할 수 있다고 생각한다면 그건 난센스이다. 이 시대의 작가는 누구나가 다 이런저런 형태로 그 문제들을 다룬다. 그것은 어느 쪽에 설 것인가, 어떤 방법을 따를 것인가의 문제이다. 자신의 정치적 편견을 더 많이 의식하는 사람일수록 자기가 가진 미학적 지적 성실성을 희생하지 않으면서 정치적으로 행동할 기회도 더 많이 갖게 된다.

지난 10년을 통틀어 내가 가장 하고 싶었던 것은 정치적 글쓰기를 예술이 되게 하는 일이었다. 나의 출발점은 언제나 당파 의식, 곧 불의(不義)에 대한 의식이다. 책을 쓰기 위해 자리에 앉을 때 나는 나 자신에게 "자, 지금부터 나는 예술 작품을 만들어 낸다."라고 말하지 않는다. 그 책을 쓰는 이유는 내가 폭로하고 싶은 어떤 거짓말이 있기 때문이고 사람들을 주목하게 하고 싶은 어떤 진실이 있기 때문이다. 그래서 나의 일차적 관심은 사람들을 내 말에 귀 기울이게 하는 것이다. 그러나 글을 쓴다는 것이 동시에 미학적 경험이 아니라면 나는 책을 쓰지 못하고 잡지에 실릴 글조차도 쓸 수가 없다. 누구든 내 작품들을 검토해 보는 사람이 있다면 그는 내가 쓴 것들 중에 전적으로 선전적인 책의 경우에서조차 본격 정치인의 눈으로 봤을 때는 어울리지 않는 요소들이 있다는 것을 알 것이다. 나는 내가 어려서 획득한 세계관을 아주 완전히 버릴 수도 없고 버리고 싶지도 않다. 내가 살아 활동할 수 있는 날까지 나는 계속 산문 스타일에 강한 집착을 가질 것이고 이 지구의 표면을 계속 사랑할 것이며 단단한 것들과 쓸모없어 뵈는 정보에도 즐거움을 느낄 것이다. 나의 이런 면을 억누른다는 것은 소용없는 짓이다. 문제는 내게 깊이 뿌리내린 개인적 호오(好惡)들을 이 시대가 우리 모두에게 요구하는 근본적으로 공적이고 비개인적인 활동들에 어떻게 화해시키는가 하는 것이다.

조지 오웰, 「나는 왜 쓰는가」, 『동물 농장』, 도정일 옮김, 민음사, 2004, 141~142쪽.

조지 오웰에 따르면, 사람들은 사회와 정치 세계에 폭로하고 싶은 거짓이나 의혹이 있을 때 그리고 사람들이 주목해야 하는 진실을 발견할 때 글을 쓴다. 이 점에서 글쓰기는 정치적이고 사회적인 관심의 표현이며, 현실의 사안들을 끌어안고 문제를 해결해 나가려는 실천적 의지의 행위이다.

학습 활동

01 다음 예문은 프란츠 카프카가 쓴 1904년 1월 27일 일기의 일부이다. 유대인인 그는 독일어로 글을 쓰면서 어디에도 속하지 않은 채 모든 것을 항상 낯설게 느낀 이방인이었다. 카프카의 일기 전문을 찾아 읽어 본 다음 저자가 말하는 글쓰기 행위가 어떤 의미를 가지는지 토론해 보자. 아울러 토론 내용을 바탕으로 자신의 생각을 담은 한 편의 글을 써 보자.

예문

　내 생각에 책을 읽는다면 사람들을 물어뜯고 콱 찌르는 그런 책만을 읽어야 할 게야. 만약에 우리가 읽는 책이 우리의 두개골을 주먹질로 쳐 깨우지 않는다면 도대체 무엇 때문에 그 책을 읽겠는가? 책이 우리를 행복하게 만들어 주어서? 맙소사, 책이 없더라도 우리는 행복해질 수 있지 않나.

　그리고 우리를 행복하게 만들어 주는 책은 아쉬운 대로 우리 자신이 쓸 수도 있지. 우리는 우리를 아주 고통스럽게 하는 불행처럼 우리에게 영향을 미치는 그런 책을 필요로 하네. 마치 우리 자신보다 더 사랑하는 사람의 죽음처럼, 마치 우리가 모든 사람들로부터 내쫓겨서 멀리 숲으로 추방된 것처럼, 마치 자살과 같은 불행 말일세. 책은 우리 내면의 얼어붙은 바다를 깨는 도끼여야 한다네.

최윤영, 「나는 이방인이다, 『변신』」, 『인문학 명강』(강대진 외), 21세기북스, 2014, 133~134쪽.

---

02 자신의 글쓰기 경험을 바탕으로 '나의 글쓰기 동기'는 무엇이었는지 생각해 보고 이를 2~3개의 단락으로 서술해 보자.

03 글을 쓸 때 우리는 막연한 두려움을 느끼거나 어려움을 겪는다. 동료들과 함께 글쓰기의 두려움이나 어려움이 발생하는 이유에 대해 이야기해 보자.

04 다음 예문을 읽고 지금까지 걸어온 '나의 인생 이야기'를 한 편의 글로 완성해 보자.

예문

매 학기 첫 수업 시간에는 앞에서 얘기했던 대로 학생들이 왜 라틴어 수업을 듣는지에 대해 듣고 나서 수업의 궁극적 목표를 설명합니다. 잠깐 언급하기도 했지만 단순히 언어적 도구로서 라틴어를 공부하고 문헌의 해독력을 높이고 유창하게 라틴어를 구사하는 것이 수업의 목적이 아닙니다. 그래서 저는 라틴어의 단순한 암기를 지양합니다.

사실 언어 공부를 비롯해서 대학에서 학문을 한다는 것은 단순히 지식을 양적으로 늘리는 것이 아니라 '틀을 만드는 작업'입니다. 학문을 하는 틀이자 인간과 세상을 보는 틀을 세우는 것이죠. 쉽게 말하면, 향후 자신에게 필요한 지식이 어디에 위치해 있는지 알고, 그것을 빼서 쓸 수 있도록 지식을 분류해 꽂을 책장을 만드는 것입니다. 이것이 바로 제 수업이 지향하는 지점입니다. 그러므로 라틴어 동사 활용(변화)표를 달달 외울 필요가 없습니다. 자신의 의도를 라틴어로 표현하려고 할 때 어떤 단어를 찾아 문법에 맞게 쓸 것인지 그 방법을 아는 것이 중요하니까요. 그래서 수업 첫날에는 칠판에 다음과 같은 문장을 씁니다.

Prima schola alba est.
프리마 스콜라 알바 에스트.

그리고 이 문장을 해석하기 전에 문장에 쓰인 단어, 'Prima/schola/alba/est'를 봅니다. 이와 비슷한 영어 단어들이 있는데 무엇인지 상상이 되시나요? 일단 '프리마(prima)'와 '스콜라(schola)'는 연상이 가능할 듯합니다.

Prima - Prime   Schola - School

그럼 그다음의 '알바(alba)'와 '에스트(est)'는 무엇과 비슷할까요? 계속 상상해 보지만 뭔가 알 듯 말 듯 여전히 희미한 안개 속에 있는 것 같을 겁니다.

학생들이 수업을 할 때에도 미리 답을 알려 주는 대신 이처럼 생각해 보게 합니다. 조급함을 내려놓고 알고 있는 영어 단어와 상당히 비슷한 점이 많다는 것을 염두에 두고 생각해 보라고 이야기합니다. '영어 따로, 라틴어 따로'가 아니라 종합적으로 연결시켜 보라고요. 그래서 저 문장이 무슨 뜻이냐고요? 조금만 더 기다려 주세요.

이런 식으로 학생들의 머릿속에 '책장'을 마련하는 작업은 이 책장을 가지고 무엇을 할 것인가, 내 인생을 어떻게 살 것인가에 대한 성찰로 나아갑니다. 사실 그것이 수업의 궁극적인 목표라고 할 수 있습니다. 그래서 수업 시간에도 여기까지 설명을 하고 중간고사 과제부터 내 줍니다. '데 메아 비타(De mea vita)'를 A4 한 장 분량으로 적어 내는 것이 과제인데요. '데 메아 비타'는 '나의 인생에 대하여'라는 뜻입니다.

그런데 몇몇 학생들은 이 과제에 대해 어느 시기의 어떤 이야기를 써야 하는지 묻곤 합니다. 과거의 이야기를 써야 할지, 꿈꾸는 미래에 대해서 써야 할지 모르겠다고요. 자신의 인생에 대해 쓴다는 게 그저 막막하게 느껴지기 때문입니다. 하지만 이 과제의 목적은 그 질문 자체에 있습니다. 바로 과거의 나, 현재의 나, 그리고 미래의 나와 조우하는 기회가 되기를 바라는 마음에서 내는 것이니까요. 어느 시기의 어떤 이야기를 쓸지는 오직 자기 자신에게 달려 있는 것이죠. 제 대답을 들은 학생들은 한숨을 쉬지만 그 친구들에게 소리쳐 "놀리테 티메레(Nolite timere!)"라고 응원합니다. 이 말은 '두려워 말라'는 뜻입니다. 이렇게 중간고사 과제에 대한 이야기를 마치면 다시 처음 그 문장으로 돌아갑니다.

'프리마 스콜라 알바 에스트.', 이 문장은 직역하자면 "첫 수업은 희다." 인데, 그것은 곧 "첫 수업은 휴강이다."라는 뜻입니다. 사실 이 말은 로마 시대의 교사가 학생들에게 수업 첫날 하는 말입니다.

한동일, 『라틴어 수업』, 2017, 흐름출판, 27~30쪽.

대학에서의 글쓰기

대학에서는 주로 학술적인 성격의 글을 쓴다. 학습 윤리를 바탕으로, 형식과 내용을 갖춘 학술 에세이나 실험·실습 내용과 결과를 담은 학습 보고서와 논문 등의 글을 쓰는 경우가 대부분이다.

최근 들어 창의·융합 교육이 관심을 끌면서 학생들은 비교과 영역의 프로그램에서 팀별 사업 계획서나 프로젝트 기획·제안서 같은 실용적인 글을 쓰기도 한다. 대학에서 쓰는 글의 종류를 유형별로 나누어 보면 다음과 같다.

학습 보고서	학술 에세이	학술 논문	그 외
· 문제 풀이 보고서 · 실험·실습 결과 보고서 · 학술 답사 보고서 · 학기 수시 보고서 · 중간·기말 보고서	· 시사 비평문 · 서평 · 공연 비평문 · 문학·문화 비평문	· 소논문 · 졸업 논문	· 자기표현 글 · 제안서 등

대학에서 쓰는 글의 유형과 종류

다음 예문은 대학에서 학술적인 성격의 글과 문서를 어떻게 작성해야 하며, 글을 쓰는 방향이 어떠해야 하는지 설명하고 있다. 글을 쓸 때의 핵심 사항은 무엇이고, 수사학은 왜 필수적인지에 대해서도 알려 준다.

예문 6

이 책의 주요 내용은 이공계 학술 문서를 작성할 때 글을 어떻게 쓸 것인가 하는 기술(技術)에 관한 것이다. 달리 말하면, 글쓰기 기술이라고 해도 좋을 것이다. 학교에서는 글 또는 글을 쓰는 기술을 '글쓰기' 과목에서 가르친다. 그렇다면 과연 이러한 교육은 학술 문서와 관련된 글을 쓰는 기초 교육으로서 도움이 되는 것일까?

학교에서 시행하고 있는 여러 유형의 글쓰기 교육은 주로 문학에 편중되어 있다. 현재의 관행대로라면 여행에 관한 글쓰기는 "어디에 가서, 무엇을 하고, 무엇을 보았는가?"를 얼마만큼 정확하고 간결하게 썼느냐에 따라 평가하는 것이 아니라 글을 쓴 학생의 또는 그 친구의 감정이 얼마만큼 생생하게 묘사되었느냐에 따라 평가를 받는다. 그런 만큼, 교수자의 그런 평가가 세상 사람들이 생각하는 '좋은 글'이라는 개념을 지배하고 있음은 어쩌면 당연할 것이다. (중략) 내가 좋은 글이라고 할 때 많은 사람들은 "사람의 심금을 울리는" 글을 떠올린다고 했던 것은 이런 추측에 근거하고 있다.

물론 이런 글쓰기 교육도 필요하고 또 의미도 충분히 있다고 생각한다. 그러나 나는 정확하게 정보를 전달하고 논리를 세워서 의견을 진술하는 것을 목적으로 하는 글쓰기 교육, 즉 학술 문서 작성의 기초가 되는 교육에 학교가 좀 더 노력을 기울여야 한다고 생각한다.

미국의 대학에서는 학생들에게 전공과 관계없이 교양 과정에서 글쓰기 또는 수사학(修辭學) 과정을 이수할 것을 요구한다. 그 내용은 바로 정보와 의견을 글로 정확하게, 그리고 효과적으로 기술하는 훈련 또는 그 방법에 관한 것들이다. 어느 조사에 따르면, 미국 대학의 공학부를 졸업하는 학생들이 가장 도움이 된다고 말하면서 한층 더 강화할 필요가 있다고 말하는 과목은 첫 번째가 대수학, 두 번째가 일반 물리학, 그리고 세 번째가 글쓰기이다. 사실, 구미(歐美) 여러 나라에서는 초등학교 때부터 의사소통의 도구로서 말을 사용하고 글을 쓰는 방법을 가르치는 '언어 기술 교육'을 핵심 교과 과정으로 채택하고 있다.(미국 또는 그 밖의 지역에서 실시하는 영어 교육은 ⓐ언어 기술 교육, ⓑ독해 두 가지로 나뉘어 있는데, 이 두 가지는 똑같은 비중을 가지고 있다고 한다.)

앞에서 미국의 대학에서는 교양 과정에서 글쓰기 또는 수사학을 필수로 요구하고 있다고 했다. 수사학이라고 하면 많은 사람들은 "사상이나 감정 따위를 효과적, 미적으로 표현할 수 있도록 문장과 언어의 사용법을 연구하는 학문"이라는 사전적 설명을 연상할 것이다. 그러나 현대 수사학, 적어도 미국 대학에서 가르치고 있는 수사학은 그 뉘앙스가 이와 다르다. 수사학은 언어를 이용해 정보나 의견을 명쾌하고 효과적으로 표현하고 전달하기 위한 방법론이다.

기노시타 고레오, 『과학 글쓰기 핸드북』, 김성수 옮김, 사이언스북스, 2006, 17~19쪽.

위 예문에 나와 있듯이 학술 글쓰기에서는 정보를 정확하게 전달하고, 논리적 근거를 갖추어 의견을 진술하여 설득력을 얻는 것이 중요하다. 따라서 학술 문서 작성에 관한 기초 지식을 학습하고, 이를 바탕으로 논리적으로 표현하고 서술하는 방법을 익혀야 한다. 글쓰기 공부에서 수사학은 사상이나 감정을 미적으로 표현하기 위한 방법보다는, 정보나 의견을 명료하고 효과적으로 전달하기 위한 방법을 학습하는 분야이다.

대학의 글쓰기에서는 글의 주제나 내용 구성, 개요 작성 등 '계획하기' 단계를 거쳐 먼저 '초고first draft 쓰기'를 한다. 이후에 문장과 내용, 논리적 흐름에 대한 '고쳐쓰기'를 거듭해 가면서 최종 글final draft을 마친다. 글을 단번에 완성하는 것이 쉽지 않기 때문에, 과제 목적에 잘 부합하는지 여러 항목에서 점검하고 수정하는 과정을 거듭하여 최종 글을 완성한다.

넓게 보면 학술적인 글쓰기는 '계획하기 ▶ 작성하기 ▶ 고쳐쓰기'의 순서로 진행되지만, 좁혀서 들여다보면 글쓴이는 초고 작성 이후 최종 글을 완성하기까지 여러 차례 고쳐 쓰는 과정을 반복한다.

학술 글쓰기의 진행 과정

계획하기

- 과제의 목표와 성격을 이해한다.
- 주제와 관련된 자료를 탐색한다.
- 독자의 범위와 특성을 파악한다.
- 주제를 설정하고 개요를 작성한다.

작성하기

- '서두-본론-결말' 구성과 배열을 고려하면서 작성한다.
- 문장과 단락의 흐름을 논리적으로 전개해 나간다.
- 글쓰기 윤리와 인용 원칙에 맞게 작성한다.
- 어문 규범에 맞게 글을 쓴다.

고쳐쓰기

- 주제와 내용의 전달 방식이 효과적인지 검토한다.
- 서두와 결말의 내용이 자연스럽게 호응하고 있는지 점검한다.
- 주장을 뒷받침하는 근거가 갖추어져 있는지 확인한다.
- 첨가 · 삭제 · 대체 · 재배열 등 고쳐쓰기의 원칙을 적용하여 수정한다.

계획하기와 작성하기를 거쳐 초고를 완성한 후에는 글 전체의 구성과 흐름을 검토하면서 주제와 내용, 단락 구성과 배열, 주장의 근거와 서술 방식 등이 서로 긴밀하게 조응하는지, 문장이 정확하게 작성되었는지, 어문 규정이 올바르게 적용되었는지 등을 점검한다.

학습 활동

01 문예 글쓰기, 실용 글쓰기, 학술 글쓰기의 특징과 차이점에 대해 생각해 보고 다음의 표를 작성해 보자.

문예 글쓰기, 실용 글쓰기, 학술 글쓰기의 특징과 차이

	문예 글쓰기	실용 글쓰기	학술 글쓰기
글의 목적			
글의 독자			
구성 방식			
문장 표현			
서술 특징			

02 다음 예문은 지구 공학이 어떤 학문인지 알기 쉽게 설명한 과학 기술 분야의 에세이이다. 글을 읽고 과학 기술 에세이가 실험 보고서나 논문 등과 비교하여 어떤 특징과 요건을 갖추어야 하는지 분석하고 토론해 보자.

예문

　　지구 공학(geoengineering)은 인류가 각종 과학 기술을 동원하여 대기,

바다 등 지구 환경에 적극적으로 개입함으로써 지구 온난화와 같은 기후 변화를 막으려고 연구하는 분야를 뜻한다. 1965년 '지구 환경의 질을 회복하기'라는 미국 대통령 과학 자문 위원회의 획기적인 보고서가 나왔는데, 이 보고서에서는 화석 연료 방출의 악영향을 경고했을 뿐만 아니라, 지구의 반사도를 올리는 방법을 포함하여 기후 변화를 의도적으로 상쇄시킬 방법에 대해 언급했다.

이렇게 제안된 아이디어는 당시만 해도 큰 관심을 받지 못했으며, 얼마 전까지도 그렇게 효과적이지 않은 것으로 평가받았다. 미국의 경우, 지구 온난화를 막기 위해 온실가스 감축이 중요하다는 입장을 보였던 오바마 정부 시절에 홀대를 받았던 지구 공학은 최근 트럼프 정부에 들어와서 위상이 달라졌다. 화석 연료를 사용하는 산업의 부흥을 주장하는 트럼프 정부는 올해 초 발표한 연례 보고서에 지구 공학에 의한 '기후 개입'을 추가하기도 했다.

그동안 여러 과학자들이 기후 변화를 막을 수 있는 지구 공학 방법을 10여 가지 제안하였다. 이런 방법들은 크게 두 가지 유형으로 분류할 수 있다. 먼저, 지구로 들어오는 태양빛을 줄이는 유형이다. 예를 들어 성층권에 황산염, 탄산 칼슘 등의 미세 입자 살포하기, 인공 구름 만들기, 우주 공간에 대형 거울 설치하기, 바다 표면에 미세 기포 형성하기, 사막에 반사판 설치하기 등은 지구에 도달하는 태양빛을 반사하는 방법이다.

또 다른 유형은 이산화 탄소를 제거하는 방식이다. 대기 중 이산화 탄소를 포집해 액체 상태로 만든 뒤 땅속이나 심해저에 저장하는 기술(CCS), 고농도 수산화 나트륨 용액과 티탄산염으로 대기 중 이산화 탄소를 흡수하는 기술, 바다에 철을 뿌리거나 대형 펌프로 영양분이 풍부한 심층수를 표면으로 끌어올려, 광합성을 통해 이산화 탄소를 흡수하는 식물 플랑크톤의 증식을 돕는 방법 등이 대표적이다.

지구 공학의 여러 방법 중에서 일부는 좀 더 적극적으로 추진되고 있다.

이산화 탄소 포집·저장(CCS) 기술은 미국, 유럽, 한국 등에서 활발히 연구·개발되고 있으며, 바다 표면의 미세 기포는 컴퓨터 시뮬레이션을 통해 그 효과를 따져 보고 있다. 작년 3월 '지구 물리학 연구 저널: 대기'에는 계면 활성제로 선박 항해 시 생기는 기포의 지속 시간을 10분에서 10일로 늘리고 밝기도 10배 높인다면 50여 년쯤 뒤에 지구 평균 온도를 0.5℃까지 내릴 수 있다는 컴퓨터 시뮬레이션 결과가 실렸다.

미국 하버드대 연구진은 고고도 풍선 전문 기업인 '월드 뷰 엔터프라이즈'와 함께 내년부터 성층권에 미세 입자를 살포해 태양빛을 반사하는 검증 실험에 돌입할 계획이다. 이들은 2,000만 달러를 투자받아 2020년까지 미국 애리조나주 투손에서 20km 상공의 성층권에 대형 풍선을 띄운 뒤 탄산칼슘 미세 입자를 0.1~1kg 살포해 미세 입자가 지구로 유입되는 태양빛을 얼마나 감소시키는지를 조사한다. 이렇게 지구 공학을 실제 지구 환경에서 실험하는 것은 이번이 처음이라고 한다. 이 아이디어는 1991년 피나투보 화산이 폭발했을 때 냉각 효과가 나타난 데서 착안했다. 당시 수천만 톤의 이산화 황이 방출돼 성층권에 황산염 입자층을 형성했고, 지구에 도달하는 일사량이 30%나 감소해 3년 동안 지구 온도가 0.5℃ 가량 떨어졌다.

하지만 지구 공학에도 문제가 있다. 지구 공학 방법으로 인해 지구 온도만 하강하는 것이 아니라 동식물을 포함한 생태 환경이 예측할 수 없는 방식으로 바뀔 것이라는 경고도 있다. 실제로 피나투보 화산이 분출한 이듬해 남아시아와 남아프리카의 강우량이 10~20%가 줄었고, 유엔 환경 계획에 따르면 이 대가뭄으로 인해 1억 2,000만 명이 영향을 받았다. 나아가 영화 「설국 열차」에서처럼 지구가 재앙을 당할지도 모른다. 영화에서는 지구 온난화를 막기 위해 'CW-7'이란 냉각제를 대기에 살포했는데, 지구는 기상 이변 탓에 인간이 살 수 없을 만큼 얼어붙는다.

이충환, 「지구 공학으로 기후 변화 막는다」, 『원우』, 2017년 7~8월호 (Vol.216), 53~55쪽.

03 사회적 과정으로서 글쓰기가 갖는 의미를 설명하고 있는 다음 예문을 읽고, 아래의 활동을 해 보자.

> **예문**
>
> 　만약 우리가 작문 과정을 사고 과정으로 본다면, 우리는 쉽게 작문 과정이 일상생활에서 접할 수 있는 여행 계획 세우기, 시험 보기, 결정하기, 요청하기 등과 같은 문제 해결 과정과 여러 가지 면에서 공통점을 지닌다는 점을 발견할 수 있게 될 것이다. 과거 20년 동안 문제 해결에 관해서 이루어진 대개의 연구 결과들은, 성공한 예술가·과학자·발명가·사업가 들은 그들의 분야에서 접하게 되는 여러 문제를 해결하는 특별한 전략들을 가지고 있음을 보고하였다. 각 분야에서 이들 전문가들은 관련 분야에 대한 풍부한 지식과 문제를 해결하는 데 필요한 강력한 전략들을 충분히 갖추고 있다는 점에서 특징적이다. 능숙한 필자들 역시 여러 분야의 전문가들과 마찬가지로 글쓰기에서 접하게 되는 여러 문제들을 해결하는 데 필요한 방법들을 개발하는 사람들이라고 해도 좋을 것이다.
>
> 　작문에 관한 일련의 연구 결과들은, 또한 좋은 글이란 전적으로 글 쓰는 사람이 오직 개인적인 통찰력에 의존해서 고독하게 이루어 내는 창조적 산물이라는 그동안의 통념을 깨뜨렸다. 글을 쓰는 사람이 궁극적으로 무엇을 쓸 것인가를 선택하는 것은 사실이지만, 실제로 직관과 이해를 창조해 내는 글쓰기 과정은 아주 사회적인 것이다. 우리가 개인적 체험기, 연구 보고서나 평론, 그 무엇을 쓰건 간에 글쓰기는 우리를 그 주제에 대해 이미 이야기했거나 글을 썼던 그 누군가와의 대화 속으로 밀어 넣는다. 우리는 이전부터 있어 왔던 것으로 사고를 확대시켜 주고, 생각하고 있는 아이디어를 구체화시켜 주는 대화 행위의 한 부분이다. 통찰력이라는 것은, 이미 오래전에 사라졌던 것을 창의적으로 다시 사용하는 것이다.

능숙한 필자는 이러한 대화에서 자신이 어디에 서 있는지 그 위치를 정확하게 인식한다. 그들은 자신의 글쓰기를 사회적이고 수사적이면서도 협조적인 행위로서 인식한다. 게다가 이들은 진행 중인 원고를 다른 사람에게 읽혀 본다든지, 더 좋은 글을 쓰기 위해서 다른 사람과 함께 쓴다든지 하는 전략적인 방법으로 이 사회적 과정에 진입한다. 능숙한 필자가 글을 쓰면서 다른 사람과 비공식적인 협조 체제를 이루는 것은 극히 자연스러운 글쓰기 과정의 일부인 것이다. 그들은 글을 쓰면서 자신의 글에 대한 여러 사람들의 반응—이전에 자신을 가르쳤던 선생님·직장 상사·동료, 또는 다른 필자들—을 상상하고 예측한다. 그러면서 동시에 이들에게 새로운 아이디어나 충고·비판을 구한다. 그리하여 그들이 비평하고 반대하고 거부할지도 모를 사회적 영향력을 인식하게 되는 것이다. 글쓰기에 대한 문제 해결적인 접근 방식은 필자로 하여금 이러한 사회적 대화 행위의 반성적 참여자가 될 수 있도록 도와준다.

린다 플라워, 『글쓰기의 문제 해결 전략』, 원진숙·황정현 옮김, 동문선, 2006, 23~24쪽.

1) 개인적 통찰력에 의해 이루어지는 창조적 결과물로서의 글쓰기란 무엇인지 사례를 들어 설명해 보자.

2) '능숙한 필자'는 어떤 방식으로 사회적 과정에 진입하는지 구체적으로 설명해 보자.

3) "사회적 대화 행위의 반성적 참여자"란 어떤 의미를 가지는 개념인지 논의해 보자.

참고 문헌

- 김대식,「글 그리고 책」,『조선일보』, 2017. 2. 9.

- 김영하,『말하다』, 문학동네, 2015.

- 정희모 외,『대학 글쓰기』, 삼인, 2008.

- 최윤영,「나는 이방인이다,『변신』」,『인문학 명강』(강대진 외), 21세기북스, 2014.

- 한동일,『라틴어 수업』, 흐름출판, 2017.

- 기노시타 고레오,『과학 글쓰기 핸드북』, 김성수 옮김, 사이언스북스, 2006.

- 린다 플라워,『글쓰기의 문제 해결 전략』, 원진숙 · 황정현 옮김, 동문선, 2006.

- 유발 하라리,『사피엔스-유인원에서 사이보그까지, 인간 역사의 대담하고 위대한 질
  문』, 조현욱 옮김, 김영사, 2015.

- 재레드 다이아몬드,『총, 균, 쇠』, 김진준 옮김, 문학사상사, 2010.

- 조지 오웰,「나는 왜 쓰는가」,『동물 농장』, 민음사, 2004.

- 프리모 레비,「전직 화학자」,『고통에 반대하며』, 심하은 · 채세진 옮김, 북인더갭,
  2016.

- Dorothy E. Zemach and lisa A. Rumisek, College Writing-From Paragraph
  to Essay, Macmillan, 2003.

02

좋은 글이란
무엇인가

"글에는 글쓴이의 문제의식만이 아니라 가치관과 세계관, 심지어는 성격과 기질까지도 반영된다. 좋은 글은 성찰과 소통의 시간을 열어 주며, 새로운 시각에서 문제를 발견하고 주체적으로 사회에 참여하는 방법을 모색할 수 있도록 이끌어 준다. 글을 읽고 쓰는 시간은 글쓴이와 독자 모두에게 성찰, 소통, 발견, 참여의 계기를 제공한다."

"좋은 글은 진실한 글이다. 누군가 이야기를 만들어 내면 그 이야기의 진실성은 작가가 지닌 삶에 대한 지식의 양과 진지함의 정도에 비례한다."
Ernest Hemingway, 『By-Line Ernest Hemingway: Selected Articles and Dispatches of Four Decades』(William White 편)

좋은 글의 의미와 가치

사람들은 누구나 좋은 글을 쓰고 싶어 한다. 참신한 생각이 정확한 표현과 아름다운 문장에 담기길 바라며, 글을 읽는 이에게 재미와 감동을 줄 수 있기를 기대한다. 그렇다면, 어떤 글이 좋은 글일까. 글을 읽거나 쓸 때 한 번쯤은 이 질문을 던져 본 경험이 있을 것이다.

좋은 글을 규정하는 방식은 저마다 다르고 또 다양하다. 시대와 사회의 변천에 따라 기준이 달라지기도 했다. 글을 쓰는 상황과 목적, 글의 양식과 주제, 독자의 특징과 출판 환경 등에 따라 좋은 글의 의미와 요건은 달라질 수 있다.

그러나 이 같은 변화나 차이에도 불구하고 좋은 글은 성찰과 소통의 시간을 열어 주며, 새로운 시각에서 문제를 발견하고 주체적으로 사회에 참여하는 방법을 모색할 수 있도록 이끌어 준다는 공통점을 갖는다. 글쓴이와 독자 모두에게 좋은 글을 읽고 쓰는 시간은 성찰, 소통, 발견, 참여의 계기를 제공한다.

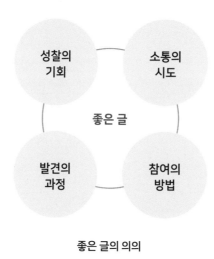

좋은 글의 의의

1. 성찰과 소통

(1) 성찰의 기회

"좋은 글은 성찰의 시간을 마련해 준다"

글쓰기는 '나는 어떤 사람인가'를 주체적으로 반추하는 성찰의 기회를 마련해 준다. 자기에 대해 직접적으로 기술하는 글쓰기에서만 성찰이 이루어지는 것은 아니다. 글의 주제나 형식에 상관없이 어떤 글을 통해서든 글쓴이는 성찰의 경험을 할 수 있다. 글을 쓰는 동안 사람들은 특정한 사안을 깊이 있게 생각할 기회를 얻는다. 이때 관찰과 분석의 대상이 되는 것은 사건과 상황, 타인과 사회에 한정되지 않는다. 글쓰기는 궁극적으로 세계에 대한 해석을 매개하여 자신에 대한 앎을 구성하는 데 관여한다.

따라서 좋은 글을 쓰기 위한 첫걸음은 자신을 이해하는 일에서부터 시작된다. 소재를 탐색하고 주제를 구성하는 과정뿐만 아니라, 형식과 스타일을 모색하는 과정에서도 글쓴이는 자신이 어떤 사람인지 되짚어 보는 경험을 할 수 있다. 글쓰기 과정은 '나는 어떤 사람인가'에 대해, 나아가 '나는 어떤 사람이 되고자 하는가'에 대해 탐문하는 기회를 마련해 준다.

좋은 글을 쓰기 위해서는 문제 인식과 자기 인식 간의 밀접한 관계를 이해할 필요가 있으며 이를 토대로 '무엇에 관해 쓸 것인가', '어떻게 쓸 것인가', '왜 쓰는가'와 같은 물음에 스스로 답해 보아야 한다.

어릴 때부터 내가 꿈꾸었던 장래 희망은 오직 소설가뿐이었다. 초등학교에 입학하였을 때부터 나는 작가가 되고 싶다는 꿈을 가지고 있었는데, 그 무렵 지금도 아주 선명하게 기억나는 장면이 있다.

어렸을 때 나는 누구에게 야단을 맞거나 엄마에게 혼나면 엉엉 우는 버릇이 있었다. 한참을 울다 보면 갑자기 이대로 죽어 버릴까 하는 생각이 떠오르곤 했다. 주로 물에 빠져 죽는 장면을 떠올렸는데, 그럴 때면 문득 나의 죽은 모습을 보고 자신의 가슴을 치며 슬피 우는 엄마의 모습이 자연스럽게 연상되어 떠오르고, 그러면 내 슬픔에 엄마의 슬픔까지 더해지고, 내 눈물에 상상의 눈물이 더해져서 제 슬픔에 겨워 한참을 흐느껴 울다가 지쳐 잠이 들곤 했던 것이다.

나는 누구에게 말을 하지 않았지만 어린 나이에도 이것이 나만이 가지고 있는 독창적인 방법이라고 스스로 자부하고 있었다. 그런데 어느 날 마크 트웨인의 『톰 소여의 모험』이라는 소설을 읽다가 깜짝 놀랐다. 주인공 톰이 허크와 해적 놀이를 하며 하도 속을 썩이니까 어느 날 폴리 아줌마가 미시시피강에 나가서 죽어 버리라는 말을 한다. 마침내 집을 나온 톰은 실제로 강물에 빠져 죽을까 하고 생각하다가 순간 자기를 미워하던 폴리 아줌마가 자신의 주검 앞에서 "아이고 우리 톰은 참 착한 아이였지요." 하고 말하며 우는 모습을 상상하여 떠올린 후, 제 슬픔에 겨워서 엉엉 울기 시작하는 것이었다.

이 장면을 읽는 순간 나는 소름이 끼쳤다. 어떻게 나 혼자만의 독창적인 방법이라고 생각하고 있는 것을 소설 속의 주인공 톰이 알고 있을 뿐만 아니라 똑같이 따라 하고 있단 말인가. 그보다도 톰이라는 소설의 주인공을 만든 마크 트웨인이란 사람은 도대체 누구인가. 그가 톰이란 소설 주인공을 만들어 냈기 때문에 이 놀라운 슬픔의 방법은 실은 마크 트웨인이라는 소설가가 발명해 낸 것이 아닌가. 어린 내 가슴속에 들어 있는 독창적인 비밀을 날카롭게 소설 속에 묘사해 놓은 작가는 도대체 어떤 사람들인가.

(중략)

스피노자가 말했던가. "지금 이 순간의 현실에 머물러 있지 말고 먼 영혼에서 현재를 보라." 스피노자의 말처럼 나는 먼 훗날 작가가 된 입장에서 현재의 나를 회상하듯 그렇게 중고등학교 시절을 보냈다. 마치 내 하루하루를 수십 년 후에 들춰 본 일기장의 내용 그대로 재연하듯 그렇게 살았던 것이다.

최인호, 「문학은 세상의 고통에 감응하는 하소연의 눈물」, 『나는 왜 문학을 하는가』,
열화당, 2004, 260~262쪽.

위 예문은 한 소설에서 자기와 닮은 소년을 발견한 작가의 이야기를 담고 있다. 글쓴이는 자기만의 은밀하고도 독창적인 "슬픔의 방법"을 소설 속 인물이 똑같이 재현하고 있는 것을 본 후 작가가 되고 싶다는 꿈을 갖게 되었다고 말한다. 그는 한 권의 책을 읽는 동안 불현듯 자신과 만나는 경험을 했으며, 이를 계기로 자기와 닮아 있으면서도 다른 여러 인물들의 삶을 써 보고 싶다는 욕구를 가졌던 것이다.

이러한 사례는 독서 경험이 어떻게 글을 쓰고자 하는 욕구의 창출로 이어지는지 보여 준다. 또한 글을 읽고 쓰는 일이 타자와 세계 경험을 매개하여 자기 자신을 이해하게 해 주는 성찰의 기회일 수 있음을 알려 준다.

(2) 소통의 시도

"좋은 글은 독자의 마음을 움직이는 힘을 가진다"

모든 글은 소통을 목적으로 한다. 이것은 곧 모든 글이 독자를 가진다는 말이기도 하다. 일기나 편지에서부터 에세이, 보고서, 논문, 제안서 등에 이르기까지 글쓴이는 항상 독자를 상정하고 분석한다.

좋은 글은 특정한 사안에 대한 생각을 변화시킬 뿐만 아니라 삶을 대하는 태도를 바꿔 놓기도 한다. 독자는 글을 읽는 행위를 통해 새로운 지식을 수용하고 관점과 태도의 변화를 경험하며 이전에는 하지 않았던 행동을 실천하게 된다.

좋은 글을 쓰기 위해서는 효과적인 소통의 기술을 익혀야 한다. 좋은 글은 가치 있는 주제, 명확한 입장, 체계적 구성, 논리적 흐름, 정확한 표현 등의 특징을 두루 갖추고 있다. 또한 오래도록 사랑받는 글들은 한결같이 글쓴이의 솔직한 감정과 고민을 잘 반영하고 있다. 진심으로 최선을 다해 글을 쓰는 일이야말로 타인의 마음을 열고 사회와 소통할 수 있는 최고의 방편이다.

예문 2

항상 조국에 있는 사람들과 만나기를 바랐던 나에게, 이 책이 한국에서 독자를 만나는 것은 더할 나위 없는 기쁨이다. 한국 국적을 가진 내가 이 책에서 '조선인'이라는 말을 쓰는 것은 돌아가신 부모님이 그 말을 자연스럽게 쓰셨기 때문이고 일본인들이 그 말을 가장 차별적으로 사용하기 때문이다. 그리고 분단된 두 '국가'의 어느 한쪽이 아닌, 분단을 넘어선 하나의 '민족'에 속하는 사람이 되고 싶기 때문이다. 하지만 여기서 내가 말하는 '민족'은 '혈통'이나 '문화'나 '민족혼'처럼 소위 '민족성'이라는 실체를 독점적으로 공유하는 집단이 아니다. 이때 '민족'은 고통과 고뇌를 공유하며 그 고통에서 해방되기를 지향함으로써 서로 연대하는 집단을 가리킨다. 말하자면 나는 '민족'이라는 개념을 '민족성'이라는 관념에서가 아니라 역사와 정치 상황이라는 하부 구조에서 이해하려는 것이다.

근대의 제국주의와 식민주의에 희생되어 지금도 분단의 고통에 억눌리고 있는 우리는 바로 그렇기 때문에 국가주의로 전락하기를 최후까지 거부하면서 미래에 모범이 될 진정으로 열린 사회를 실현해야 한다고 믿는다. 재일 조선인은 그 역사적 경험 때문에, 그것이 일본 것이든 조국 것이든 모든 국가주의의 허위성과 위험성에 가장 민감한 존재라고 말할 수 있으리라. 어떤 의미에서 재일 조선인은 일본인에게만이 아니라 조국의 사람들에게도 '탄광의 카나리아'인 것이다. 조국의 독자들은 이 카나리아의 목소리를 어떻게 들을 것인가?

서경식, 『난민과 국민 사이』, 임성모 · 이규수 옮김, 돌베개, 2006, 10~11쪽.

위 예문은 일본에 거주하며 식민과 분단의 문제를 고민하였던 재일 조선인 저자의 글로, 글쓰기가 단순히 지적인 욕구를 충족시키거나 자기 만족을 목적으로 하는 행위가 아니라, 대화의 기회를 마련하는 적극적인 소통 행위임을 알려 준다. 여기서 글은 서로 다른 삶의 경험을 가진 존재들이 만나고 의견을 교환하는 장소가 된다.

2. 발견과 참여

(1) 발견의 과정

"좋은 글은 새로운 관점으로 세상을 바라보게 한다"

글쓰기는 창조적이고 생산적인 활동이다. 글을 쓰는 목적은 주어진 답을 찾는 데 있지 않다. 글쓰기는 문제를 발견하고 의미 있는 생각을 창출하려는 인간의 의지가 낳은 능동적이고 주체적인 '사고 표현 행위'이다.

좋은 글은 공감과 비판을 통해 타자와 세계에 대한 이해를 새롭게 구성하여 제시한다. 글쓴이 자신에게도 문제를 발견하고 세계를 재해석하는 과정은 기존의 관점을 비판적으로 점검하는 기회가 된다. 즉, 글을 쓰는 행위는 개인이나 집단이 가지고 있는 믿음이나 인식을 검토하고, 나아가 그러한 믿음과 인식이 구성되고 수용되는 방식을 포괄적으로 탐색하는 것을 목표로 한다. 이미 알고 있는 것을 확인하기 위해서가 아니라, 관습적 사고와 편견에 길들여진 눈으로는 볼 수 없었던 존재와 사건을 발견하기 위해 글쓰기를 한다.

좋은 글을 쓰기 위해서는 참신한 관점과 비판적인 시선, 유연한 사고와 열려 있는 태도를 가져야 한다. 그래야만 세상을 바라보는 통찰력을 갖추고, 인간이 공동체를 이루며 살아갈 때 흔히 발생하는 인습이나 배타적 인식으로부터 한 걸음 물러설 수 있기 때문이다. 또한 세상에 대한 관심과 다양한 문제에 대한 지적 호기심을 키워 나가는 일은 좋은 글을 쓰기 위해 요청되는 최선의 방법이다. 관심과 지적 호기심은 글쓰기의 주요한 동력이자 원천이라 할 수 있다.

예문 3

심리학자인 커트 피셔와 프라이스 탱그니는 1995년에 다음과 같이 말했다. "지난 20년 동안 …… 감정 연구에서 혁명이 발생했다."(Fischer, 1995: 3) 이 책을 기획한 직후 나는 그들의 발언이 과장이 아니라는 것을 알게 되었다. 실험 심리학으로 한정하더라도 1970년대 중반 이후 수백 편의 감정 연구가 발표되었고, 감정에 대한 새로운 패러다임이 제시되었다. 다른 분과 학문들 역시 제각각의 이유에서 감정을 연구했다. 그 새로운 연구들은 감정에 대하여 수많은 긍정적인 발견을 생산해 냈다. 그러나 감정이 정확하게 무엇이냐는 질문은 여전히 곤혹스럽다. 의견은 여전히 엇갈리고, 감정이라는 개념은 모호함으로 가득 차 있다. (중략)

현재 이루어지고 있는 감정 연구에는 하나의 혁명이 아니라 세 개의 혁명이, 그것도 서로에 대하여 독립적으로 진행되고 있다. 심리학자들은 인지 연구를 위해 고안된 실험실 연구 기법을 감정 문제에 적용함으로써 하나의 혁명을 촉발시켰다. 민족지학자들은 감정의 문화적 차원을 이해하기 위한 새로운 현장 연구 기법과 새로운 이론 장치를 고안했고, 그로써 두 번째 혁명을 촉발시켰다. 마지막으로 역사가들과 문예 비평가들은 감정이 역사를 갖는다는 것을 발견했다. (중략)

감정과 감정 표현은 역동적으로 상호 작용한다. 나는 감정 표현의 그러한 측면이 보편적이라는 증거를 제시할 것이며, 그것을 사유할 수 있는 이론 틀을 개발할 것이다. 나는 보편론에 대한 그 작은 양보가 감정에 대한 역사적 설명과 인간의 자유에 대한 옹호를 논증하기에 충분하다는 것을 보여 줄 것이다.

윌리엄 M. 레디, 『감정의 항해』, 김학이 옮김, 문학과지성사, 2016, 5~11쪽.

위 예문은 프랑스 근대사를 감정 이론을 통해 새롭게 설명하고자 한 연구자의 글이다. 글쓴이는 우리의 삶에서 친숙하며 항상 경험되는 것이기도 한 '감정'이 사실상 정의하기 어려운 대상이라는 문제의식에 착안하여 본격적으로 인간의 감정을 연구하였다. 이 책에는 감정 이론과 관련하여 필자가 고안한 흥미로운 개념들이 제시되어 있는데, 이 개념들은 기존의 감정 연구를 면밀히 검토하고 분석한 결과 얻어진 것이다.

글쓴이 스스로 밝히고 있듯이, 이 책은 심리학과 인류학 등의 여러 분과 학문에서 논의한 감정 연구를 비판적으로 수용하는 과정에서 탄생하였다. 이 사례는 문제를 발견하고 창의적으로 사고하는 일이 기존의 연구와 축적된 자료들을 충실히 살피는 일과 밀접하게 연관되어 있다는 점을 알려 준다. 이 책을 통해 독자는 글쓴이가 가졌던 호기심, 관찰력, 탐구열을 체험할 수 있으며, 독서를 하는 과정에서 뜻밖의 발견을 하거나 새로운 문제의식을 얻을 수도 있다.

(2) 참여의 방법

"좋은 글은 사회 참여라는 실천적 의미를 가진다"

글쓰기는 사회에 참여하는 하나의 방법이다. 어떤 현상을 발견하는 일만큼 중요한 것은 발견의 경험을 사회적 차원으로 확대하여 분석하고 공유하는 일이다.

기술의 발달과 미디어 환경의 변화로 사회적 의제를 생산하고 확산시키는 일은 특정한 누군가의 전유물이 아니게 되었다. 1인 미디어와 SNS가 발달하면서 이전보다 쉽고 편리하게 자기의 생각을 글로 표현하고 전달할 수 있는 여건이 마련된 것이다. 사람들은 언제든 글쓴이와 독자의 역할을 복합적으로 맡을 수 있게 되었으며, 자기 또는 타인이 생산한 글을 빠르게 공유할 수 있게 되었다. 이를 통해 여론 형성 과정에 참여하는 일도 한층 수월해졌다.

이러한 맥락에서 글쓴이는 자기의 의견을 글로 표현하는 일이 그 자체로 사회 참여라는 실천적 의미를 가진다는 점을 인식할 필요가 있다. "언어는 그 안에서 우리가 가장 효율적으로 우리 자신의 운명에 대한 이견을 등록할 수 있는 장소"이자, 개인과 사회에 부여된 "사회적·문화적 운명"을 주체적으로 성찰하게 하는 인간 고유의 능력이라는 리처드 포이리어의 정의는 글쓰기가 가지는 사회 참여적 성격을 환기시킨다.

저항은 곧바로 주어진 것과 보류되는 것 사이를 구별 짓는 능력입니다. 이 능력이 필요한 것은 인문학자가 넘어설 수 없는 자신의 상황으로 인해 제한된 공간 속에 갇히기 때문일 수도 있고, 오직 보도록 교육받은 것만 인식하도록 주입받았기 때문일 수도 있습니다. 또한 경제, 건강 복지, 외교나 군사 정책과 같은 다급한 문제에 관해 말할 수 있는 권한이 오직 정책 전문가들에게만 있다고 여겨지기 때문일 수도 있습니다. (중략)

바로 이 지점에서 인문학이 지금의 미국과 미국을 포함한 세계에 갖는 현재성이 이야기되어야 하고 이해되어야 합니다. 인문학이 단순히 학생들과 동시대 시민들에게 잘 읽는 법을 가르치는 것 이상을 의미한다면 말입니다. 잘 읽는 법을 가르치는 것은 그 자체로 의미 있는 작업입니다만, 우리가 가진 창조적 에너지는 가장 고양된 상태로 간직된 내적 수용의 상태로부터 한 걸음 더, 더 나아가게 합니다. 물론 우리는 우리가 읽는 책의 단어와 구조로 계속 되돌아올 필요가 있습니다. 그러나 그 단어들 역시 시인이 효과적인 방식으로 세계로부터 가져온, 침묵으로부터 끄집어낸 것이듯 독자들도 각자가 살고 있는 다양한 세계 속으로 자신들의 독해를 확장해야만 합니다. (중략)

인문학은 독해에 관한 것이고, 관점에 관한 것이며, 인문학자의 작업을 통해 하나의 영역, 하나의 인간 경험에서 다른 영역, 다른 경험으로 이행하는 것입니다. 인문학은 또한 국가나 국가가 벌인 전쟁이 내세우는 정체성과는 다른 종류의 정체성 실천에 관한 것입니다. 이러한 대안적 정체성은 우리가 읽으며, 텍스트의 한 부분을 다른 부분과 연관 지으며, 주의를 기울여야 할 영역들을 확장해 타당성의 범위를 넓혀 가는 동안 구성됩니다.

에드워드 사이드, 『저항의 인문학』, 김정하 옮김, 마티, 2008, 112~118쪽.

위 예문은 오랫동안 지식, 문화, 권력의 관계를 탐구한 인문학자의 글이다. 그는 이 책에서 '인문주의'를 새롭게 해석하며 인문주의적 사고가 학술적 차원에서만이 아니라 일상의 차원에서도 필요한 이유를 설명한다. 글쓴이에 따르면, '인문주의'란 "인간의 의지와 행위 능력이 이뤄 낸 형식의 성취"이자 "집합적 과거와 현재에 대한 인간의 오독이나 오해를 비판적 검토의 대상으로 만드는 일"이다.

　글쓴이는 이 책을 집필하면서 "쓸모 있는 실천으로서의 인문주의"란 무엇인지 보여 주고 있다. 또한 글을 쓰는 행위가 공동체의 문제를 함께 고민하고 대안을 모색하는 데 기여한다는 점에서 사회에 참여하는 한 방법이 될 수 있음을 알려 준다.

학습 활동

01 사람들은 좋은 글을 읽고 쓰는 경험이 더 나은 삶을 만드는 데 기여할 수 있다는 믿음을 간직해 왔다. 고대 그리스에서부터 '앎에 대한 욕구'는 인간의 본능으로 인식되었고, 앎의 축적을 통해 자기와 세계에 대한 이해가 한층 깊어질 수 있다고 생각하였다. 이 점을 고려하면서 다음 예문을 읽고 아래의 활동을 해 보자.

예문 1

모든 국가(polis)는 분명 일종의 공동체이며, 모든 공동체는 어떤 좋음을 실현하기 위해 구성된다. 무릇 인간 행위의 궁극적 목적은 좋음(agathon)이라고 생각되는 바를 실현하는 데 있기 때문이다. 이렇듯 모든 공동체가 어떤 좋음을 추구하는 것이라면, 모든 공동체 중에서도 으뜸가며 다른 공동체를 모두 포괄하는 공동체야말로 분명 으뜸가는 좋음을 가장 훌륭하게 추구할 것인데, 이것이 이른바 국가 또는 국가 공동체(politike koinonia)이다. (중략)

이로써 인간이 벌이나 그 밖의 군서 동물보다 더 국가 공동체를 추구하는 동물임이 분명해졌다. 자연은 어떤 목적 없이는 아무것도 만들지 않는다는 것이 우리의 주장이다. 그런데 인간은 언어(logos) 능력을 가진 유일한 동물이다. 단순한 목소리(phone)는 다른 동물들도 가지고 있으며 고통과 쾌감을 표현하는 데 쓰인다. 다른 동물들도 본성상 고통과 쾌감을 감지하고 이런 감정을 서로에게 알릴 능력이 있기 때문이다. 그러나 언어는 무엇이 유익하고 무엇이 유해한지, 그리고 무엇이 옳고 무엇이 그른지 밝히는 데 쓰인다. 인간과 다른 동물들의 차이점은 인간만이 좋음과 나쁨, 옳고 그름 등등을 인식할 수 있다는 것이다. 그리고 이런 인식의 공유에서 가정과 국가가 생성되는 것이다. (중략)

인간은 완성되었을 때에는 가장 훌륭한 동물이지만, 법(nomos)과 정의(dike)에서 이탈했을 때에는 가장 사악한 동물이다. 무장한 불의(不義)는 가장 다루기 어렵다. 인간은 지혜와 미덕을 위해 쓰도록 무기들을 가지고 태어나지만, 이런 무기들은 너무 쉽게 정반대의 목적을 위해서도 쓰일 수 있기 때문이다. 그래서 미덕(arete)이 없으면 인간은 가장 불경하고 가장 야만적이며, 색욕과 식욕을 가장 밝히는 것이다. 하지만 정의는 국가 공동체의 특징 중 하나이다. 정의는 국가 공동체의 질서를 유지해 주고, 정의감은 무엇이 옳은지 판별해 주기 때문이다.

아리스토텔레스, 『정치학』, 천병희 옮김, 도서출판 숲, 2013, 15~22쪽.

예문 2

말을 타락시키는 큰 책임의 일부는 잡다한 요설에 불과한 의견에 있다. 위에서 내가 지금까지 이야기한 것들도 이러한 요설에 불과한 것인지 모른다. 지리멸렬한 시대에 한 사람의 지혜는 다른 사람의 어리석음이요, 한 사람의 공명정대는 다른 사람의 편협이기 쉽다. 따라서 지혜와 공명함에 대하여 가장 굳은 신념을 가지고 말한다고 하더라도 우리의 말은 늘 하나의 모험이다. (중략)

구체적으로 무엇이 건강한 언어인가, 또는 한발 더 나아가 위대한 언어인가 하는 것은 사회적으로 결정된다. 그리고 사회의 위대성은 그 사회가 인간의 위대성을 어떻게 이해하느냐에 의하여 정해진다. "스타일은 사람이다."라는 뷔퐁의 진부한 말은 역시 진리이다. 한 나라의 말은 곧 사회가 추구하는 인간 이념에 대응한다고 말할 수 있다. 언어에서 발생하는 혼란은 우리 사회가 추구하는 인간상이 무엇인지 불분명한 상태에 있다는 것에 관련되어 있다. (중략)

의견의 불일치가 불가피하다고 하더라도 한 가지 사실에는 대개 동의할 수 있지 않을까 한다. 즉, 언어의 참다운 기능은 곱살스러움의 표현이 아니라 진실의 전달에 있다는 것이다. 이 진실은 우리 사회에 사는 인간의 현재와 미래에 대한 전면적인 경험에 걸치는 진실이어야 한다. 말은 일상적인 인간이 그 삶을 영위하는 데 자유롭고 스스럼없이 의사를 교환할 수 있게 하고, 공장에서 일하는 노동자들이 기계를 쓰면서 하는 협동 작업을 용이하게 하는 것이어야 한다. 또한 그것은 사람의 운명을 높고 위엄 있는 차원에서 이해하고 세계에 대한 인식을 심화하는 것을 용이하게 하는 것이어야 한다. 그것은 과학과 기계를 만들어 내고 그 의미를 소유할 수 있게 하는 것이어야 한다. 그러한 말은 거칠고 부드럽고 넓고 섬세하며 무엇보다도 진실된 말, 또는 진실에로 나아가는 말일 것이다. 이것은 오랜 문화적 사회적 과정을 통해서 완성되는 하나의 위대한 스타일로서만 실현될 수 있다.

김우창, 『김우창 전집 1-궁핍한 시대의 시인』, 민음사, 1977, 389~390쪽.

예문 3

글을 쓴다는 건 즐거운 일입니다. 아리스토텔레스는 앎에 대한 욕구가 인간의 본능이라고까지 이야기했잖아요? 지식을 얻는 것, 전달하는 것, 공감하는 것, 이는 굉장히 즐거운 일이죠. 자기가 알고 있는 것을 사람들과 공유하고 싶다는 게 바로 글쓰기 욕망의 시작입니다.

글을 쓰면서 자기 생각이 정리되는 경험 역시 기분 좋습니다. 저는 그런 경험을 많이 했어요. 오히려 처음부터 명확한 생각을 하고 나서 글을 쓰기 시작한 경우가 드물었습니다. 말은 대충대충 할 수 있어도 글은 엉망인 상태로 내놓을 수 없잖아요? 이런 식으로든 논리적으로 문장을 이어 나가고, 구성을 고려하고, 쓴 다음에 퇴고도 하고, 그러면서 부지불식간에 생각이 정리되는 것 같습니다. 아주 명료하게.

항상 글을 쓰는 걸 즐기세요. 그건 사실 강요한다고 해서 되는 것은 아닙니다. 저는 평생 거의 직업적 글쓰기만 한 탓에 순수하게 글을 쓰는 기쁨을 별로 누리지 못했습니다. '나는 아마추어다.'라는 생각으로 글쓰기를 즐겼으면 좋겠습니다. 아마추어라는 것은 프로보다 못하다는 의미가 아니라 애호가라는 뜻입니다. 원래 돈벌이로 무슨 일을 하는 사람들을 프로라고 하고, 좋아서 무슨 일을 하는 사람들을 아마추어라고 합니다. '나는 글쓰기 아마추어다, 글쓰기를 진짜 좋아한다.'라는 생각으로 접근하면 참 좋을 것 같습니다.

흔히 예술적 글쓰기, 창작을 할 때 상상력이 굉장히 중시되는데 제 생각은 그렇습니다. 저는 모든 글쓰기가 기억에서 시작된다고 생각합니다. 자기 기억을 이리저리 변형시키는 것, 말하자면 일종의 왜곡된 기억이 상상이 아닐까요? 기억 또는 경험이 전혀 없다면 상상 자체를 할 수 없을 것 같습니다. 마르셀 프루스트란 사람의 『잃어버린 시간을 찾아서』라는 아주 유명한 소설이 있죠. 그런데 작가의 전기와 이 소설을 대조해 보면 겹치는 부분이 많이 있습니다. 저는 소설이 말하자면 작가가 왜곡시킨 기억을 풀어 놓은 결과가 아닌가 하는 생각이 듭니다. 그리고 그것이 바로 상상이지 싶어요. 기억과 아무런 관련이 없는 상상이라는 것은 있을 수 없습니다. '난 상상력이 없어서 아마 글을 못 쓸 거야.' 이런 생각을 하지 말고 경험의 폭, 기억의 폭을 넓히기를 바랍니다. 꼭 자기 삶만이 아니라 다른 사람의 삶에도 귀를 많이 기울여 보는 것이 좋습니다. 어떤 일에 관심을 갖게 되면 거기에 대해 반성이나 성찰을 하게 되고, 그렇게 요리조리 생각을 하다 보면 글로 이어지는 거죠.

요네하라 마리라는 일본 작가가 있는데, 소설을 쓰긴 했지만 주로 에세이를 많이 썼고 일본에서 러시아어 통역을 하던 분입니다. 굉장한 독서가에다 다작가여서 책을 많이 냈는데 한국에도 5, 6년 전부터 번역되기 시작했습니다. 제가 읽은 것만 거의 스무 권 가까이 되는 것 같아요. 이 분이 어떤 책에서 "사기꾼들은 거의 다 유머 작가 소질이 있다."라는 말을 했습니다. 사기 사건이라는 것이 피해자 입장에서 보면 웃을 일이 아니지만 사실 참 웃긴 일이거든요. 봉이 김선달 이야기의 충격적 반전만 해도, 김선달에게서 대동강 물을 산 사람들 입장에서는 김선달이 정말 죽일 놈이겠지만 읽는 사람으로서는 재미있을 따름입니다. 유머 작가가 되기 위해 사기꾼이 될 필요는 없겠지만, 어떤 기질도 글쓰기에 쓸모없는 기질은 없다는 말씀을 드리고 싶습니다. 이런 관점, 저런 관점을 다 가져 보라는 이야기이기도 합니다.

글을 안 쓰는 사람보다는 글을 쓰는 사람이 더 좋은 삶을 사는 것 같습니다. 물론 글을 안 쓰더라도 뭐, 몹쓸 삶은 아니죠. 그래도 글을 쓴다는 것은 어느 정도 책을 읽는다는 것, 생각한다는 것을 전제합니다. 그런 글쓰기, 책 읽기, 생각하기가 분명히 영혼을 고양시키는 것 같습니다. 너무 상투적인 말인가요? 설령 공적인 글이 아닐지라도 일기를 쓰는 사람과 일기조차 쓰지 않는 사람은 삶이 질적으로 다르다고 생각합니다. 그런데 글로 다른 사람들에게 상처 주지는 마세요. 글을 영혼을 고양시키는 무기로 써야지 사람 잡는 흉기로 쓰지는 말기를 바랍니다.

고종석, 「고종석의 문장 2」, 알마, 2014, 413~416쪽.

1) 인간만이 지닌 '언어 능력'이 인류의 역사에서 어떤 역할과 기능을 해 왔는지 논의해 보자.

2) 다음의 문장들이 어떤 의미를 가지고 있는지 구체적인 예를 들어 설명해 보자.
   ① "언어는 무엇이 유익하고 무엇이 유해한지, 그리고 무엇이 옳고 무엇이 그른지 밝히는 데 쓰인다. 인간과 다른 동물들의 차이점은 인간만이 좋음과 나쁨, 옳고 그름 등등을 인식할 수 있다는 것이다."

   ② "지혜와 공명함에 대하여 가장 굳은 신념을 가지고 말한다고 하더라도 우리의 말은 늘 하나의 모험이다."

   ③ "글로 다른 사람들에게 상처 주지는 마세요. 글을 영혼을 고양시키는 무기로 써야지 사람 잡는 흉기로 쓰지는 말기를 바랍니다."

3) 예문의 내용을 참조하여 "글쓰기, 책 읽기, 생각하기"의 활동이 어떤 연관성을 가지는지 그리고 이 활동들이 어떤 점에서 "영혼을 고양시키는" 데 기여하는지 논의해 보자. 더불어, 이 세 가지 활동이 자신의 삶에 어떠한 영향을 끼쳤는지 이야기해 보자.

02 좋은 글의 의의를 '성찰', '소통', '발견', '참여' 네 가지 면에서 정리해 보고 그 밖의 특징이 더 있는지 생각해 보자. 자신이 발견한 새로운 의의가 있다면, 본문과 같이 개념화하여 제시한 후 한 단락으로 서술해 보자.

좋은 글의 요건

좋은 글은 다양한 요건을 갖추고 있다. 열린 시각으로 참신한 주제를 찾고 논리적 흐름에 따라 짜임새 있게 조직하며 바른 문장과 정확한 표현을 구사하는 일을 먼저 떠올릴 수 있다. 또한 하나의 단어에서부터 문장, 문단, 글 전체에 이르기까지 글을 구성하는 모든 요소를 세심하게 다듬고 잘 배치해야 하며, 서로가 조화롭게 어울리도록 만들어야 한다. 요컨대 좋은 글은 내용의 완결성과 형식의 완결성을 모두 갖추고 있는 글이다.

좋은 글의 요건

1. 참신한 글

> "좋은 글은 참신한 생각을 담고 있다"

사람들은 글을 쓸 때마다 "이 글은 새로운가?"라는 질문과 마주하게 된다. 글이 새로워야 한다는 생각은 글쓰기를 어렵게 만드는 요인이기도 하다. 참신한 글을 써야 한다는 생각이 즐거운 고민이 되려면, 우선 참신성의 의미를 확장하여 이해할 필요가 있다.

참신성의 의미는 화제, 주제, 관점, 방법론, 대안 등 여러 차원에서 생각해 볼 수 있다. 글 쓰는 이는 흔히 결과적 차원에서 참신성을 보여 주려고 노력한다. 그런데 새로운 결과를 제시해야 한다는 부담감은 오히려 당위적이거나 상투적인 결론을 낳는 요인이 되기 쉽다. 참신성을 모색하는 데 어려움을 겪는다면, 글을 구상할 때 논의할 '대상'(무엇을)과 '방법'(어떻게)에 깊은 관심을 기울여 보는 것이 좋다. 이러한 관심은 대안적 사고와 차별화된 접근 방법을 발견하는 데 도움이 된다.

'무엇이 참신한가'를 판별하는 안목을 키우려면, 기존의 논의들을 성실하고 꼼꼼하게 살피고 분석하는 훈련을 지속할 필요가 있다. 다른 사람들이 어떤 관점에서 무엇을 어떻게 논의하였는지 파악하는 일은 참신한 글을 쓰기 위한 첫걸음이다. 기존의 논의에서 발견되는 성취와 한계를 검토하지 않고서는 자기가 쓴 글의 의미와 가치를 판단할 수 없다. 다루고자 하는 대상과 주제에 관련된 선행 연구를 폭넓게 살펴보는 일은 기초 작업에 해당한다.

참신함은 표현의 차원을 통해서도 구현된다. 사람들은 글을 쓸 때 종종 생각한 것과 표현된 것이 일치하지 않아 곤란을 겪는다. '머릿속'에서는 분명 그럴 듯했던 내용이 '글 속'에서는 다른 형태로 구현되는 경험을 하는 것이다. 따라서 생각의 내용만큼이나 그것을 어떻게 표현할 것인가 하는 문제도 중요하게 고려해야 한다. 내용을 어떤 형식에 담아낼 것인지를 고민해야 하는 것이다. 이때 형식은 단어, 문장, 구조, 양식 모두를 포함한다. 적절한 단어, 유려한 문장, 체

참신한 글을 쓰는 방법

- 참신성이 구현되는 다양한 차원을 폭넓게 검토한다.
- 관찰하고 기록하는 일을 즐긴다.
- 선행 연구를 세심하게 살핀다.
- 새로운 어휘와 표현을 꾸준히 익힌다.

계적인 구조, 적합한 양식은 생각의 내용을 새롭고 정확하게 구현하는 데 기여한다.

2. 논리적인 글

"좋은 글은 논리적인 체계와 흐름을 가진다"

좋은 글은 시작과 끝이 유기적으로 이어지는 논리적 흐름을 가진다. 본격적으로 글을 쓰기 전에 '글의 설계도'라 할 수 있는 '개요'를 충실하게 작성하면, 글의 전체적인 흐름과 체계를 미리 검토할 수 있다. 또한 글을 쓰는 과정에서 제목, 핵심어, 주제 문장, 각 단락의 소주제 문장이 잘 연결되고 있는지 살펴보는 것도 논리적인 글을 쓰는 데 도움이 된다. 서두와 본론 사이, 본론과 결말 사이에 '연결 문장'을 배치하여 서두—본론—결말의 유기적 연계를 강화하는 것도 좋은 방법이다. 연결 문장은 서두(본론)의 내용을 효과적으로 요약하는 역할과 본론(결말)에서 전개될 내용을 예고하는 역할을 맡는다.

좋은 아이디어도 허술한 구성에 담기면 의미가 퇴색하기 마련이다. 참신한 아이디어를 생성하는 능력만큼이나 글을 조직하는 능력도 중요하다. 여기서 유의할 점은 '논리적인 구성'이 단지 서두, 본론, 결말로 이해되는 외형상의 구조를 지시하는 말은 아니라는 것이다. '논리적인 구성'은 내용과 형식이 서로 긴밀하게 연관되고 조화를 이룰 때 성취된다. 문장과 문장 사이, 문단과 문단 사이의 흐름을 꼼꼼하게 조직하고 한 문장도 허투루 쓰지 않기 위해 노력하는 일이야말로 논리적인 글을 쓰기 위한 최선의 방법이다.

논리적인 글을 쓰기 위해서는 자료를 잘 다루는 능력도 필요하다. 자료 탐색은 단순히 여러 정보를 살피고 취합하는 과정이 아니다. 이 단계에서 글 쓰는 이는 어떤 자료가 유용하고 의미 있는지 판별하고, 어떤 자료를 활용할 것인지 결정하는 일을 수행한다. 자료의 선별, 배치, 연결은 글의 완성도를 결정한다. 어떤 재료로 어떻게 조리하느냐에 따라 음식의 맛이 달라지듯이, 좋은 글을 쓰려면 필요한 자료를 잘 찾아 적절하게 활용할 줄 알아야 한다. 활용하고자 하는 자료의 선후 관계와 인과 관계를 고려하여 글의 얼개를 짜 보는 것도 논리성을 확보할 수 있는 한 가지 방법이다.

> **논리적인 글을 쓰는 방법**
>
> • 글의 설계도인 개요를 충실하게 작성한다.
> • 제목, 핵심어, 주제 문장, 단락별 소주제 문장의 관계를 검토한다.
> • 서두와 본론, 본론과 결말 사이에 연결 문장을 배치한다.
> • 필요한 자료만 활용하고 자료 사이의 연결성을 살핀다.

3. 정성이 담긴 글

"좋은 글은 오랜 숙고와 노력의 소산이다"

글은 쉽게 써지지 않는다. 한 편의 글을 완성하는 과정에서 쓰고 지우기를 반복하는 것은 자연스러운 일이다. 글쓰기에 능숙한 사람도 여러 번의 다시 쓰기를 통해 글을 완성한다. 자기가 쓴 글을 읽고 다듬는 과정에서 글은 매 순간 새롭게 쓰인다. 그렇기 때문에 엄밀한 의미에서 완벽한 글을 쓴다는 것은 불가능에 가까우며 글 쓰는 행위가 종료되는 시점도 정해져 있지 않다.

좋은 글을 쓰기 위한 방법 가운데 하나는 오래 고민하고 정성을 들여 쓰는 것이다. 어떤 글을 쓰느냐에 따라 그 글이 갖추어야 할 요건은 달라질 수 있다. 다만 한 가지 변하지 않는 미덕이 있다면, 그것은 바로 글 쓰는 이의 노력과 정성이다. 한 편의 글을 완성하기 위해 들이는 노력과 정성에 따라 글의 가치는 달라진다. 참신성과 논리력이 다소 아쉬운 글이라고 하더라도 쓰는 동안 기울인 노력과 숙고의 시간이 엿보인다면, 독자는 기꺼이 글쓴이의 목소리에 귀를 기울일 것이다.

글쓴이가 오래 고민하면서 즐겁게 쓴 글은 독자에게도 그렇게 읽힐 가능성이 높다. 반대로, 무심하게 쓴 글은 독자에게 생각할 거리를 던져 주거나 감동을 전해 주기 어렵다. 논의 대상에 대한 글쓴이의 입장이 잘 드러나고 충분한 탐색과 고민이 동반되어 있는 글은 그 자체만으로도 의미가 있다. 따라서 글을 쓸 때에는 자기만의 분명한 목표를 세우는 것이 좋다. 스스로 글의 목표를 설정하지 않는다면, 글을 쓰는 동안 능동적인 행위 주체가 되는 경험을 하기 어렵다.

다른 여러 능력과 마찬가지로 글을 쓰는 능력 역시 일정 부분 타고나는 면이 없지 않다. 유달리 언어 감각이 잘 발달하여 어휘 구사력이나 표현 능력이 뛰어난 경우를 찾아볼 수 있다. 그러나 다행히도 글을 쓰는 능력은 후천적으로 향상시킬 수 있는 여지가 더 많다. 다양한 글을 폭넓게 접하고 좋은 글의 여러 미덕을 익히며 글을 쓸 때마다 최선을 다하는 것이야말로 글쓰기에 필수적으로 요구되는 태도이다.

정성이 담긴 글을 쓰는 방법

- 글을 쓰는 이유를 찾고 글의 목표를 스스로 설정한다.
- 글을 쓸 때 거쳐야 할 과정을 충실히 이행했는지 살핀다.
- 글을 완성하기 위해 들인 노력과 정성을 점검한다.
- 독자의 시선으로 자기 글을 논평하는 훈련을 한다.

학습 활동

01 좋은 글의 미덕은 다양한 차원에서 찾을 수 있다. 좋은 글이란 무엇인지에 관해 논의하고 있는 다음 예문을 읽고 아래의 활동을 해 보자.

예문

"어려운 글을 읽으려고 애쓰지 말라. 그런 글은 저자 자신도 무슨 소린지 모르고 쓴 글이다." 문화 비평가로 상당한 성가를 올린 어느 대학 교수의 책에, 그것도 서문에, 이런 내용의 말이 있다. 정말 그럴까. 결론을 미리 말한다면, 나는 나와 함께 공부하는 학생들이나 내 자식들이 이런 말에 현혹될까 봐 두렵다.

이런 주장을 펴는 사람들의 논리는 대개 비슷하다. 글이나 말은 생각을 전달하는 데 목적이 있는데, 읽는 사람이 무슨 소린지 모른다면 그게 무슨 소용이 있느냐고 우선 따진다. 어려운 글은 자기 과시를 하려는 심리가 뒤에 있고, 그런 태도는 사람들을 억압하게 마련이라고도 말한다. 어려운 글은 반민중적이라는 이데올로기도 당연히 거기 곁들린다.

글은 확실히 쉽게 쓸 수 있는 한 쉽게 쓰는 것이 좋을 것이다. 그러나 어떤 생각이 쉽게 표현되지 않는다고 해서 그 생각 자체가 나쁜 것이거나 반민중적인 것이라고 할 수는 없다. 어렵게 표현될 수밖에 없는 그런 생각이 세상을 억압한다기보다는 오히려 그런 생각이 억압을 받고 있다고 해야 옳다. 어렵고 까다로운 글보다 간단명료한 구호 투의 말들이 사람들을 더 억압해 왔던 예를 우리는 너무 많이 보아 왔다.

내가 대학원을 다닐 때 하숙을 하던 집 아주머니는 학교에 가 본 적이 없지만 매우 명민한 사람이어서 혼자 글을 깨쳐 한자가 드문드문 섞인 글을 읽어 냈고 쉬운 영어 책도 해독했다. 이 아주머니는 자기 집에 하숙하는 학생들이 무엇을 공부하고 있는지 늘 알고 싶어 했다. 나는 내 공부가 다른 사람들에게 무슨 소용이 있고, 세상과 어떤 연결 고리를 가질 수 있는가를 알아볼 겸 해서 아주머니를 상대로 내가 쓰려는 논문에 관해 이따금 이야기를 해 보곤 했다. 나는 아주머니가 알아들을 수 있는 낱말과 문장을 골라 가능한 한 쉽게 이야기한다. 아주머니는 의외로 잘 알아듣고 가끔 날카로운 질문도 한다. 그러나 내가 아무리 쉽게 이야기하려고 해도 그 한계가 있고, 결코 전할 수 없는 부분이 있다. 그 부분이 전체 이야기의 천분의 일에 불과하고, 그것이 비록 문제의 핵심이 아니라고 하더라도, 그 부분에 대한 내 천착은 내게 매우 중요하고 아주머니에게도 중요하다. 나는 온갖 낱말, 온갖 문장을 다 사용하여 그 부분을 더 명확히 하기 위해 심혈을 쏟는다. 아주머니가 어떻게 해도 알아들을 수 없는 이 부분에 대한 내 노력은 공부를 깊게 해 주기도 하지만, 내가 아주머니에게 알아들을 수 있게 말할 수 있는 부분을 더 풍요롭게 만들고 더 쉽게 만들어 주기도 한다. 내가 어려운 말의 도움을 받아 공부한 부분이 아주머니에게 쉽게 말할 수 있는 부분을 더 넓고 깊게 해 주기도 하는 것이다.

민중이 고정되어 있는 것이 아닌 것처럼, 그 지적 상태와 정신태도 고정된 것이 아니다. 물론 그 말도 고정된 것이 아니다. 어려운 말은 물론 지식인이 만들어 내고 학문이 만들어 낸다. 학문의 어떤 부분에 어려운 말을 많이 써야 한다면 그 부분이 민중과 멀어지는 것이 사실이겠으나, 그 학문 전체를 놓고 본다면 민중과 만나는 부분이 줄어드는 것도 아니고, 민중과 멀어진다고 해서 그 부분을 포기할 수 있는 것도 아니다.

사실, 사람을 억압하는 것은 자각되지 않는 말들이고 진실과 부합되지 않는 말들이고 인습적인 말들이지, 반드시 어려운 말이 아니다. 어려운 말은 쉬워질 수 있지만, 인습적인 말은 더 인습적이 될 뿐이다. 진실은 어렵게 표현될 수도 있고 쉽게 표현될 수도 있다. 진실하지 않은 것도 역시 마찬가지이다. 게다가 억압받는 사람들의 진실이야말로 가장 표현하기 어려운 것에 속한다. 장 주네는 "자신이 배반자라고 여겨질 때 마지막 남아 있는 수단은 글을 쓰는 것"이라고 했는데, 그 말이 의미하는 바도 아마 이와 관련될 것이다.

황현산, 「어려운 글 쉬운 글」, 『밤이 선생이다』, 난다, 2013, 273~275쪽.

1) 글쓴이의 주장을 요약하고 논평해 보자. 이와 더불어 글을 쓸 때 고려해야 할 점들에 대해 자유롭게 이야기해 보자.

2) 다음 문장들에 담긴 의미를 탐색한 후, 자신의 의견을 이야기해 보자.

① "글은 확실히 쉽게 쓸 수 있는 한 쉽게 쓰는 것이 좋을 것이다. 그러나 어떤 생각이 쉽게 표현되지 않는다고 해서 그 생각 자체가 나쁜 것이거나 반민중적인 것이라고 할 수는 없다."

② "어렵고 까다로운 글보다 간단명료한 구호 투의 말들이 사람들을 더 억압해 왔던 예를 우리는 너무 많이 보아 왔다."

③ "억압받는 사람들의 진실이야말로 가장 표현하기 어려운 것에 속한다."

02 좋은 글을 쓰기 위해서는 먼저 한 편의 글이 만들어지는 과정을 잘 이해할 필요가 있다. 글쓰기 과정을 세 단계로 제시하고 있는 다음 예문을 읽고 아래의 활동을 해 보자.

예문

좋은 글을 쓰기 위해서는 세 단계를 거쳐야 한다. 영감을 얻고 글을 구상하는 음악의 단계, 글을 짓는 건축의 단계, 마지막으로 세부를 엮는 직조의 단계가 그것이다.

발터 벤야민, 『발터 벤야민 선집1-일방통행로 · 사유 이미지』, 김영옥 · 윤미애 · 최성만 옮김,
도서출판 길, 2012, 93쪽.

---

1) '음악의 단계', '건축의 단계', '직조의 단계'에서 수행되는 구체적인 글쓰기 활동으로 무엇이 있을지 생각해 보자.

2) 자기의 경험을 토대로 '글쓰기의 과정'을 떠올려 보고, 이를 예문과 같이 단계별 개념으로 만들어 제시해 보자.

03 누구나 글을 쓸 때마다 '어떻게 하면 글을 잘 쓸 수 있을까?' 하는 고민을 한다. 다음 예문은 글쓰기에 도움이 될 만한 여러 방법들을 소개하고 있다. 내용을 숙지한 후 아래의 활동을 해 보자.

■"자유롭게 사유하고 질서 있게 정돈하라"

문필가는 자신의 텍스트 속에 집을 짓는다. 이 방에서 저 방으로 끌고 다니는 종이, 책, 연필, 서류 들로 방을 어지럽히듯 그는 사유 속에서 비슷한 무질서를 만들어 낸다. 사유는 그가 기분 좋게 느끼기도 하고 짜증을 내기도 하면서 자리를 잡고 앉는 가구이다. 그는 이것들을 다정스럽게 문지르기도 하고 혹사시키기도 하며, 뒤범벅을 만들기도 하고 자리를 바꾸어 보기도 하고 망치기도 한다. 문필가는 글을 쓸 때 어쩔 수 없이 쓰레기와 잡동사니를 배출한다. 하지만 그에게는 창고가 없기 때문에 이 찌꺼기들과 멀리하는 것이 쉽지 않다. 이것들을 자기 앞에 밀어 놓다 보면 결국에는 자기 주변을 쓰레기로 둘러싸이게 할 위험이 있다. 자기 자신에 대한 동정에 가혹하라는 요구에는 기술적 필요도 들어 있다.

■"생각과 글의 간극을 들여다보라"

문필가가 지켜야 할 첫 번째 유의 사항은 모든 텍스트와 모든 절, 모든 문단에서 중심 모티브가 분명하게 부각되어 있는지 살피는 것이다. 무엇인가를 표현하려는 사람은 별다른 반성 없이 붓 가는 대로 작성되고 있는 것들을 내버려 두려는 경향이 있다. 누구나 '생각 속'에서는 자신의 의도에 밀착되어 있지만 정작 자신이 말하고자 하는 것에 대해 이야기하는 일은 잊어버린다.

■"정확하고 명료하게 기술하라"

덤불은 정성스럽게 보살핀 신성한 숲이 아니다. 글쓴이는 자기 자신을 이해한다는 편안함에서 비롯되는 난해성을 해소해야 한다. 대상의 깊이를 충실히 감당하면서 군더더기 없이 쓰려는 의지와 독특하고 난해하며 자만에 찬 글을 쓰려는 유혹을 분명하게 구별하는 것은 쉽지 않다. 언제나 의심의 눈초리로 글을 검토하는 것이 필요하다. '건전한 인간 오성'이라는 우둔함에 굴복하지 않으려는 사람은 진부한 사유를 화려한 문체로 치장하려 들지 않나 조심해야 한다. 로크의 진부한 문체가 하만의 모호한 문체를 정당화해 주지는 못한다.

■ "적절한 인용의 필요성과 효과에 대해 이해하라"

고귀한 텍스트는 거미줄 같다. 촘촘하고 집중되어 있으며 투명하고 탄력 있고 견고하다. 이것은 날고 기는 것들을 모두 자신 안으로 잡아챈다. 거미줄 같은 텍스트를 재빨리 통과해 빠져나가 보려는 메타포들은 거미줄의 제물이 되어 텍스트에 영양분을 공급한다. 거기에는 재료들이 날아든다. 어떤 관념이 견실한가는 인용이 적절한가의 여부에 따라 판단될 수 있다. 사유가 현실의 세포를 열어 준 바로 그곳에서 사유는 주체의 폭력 행위 없이 다음 세포로 파고들어야 한다. 이러한 사유는 대상에 대한 자신의 관계를 유지하며, 금세 다른 대상들이 그러한 사유의 주변에 결정체를 이루면서 모여든다. 어떤 '특정한' 대상을 향한 그의 시선 속에서 다른 사물들이 반짝이기 시작한다.

■ "퇴고에 충실하라"

어떤 결함도 개선하지 않고 그대로 내버려 두어도 무방할 정도로 작고 사소하지 않다. 수백 번의 교정을 행할 때 하나하나의 작업은 사소하고 고루하게 보일지 모르지만, 이 작업들이 모두 합쳐지면 새로운 차원의 텍스트가 탄생한다.

■ "삭제에 인색하지 말라"

삭제하는 일에 인색해서는 안 된다. 길이는 아무래도 좋다. 분량이 너무 적지 않을까 하는 두려움은 유치하다. 일단 쓰였다는 이유로 존재할 가치가 있다고 여겨서는 안 된다. 몇몇 문장이 동일한 생각을 단지 변주시키는 것에 불과하다면, 그것은 저자가 아직 충분히 소화하지 못한 그 무언가를 붙잡기 위해 이리저리 글쓰기를 시도해 보는 중이라는 사실만을 알려 줄 뿐이다. 이러한 경우에는 최상의 표현을 끌어내기 위해 노력해야 한다. 전체적인 구성을 고려할 때, 필요하다면 버리기 아까운 사유조차 포기할 수 있어야 한다. 이것은 문필가가 갖추어야 할 중요한 테크닉이다. 이렇게 버려진 사유들이 힘 있고 꽉 찬 구성을 만들어 내는 데 기여한다. 식탁에서처럼 마지막 한 입을 먹지 않아야 하며 술잔의 바닥을 비우지 않아야 하는 것이다. 그렇지 못할 경우 바닥이 보인다는 의심을 받는다.

테오도르 아도르노, 『미니마 모랄리아』, 김유동 옮김, 길, 2005, 117~121쪽.

1) 각자의 경험을 토대로 좋은 글을 쓰기 위한 구체적인 방법들을 소개해 보자. 그리고 자신이 제안한 여러 방법 가운데 한 가지를 선택하여, 예문과 같이 한 문장으로 제시하고 그에 대한 구체적인 설명을 한 단락으로 기술해 보자.

2) 예문에 제시된 글쓰기의 기술을 참조하여 '좋은 글'이라고 판단할 수 있는 글을 한 편씩 찾아보자. 선정한 글을 동료들에게 소개하고, 해당 글의 특징과 미덕을 설명해 보자.

참고 문헌

- 고종석, 『고종석의 문장 2-자유롭고 행복한 글쓰기란 무엇일까』, 알마, 2014.
- 김우창, 『김우창 전집 1-궁핍한 시대의 시인』, 민음사, 1977.
- 서경식, 『난민과 국민 사이-재일 조선인 서경식의 사유와 성찰』, 임성모 · 이규수 옮김, 돌베개, 2006.
- 정희모 외, 『대학 글쓰기』, 삼인, 2008.
- 최인호, 「문학은 세상의 고통에 감응하는 하소연의 눈물」, 『나는 왜 문학을 하는가』, 열화당, 2004.
- 황현산, 「어려운 글 쉬운 글」, 『밤이 선생이다』, 난다, 2013.
- 발터 벤야민, 『발터 벤야민 선집 1-일방통행로 · 사유 이미지』, 김영옥 · 윤미애 · 최성만 옮김, 도서출판 길, 2012.
- 아리스토텔레스, 『정치학』, 천병희 옮김, 도서출판 숲, 2013.
- 에드워드 사이드, 『저항의 인문학-인문주의와 민주적 비판』, 김정하 옮김, 마티, 2008.
- 윌리엄 M. 레디, 『감정의 항해-감정 이론, 감정사, 프랑스 혁명』, 김학이 옮김, 문학과지성사, 2016.
- 테오도르 아도르노, 『미니마 모랄리아-상처받은 삶에서 나온 성찰』, 김유동 옮김, 길, 2005.

제2부
쓰기를 위한 읽기

03

읽기와 텍스트

"글을 쓰는 것은 자기 생각과 의견을 표현하는 행위이고, 글을 읽는 것은 다른 사람의 생각과 의견을 경청하고 이해하는 행위이다. 두 과정은 동떨어진 것이 아니라 서로 긴밀하게 연결되어 있다. 따라서 좋은 필자가 되기 위해서는 우선 좋은 독자가 되어야 한다. 읽는 과정을 통해 풍부한 지식과 정보를 얻고, 사유의 방향과 방법을 찾을 수 있기 때문이다."

"작가 자신이 텍스트를 이해했듯이 주어진 텍스트를 이해하는 것, 그러나 이해는 그보다도 더 훌륭할 수 있고, 또 그래야만 한다. 강력하고 심원한 창조는 많은 경우 무의식적이며 다중 의미적이다."

Mikhail Bakhtin, 「1970~71년의 노트에서」

읽기의 필요성

글쓰기는 자기 생각과 의견을 표현하는 행위이고, 글 읽기는 다른 사람의 생각과 의견을 경청하고 이해하는 행위이다. 두 과정은 동떨어진 것이 아니라 서로 긴밀하게 연결되어 있다. 따라서 좋은 필자가 되기 위해서는 우선 좋은 독자가 되어야 한다. 읽는 과정을 통해 풍부한 지식과 정보를 얻고 사유의 방향과 방법을 찾을 수 있기 때문이다.

다양한 글을 읽고 이를 기반으로 자신의 글을 쓰기 위해서는 문헌을 정확히 독해하고 풍부하게 재해석하는 능력이 요구된다. 읽기를 통한 쓰기는 학술 글쓰기가 따라야 할 기본적인 방식이므로, 글 쓰는 이는 읽기의 의의와 활용 방법을 잘 알아 두어야 한다.

1. 정보와 지식의 습득

글을 읽으면 여러 가지 정보와 지식을 얻을 수 있다. 정보와 지식은 생각과 판단 나아가 글을 형성하는 주요 자원이다. 따라서 글 쓰는 이는 자신이 새롭게 얻은 정보, 개념, 이론 등을 성실하게 습득하고 파악하는 과정을 거쳐야 한다. 학술적으로 명확하게 이해한 지식은 글을 쓸 때 의미 있게 활용할 수 있다.

예문 1

사람들은 흔히 공자의 성(姓)은 공(孔)이고, 이름은 구(丘)이며, 자는 중니(仲尼)라고 알고 있다. 사실 이 같은 지식은 정확한 것이 아니다.

엄격하게 말하면 공자의 이름 가운데 '공(孔)'은 성(姓)이 아니라 씨(氏)다. 따라서 공자의 성은 공이 아니다. 공자가 살던 시대에 성과 씨는 다른 개념이었다. 성은 변하지 않는 것으로 손자는 할아버지의 성을 따랐다. 그에 반해 씨는 자주 바뀔 수 있으며, 할아버지가 한평생 장(張)씨로 살았어도 아버지가 이씨로 바꾸거나 손자가 조씨로 바꾸는 것이 상관없었다. 무슨 씨로 할 것인지 자신이 선택할 수 있었다. 자기가 사는 지방의 이름을 씨로 사용하거나 아버지의 이름이나 관직명, 항렬을 따라도 관계없었다. 예를 들면 장소명(張小明)이라는 사람의 아버지가 정주(鄭州)에서 공무원 생활을 할 경우 정(鄭)을 씨로 삼아 정소명(鄭小明)이라고 할 수도 있었다. 또 항렬을 씨로 쓰고 싶은데 장소명이 둘째 아들이라면, 둘째 중(仲) 자를 써서 중소명(仲小明)이라 할 수도 있었다. 이처럼 씨는 어떤 것을 써도 상관없었지만 성은 바뀌지 않는 것으로 장소명의 성은 변함없이 장(張)인 것이다.

공자의 선조는 상(商)나라 황족 출신이었다. 상왕의 성이 자(子)였기 때문에 공자 역시 성이 자이다. 그래서 성을 붙여 공자를 지칭한다면 공자가 아니라 자자(子子)라고 불러야 마땅하다. 하지만 이런 칭호는 무척 이상하게 들린다.

상나라가 멸망하자 공자의 선조는 오늘날의 허난성(河南省) 상추(商丘) 지역으로 강제 이주되었다. 그 뒤 몇 세대가 지나 공보가(孔父嘉)라는 보기 드문 인재가 세상에 태어났다. 공보가는 공자의 6대 선조로 성은 역시 자(子)이고 공보(孔父)가 자이며 가(嘉)는 이름이다. 춘추 시대에는 자를 앞에 놓고 자와 이름을 합쳐 부르는 것이 유행이었다. 만약 유비(劉備) 유현덕(劉玄德)이 시공간을 거슬러 춘추 시대로 간다면 '현덕비(玄德備)'로, 장비(張飛) 장익덕(張翼德)은 익덕비(翼德飛)로 불렸을 것이다.

그런데 공자의 선조 중 공보가 위 세대는 무슨 씨를 사용했는지 정확히 알 수 없다. 다만 공보가 때부터 '자(子)'라는 성은 쓰지 않고 '공(孔)'이라는 씨를 사용하기 시작했다는 것은 분명하다. 이때부터 후손들은 '공'씨로 불렸고 공자 역시 공자로 불리게 되었다.

리카이저우, 『공자는 가난하지 않았다』, 박영인 옮김, 에쎄, 2012, 15~17쪽.

위 예문을 읽다 보면 공자에 대해 새로운 사실을 알게 된다. 공자의 성(姓)이 '공(孔)'이 아니라 '자(子)'라는 점, 공자의 선조에 '공보가'라는 재상이 있었다는 점, 춘추 시대에는 '자'를 이름 앞에 넣어서 불렀다는 점이 그것이다.

읽기를 통해 새로운 사실과 정보를 축적할 수 있는데, 사실과 정보를 긴밀하게 종합하면서 자기만의 지식을 창출할 수 있다. 축적된 정보와 습득한 지식의 적절한 활용은 글의 신뢰도, 정확성, 객관성을 높이는 데 중요한 역할을 한다.

2. 입장과 의견의 이해

글을 읽을 때 핵심은 글쓴이의 생각과 의견을 이해하고 판단하는 것이다. 한 편의 글에서 글쓴이는 정보와 지식을 결합하고 응용하면서 궁극적으로 자신의 가치관, 입장, 사유를 전달한다. 익숙하게 알려져 있는 정보와 지식이라 하더라도 글쓴이의 독창적인 재구성 및 재해석을 통해 다른 의미를 담게 되는 경우가 많다.

글을 쓰려면 자신이 읽은 글이 지니고 있는 독특한 시각과 견해를 충실하게 파악하고 그 의의를 판단할 수 있어야 한다. 이 과정을 통해 세계와 사물을 새롭게 보는 비판적인 사고 능력도 기를 수 있다.

미국인이든, 한국인이든 일본에서 경악하는 것이 고속도로 통행료다. 길바닥에 대리석을 깐 것도 아닌데 서울~부산 정도의 거리를 달리면 8만 원이 넘는 돈을 뜯긴다. 2년 전 사정 모르고 도쿄에서 홋카이도까지 차를 몰고 갔다가 100만 원이 넘는 통행료를 지불한 것이 아직 후회로 남아 있다. 비행기를 타고 홋카이도에 간 뒤 렌터카로 돌아다니는 것이 차라리 경제적이었다.

일본 고속 도로 통행료가 터무니없이 비싼 것은 익히 알고 있던 사실이지만, 왜 비싼지는 잘 몰랐다. 그저 '도로를 건설하는 데 필요한 땅값이 비싸서 그런가 보다.' 하고 생각했다.

하지만 얼마 전 일본도로공단(2005년 민영화)이 2002년 공개한 자료를 찾아 읽다가 새로운 사실을 알았다. 일본에서 한국 경부 고속도로처럼 '산업 혈맥' 역할을 하는 것은 도쿄~나고야를 잇는 도메이(東名) 고속도로다. 오사카로 통하는 최단 거리이기 때문에 도쿄 거주자들이 자주 이용하는 고속 도로인데, 공단 자료에 따르면 이미 오래전에 이용자들이 통행료로 도로 건설비를 다 갚았다는 것이다.

일본은 고속도로를 세금이 아니라 빚으로 만든다. 이 빚을 통행료로 전액 갚아 나가는 방식이다. 따라서 세금이 투입되는 한국에 비해 통행료가 비싸지만, 다 갚으면 이용자를 위해 공짜로 개방하는 것을 기본 원칙으로 하고 있다.

원칙대로라면 도메이 고속도로는 일찌감치 무료 개방되거나 통행료가 한국만큼 내려갔어야 옳다. 통행료 수입이 누적 건설비의 3배를 넘어섰기 때문이다. 그럼에도 계속 비싼 통행료를 징수한다. 원금의 3배 이상을 뜯어 가고도 상환을 요구하는 '고리대금업자'와 다를 바 없다.

통행료를 계속 징수하는 명분은 낙후된 지역의 고속도로 건설을 위한 재원으로 쓴다는 것이다. 도쿄 거주자들이 홋카이도나 규슈의 고속도로 건설 비용을 지불하고 있는 셈인데, 1972년 만들어진 '요금 풀(pool)제'라는 제도가 뒷받침하고 있다.

물론 도로가 태부족일 때는 먼저 혜택을 본 도시의 이용자들이 지방 고속 도로 건설을 위한 재원을 보조해 주는 것은 있을 수 있는 일이다. 하지만 도로가 과잉이라면 얘기가 다르다.

고속도로를 포함한 일본의 도로 밀도(국토 면적 대비 도로 길이)는 3.16으로 네덜란드(3.72)에 이어 세계 2위다. 고속도로도 다른 선진국에 뒤지지 않는다. "일본 도로엔 구루마(자동차)보다 구마(곰)가 더 자주 목격된다."라는 비판도 있다. 얼마 전 강진(强震)으로 산악 도로가 엿가락처럼 끊어졌지만 인명 피해가 적었던 것은 원래 사람이 안 다니는 곳에 쓸데없는 도로를 건설했다는 것을 말해 준다.

그럼에도 고속도로가 계속 건설되는 것은 왜일까. "국민 편의가 아니라 건설업자들의 생존을 위해서"라고 말할 수 있다. 일본은 지금까지 고속도로 건설에 360조 원 이상의 빚을 투입했다. 자금이 크면 축적된 이익 공동체도 거대한 법이다. 이들의 생존을 위해 도로가 증식(增殖)하고, 도로 증식을 위해 국민이 비싼 통행료를 지불하는 것이다.

고도성장 시대가 끝난 뒤에는 이처럼 주객(主客)이 뒤바뀌는 분야가 선명하게 드러난다. 임직원 철밥통을 유지하기 위해 존속하는 공기업, 공무원을 늘리기 위해 늘어나는 관료 조직, 토목업자 이권을 보장해 주기 위한 공공사업, 소비자의 머리 위에 군림하는 노동조합. 1980년대 중반 국철(國鐵) 노조 무력화 이후, 일본의 개혁은 뒤바뀐 주객을 차례차례 돌려놓는 과정이었다. 일본은 도로가 마지막이다. 한국은 지금이 시작인 듯하다.

선우 정, 「주객(主客)이 뒤바뀐 사회」, 『조선일보』, 2008. 6. 30

위 예문은 교통비가 비싼 일본의 현실을 언급하면서 이런 현상이 발생하게 된 배경을 설명한다. 이 글을 읽으면 일본 교통비의 현황과 통행료 정책의 원칙만이 아니라 그에 대한 견해도 알 수 있다. 글쓴이는 일본의 통행료 책정 방식에 비판적이고 부정적인 입장을 취하고 있으며, 나아가 한국의 상황에 대해서도 문제를 제기하고 있다.

이 글의 주된 논의 대상은 일본이지만, 이를 바탕으로 한국의 경우를 검토하도록 유도하면서 사고를 확장시키고 있다. 글쓴이는 주어진 견해를 출발점으로 삼아 참조, 동의, 비판 등 복합적인 관점을 취하면서 자신의 입장을 논리적으로 구성하고 있다.

학습 활동

01 다음 예문을 읽고 아래의 활동을 해 보자.

뉴턴은 링컨셔의 여느 열정적인 청교도만큼이나 열렬하게 『구약 성서』의 절대적 신을 굳게 믿었다. 뉴턴은 신의 섭리가 세상을 창조했을 뿐만 아니라 매 순간 신이 자신의 의지로 세상을 지배하고 존속시킨다고 믿었으며, 그와 같은 믿음의 증거를 찾아내기를 간절히 원했다.

뉴턴에게 스스로 돌아가는 세상을 창조만 하고 방치해 두는 최고 존재(Supreme Being)는 데카르트 같은 위장한 이교도들의 신일 뿐이었다. 뉴턴은 마치 순박한 사제처럼 데카르트에게 맹렬한 혐오감을 드러냈다. 신이 자신의 피조물의 세계를 참으로 통치하고 존속시킨다는 사실을 입증하는 것은 뉴턴의 생애를 건 목표였다. 이런 목적의식과 확신으로 뉴턴은 기존 관념의 속박에서 벗어나, 물체의 힘이 모든 자연 현상의 궁극적 원인이라는 기존의 통념을 의심할 수 있었다. 그는 궁극적 원리가 물질이 아니라 '비물질적인 힘'이라고 간절히 믿었다. 뉴턴의 이른바 '운동 법칙'은 신의 정당한 의지에 의해 직접적으로 선포된 것이었다. 만일 그와 같은 비물질적 힘의 존재가 증명된다면, 창조주의 직접적인 활동 없이는 세계가 단 한 순간도 존속할 수 없음이 분명해지고, 따라서 기계론 철학으로 위장한 이교도들의 주장에 맞서 신의 섭리가 옹호될 수 있었다.

그러므로 지구 중심을 향한 비물질적 견인력에 의해 물체가 지구 중심으로 떨어진다는 것은 뉴턴으로서는 상상하지 못할 일이 아니었다. 따라서 사과가 떨어질 때 발생하는 힘과 동일한 힘이 지구 저 멀리까지 뻗어 달마저도 지구로 '낙하'할 수 있다는, 고정 관념에 얽매이지 않은 자유로운 사고를 펼칠 수 있었다. 두말할 나위 없이 '새로운 철학자들'은 그런 힘을 이해하지 못했다. 그러나 그것은 검증 가능한 것이었다. 분명 지구 중심을 향한 이 '낙하'는, 지구 중심으로부터 벗어나려는 달의 원심적 경향과 대등한 것이었다. 바로 그 때문에 달이 궤도를 유지하는 것이다. 바야흐로 원심력을 측정할 수 있게 된 뉴턴은 또한 구심력의 크기를 계산할 수 있었다. 특히 그는 달이 1초에 얼마만큼이나 지구를 향해 끌리는지를 계산할 수 있었다. 그는 또 지구의 중력이 낙하하는 사과를 1초에 얼마나 끌어당기는지를 알아냈는데, 그 답은 16.1피트였다.

월터 카프, 「미래와 과거를 바라본 야누스 뉴턴」, 「뉴턴에서 조지 오웰까지」, 박상익 옮김, 푸른역사, 2004, 34~36쪽.

1) 위 예문을 읽고 뉴턴에 대해 새롭게 알게 된 점을 정리해 보자.

2) 정리한 내용을 활용하여 과학 지식과 세계 해석의 관련성에 대해 한 편의 글을 써 보자. (다음 사항에 유의하여 작성할 것.)

- 예문에 제시되어 있는 정보와 지식을 이용한다.
- 예문의 주요 논의와 입장을 파악하여 활용한다.
- 자신이 글을 통해 주장하려는 바가 무엇인지 명확히 한다.

다음 예문은 '정크스페이스(Junkspace)'라는 개념으로 현대 건축과 공간을 해석하고 있는 글이다. 글을 읽고 아래의 활동을 수행해 보자.

예문

근대화가 건설한 생산물은 근대 건축이 아니라 정크스페이스(Junkspace)다. 정크스페이스는 근대화가 진행된 이후에 남겨진 것, 더 정확히 표현하자면, 근대화가 진행되는 동안에 응고된 어떤 것 혹은 근대화의 낙진이다. 근대화는 합리적 프로그램을 가지고 있었다. 그것은 바로 과학의 축복을 보편적으로 공유하는 것이었다. 정크스페이스는 그것의 정점 혹은 붕괴점이다. (중략) 우리는 이전 세대가 지금까지 건설했던 모든 것보다 더 많은 것을 세워 놓았지만, 우리는 그들의 수준에 이르지 못했다. 우리는 피라미드를 후세에게 남겨 주지 못했다. 새로 나온 추(醜)함의 복음서에 따르면, 20세기에 물려받은 것보다 훨씬 더 많은 정크스페이스가 21세기에 들어 건설되고 있다. 20세기를 위해 근대 건축을 발명한 것은 실수였다. (중략)

정크스페이스는 돌연변이일지도 모른다. 그러나 그것은 본질이며 본체다. 에스컬레이터와 에어컨이 만나 석고판 인큐베이터 속에서 잉태된 것이 바로 이것이다. 그것은 확장을 가능케 하는 모든 발명품을 착취하여, 이음매도 없이 매끈한 하부 구조를 만들어 낸다. 에어컨, 에스컬레이터, 스프링쿨러, 방화벽, 공기 커튼…… 그것은 언제나 내부 공간이며, 너무 광대하여 그 끝을 가늠하기 어렵다. 그것은 수단과 방법을 가리지 않고 우리의 방향 감각을 앗아 간다. 정크스페이스는 밀봉되어 있으나 기둥에 의해서 지탱되는 것이 아닌, 비눗방울처럼, 겉껍데기만이 붙어 있을 뿐이다. (중략)

에어컨이 설치된 공간은 많은 비용이 들기 때문에 공짜가 아니며 따라서 필연적으로 통제된 공간이 된다. 그리고 조만간 모든 통제 공간은 정크스페이스로 변질된다. 공간에 대해 사유할 때면 우리는 언제나 그 공간을 담아내는 그릇만을 바라보았다. 마치 공간은 보이지 않는 것인 양, 공간 생산에 대한 모든 이론은 공간의 반대편에 존재하는 것에만 지나치게 현혹되어 있었다. 그것이 바로 물질과 대상체, 즉 건축이다.

렘 쿨하스, 「정크스페이스」, 『문학과 사회』 27, 2014, 479~481쪽.

1) 글쓴이가 제시하는 주요 개념을 정확하게 이해해 보자.

2) 글쓴이의 입장과 의견을 정리해 보자.

3) 정리한 내용을 바탕으로 '근대화와 공간의 변화', '현대 사회의 공간', '지역 개발과 젠트리피케이션' 등에 대해 자신의 견해를 제시하는 글을 써 보자.

03 다음은 글쓰기를 위한 논제들이다. 이 가운데 하나를 선택하여 해당 논제를 다루는 데 도움이 되는 글을 찾아 읽어 보자. 읽은 내용을 바탕으로 짧은 글을 한 편 써 보자. (예: "신은 존재하는가?"—읽을 책: 리처드 도킨스, 『만들어진 신』, 이한음 옮김, 김영사, 2007)

- 행복이란 무엇인가?
- 역사는 발전하는가?
- 구별과 차별은 어떻게 다른가?
- 빈곤은 해결할 수 있는가?
- 청년 실업의 현실은 어떠하며 그 대책은 무엇인가?

텍스트의 의미와 생성

　글로 쓰인 여러 유형의 문서나 문헌처럼 언어로 구성된 복합체를 일반적으로 텍스트라고 한다. 그러나 텍스트의 외연은 넓어서 인간이 생산한 다양한 형태의 기호 구성물 전체를 포괄한다.

　글 읽기가 생산된 기존의 텍스트를 마주하는 행위라면 글쓰기는 누군가가 읽게 될 텍스트를 생산하는 행위이다. 텍스트 개념에 대한 이해를 통해 읽기와 쓰기 과정에서 의미가 어떻게 생성되고 소통되는지 검토한다.

1. 텍스트의 범위와 성격

　좁은 의미에서 텍스트란 언어로 짜인 의미 구성체를 뜻한다. 그러나 넓은 의미에서 텍스트는 기호들을 선택하고 배열하고 조직하는 규칙적인 체계를 가진 다양한 의미 생산체를 모두 포함한다. 따라서 언어적 구성물만이 아니라 그림 · 사진 · 만화 · 포스터 · 광고 · 영화 · 음악 모두 텍스트라 할 수 있다.

앞의 사진은 독서와 관련된 이미지를 담고 있다. 사진은 시각 정보를 기반으로 의사소통에 기여하는 텍스트이다. 고정된 메시지가 명시적으로 드러나 있지 않기 때문에, "로봇처럼 쉬지 말고 책을 읽어라.", "지식을 습득하는 로봇의 시대가 도래하였다." 등과 같이 다양하게 읽고 해석할 수 있다.

음악·공연·춤·연극·퍼포먼스처럼 일회적이고 유동적인 생산물 역시 텍스트이다. 모두 일정한 규칙적 체계와 의미 생산력을 지닌 장으로 구성되기 때문이다. 텍스트는 일상생활의 영역에서도 얼마든지 찾아볼 수 있다. 다음 예문에서 설명하고 있는 '제스처'처럼 어떤 행동이나 움직임 역시 특정한 의미와 의도를 담고 있다는 점에서 텍스트라고 할 수 있다.

예문 4

사람들은 말을 통해서만 의사소통하지 않는다. 누군가를 만난 순간, 또 함께 있는 동안 자기도 모르게 생각이나 의도, 감정을 상대에게 드러내게 되고 다양한 방식으로 정보를 전달하게 된다. 예를 들어 시선이나 몸의 방향, 자세를 통해서는 자신이 어디에 주목하고 있는지, 또 얼마나 대화에 집중하고 있는지를 드러낸다. 자신의 머리카락을 자꾸 쓰다듬거나 만짐으로써, 혹은 자기도 모르게 다리를 떨어 긴장감을 드러내기도 한다. 웃음이나 울음을 통해 아주 직접적으로 감정을 표출하는 경우도 있다. 이와 같은 움직임이나 어떤 동작도 없이 말을 하기란 쉽지 않다. 그러나 이 모든 것을 제스처라고 하지는 않는다. 제스처는 말하는 이, 또는 행위자가 어떤 의미를 전달하려는 분명한 의도를 가지고 하는 행위이며 상대에게도 그렇게 인식되는 행위를 가리킨다. 말하기에서와 같은 분명한 의미와 의도를 띤 행위인 것이다.

김현강, 『제스처』, 커뮤니케이션북스, 2017, 2쪽.

위 예문은 제스처를 "행위자가 어떤 의미를 전달하려는 분명한 의도를 가지고 하는 행위이며, 상대에게도 그렇게 인식되는 행위"로 파악하고 있다. 따라서 제스처를 단순한 움직임이 아니라 무언가를 표현하는 기호이자 표현하기 위한 도구로 볼 것을 강조한다. 비언어적 표현인 제스처 역시 텍스트인 것이다.

크게 보면 사회, 문화 현상 전반이 복잡한 의미를 담고 있는 텍스트이다. 읽고 쓰는 이는 자기 앞에 놓인 대상의 텍스트성에 민감하게 반응해야 한다. 쓰기 작업을 수행하는 데 감수 및 수용 능력, 응용력, 사고력의 향상이 매우 중요하기 때문이다. 대상을 텍스트로 받아들인다면 숨어 있는 문제를 발견하고 그로부터 더 나아가 문제 자체를 창의적으로 만들어 내서 자신의 글쓰기로 이어 나갈 수 있다.

기호 복합체로서의 텍스트는 완결되고 고정된 불변의 의미를 갖기보다는 독자나 맥락에 따라 다르게 해석될 가능성을 지니고 있다. 이 점에서 텍스트는 열린 구성체이다. 따라서 텍스트를 독해하고 생산하는 행위는 다층적이고 다면적인 해석의 계기와 효과를 생각하면서 이루어져야 한다.

고정되거나 완결되어 있지 않다는 점에서 텍스트는 생성적이다. 다음 예문을 통해 텍스트의 의미 유동성과 생산성에 대해 생각해 볼 수 있다.

예문 5

나도 몰랐다. 월스트리트의 터줏대감과도 같은 '돌진하는 황소(Charging Bull)'가 원래 게릴라 아트, 즉 공공장소에 공공 기관 협의 없이 작가가 기습적으로 설치한 작품이었다는 것을. 게릴라 아트는 대개 벽화나 작은 합성 소재 조각인데 커다란 브론즈 조각이라니 작가의 패기 좀 보소.

이탈리아계 미국 작가인 아르투로 디모디카(Arturo Di Modica)는 1987년 주식 대폭락 이후 의기소침해진 미국인들의 힘을 북돋우려고 1989년 크리스마스 때 뉴욕 증권 거래소 앞에 이 조각을 가져다 놓았다고 한다. 주식 시장에 상승세가 계속되면 '황소 시장(Bull Market)'이라고 하고 하락세가 계속되면 '곰 시장(Bear Market)'이라고 하기 때문에, 호황을 기원하는 의미가 있었다. 또한 "미국인의 힘과 기상"을 말하고자 했다고 한다. 만약 이 조각이 전혀 다른 곳에—즉 시골 소 농장이나 투우장 앞에—설치되었다면, 전혀 다른 의미로 읽혔을 것이다. 이것이 현대 미술의 묘미다. 역사적, 장소적 맥락에 따라 다른 의미를 갖게 되는 것이.

사실 뉴욕시는 처음에 황소상이 불법 설치라고 치워 버렸었다. 하지만 작품이 마음에 들어 철거에 반대하는 시민들이 많았기 때문에 결국 증권 거래소보다 두 블록 남쪽에 다시 설치했다. 그런데 작품을 시에서 구입해 영구 설치 작품으로 인정하는 대신, 임시 허가를 연장하는 방식으로 지금까지 오고 있다. 지금 황소상은 월스트리트의 상징이 되었고, 그 앞에는 늘 사진을 찍으려는 관광객들로 붐빈다.

하지만 황소상이 언제나 모두에게 사랑받았던 것은 아니다. 2008년 미국발 세계 금융 위기가 터진 이후 '월스트리트 점령 시위(Occupy Wall Street)'가 거세게 일어났을 때 황소상은 시위자들에게 자본 숭배의 상징, 비대해진 금융 자본의 폭력의 상징으로 지목되기도 했다. 구약 성경에 나오는 탐욕의 우상 '황금 송아지'와 동일시되기도 했고 말이다. 작가는 '좋은 의도의 황소가 그런 취급을 받는 것'에 불만을 표하곤 했다.

그런데 요즘 이 황소상의 '라이벌'이 나타났다. 당당한 자세로 황소상을 마주 보는 작은 여자아이의 동상 '겁 없는 소녀(Fearless Girl)' 말이다. 지난 3월 투자 자문사 SSGA가 세계 여성의 날(3월 8일)을 맞아 기업들에게 여성 임원 고용을 촉구하고 여성의 힘을 일깨우기 위해 세운 것이다. 크리스틴

비스벌(Kristen Visbal) 작가가 만든 이 작품은 곧 황소상 못지 않은 폭발적인 인기를 얻었다. 원래는 뉴욕시와 협의해 한 달만 전시할 예정이었지만 작품을 철거하지 말아 달라는 시민 청원이 뉴욕시에 빗발치면서 1년 후인 내년 2월까지 전시하는 것으로 연장됐다.

그러자 이번에는 황소상 작가 디모디카가 불만을 표하며 소녀상을 철거하지 않으면 소송도 불사하겠다는 의사를 밝혔다. "소녀상이 황소상의 공간을 침범할 뿐만 아니라 황소상의 의미를 바꾸어 버리기 때문에―원래 긍정적이고 낙관적이었던 것을 위협적이고 부정적인 것으로 변질시켰기 때문"이라는 것이다.

개인적으로 나는 소녀상과 그 메시지가 무척 좋다. 하지만 디모디카의 불만도 말이 된다고 생각한다. 앞서 현대 미술의 묘미가 맥락에 따라 그 의미가 바뀌는 것이라 했다. 마치 골리앗을 바라보는 다윗 같은 소녀상이 출현함으로써 맥락이 바뀌어서 황소상이 극복해야 할 기존 권력 같은 의미를 띠게 된 게 사실이다. 소녀상은 황소상과 그를 둘러싼 공간을 이용하고 있는 셈이다.

그런데 소녀상이 직접적, 물리적으로 황소상을 건드린 건 아니니 과연 법적으로 디모디카가 소녀상을 몰아낼 권리가 있을지 무척 궁금했다. 그래서 자료를 찾던 중에 황소상 또한 원래 뉴욕시의 공간을 허가 없이 점거해 월스트리트라는 장소적 맥락을 작품의 의미에 이용했고, 그 후 시민의 사랑을 받아서 존속하게 됐음을 알게 된 것이다. 이러니 법정 싸움으로 간다면 더 복잡해지지 않을까? 물론 소녀상의 경우는 장소뿐만 아니라 다른 작품을 이용하고 있다는 문제가 더해지지만.

이런 전후 사정을 고려하면 지난 5월 30일 소녀상 옆에 몇 시간 동안 나타났다가 사라진 알렉스 가데가(Alex Gardega)의 '스케치 도그(Sketchy Dog)'는 소녀상의 팬 입장에서는 불쾌하지만 영리한 게릴라 아트라고 할 수 있다. 소녀상 발치에 오줌을 갈기고 있는 이 강아지 조각은 가데가가 밝혔듯 황소상 작가에 대한 지지와 그를 위한 일종의 복수인 셈이다. 똑같이 상대 작품에 직접 손을 대지 않으면서 그 작품을 둘러싼 공간에 들어가 그 의미를 건드린 것이다. 물론 소녀상이 황소상을 모욕할 의도는 없어 보인 반면, 강아지상은 소녀상을 모욕할 의도가 보이지만.

문소영, 「월가 황소상도 원래 임시 설치였다」, 『중앙일보』, 2017. 6. 11.

예문에 따르면 월스트리트의 황소상은 원래 임시 설치물이었는데, 이 상을 증권 시장 호황이라는 긍정적인 의미로 '읽어 내는' 사람들이 많아지면서 설치 허가가 연장되었다. 그런데 황소상 앞에 소녀상을 세우자 전체적인 의미망에 변화가 일어났다. 소녀상이 황소상을 마주하게 되면서 그 장소에 지금까지는 없던 의미가 생성된 것이다.

젠더 정의를 지향하는 소녀상의 등장으로, 그간 황소상에 부여되었던 의미나 위상은 바뀌어 "극복해야 할 기존 권력"이라는 부정적 이미지를 갖게 되었다. 예문이 보여 주듯이, 월스트리트에서 의미 생성 역학은 계속 작동하고 있다. 소녀상 옆에 세워진 강아지상이 소녀상에 도전하면서 황소상의 위치를 다시 '복권'시키려고 하기 때문이다.

이처럼 하나의 대상은 그 자체로서 의미를 지니기도 하지만 대상이 놓인 맥락과 관계 안에서 다양한 해석을 낳는 것으로 이해할 수 있다.

2. 텍스트의 구성과 활용

글쓰기는 의미를 생산하는 텍스트를 구성하는 일이다. 글 쓰는 이는 자신의 텍스트를 생성할 때 기존의 여러 다른 텍스트를 동원하고 활용한다. 이 과정을 거쳐 다양한 형식의 텍스트를 포함하면서도 자기 나름의 독자적인 관점과 주장을 지닌 텍스트가 산출되는 것이다. 풍부한 의미를 생산하는 입체적인 텍스트를 만들어 내기 위해서는 다른 텍스트를 생산적으로 수용하고 능동적으로 종합하려는 노력이 필요하다.

예문 6

환경이나 여건은 그렇게 여러모로 좋지 않았다 해도, 윤동주 소년은 별 영향을 받지 않았다. 그는 자라나는 어린 나무처럼 한껏 뻗어갔다. 지금 남아 있는 은진중학교 학생 윤동주에 관한 증언들을 보면, 그 모습이 풋풋하고 싱그럽기 짝이 없다. 우선 윤일주 교수의 증언을 본다.

은진중학교 때의 그의 취미는 다방면이었다. 축구 선수로 뛰기도 하고 밤에는 늦게까지 교내 잡지를 내느라고 등사 글씨를 쓰기도 하였다. 기성복을 맵시 있게 고쳐서 허리를 잘룩하게 한다든지 나팔바지를 만든다든지 하는 일을 어머니의 손을 빌지 않고 혼자서 재봉틀로 하기도 하였다. (중략) 그는 수학도 잘하였다. 특히 기하학을 좋아하였다.

증언을 따라가며 그의 모습을 눈앞에 그려보노라면 절로 미소가 흐른다. 축구 선수인 문학소년, 그리고 옷차림에도 관심이 커서 손수 재봉틀질을 해서 옷을 맵시가 나게 고쳐 입는 멋쟁이, 문학소년 치고는 의외로 수학마

저 잘하고…….

　윤동주와 명동소학교와 은진중학교, 또 숭실중학교, 그리고 광명학원 중학부를 같이 다닌 오랜 친구 문익환 목사는 윤동주의 바느질 솜씨와 관련된 재미있는 추억을 갖고 있다.

　　동주는 재봉틀질을 참 잘했어요. 그래서 학교 축구부원들 유니폼에 넘버를 다는 것을 모두 동주가 집에 갖고 가서 제 손으로 직접 박아왔었지.

　그의 모친이 뛰어난 바느질 솜씨를 갖고 있었던 것이 그에게도 유전되었던 모양이다.

　이것이 윤동주의 인물됨에 관한 중요한 정보가 되는 일화이다. '바느질 솜씨가 좋다'는 것은 손재주도 물론 좋아야 하지만 그보다 더욱 미적 감각이 뛰어나야 가능한 일이다. 그리고 그간 세상에 전해진 전형적인 그의 인상인 '내성적, 소극적'이었다는 성격 묘사를 뛰어넘는다. 1930년대 초반이라면 우리 나라 남자들의 의식 수준은 그야말로 호랑이 담배 먹을 적 시절이다. 남자가 직접 바느질을 한다는 것은 거의 있을 수 없는 시절이었는데도, 그는 드러내놓고 직접 바느질을 했던 것이다. 필요하다면 어떤 일에든 적극적으로 나설 수 있는 강한 잠재력이랄까 의식 성향이랄까, 하는 것이 그에게 있었음을 감지하게 된다.

　이제 문익환 목사의 증언에서 그들의 은진중학교 때의 모습을 알아본다.

　　1932년 봄에 동주와 몽규와 나는 용정 은진중학교에서 다시 만난다. 은진중학교는 '캐나다' 선교부가 경영하는 '미션스쿨'로서 한때 모윤숙(毛允淑) 씨가 교편을 잡았던 명신여학교(明信女學校)와 한 언덕 위에 자리잡고 있었다. '캐나다' 선교부가 경영하는 제창병원이 있는 선교사들

집이 네 채가 있었다. 이 언덕은 용정촌(용두레마을)에서 동남쪽에 있는 언덕으로서 우리는 그 언덕을 영국덕이라고 불렀다. 그 지경은 만주국이 서기까지 치외법권 지대여서 일본 순경이나 중국 관헌들이 허락 없이 들어갈 수 없는 곳이었다. 우리는 거기서 태극기를 휘두르며 애국가를 목청껏 부를 수 있었다. 신나는 일이 아닐 수 없었다. 학교 행사 때마다 심지어 급회를 할 때에도 우리는 애국가를 부르는 것으로 시작하였다(필자 주: 여기서 '만주국이 서기까지'라는 구절은 '만주국이 선 이후로도'가 돼야 맞는다. 만주국이 서기 전이나 후나 간에 영국덕은 언제나 치외법권 지대였다. 그리고 만주국은 1932년 3월에 섰고 윤동주, 문익환 등의 은진중학교 입학은 1932년 4월이기 때문에, 이들은 시기적으로 따져 '만주국이 선 이후'에야 영국덕을 드나든 것이다. 그러므로 여기 묘사된 은진중학교의 교내 풍경은 '만주국 치하에서 누린 영국덕의 치외법권 지대로서의 특수현상'이었다).

송우혜, 『윤동주 평전』, 서정시학, 2017, 109~111쪽.

위 예문은 윤동주 평전의 일부로, 윤동주에 관한 여러 명의 회고를 담고 있다. 이 글에서는 윤동주 시인의 친아우 윤일주 교수의 기억과 친구 문익환 목사의 추억이 중요한 역할을 하는데, 이처럼 글쓴이는 다른 목소리들을 글 안으로 가져와 소개하면서 논의를 전개하고 있다. 여러 요소가 어우러져 『윤동주 평전』이라는 한 권의 책, 즉 하나의 텍스트가 만들어진 것이다.

텍스트를 생성할 때에는 서로 다른 양식의 텍스트들을 긴밀하게 결합할 수도 있다. 예를 들면, 오페라 연주를 할 때 곡의 가사를 무대 옆 스크린에 올리는 경우를 생각할 수 있다. 오페라 공연이라는 하나의 텍스트에는 무대, 동작, 음악과 노래 그리고 자막이 공존하고 있는 것이다. 블로그에 글과 함께 시각 이미지나 음악을 겹쳐 놓아 특정한 효과를 강조하면서 메시지를 만들어 내는 방식도 마찬가지이다.

최근에는 미디어 및 대중문화 콘텐츠가 확대되는 것과 더불어, 텍스트 간의 결합이 매우 활발하게 이루어지고 있다. 영상, 음향, 대사 등이 융합된 영화 텍스트는 대표적인 다중 양식 텍스트multimodal text라 할 수 있는데, 최근의 3D나 4D 영화를 통해 경험하듯이 비약적인 기술 발전이 텍스트 생산의 새로운 환경이 되고 있다.

다음 예문은 문자 텍스트와 시각 텍스트를 병치시키면서 전개되고 있는데, 언어적 표현과 시각적 표현이 서로 대화적 관계를 형성하고 있다.

예문 7

칠흑 같은 어둠을 배경으로 알몸의 거인이 제 아이를 게걸스럽게 먹고 있다. 잿빛의 머리칼을 흐트러뜨리고 구부정한 자세로, 양쪽 눈도 코도 콧구멍도 더 이상 커질 수 없을 정도로 크게 벌린 사투르누스. 검푸른 그 육체는 비록 나이 들긴 했지만 아직 근골이 단단하다.

그의 손에 들린 아이는 이미 머리와 오른팔이 없어졌고 피범벅이 되어 있다. 매끄러운 그 몸뚱이도 아버지의 거대한 양손에 당장이라도 으깨어질 것만 같다. 아니 이미 아버지의 날카로운 손톱은 피부를 찢고 내장에까지 이르렀으리라. 손가락 사이로 피가 질질 새어 나온다. 이 선혈의 붉은색은 아이의 희멀겋게 빛나는 등과 애처롭고도 강렬한 대조를 이룬다. 사투르누스의 튀어나온 눈 또한 흑과 백이 맞부딪치는 장소가 되고 있다.

얼마나 무서운 그림인가!

제 아이를 잡아먹으면서 사투르누스는 무시무시한 신음 소리를 내고 있는 건 아닐까. 화면에서 짐승 같은 포효가 울려 나오는 듯하다. 더욱 전율

할 만한 것은 지금은 물감으로 덮어 버렸지만 고야는 애초에 사투르누스의 사타구니에 발기한 성기까지 그렸다는 것이다.

사투르누스는 로마 신화에 등장하는 신으로 그리스 신화의 크로노스와 동일시된다. 회화에서는 흔히 큰 낫을 든 노인의 모습으로 그려지는 경우가 많다. 그 날카로운 낫으로 들판의 풀이 아니라 제 아버지를 거세해 버리고 인간의 소중한 시간을 무자비하게 베어 가는 늙은 거인이다.

이러한 '시간의 노인'이 제 아이를 잡아먹게 된 사연은 이렇다. 태초의 혼돈(카오스)에서 '가이아'라고 불리는 대지가 생겨났고 가이아는 자신의 아들인 하늘의 신 우라노스와 교접해서 거신(巨神) 크로노스를 낳았다. 그러므로 우라노스의 폭압에 분개한 가이아가 크로노스를 사주했고 크로노스는 낫으로 우라노스를 거세해 죽여 버리고는 신들 위에 군림했다. 하지만 아버지 우라노스가 마지막 순간에 남긴 말, "너도 네 자식의 손에 죽을 것이야."라는 말을 두려워하여 그 예언을 피하기 위해 자신의 누이동생이자 아내였던 레아가 아이를 낳을 때마다 집어삼켜 버렸다. 실로 모든 것을 집어삼키는 '시간'이었다. 그렇게 했음에도 예언대로 뒷날 사투르누스는 여섯 번째 아이인 제우스(유피테르)에게 살해당하고 만다.

나카노 교코, 『무서운 그림』, 이연식 옮김, 세미콜론, 2008, 96~99쪽.

위 예문은 프란시스코 데 고야Francisco de Goya의 작품 〈제 아이를 잡아먹는 사투르누스〉에 대해 설명하고 있다. 이 글이 문자 텍스트로만 이루어져 있다면 독자가 내용을 선명하게 파악하기 어려웠을 것이다. 글쓴이는 그림 텍스트를 결합시킴으로써 온전하게 이해할 수 있도록 도와준다. 글을 읽는 이는 이미지가 생성하는 의미와 글이 생성하는 의미를 함께 수용하면서 해석의 장으로 들어간다.

글 쓰는 이가 글의 목적과 효과를 극대화하고 양식적 장점을 살릴 수 있는 방법을 다채롭게 고안한다면, 인지 활동을 자극하는 복합적인 형식의 흥미로운 텍스트를 생성할 수 있다.

학습 활동

01 다음 예문을 읽고 아래의 활동을 해 보자.

예문

　한나 아렌트는 『활동적 삶』이라는 책에서 사색적 삶을 우위에 놓는 전통적 입장에 맞서 활동적 삶의 가치를 복구하고 그 내적 다양성을 새롭게 표현하려고 시도한다. 그녀의 견해에 따르면 활동적 삶은 전통적으로 단순히 조급함으로 부당하게 폄하되어 왔다. 그녀는 활동적 삶을 행동의 우위와 연관 지으면서 새롭게 정의하고 그러면서 스승인 하이데거와 마찬가지로 영웅적 행동주의를 열렬히 옹호한다. 물론 초기 하이데거는 결연한 행동의 방향을 죽음에 맞추었다. 죽음의 기능성은 행위를 제약하고 자유를 유한한 것으로 만든다. 반면 한나 아렌트에게 행동의 가능성은 탄생을 지향한다. 이는 행동의 영웅성을 더욱 강조하는 효과를 낳는다. 기적은 인간의 탄생 자체 그리고 인간이 그러한 탄생의 힘을 바탕으로 행동하여 실현할 수 있는 새로운 시작에 있다. (중략)

　아렌트에 따르면 근대 사회는 인간을 노동하는 동물로 격하시키는 노동 사회로서 행동의 모든 가능성을 파괴해 버린다. 행동이 능동적으로 새로운 과정을 발동시키는 것이라면 근대의 인간은 반대로 익명적 삶의 과정에 수동적으로 끌려가고 있다는 것이다. 이제는 사유도 계산이라는 뇌의 기능으로 전락한다. 제작과 행동을 아우르는 활동적 삶의 모든 형식은 노동의 수준으로 떨어진다. 그것이 근대를 보는 아렌트의 관점이다. 이 시대는 모든 인간 능력이 전례 없이 영웅적으로 활성화되면서 출발했지만, 결국 치명적인 수동성으로 귀결되고 만다.

한병철, 『피로 사회』, 김태환 옮김, 문학과지성사, 2012, 39쪽.

1) 위 예문의 전문을 찾아 읽고, 주요 논지를 정리해 보자.

2) 글쓴이가 다양한 텍스트를 어떻게 수용하고 활용했는지 분석해 보자.

3) 위 예문을 참조하여 "현대 사회의 인간"을 화제로 짧은 글을 작성해 보자.
(다음 사항을 고려하여 쓸 것.)

- 자신의 글이 위 예문과 어떤 식으로 대화적 관계를 맺는지 확인한다.
- 예문의 논지를 자신의 글에 들여올 때 얻을 수 있는 효과를 생각해 본다.
- 논의를 전개하는 데 유용한 다른 문헌을 찾아 읽고 그 문헌의 내용을 인용하며 작성해 본다.

02 다음 예문에서 사진과 글은 긴밀하게 연결되어 하나의 텍스트를 형성하고 있다. 글쓴이는 사진에 대한 정보 제공이나 설명뿐만 아니라, 의미를 담고 찾아내는 해석 작업도 시도하고 있다. 예문을 읽고 아래의 활동을 해 보자.

존 스탠메이어/VII, 지부티, 2013년 2월 26일

처음에는 달을 찍고 있는 줄 알았다. 그러나 이제 막 소말리아에서 옆의 나라 지부티로 국경을 넘어온 이들은 지금 달빛보다 귀한 단말기 신호를 찾고 있다. 아프리카 대륙에서 중동과 가장 가까이에 붙어 있는 지부티는 인근에서 유럽이나 중동으로 떠나려는 사람들이 모여드는 중간 거점이다. 말이 이민이지, 바다의 폭이 최대한 좁은 곳에서 떠나야 한다는 것은 허락받지 않은 탈출을 감행한다는 뜻이다.

생의 모든 것을 걸고 실낱같은 희망을 찾아 나선 불법 이민자들에게는 단말기의 전파 또한 허공을 몇 번 헤맨 끝에서야 잡힐 만큼 가늘게 포착될 뿐이다. 고국 소말리아 국경 지대에서 보내오는 전파를 잡아야만 고향에 두고 온 가족들과 통화가 가능하기 때문이다. 그렇게나마 가족들과 안부를 주고받을 수만 있다면, 그들에게는 위태로운 모험을 해야만 하는 이유가 좀 더 분명해질지도 모른다.

올해의 세계 보도 사진상 대상은 존 스탠메이어가 '내셔널 지오그래픽'을 위해 촬영한 이 소말리아 이민자 사진에 돌아갔다. 달을 향해 한껏 손을 치켜든 이들의 모습은 사뭇 낭만적으로 보이기까지 한다. 오히려 그래서 불안에 찌든 이민자들의 모습만을 떠올리는 우리들의 고정 관념을 가볍게 배신한다. 디지털이 전 세계 어디든 연결할 수 있는 이 시대에도 여전히 현실의 생채기들은 사라지지 않고, 가장 절박한 순간에 정작 그 신호들은 서로에게 가닿지 못한다. 사진 속 깊은 푸른빛은 그래서 더욱 우울하다.

송수정, 「<사진 속으로> 달빛 아래에서」, 『경향신문』, 2014. 5. 1.

1) 위 예문의 사진에서 어떤 점이 인상적인지 그리고 이 사진이 어떤 의미를 생성한다고 생각하는지 동료들과 함께 이야기해 보자.

2) 직접 사진을 촬영하여 시각 텍스트를 생성하고, 자신이 만든 이미지를 활용하여 한 편의 글을 써 보자. 그리고 다음 활동들을 수행해 보자.

- 장면, 사물, 인물 등 자신이 특정한 대상을 선택하여 촬영한 의도를 이야기해 보자.
- 사진 이미지가 있을 때와 없을 때 글이 어떤 차이를 갖는지 살펴보고, 글의 완성도에 사진 이미지 결합이 어떤 영향을 미치는지 생각해보자.
- 자신이 사진과 글의 대화적 관계를 어떻게 구성하고 있는지 검토해 보자.
- 자신의 글을 구성하는 요소를 단순 정보, 가치 중립적 설명, 의미 생성적 해석 부분으로 나누어 분석해 보고, 풍부한 내용을 담기 위해 보충할 부분을 찾아 수정해 보자.

참고 문헌

- 김현강, 『제스처』, 커뮤니케이션북스, 2017.

- 도정일, 「텍스트 이론과 텔레비전」, 『프로그램/텍스트』 1, 한국방송진흥원, 1999.

- 문소영, 「월가 황소상도 원래 임시 설치였다」, 『중앙일보』, 2017. 6. 11.

- 선우 정, 「주객(主客)이 뒤바뀐 사회」, 『조선일보』, 2008. 6. 30.

- 송수정, 「<사진 속으로> 달빛 아래에서」, 『경향신문』, 2014. 5. 1

- 송우혜, 『윤동주 평전』, 푸른역사, 2004.

- 한병철, 『피로 사회』, 문학과지성사, 2012.

- 나카노 교코, 『무서운 그림』, 이연식 옮김, 세미콜론, 2008.

- 렘 쿨하스, 「정크스페이스」, 『문학과 사회』 27, 2014.

- 롤랑 바르트, 『텍스트의 즐거움』, 김희영 옮김, 동문선, 1997.

- 리카이저우, 『공자는 가난하지 않았다』, 박영인 옮김, 에쎄, 2012.

- 월터 카프, 「미래와 과거를 바라본 야누스 뉴턴」, 『뉴턴에서 조지 오웰까지』, 박상익 옮김, 푸른역사, 2004.

04

읽기의 방법

"글의 내용을 이루는 다양한 앎의 요소들, 관점, 주장을 논리적, 가치론적으로 판단하며 독해하는 것을 '비판적 읽기'라고 한다. 글을 읽는 것은 텍스트에 공존하는 다성적 발화에 귀를 기울이는 행위인 동시에, 이를 바탕으로 자신의 생각과 관점을 구성하여 새로운 질문과 답을 생성해 내는 행위이다. 이런 점에서 모든 읽기란 '대화적'이라고 할 수 있다."

"나는 독자들이 자기 스스로에게 가까이 다가서는 것, 그래서 비교하고 숙고할 수 있는 무엇을 찾아내기를 바란다. 그러기 위해서는 깊이 읽도록 하라. 믿지 말고, 받아들이지 말고, 논박하지 말고, 읽고 쓰는 하나의 본성에 참여하는 법을 배우라."

Harold Bloom, 『교양인의 책 읽기(*How to Read and Why*)』

비판적 읽기

글을 읽을 때에는 그 글에 활용된 정보나 지식이 정확한 것인지 확인해야 한다. 글쓴이의 의도나 주장에 대해서도 타당성과 적절성을 검토하면서 읽어야 한다.

글의 내용을 이루는 다양한 앎의 요소들, 관점, 주장을 논리적, 가치론적으로 판단하며 독해하는 것을 '비판적 읽기'라고 한다. 비판적 읽기를 통해 글을 심층적으로 파악하고 평가할 수 있는데, 이와 같은 과정을 거치면서 글 쓰는 이는 판단력과 사고력을 향상시킬 수 있다.

1. 정확성과 객관성 판단

한 편의 글은 많은 정보와 사실을 담고 있다. 정확한 정보와 사실의 제시는 글의 신뢰도를 결정하는 기본 조건이다. 이점은 글을 읽을 때뿐만이 아니라 쓸 때에도 반드시 고려해야 할 사항이다.

글을 읽을 때에는 글쓴이가 제시한 자료들이 믿을 만한지, 근거로 삼기에 적절하고 객관적으로 수용할 수 있는지 꼼꼼하게 살펴야 한다. 또한, 글을 쓸 때에는 독자의 위치에서 내용을 주의 깊게 검토하고 검토 결과를 신중하게 적용하여 작성해야 한다.

고명

우리나라 풍속에 찐 떡 위에 대추나 밤 조각을 칠기의 자개 모양과 같이 펼쳐 놓는데, 이것을 고명이라고 한다. 성호(星湖) 이익(李瀷)의 『성호사설(星湖僿說)』에서 "옛사람들이 대추나 밤으로 장식해 글자를 만들고 이름을 고명이라고 하였다."라고 하였는데, 이 말은 틀린 것이다.

근래 사치스러운 풍조가 성행해 음식물 위에 문양을 넣어 꾸미기도 하는데, 식자들은 그것조차도 상서롭지 못한 짓으로 여긴다. 그러니 옛사람들이 어찌 이런 일을 하고서 이름까지 붙였겠는가? 떡은 널판 모양으로 만들면 저절로 앞뒤[面背]가 생기는데, 아로새긴 쪽이 앞이다. 그래서 고면(餻面: 떡의 앞)이라고 일컬었는데, 상말에서 잘못 읽는 경우가 많아 고명으로 굳어진 것이다.

정동유, 『주영편』, 안대회 옮김, 휴머니스트, 2016, 340쪽.

위 예문은 읽기나 쓰기에서 정보나 사실의 정확성 검토가 어떤 점에서 중요한지 잘 보여 준다. 글쓴이 정동유鄭東愈, 1744~1808는 당시 이미 굳어져 불리던 '고명'이라는 말과 자신이 읽었던 문헌 『성호사설』을 대상으로 비판적 읽기와 쓰기를 수행하고 있다.

이익李瀷, 1681~1763이 쓴 『성호사설』에는 "옛사람들이 대추나 밤으로 장식해 글자를 만들고 이름을 고명이라고 하였다."라고 되어 있지만, 글쓴이는 그것이 잘못되었다고 비판한다. 이어서, 본래 떡의 앞쪽 면을 가리키는 '고면餻面'이라는 말이 와전되어 '고명'이 되었다고 설명한다. 그 근거로 당대의 문화적, 풍속적, 인식적 경향을 제시하고 있다. 즉, 글쓴이는 사치스런 풍조를 배격하던 시기에 음식물에 문양을 넣어 장식하거나 이름을 붙이는 일은 할 수 없었다고 주장하고 있다. 텍스트에서 확인한 오류를 지적하면서 다른 주장을 전개하고 있는 것이다.

원자론의 역사가 과학 교육에 주는 교훈

재미도 있고, 골치도 아픈 긴 역사입니다. 진짜 과학 연구의 실상은 하나하나 잘 뜯어보면 대부분 이렇게 참 어렵고 복잡하고 신기합니다. 그런데 보통 과학 교육에서는 이 중요하고 재미있는 과정을 다 무시하고, 최종 결과만을 가르치는 데 집착합니다. 그래서 잃는 것이 많습니다.

과학자들이 잘 연구해서 나온 결과만 배우면 됐지, 그 결과에 이르기까지 어떤 과정을 겪었는지 하는 골치 아프고 혼동되는 이야기를 일반인이나 학생들이 알 필요가 있냐고 생각하는 사람들도 많을 것입니다. 그러나 제 생각은 정반대입니다. 과학 교육은 나중에 과학자가 될 사람만 받는 것이 아닙니다. 1장에서 언급했듯이 우리 사회에서는, 또 대부분의 국가에서는 과학을 의무 교육에 포함시켜 모든 사람들이 배우도록 하고 있습니다. 그런데 과학자가 아닌 시민들은 과학이 말해 주는 결과는 별로 알 필요가 없다고 저는 생각합니다. 그것이야말로 전문가들에게 맡기고 믿으면 됩니다. 물이 H_2O라는 것도, 과학 연구에서는 필수적인 내용이지만 일상생활에서는 쓸모없는 지식이고 비전문가들은 그걸 몰라도 훌륭하게 잘 살 수 있습니다. 보통 시민들이 물이 H_2O라는 것을 알아서 뭐 하느냐고 심각하게 질문을 던져 볼 필요가 있습니다. 학교에서 이러한 것을 안 가르친다고 한번 상상해 봅시다. 아마 난리가 날 것입니다. '그런 기초 과학도 안 가르치고 무슨 현대 사회에 참여하고 기여할 수 있는 시민들을 양성할 수 있겠는가!' 그러나 시민들이 그런 지식을 생전 어디다 써먹을 수 있는지는 정말 확실치 않습니다. 물이 H_2O라는 걸 몰라서 생활이 잘못될 일이 뭐가 있을까요? 또 물이 H_2O라는 걸 잘 아는 사람이 그 지식을 한 번이라도 일상적 삶을 사는 데 직접 이용해 본 적이 있을까요?

반면 과학자들이 어떤 연구 과정과 어떤 사고방식으로 그 결과를 얻어 냈는가는 일반인들이 알아야 한다고 생각합니다. 그런 과학 방법론의 본질을 알지 못하는 사람이 과학의 결과만 믿는 것은 맹신에 불과하고, 믿지 않는다면 근거 없는 비이성적인 거부입니다. 또 과학의 본질에 대한 감각이 전혀 없는 사람이 과학 정책을 세운다고 나선다면 그 또한 큰 문제일 것입니다.

주입식 교육은 '삼척동자도 다 아는' 과학적 상식의 습득을 전제로 합니다. 그것 대신 진정한 탐구를 통해 과학적 상식을 학생들이 깨치도록 한다면 전혀 다른 효과가 있을 것입니다. 승자의 관점에서만 이야기하는 위험은 과학사에만 국한되지 않습니다. 과학 교육에서도 절실하게 고려할 필요가 있는 문제입니다. 승자의 관점을 비판 의식 없이 받아들이도록 하는 것은 주입식 교육과 바로 연결됩니다. 과학 교육자들은 창조적 교육의 시도를 여기저기서 많이들 하고 있습니다. 그런데 왜 우리의 교육 실정은 별로 달라지지 않을까요? 제 생각을 단순히 말하자면 이렇습니다. 우리가 창조 교육, 탐구 교육을 시도한다고 해도, 학생들은 잘 압니다. 그 뒤에 정답이 다 버티고 있다는 것을 말이지요. 결국 물이 H_2O라는 등의 정답으로 가야 한다고 느끼는 학생들이, 정말 독립적으로 뭔가를 생각해 볼 동기를 갖기란 힘들다고 봅니다. 또 교육자의 입장에서는 창조적으로 탐구를 시킨다고 하면서도, 그 과정을 통해 학생이 정답을 알아내지 못하면 안 된다는 조바심을 느낍니다.

장하석, 「장하석의 과학, 철학을 만나다」, 지식플러스, 2015, 281~283쪽.

위 예문은 과학 교육의 목적과 현황에 대해 문제를 제기하는 글의 일부이다. 글쓴이는 일방적으로 주어진 결과만을 제공하는 과학 교육을 비판하고 새로운 관점에서 과학 교육의 목적과 방향을 제시하고 있다. 이를 위해 넓게 퍼져 있는 피상적인 입장과 일반화된 교육 실태를 보여 주면서 자신의 주장을 전개하는 방식을 취하고 있다.

글쓴이는 과학 교육의 실상이나 일상의 교육 현장에서 통용되는 교육관을 사례로 제시하여 구체적으로 거론한다. 예문에서 글쓴이는 독자가 수용하고 동의할 수 있는 정보와 사실을 적절하게 선택하고 활용하여 글의 의도와 내용을 뒷받침하고 있다.

2. 타당성과 설득력 판단

읽는 이는 글의 의도와 주장을 명확하게 파악해야 한다. 논지를 정확하고 엄밀하게 이해하려는 노력은 독자로서 갖춰야 할 기본 덕목이다. 이와 함께, 글쓴이가 의도와 주장을 펼쳐 내는 방식과 과정의 적절성 역시 면밀하게 검토해야 한다. 논리적이고 체계적인 전개는 글의 수준을 결정하는 중요한 조건이다.

한 편의 글은 관점과 판단이 가치론적으로 옳고 의미 있을 때 그리고 논의 과정이 의도와 목적에 부합하여 타당성을 가질 때 비로소 설득력을 발휘할 수 있다. 따라서 글을 읽을 때에는 글쓴이가 말하는 내용과 말하는 방식을 함께 보아야 한다. 이 점에 유의하여 읽기를 실천하고 같은 원리를 자신의 글쓰기에도 적용한다면 읽기와 쓰기 역량을 동시에 향상시킬 수 있을 것이다.

(가)

동화 속 남자들의 세계는 멋지고 강하다. 진짜 우정을 자랑하고, 목숨을 거는 모험도 두려워하지 않는다. 그들은 영웅이 되고 미녀를 얻고 싶어 한다. 그런데 한구석에서 남자의 보조자로, 그림자로 머물러 있는 여자들의 꿈은 착하고 자애로운 아내와 어머니가 되는 것, 그것뿐이다. 그들에겐 일을 가지거나 꿈을 펼칠 이유 자체가 주어지지 않았다. 태어난 순간부터 이미 짜여 있는 틀에서만 움직이면 그만이다. 여자는 땅이니 하늘인 남자와 결혼하기 위해서는 온갖 핍박과 시련도 마다하지 않아야 했다. 양보하지 않고 희생하지 않는 당당한 여자는 남자들이 만든 규율에 의해 끔찍하고 잔인한 보복을 당하기 일쑤다.

내가 지금 조선 시대 여성들의 이야기를 하고 있다면 차라리 행복하겠는데, 불행히도 이건 아이들이 좋아하며 읽고 있는 동화 이야기다. 예나 지금이나 우리의 동화는 달라진 것이 없다. 남녀의 차이와 역할에 대한 고정 관념을 더 굳히고, 미래까지 재단해 놓는다. 오천 년 역사를 가진 가부장제 이데올로기가 아이들의 가슴을 짓누르고 있는 것이다.

심혜련, 『약이 되는 동화 독이 되는 동화』, 이프, 2000, 9~10쪽.

(나)

일반적으로 부모들은 세상의 많은 악의 근원이 바로 우리 자신에게 있다는 사실을 어린이에게 알리는 데에 거부감을 느낀다. 모든 인간에게는, 공격적이고 배타적이고 이기적이며 화를 잘 내는 성향이 있다는 사실을 어린이들에게 밝히고 싶어 하지 않는다. 그 대신 모든 인간이 본질적으로 착하다고만 가르치려고 한다. 그러나 어린이들은 자신이 항상 착하지는 않다는 사실을 알고 있으며, 또 비록 착한 행동을 하더라도 마음속은 그렇지 않은 경우도 많다는 것까지 알고 있다. 이런 점은 부모가 가르쳐 준 것과는 모순이 되며, 따라서 어린이는 자신을 괴물처럼 느낄 수도 있다.

인간에게는 어두운 면이 존재하지 않는 것처럼 이야기하고 사회가 좋은 방향으로 나아가리라는 낙관론만을 어린이들에게 강조하는 것이 문화적 관습이 되었다. (중략) 바로 이 점이 옛이야기가 어린이들에게 다양한 형태로 전달하는 메시지다. 삶의 가혹한 어려움에 대처해야 하는 것은, 어쩔 수 없는 인간 존재의 본질적인 측면이다. 그러나 소심하게 피하지 않고 예기치 못한 곤경이나 부당한 어려움에 대항해 싸우다 보면 어느새 모든 장애물을 극복하여 결국에는 승리하게 된다는 메시지가 모든 옛이야기에 들어있다. (중략)

옛이야기에서는 악도 선과 마찬가지로 아무 데서나 나타난다. 옛이야기에는 모든 선과 악이 각각 어떤 인물의 모습이나 행위로 형상화되어 있다. 현실 세계에 선과 악이 고루 존재하고 인간의 마음속에 그 두 성향이 나란히 존재하는 것과 마찬가지이다. 바로 이 양면성 때문에 윤리 문제가 제기되며, 그것을 해결하기 위한 투쟁이 필요하게 되는 것이다.

모든 악에는 매력적인 요소가 있다. 옛이야기에서 악은 힘센 거인이나 용, 마녀의 힘, 「백설공주」에 등장하는 사악한 여왕 등으로 상징되고 있으며, 일시적이나마 우월한 위치에 서는 경우가 많다. 또 「신데렐라」에 나오는 간사한 언니들처럼, 마땅히 주인공이 차지해야 할 지위를 잠시 강탈하고 있는 경우가 많다. 악한이 벌을 받는 결말 부분에서 어린이가 도덕적 교훈을 얻는 것은 아니다. 현실에서나 옛이야기에서나 처벌에 대한 두려움은 악행을 제한적으로 억제할 뿐이다. 악행으로는 결코 승리할 수 없다는 확신이야말로 훨씬 더 효과적인 악행 억제 수단이다. 이것이 바로 옛이야기 속에서 악한이 마지막에는 모든 것을 잃게 되는 이유이다. 또 마지막에는 선이 승리한다는 사실보다는 주인공이 너무나 매력적이라는 사실이 어린

이들의 도덕성 증진에 더 기여한다. 어린이는 자신을 주인공과 동일시하는 데, 주인공과 더불어 온갖 시련과 고통을 겪다가 마지막에 승리하면, 자기도 함께 승리하였다고 상상한다. 어린이들은 이런 동일시를 통해, 주인공의 내적 외적 투쟁으로부터 얻은 도덕률을 마음속 깊이 새기는 것이다.

브루노 베텔하임, 『옛이야기의 매력 1』, 김옥순 · 주옥 옮김, 시공주니어, 1998, 19~21쪽.

위의 두 예문은 동일한 대상에 대해 각각 다른 주장을 하고 있다. (가)와 (나) 모두 동화가 담고 있는 문제를 논제로 삼고 있지만 관점은 서로 다르다. (가)는 동화에 흔히 나타나는 고정된 성 역할 인식이 고정 관념을 강화할 위험이 있음을 지적한다. 반면 (나)는 동화의 선악 구도가 미치는 영향이 단선적이지 않으며, 어린이의 상상력 또한 생각보다 복합적임을 말하고 있다.

이처럼 두 글의 입장과 논지는 차이를 갖는데 이는 글쓴이가 텍스트와 수용자 사이의 관계를 다르게 설정하였기 때문이다. (가)는 텍스트의 주입 효과와 계몽 기능에 초점을 맞추어 논의를 전개하였고, (나)는 개인의 자율적인 텍스트 수용과 변형 능력에 초점을 맞추었다. 그러나 두 글 모두 논지를 강화하고 정당성을 확보하기 위해 다양한 근거들을 적절하게 제시하고 있다.

이처럼 같은 대상이나 문제를 다루는 여러 편의 글을 비교하여 읽고, 각각의 논점과 쓰기 방법을 견주어 평가해 보는 기회를 자주 갖는다면 글을 분석적으로 읽고 판단하는 능력을 키울 수 있다. 아울러, 타당성과 설득력을 갖춘 글을 찾아내는 감식안을 높일 수 있을 뿐만 아니라 그 기준을 자기에게도 적용하여 쓰기의 기술 역시 향상시킬 수 있다.

학습 활동

01 〈예문 3〉의 (가)와 (나)의 논리적 타당성을 검토해 보고, 설득력 면에서 두 글을 평가해 보자.

02 다음 예문은 오늘날 대학이 직면하고 있는 문제를 비판적으로 성찰하고 있는 글이다. 글을 읽고 아래의 활동을 수행해 보자.

> ### 예문
>
> 대학에 몸담고 있는 사람으로서 대학 문제에 대해 말을 꺼내기조차 어렵다. 대학은 부패하고 부도덕한 교수들이 무관심한 학생들을 가르치는 곳이자, 장기적인 비전도 책임도 없는 허식적 권위만 존재하는 곳이며, 한국 사회의 풀리지 않는 영원한 숙제인 교육 문제의 원흉으로 누구나 지목하는 장소가 되었기 때문이다. 이 모든 것이 사실인지 여부는 물론 중요하지 않다. 중요한 것은 우리의 대학들이 매우 느리고 확실한 죽음을 맞이하고 있다는 사실이며, 이에 대해서는 누구나 동의한다는 점이다.
>
> 느린 죽음이라는 것은 단순히 이전 세대가 전답과 가축을 팔면서 경배하던 '우골탑(牛骨塔)'이 이제는 '반값 세일'의 대상이 되었다는 것을 의미하지 않는다. '지식인의 사회적 책무' 같은 말이 더 이상 오늘의 대학생들과 어울리지 않아서도 아니다. 오늘 대학이 천천히 죽어가고 있다는 말하는 이유

는 매우 근본적인 대학의 역할과 위치를 그 어느 누구도 기억하지도 기대하지도 않게 되었기 때문이다. 나는 대학의 느린 죽음을 다음의 세 곳에서 발견한다.

첫째, 대학은 이제 입시기관으로 이해된다. 학부모와 정부, 그리고 심지어 대학 관계자들조차 이렇게 오해하고 있다. 그러나 대학은 '연구와 교육'이 이뤄지는 곳이며 '입시'는 새로운 신입생들을 선발하는 충원과정일 따름이다.

물론, '공정한' 입시가 우리 사회에서 얼마나 중요한 가치이며, 대학 입시가 초중고 교육을 압도적으로 규정하는 환경임을 잘 알고 있다. 따라서 교육개혁 정책들이 대학 정책, 구체적으로 입시제도를 '손보는' 것으로 귀결되는 것은 우연이 아닐 것이다. 그러나 근본적으로 대학을 입시기관으로 바라보는 정책은 실패할 수밖에 없다.

왜냐하면 대학은 근본적으로 꿈을 꾸고 가꾸는 곳이며 바로 그 꿈에 우리 공동체의 미래가 달려있기 때문이다. 입시와 선발은 교육이 끝나는 곳이 아니라 비로소 교육이 시작되는 곳이며, 우리 공동체의 미래는 누구를 뽑느냐가 아니라 누구를 얼마나 많이 성장시킬 수 있고, 누가 새로운 미지의 영역을 먼저 개척하는가에 달려 있기 때문이다.

둘째, 대학은 이제 기업의 인력양성소로 이해된다. 초중고 교육이 입시교육이었던 것처럼 대학교육도 졸업 후 취직을 위한 교육이라는 생각 때문이다. 실제 어떤 전공들은 특정 직업군과 직결되고, 많은 기업들이 대졸 신입사원으로 특정 전공자들을 선발하는 것을 보아도 대학이 기업에 대한 인력수급원이며, 이곳에서 요구된 특정 기술을 배워야 한다는데 암묵적인 합의가 존재함을 알 수 있다.

그러나 대학교육은 특수 직업교육으로만 환원될 수 없다. 의예과 학생과 국문과 학생이 같이 교양 수업을 들어야 하는 이유는 이들이 언젠가 다시 만나게 될 것이기 때문이다. 이들은 의사―환자나 작가―독자로 만날 것이며, 싫건 좋건 같은 공동체의 구성원으로 살아가야 하기 때문이다. 이들이 같은 문법으로 말하고 쓰지 않으면 소통할 수 없기 때문이며 소통하지 않는 공동체는 지속될 수 없기 때문이다. 그리고 '교양'이야말로 가장 보편적인 언어가 아니었던가.

개인들은 직업으로만 정의되지 않으며, 때로는 인류의 한 구성원으로 인류가 어제까지 성취한 것을 아는 것만으로도 행복할 수 있다. 또 누군가는 거기서 예기치 않게 한 걸음 더 나아갈 수도 있을 것이다. 기업이 나중에 훨씬 더 효율적으로 신입사원에게 가르칠 수 있는 것을 미리 배우느라 어느 경영대생은 인생에서 다시는 들을 수 없는 미술사 수업을 포기해야 할 것이다.

셋째, 대학이 결정적으로 질식하고 있는 곳은 정부, 교육부와의 관계에서이다. 과거 모든 정부가 대학정책에서 '자율'이라는 말을 잊은 적이 없지만, 이명박 정부는 총장 직선제를 폐지했고, 박근혜 정부는 국공립대 총장 임명을 임의로 늦추고, 정원감축 등의 구조개혁을 강권하였다. 현 정부도 아마 크게 다르지는 않을 것이다. 왜냐하면 정부가 대학에 대해 행사하는 통제권 없이는 입시개혁도 사회개혁도 모두 실패할 것이기 때문이다. 그런 의미에서 대학의 '사회적 책무'가 강조되었던 것에는 진보·보수가 따로 없었다.

대학 자율성의 딜레마는 다음과 같다. 통제받지 않는 공룡같은 거대 대학들을 생각하면, 또 사학 비리나 국공립의 비효율을 생각하면, 대학에 몸담은 내 입장에서도 정부로부터의 무한한 자율권을 주장하기는 어렵다. 또한, 대학이 정부로부터 자율성을 획득하는 만큼 기업의 경제논리나 소비자들의 개별이익에 더 강하게 결박되지 않는다는 보장 또한 없다. 정부 지원금으로부터 자유를 얻기 위해서는 또 다른 곳에 영혼을 팔 수밖에 없을 것이기 때문이다.

그리고 그 과정에서 대학은 매우 느리지만 확실한 죽음을 맞이하고 있다. 입시기관으로서, 인력양성소로서, 그리고 준정부기관으로서 연명하면서, 이제는 누구도 대학이 꿈과 지식을 새로 만들고, 공동체의 구성원들을 가꾸는 자유와 고독의 공간이라는 점을 믿지도 기대하지도 않게 되었다. 우리 시대의 가장 큰 재앙은 이렇게 서서히 다가오고 있다.

박원호, 「느리고 확실한 대학의 죽음」, 「중앙일보」, 2017. 8. 9.

1) 글쓴이의 주장을 정리해 보자. 그리고 주장을 전개하기 위해 어떤 근거를 제시하고 있는지 분석해 보자.

2) 예문에서 활용되고 있는 정보와 사실의 정확성을 확인해 보고, 더 보완해야 할 부분이 있는지 검토해 보자.

3) '대학의 현재와 미래'라는 화제로 한 편의 글을 써 보자. 이후에, 위의 예문과 비교하여 자신이 쓴 글의 논점과 논지 전개 방식이 어느 정도의 타당성과 설득력을 갖추고 있는지 확인해 보자.

대화적 읽기

글 쓰는 이는 다양한 지식, 정보, 생각, 의견 등을 자신의 의도에 맞게 선택하여 체계적으로 조직하면서 글을 작성한다. 따라서 한 편의 글에는 글쓴이의 견해나 관점과 함께, 글쓴이가 받아들여 가공한 또 다른 텍스트들의 여러 목소리가 겹쳐 있기 마련이다.

글을 읽는 것은 텍스트에 공존하는 다성적 발화에 귀를 기울이는 행위인 동시에, 이를 바탕으로 자신의 생각과 입장을 구성하여 새로운 질문과 답을 생성해내는 행위이다. 이런 점에서 모든 읽기란 대화적이라고 할 수 있다.

글쓰기를 준비하면서 관련 텍스트를 읽을 때에는 대화적 관계를 더 공고하게 형성하도록 노력해야 한다. 마주한 텍스트를 충실하고 풍부하게 이해하는 일을 시작으로, 자신의 생각을 생성하고 구축하는 단계로 나아가야 한다.

1. 정확하게 이해하기

대화를 할 때 상대방의 말을 경청하지 않으면 전달하는 내용을 온전히 이해할 수 없다. 상대방의 말을 흘려듣거나 무시한 채 자기 말만 계속하는 것은 대화의 올바른 태도가 아니다. 텍스트를 읽을 때에도 마찬가지이다. 글쓴이의 생각과 의견을 정확하게 이해하는 것은 읽는 이가 완수해야 하는 책임이다. 이를 위해서는 글쓴이의 의도와 주장, 그리고 발언의 위치와 목적 등을 입체적으로 파악해야 한다.

중학교 1학년인 딸아이가 아직 유치원생이었을 때의 일이다. 남이섬 근처에 살고 있는 고등학교 문예반 후배의 집에 가족들과 함께 놀러 간 적이 있었다. 후배들과 나는 쏘가리매운탕에 반주를 곁들이며 느긋한 점심 식사를 즐기고 있었다. 점심을 후딱 해치운 아이들은 매운탕집 마당 한구석에 있는 닭장으로 몰려가서 닭과 병아리를 보면서 놀고 있었다.

한참 후에 밥상 앞에 다시 돌아온 아이들은 제각각 닭과 병아리에 대해서 이야기를 털어놓고 있었다. 어떤 녀석은 어느 병아리가 제일 귀여웠다고 했고 다른 녀석은 어느 닭의 벼슬이 제일 멋있었다고 했다. 그런데 내 딸아이는 수탉이 몇 마리, 암탉이 몇 마리 그리고 노란색 병아리가 몇 마리, 이런 식으로 구체적인 숫자를 통해서 닭에 대한 이야기를 늘어놓았다.

딸아이는 지금도 숫자를 갖고 장난치면서 놀기를 좋아하고 학교에서 배우는 과목 중에서도 수학을 제일 좋아한다. 수학 문제를 풀다가도 왜 그런 수학 기호가 나오게 되었는지, 처음 그런 도구를 발명한 사람이 누구인지 늘 궁금해한다. 내가 알고 있는 한도 내에서 그때그때 답을 해 주면서 언젠가 마땅한 책이 있으면 딸아이에게 '수학의 역사'에 관한 책을 한 권 추천해야겠다는 생각을 하고 있었다.

유학 시절에 가끔씩 만나던 천문학 전공 중국인 학생이 있었다. 그는 다른 도시의 학교에 다니고 있었는데 우리는 가끔씩 만나서 밥도 같이 먹고 맥주도 같이 마시곤 했었다. 그런데 이 친구는 술이 들어가기만 하면 이 세상 모든 것들이 중국에서 먼저 발견되었거나 발명되었다고 우기는 주사가 있었다. 그에겐 수학도 예외가 아니었다. 피타고라스의 정리도 이미 중국에서 만들어져서 사용되었다고 하면서 그 이름을 바꿔야 한다고 주장하곤 했었다. 음수도 중국에서 처음 사용했다고 했었다. 물론 그의 주장에 따르면 다른 모든 것들도 중국 수학의 산물이었다.

호기심에 도서관에서 중국의 수학에 대한 책을 찾아서 읽어 본 적이 있었다. 그가 말한 내용의 대부분은 과장된 것이었지만 맞는 말도 있었다. 중국의 수학은 생각보다 더 오래되었고 그 깊이와 활용도 생각했던 것보다 훨씬 깊고 넓었다. 그렇게 단편적으로 중국 수학의 위대함에 대한 맛은 볼 수 있었지만 몇 권 안 되는 책 속에 서술된 중국 수학은 마치 생뚱맞은 부록이나 다른 먼 섬나라 이야기처럼 또는 외계 문명의 결과처럼 기록되어 있었다. 당시 중국 수학을 수학의 역사 속에서 개연성 있게 서술한 책을 만나 보지 못한 것이 내내 아쉬움으로 남아 있었다.

한동안 '조만간 읽어볼 책'으로 분류되어 내 책꽂이 한쪽에 놓여 있던 『수학의 역사』(지즈강 지음, 권수철 옮김, 더숲 펴냄)를 꺼내 들었다. 그럴듯해 보였다. 우선 중국인이 쓴 수학의 역사에 관한 책이라는 것이 눈에 들어왔다. 중국인 수학사 학자가 쓴 책이라면 중국의 수학을 수학의 역사 속에서 제대로 자리매김하고 있지 않을까 하는 기대를 갖게 했다. 분량이 많지 않고 글자 간격도 시원해서 잘 읽힐 것 같았다.

내용의 난이도도 그렇게 높아 보이지 않았다. '수학을 잘하기 위해 먼저 읽어야 할'이라든지 '통합형 공부를 준비하기 위한 현명한 선택' 같은 책 표지의 수사학적 문구들은 여전히 신뢰가 가지 않았지만 딸아이에게 권할 만한 수준의 '수학의 역사' 책이 아닐까 하는 생각을 하게 하기에는 충분한 미끼였다. 요약하자면, 수학의 역사 입문서로 적당해 보였다.

화장실 앞 책꽂이에 『수학의 역사』를 꽂아 두고 오다가다 틈틈이 읽었다.

기대했던 것처럼 속도감 있게 잘 읽혔다. 책 속에 수록된 많은 사진들을 보는 재미도 쏠쏠했다. 이 책의 가장 큰 미덕 중 하나가 이 책 속에 지은이가 수집한 수많은 사진이 수록되었다는 것이라고 자신 있게 이야기할 수 있겠다. 우리에게 보여 주는 이미지 자료를 통해서 수학이라는 추상적인 사고 체계가 어떻게 인류의 문명 속으로 삶 속으로 침투해 왔는지를 직관적으로 보여 주고 있다.

중국인 수학사 학자가 쓴 책답게 기대를 저버리지 않았다. 중국인 친구가 이야기했던 것처럼 중국인들이 만들어 낸 수학은 위대했다. 십진법을 사실상 처음 사용한 것도 중국인들이었다.

"현대의 십진법에 가장 근접한 위치기수법은 중국의 산대 계산법이다. 산대는 손가락 몇 배만 한 길이의 작은 대나무 막대를 산관 위에 올려놓고 계산하는 방식이다. 남북조 시대의 『손자산경』에는 산대로 계산하는 구결이 기록되어 있다."

피타고라스 정리를 먼저 알아낸 것도 역시 중국인들이었다. 피타고라스 정리를 '구고의 정리'라고 불렀으며 이미 실생활에 사용하고 있었다. 상고가 고대 중국의 주공에게 답한 내용을 옮겨 적으면 이렇다.

"곡척을 접어 아랫변을 3, 직각인 세로변을 4가 되도록 하면 빗변은 5가 됩니다. 그리고 아랫변과 세로변을 한 변으로 하는 정사각형을 그립니다. 이미 그려진 빗변의 반대 방향으로 곡척을 사용하여 또 정사각형을 그립니다. 이 직각 삼각형의 아래, 옆, 위에 각각 정사각형을 붙이면 큰 정사각형을 얻게 됩니다. 즉, 길이가 3, 4, 5인 세 정사각형이지요. 두 삼각형의 넓이의 합은 25이고, 이는 큰 사각형의 넓이와 같습니다."

서양보다 1,000년이나 앞서서 정확한 원주율을 계산해서 사용한 것도 중국인들이었다. 음수를 수학에 도입한 것도 중국 수학이 먼저였다.

하지만 이 책은 이런 단편적인 사실만을 나열하는 데 그치지 않고 중국의 수학이 어떻게 현대 수학의 기원으로 자리매김하는지를 역사적 맥락과 다른 문명권과의 교류 과정을 추적하면서 이야기하고 있다. 이 점이 이 책 『수학의 역사』를 특별하게 만드는 지점인 것 같다. 내 옛 중국 친구의 치기 어린 중국 수학 자랑에 그치지 않고 과장하지 않는 진정성을 견지하면서 중국 수학의 위대함을 보여 주고 있다.

중국 수학은 위대했으며 다른 문명을 앞서갔으며 한 시대를 풍미했다. 다른 문명과의 교류를 통해서 중국 수학은 현대 수학의 기원을 형성하는 데 큰 영향을 미쳤다. 그러고는 역사 속으로 들어갔다. 아라비아를 거쳐서 서양 수학이 현대 수학의 역사가 된 후 그 수학이 다시 중국으로 들어왔다. 지은이는 이런 수학의 역사의 과정을 중국 수학의 고고한 품격을 지켜 내 면서 담담하게 그려 내고 있다.

『수학의 역사』는 현대 수학의 쟁점들이 어떻게 형성되었는지 그 과정에 서 수학자들은 어떤 고민을 했고 어떻게 현안 문제들을 해결해 왔는지를 역사의 맥락 속에서 보여 주고 있다. 수학은 단순한 숫자 놀음이 아니라 바로 우리 인류의 자존심이고 문명 자체라는 것을 밝혀내고 있다. 이 책 속에는 수학을 문명으로 만든 숱한 수학자들의 이야기가 나온다. 수학자 다비드 힐베르트의 말 속에 그들의 자존감이 엿보인다.

"역사는 우리에게 과학 발전은 연속성을 갖는다는 점을 일깨워 줍니다. 우리는 시대마다 새로운 문제가 제시된다는 점을 알고 있습니다. 이 문제는 해결되기도 하고 또는 아무런 이익이 없기 때문에 잊히거나 새로운 문제로 대체되기도 합니다. 이제 우리가 미래 수학 지식 세계를 전망한다면, 과거 해결되지 못한 문제를 먼저 살펴보고 현재 과학에서 제시되었거나 앞으로 해결될 가능성이 있는 문제부터 검토해 봐야 합니다. 저는 세기가 교차되는 지금 이 순간이 점검의 최적기라고 생각합니다. 왜냐하면 한 위대한 시대의 종식은 우리에게 과거를 되돌아보게 하고 우리의 아이디어를 미지의 미래로 이끌어 주기 때문입니다."

　하지만 길지 않은 지면 속에 너무 많은 이야기와 너무 많은 수학자들이 등장하면서 전체적으로 산만한 느낌이 드는 것은 피할 수 없었다. 한 사건에 대해서 그 맛을 느낄 여유도 없이 또 다른 사건으로 넘어가 버리기 때문이다. 이 책의 특성이자 한계일 것이다. 긍정적으로 생각하자면 수학의 역사를 물 흐르듯 따라가면서 전체를 조망할 수 있는 수학의 역사 입문서라고 할 수 있을 것이다. 부정적인 측면에서 보자면 제한된 분량에 정보가 넘쳐서 내용을 놓쳤다고 할 수 있겠다.

　『수학의 역사』가 살짝살짝 보여 주는 수학자들의 삶의 모습은 그 수학자를 더 알고 싶다는 욕망을 자극하기에 충분한 것 같다. 나는 이 책을 읽으면서 '페르마 대정리'로 유명한 피에르 페르마보다도, '괴델의 불완전성 정리'로 유명한 쿠르트 괴델보다도, "우리는 알아야 한다. 우리는 알게 될 것이다!"라고 했던 힐베르트의 삶이 무척 궁금해졌다. 이 책에서 언급된 콘스탄스 리드가 지은 『현대 수학의 아버지 힐베르트』(이일해 옮김, 사이언스북스 펴냄)를 찾아서 읽어 볼 참이다.

　표지에 나열한 수식어들은 역시 과장된 표현이었다는 생각이 든다. 이 책은 '수학을 잘하기 위해 먼저 읽어야 할' 책이 아니라 오히려 수학을 잘하고 좋아하는 사람이 이 책 속에서 자신의 마음에 와 닿는 수학자를 찾아보는 게임을 해 보기에 적당한 책인 것 같다. 그러면서 수학에 더 이끌리게 해 줄 것 같은 책이다.

　그럼에도 처음 읽어야 할 수학의 역사 입문서로 『수학의 역사』를 손꼽는 데 주저하지는 않겠다. 이 정도 분량에 이 정도의 밀도로 수학의 역사를 균형감 있게 담아낸 책도 드물 것이기 때문이다. 하지만 중학교 1학년 딸아이에게는 아직은 이 책을 권하고 싶지는 않다. 이 아이가 미분 적분이 뭔지 알고 난 다음 그 기원에 대한 궁금증이 증폭되었을 때쯤 이 책을 읽어 보라고 건네주고 싶다.

『수학의 역사』는 수학의 역사를 처음 접하는 사람에게 첫 입문서로 선뜻 권하고 싶으면서도, 마음 한편에서는 이 책을 읽는 사람은 그야말로 이 책을 읽을 수학적인 준비가 된 사람이었으면 하는 역설적인 마음을 불러일으키는 묘한 책이다.

이명현, 「피타고라스의 정리, 진짜 발견자는 중국인!」, 『프레시안-이명현의 '사이홀릭'』, 2012. 10. 22.

위 예문에서 글쓴이는 유학 시절의 경험담과 어린 딸의 수학에 대한 관심, 그리고 중국 수학에 대한 설명 등을 다양하게 제시하고 있다. 여러 자료와 정보, 그리고 논평을 적절히 관련지어 배치하여 한 편의 글로 완성한 것이다. 그 결과 다양한 목소리를 담은 텍스트가 되었다.

텍스트를 채우고 있는 다채로운 목소리들을 차근차근 이해해 나가다 보면, 글쓴이가 수학의 역사에 관한 책을 소개하면서 이 책이 갖는 의미를 긍정적으로 평가하고 있음을 파악하게 된다. 읽는 이는 정밀하고 성실한 텍스트 독해를 통해 글쓴이가 발견한 새로운 사실, 글쓴이의 생각, 관점, 의도가 다양하게 중첩되어 있음을 확인할 수 있다.

2. 창의적으로 발견하기

생산적인 텍스트 읽기는 궁극적으로 읽는 이의 창의로 이어진다. 읽는 이는 자신이 마주했던 텍스트를 경유하여 자기 고유의 문제, 관점, 견해 등을 주체적으로 구성하게 된다.

기존의 텍스트에서 출발하여 자신만의 독창적인 의미 생성으로 나아가는 읽기는 원래의 텍스트를 창조적으로 재생산하는 적극적인 실천 행위이다. 글 쓰는 이는 텍스트를 읽으면서 발견한 것을 확장하고 심화시켜, 자신의 생각을 형성하는 재료로 삼아야 한다. 텍스트 읽기를 통한 창의적 발견은 좋은 읽기의 목적인 동시에 좋은 글쓰기를 위한 중요한 방법이자 행위이다.

다음 예문은 창의적 발견으로서의 읽기가 성공적인 글쓰기로 이어지고 있음을 잘 보여 준다.

예문 5

아마 그 사람들은 과다 지출을 감수하며 '명품'을 샀을 것이다. 혹은 그 가방과 넥타이가 이른바 '짝퉁'이라면 아이러니는 더 쉽게 이해된다. 하지만 그 가방이 진품인지 짝퉁인지는 오히려 사소한 차이이다. 진품과 짝퉁을 휘감는 공통점은 '럭셔리 열풍'이다. 진품과 짝퉁은 '럭셔리 열풍'에 휘감겨 있는 사람들의 경제력에 따른 차이에 불과하다. 어느 누군가의 말처럼 "럭셔리라 써 놓고 명품이라 읽는" 우리 시대의 주술에 부자든 중산층이든, 직장인이든 대학생이든 모두 사로잡혀 있다. 이 마법은 우리 시대의 커다란 수수께끼이다. (중략)

소비주의가 빚어내는 풍경을 이해하기 위해선 아주 끈질긴 사유의 관습과 거리를 두어야 한다. 우리는 사치품 소비는 여성의 몫이라는 편견을 갖고 있다. 베스트셀러이자 영화로까지 만들어진 칙릿 소설 『쇼퍼홀릭』에서 신용 카드 빚더미에 시달리면서도 쇼핑 중독을 포기하지 못하는 주인공 레베카는 여성이다. 쇼핑 중독을 고백하는 자전적 에세이 『나는 명품이 좋다』로 꽤 짭짤한 인세를 챙겨, 그 돈으로 다시 긴자의 부티크숍을 순례하는 삶을 되풀이하고 있는 나카무라 우사기도 여성이다. 사람들은 책을 덮으며 확신한다. 역시 동서양을 막론하고 사치를 일삼는 '된장녀'가 문제라고.

하지만 우리 시대의 '럭셔리 열풍'은 여성적 현상만은 아니다. 미국이 디즈니랜드라는 사실을 감추기 위해 디즈니랜드가 있다는 유명한 말처럼, 된장녀는 반지하에 살면서도 골프라는 럭셔리한 취미를 즐기는 남자, 손수 자동차를 몰지만 에쿠스만을 고집하는 남자, 21년산 위스키를 맥주와 섞어 구정물 맛이 나는 폭탄주로 만들어 삼키는 남자를 숨기고 있을 뿐이다. 사치에 관한 한 양성평등은 법률적 양성평등보다 더 빨리 이뤄졌다. 된장녀를 희생양으로 내세울 경우, 우리는 오히려 남자 여자를 막론하고 보편적으로 퍼져 있는 '럭셔리 열풍'이라는 마법의 실체를 보지 못하게 된다. 누구나 빠져 있는 마법을 파헤치기 위해 베블런의 『유한계급론』을 펼친다.

노르웨이 출신 이민자의 아들로 태어난 베블런은 미국 자본주의의 승자인 '유한계급'에게 비판의 칼날을 겨누는 『유한계급론』을 남겼다. 미국 자본주의의 승자인 '유한계급'의 삶은 청교도적 근검절약과는 거리가 멀다. 베블런은 유한계급이 다른 사람과 자신을 구별하기 위해 벌이는 과도한 사치 행각을 '과시적 소비'라 불렀다. "공동체의 일상적인 삶과 남자들의 사고 관습을 지배하던 약탈 활동이 생산 활동에 차츰차츰 자리를 내주게 되면서, 축적된 금전이 약탈이라는 명예로운 활동의 전리품을 대신하여 우월함과 성공을 대표하는 인습적인 지표의 자리를 차지하게 된다. 그에 따라 정작 산업이 성장하면서 금전의 소유는 명성과 존경을 부르는 관습적인 근거로서 상대적인 중요성과 효력을 획득하게 된다."

중세 귀족들의 과시적 소비는 궁정 안의 '그들만의 리그'였지만, 자본주의와 과시적 소비가 만나면 그 효과는 '유한계급'의 범위를 벗어난다. '과시적 소비'가 '유한계급'의 범위를 넘어서는 현상을 분석하는 『유한계급론』은 1899년의 책이지만, 이 책이 분석한 효과는 바로 지금의 현상이다. 과시적 소비가 문화적 관습법 같은 영향력을 발휘하면서 모든 사회 계층이 과시적 소비의 영향권에 편입된다. "문명화된 현대 사회에서 사회 계급을 구분하는 경계선은 점차 모호해지고 가변적인 것이 되어 가지만, 이러한 변화가 발생하는 모든 곳에서 상류 계급이 강요하는 명성의 규준은 그에 대한 약간의 저항을 제외하면 사회 구조의 최하층까지 그 강압적인 영향력을 거침없이 확장한다. 그 결과 각 계급의 구성원들은 자신들보다 한 단계 높은 계급에서 유행하는 생활 양식을 자신들이 추구해야 할 이상적인 생활 양식으로 인정하고 그러한 이상을 추구하는 데 자신들의 에너지를 쏟아붓는다." (중략)

하지만 아무리 따라잡고 흉내 내도 부자가 아닌 사람은 과시적 소비를 위한 럭셔리 상품의 유행이 폭포수처럼 아래로 떨어지는 저 높은 곳에 도달할 수 없다. 피라미드의 아래층에 있는 사람들이 흉내 내는 속도보다, 저 높은 곳에서 만들어지는 유행의 스피드가 늘 더 빠르기 때문이다. (중략)

채워지지 않는 흉내 내기가 반복되면, 저 높은 곳에 있는 부자는 부러움의 대상이 된다. 이제 세상의 부자는 질투가 아니라 부러움을 전리품으로 챙기며 자본주의 전쟁에서 승리한 현대인의 위인으로 등극한다. 그래서 부자들이 사용하는 럭셔리 브랜드 상품은 '명품'이라 읽힌다. 명품에 중독되어 있는 나카무라 우사기의 고백이다. "수년 전 에르메스라는 브랜드가 내 마음속에서 신비롭게 빛나고 있던 시대였다. 이미 엄청나게 사들였다. 에르메스, 그야말로 에르메스 매장은 아수라장이다. 최초의 목표는 켈리와 버킨 핸드백을 손에 넣는 것이다. 이것은 하나에 40만 엔에서 80만 엔이나 하는 데다, 항상 품절 상태라 좀처럼 입수하기 어려운 마치 산꼭대기의 꽃 같은 존재이다." 명품은 자본주의가 승자에게 선물하는 훈장이다. 나카무라 우사기는 '명품'의 본질을 잘 간파하고 있다. "나에게 있어서 자본주의란, '부자라는 영광의 골을 향해 맹렬하게 싸우는 게임'이다. 그리고 명품은 그 게임의 경품이다." (중략)

유권자가 소비자가 되는 사회에서, 소비주의는 개인의 무거운 선택을 가벼운 선택으로, 정치 투표장에서의 고민을 백화점에서의 고민으로, 정치적 권리인 자유를 경쟁하는 브랜드 중 무엇을 고를 것인가의 자유로 바꾸어 놓는다. 그래서 부자들의 라이프 스타일에 대한 관심이 커질수록 부자들의 불법 상속에 무관심해지고, 쇼핑몰에 습관적으로 북적대는 사람들이 늘어날수록 투표율은 낮아지고, 고객 상담실에 전화를 걸어 소비자의 권리를 주장하는 사람들이 늘어날수록 공적인 일에 분노하는 사람들은 줄어드는 법이다.

이번 주말에도 사람들은 자본주의의 훈장을 수집하러 차를 몰고 교통마비를 불러일으킬 정도로 아웃렛으로 몰려간다. 하지만 사람들은 아웃렛에서 아는 사람을 마주치는 순간 멋쩍은 표정을 짓고, 내 훈장이 짝퉁임을 알아보는 눈썰미 있는 사람의 눈초리를 무서워한다. 짝퉁임이 드러나는 날, 자신의 훈장인 '명품'이 자본주의의 승자라는 표시에서 속물이라는 딱지로 전락함을 잘 알고 있기 때문이다.

노명우, 「럭셔리라는 마법의 수수께끼」, 『세상 물정의 사회학』, 사계절, 2013, 35~41쪽

글쓴이는 '럭셔리 열풍'이라는 사회·문화적 현상을 "자본주의의 훈장을 얻기 위한 노력"으로 해석한다. 이 문제를 비판적으로 다루는 과정에서, 베블런의 『유한계급론』과 나카무라 우사기의 『나는 명품이 좋다』의 문제의식을 적극 활용하고 있다.

우리 사회의 '럭셔리 열풍'이라는 텍스트 자체를 읽어 내는 데 다른 텍스트가 영감을 주고 이론적 틀과 분석적 기반을 제공하고 있다. 글쓴이는 "유한계급의 과시적 소비"론을 통해 현재 우리 사회의 "채워지지 않는 흉내 내기"를 포착하고, "부자라는 골을 향해 달리는 게임"론에 기대어 "개인의 무거운 선택을 가벼

운 선택으로 바꿔 놓은 소비주의"를 포착한다.

이처럼 글은 텍스트를 겹쳐 읽고 겹쳐 쓰면서 사유를 조직하는 과정에서 탄생한다. 따라서 글 쓰는 이는 쓰는 작업에서 읽기 능력의 신장이 가지는 중요성을 충분히 파악하고, 읽기의 목적과 방법에 대한 이해와 실제적인 기술 습득을 위해 노력해야 한다.

학습 활동

01 다음 예문은 『스페인 내전』의 머리말이다. 글을 읽고 아래의 활동을 수행해 보자.

예문

지금까지 스페인 내전은 자주 좌파와 우파의 충돌로 묘사돼 왔다. 그러나 그런 설명은 지나치게 단순하며 자주 오해를 불러일으키곤 한다. 좌우의 충돌 말고도 이 전쟁에서는 두 개의 갈등 축이 더 나타나는데, 하나는 국가의 중앙 집권과 지역적 독립 간의 갈등이고, 다른 하나는 권위주의와 개인의 자유 간의 갈등이다. 우파 국민 진영은 소수 예외를 제외하고는 결속력이 강한 세 가지 극단적 경향이 한데 결합했기 때문에 공화 진영에 비해 훨씬 통일성이 있었다. 그들은 모두 우익이었고, 중앙 집권적이었으며, 권위적이었다. 반면에 공화 정부는 공존이 불가능하고, 서로가 서로를 의심하는 사람들이 한데 모여 있는 혼란의 도가니였다. 중앙 집권주의자, 공산주의자로 대표되는 권위주의자들이 지역주의자, 자유주의자들과 어지럽게 한데 뒤섞여 있었다.

앤터니 비버, 『스페인 내전』, 김원중 옮김, 교양인, 2009.

---

1) 예문에 나온 다음 개념들의 의미를 찾아 정확하게 이해해 보자. 여러 유형의 참고 자료를 찾아보고, 어떤 자료가 학술적인 이해를 수행하는 데 적절한지 평가해 보자.

- 좌파, 우파

- 공산주의, 사회주의, 자유주의

- 중앙 집권주의, 지역 분권주의

- 권위주의, 자유

2) 스페인 내전을 다룬 다음의 글, 회화, 영화 등을 찾아 감상해 보고, 텍스트의 논점과 관점을 정리해 보자. 그리고 대상에 접근하는 방식이 각각 어떤 특징을 지니는지 비교·분석해 보자.

- 책: 『카탈로니아 찬가』(조지 오웰)
  『울지 않기』(리디 살베르)
  『누구를 위하여 종은 울리나』(헤밍웨이)

- 회화: 『게르니카』(피카소)

- 영화: 『게르니카』(콜도 세라, 2016)
  『마리포사』(호세 루이스 꾸에르다, 1999)
  『랜드 앤 프리덤』(켄 로치, 1995)

 다음 화제 가운데 하나를 선택하여, 아래의 활동을 수행해 보자.

- 민주주의와 정치, 경제, 문화

- 혐오 발언과 폭력

- 노동 주체로서의 '남성'과 '여성'

- AI 기술과 '인간적인 것'

1) 자신이 다룰 화제와 관련하여 참고할 수 있는 자료를 찾아 목록을 작성해 보자.

2) 문헌을 선택하여 숙독한 후, 제출된 견해들을 비교·분석하고 체계적으로 정리해 보자.

3) 읽은 자료를 바탕으로, 다음 사항을 고려하면서 자신의 생각을 정리하여 글을 한 편 써 보자.

- 글에서 어떤 문헌을 활용할 것인가
- 활용의 이유는 무엇인가

참고 문헌

- 노명우, 「럭셔리라는 마법의 수수께끼」, 『세상 물정의 사회학』, 사계절, 2013.
- 박원호, 「느리고 확실한 대학의 죽음」, 『중앙일보』, 2017. 8. 09.
- 심혜련, 『약이 되는 동화 독이 되는 동화』, 이프, 2000.
- 이명현, 「피타고라스의 정리, 진짜 발견자는 중국인!」, 『프레시안-이명현의 '사이홀릭'』, 2012. 10. 22.
- 장하석, 『장하석의 과학, 철학을 만나다』, 지식플러스, 2015.
- 정동유, 『주영편』, 안대회 옮김, 휴머니스트, 2016.
- 브루노 베텔하임, 『옛이야기의 매력 1』, 김옥순·주옥 옮김, 시공주니어, 1998.
- 앤터니 비버, 『스페인 내전』, 김원중 옮김, 교양인, 2009.

제3부
쓰기의 과정

05

구상하기

"글을 구상하는 단계에서는 글의 목적과 독자와 화제를 설정해야 한다. 이 단계에서는 '왜 쓰는가?', '누가 읽는가?', '무엇에 대하여 쓰는가?'와 같은 질문에 대한 답을 생성한다. 글쓴이는 글을 쓰는 이유와 기대 효과를 생각하며, 글의 목적을 수립해야 한다. 또한, 예상 독자가 누구인지 고려하여 글의 방향과 목표를 정해야 한다."

"글을 힘 있게 쓴다는 것은 명쾌하고 정확하게 쓴다는 뜻이고, 진실하거나 참되거나 흥미로운 것을 쓴다는 말이며, 설득력 있게 쓴다는 의미이다."

Peter Elbow, 『힘 있는 글쓰기(Writing with Power)』

글의 목적과 독자

글을 구상하는 단계에서는 글의 목적과 독자와 화제를 설정해야 한다. 이 단계에서는 '왜 쓰는가?', '누가 읽는가?', '무엇에 대하여 쓰는가?'와 같은 질문에 대해 답하는 과정이 이루어진다. 글쓴이는 글을 쓰는 이유와 기대 효과를 생각하며, 글의 목적을 수립해야 한다. 또한, 예상 독자가 누구인지 고려하여 글의 방향과 목표를 정해야 한다.

1. 목적 정하기

글쓴이는 구상 단계에서 글의 목적을 설정한다. 글의 목적을 정할 때에는 주어진 과제의 성격과 목표를 이해하고, 독자에게 미칠 영향과 기대 효과를 예상하며, 적절한 화제를 선택하였는지를 폭넓게 고려해야 한다. 글쓴이는 글을 쓰는 이유와 글의 성격을 뚜렷이 인식해야 하며, 이러한 인식을 바탕으로 글의 목적을 수립해야 한다. 글을 쓰는 목적이 분명해지면, 어떤 글을 쓸 수 있을지 구체적인 상을 그릴 수 있다.

한 편의 글은 설명과 비평, 주장과 설득의 과정을 종합적으로 담고 있다. 다만 글쓴이가 설정한 구체적인 목적에 따라 활용하고 강조하는 지점은 달라질 수 있는데, 이것은 글 전체의 방향을 결정짓는 요인이 된다.

설명은 대상을 밝혀 풀어 쓰는 행위로, 학술 글쓰기를 하는 데 필요한 기본적인 기술이라고 할 수 있다. 설명은 구체적이고 체계적이어야 하므로 정의, 분석, 예시, 비교와 대조, 분류, 묘사, 비유와 같은 논증의 여러 기술을 익혀 두어야 한다. 설명은 설명 그 자체를 목적으로 하는 경우도 있지만, 비평이나 설득을 목적으로 하는 글에서 논증의 한 가지 방식으로 쓰이는 경우도 많다. 특정 대상을 비평하거나 자신의 의견을 주장하기에 앞서 논의 대상에 대한 정보를 전달하고 설명하는 것이 요구되기 때문이다.

비평은 대상을 해석하고 평가하여 논의하는 일로, 대상에 대한 소개와 배경지식 설명, 해석 행위가 포함된다. 비평은 한 줄 영화평처럼 짧고 가벼운 형식에서부터 논문 형식에 이르기까지 다양한 글을 평가할 때 활용된다. 비평은 비평자의 관점과 문장 표현이 두드러지는 분야이므로 자기 고유의 시각을 확보하고, 비평에 적합한 문장력을 갖추어야 한다.

주장은 자기 의견을 내세우는 행위이다. 설득하고자 하는 글을 쓸 때에는 주장의 근거를 분명하게 제시하는 것이 중요하다. 주장의 근거인 논거가 적절한 자료로 뒷받침되어야 글쓴이의 의견이 설득력을 얻을 수 있다. 해결책을 제안하는 글 역시 주장하는 글에 해당하는데, 문제 상황을 해결할 대책을 모색하여 제안함으로써 변화를 요구하는 목표를 가지고 있다. 문제 해결을 목적으로 하는 글은 주장과 설득을 활용하지만, 문제 상황에 대한 설명과 비평을 포함하는 경우도 많다.

글쓴이가 어떤 의도를 가지고 있으며, 달성하고자 하는 목표는 무엇인지에 따라 글의 성격과 지향점은 달라진다. 정보 전달과 설명, 주장과 설득, 대안과 해결책 제시 등과 같이 다양한 이유로 글을 쓸 수 있다. 경우에 따라서는 여러 이유들이 복합적으로 작용하며 글쓰기의 목적을 구성할 수 있다.

다음 예문에서 두 개의 글은 동일한 화제를 다루고 있지만, 각각 설명과 주장에 초점을 맞추고 있다는 점에서 차이를 보인다.

예문 1

(가)
'동물 복지 축산 농장 인증제'란, 농장 동물 복지 수준 향상을 위해 동물이 본래의 습성 등을 유지하면서 정상적으로 살 수 있도록 관리하는 축산 농장을 '동물 복지 축산 농장'으로 인증하는 제도를 말한다. 동물 복지 축산 농장 인증제를 위해서는 높은 수준의 동물 복지 기준에 따라 인도적으로 동물을 사육해야 하며, 이를 이행하는 소·돼지·닭·오리 농장은 국가로부터 인증을 받을 수 있고, 인증 농장에서 생산되는 축산물에는 '동물 복지 축산 농장 인증 마크'가 표시된다.

동물 복지 축산 농장 인증은 2012년 닭의 산란계 농장을 시작으로 하여, 2013년에는 돼지, 2014년에는 닭(육계), 2015년에는 한우와 젖소 사육 농장으로 축종이 확대·시행되었다. 산란계 농장 인증제 기준에 따르면, 축산법에 따라 축산업 등록 농장이어야 하고, 그동안의 케이지식의 사육을 금지하고 평사에서 사육해야 하며, 강제 환우는 금지된다. 또한 밀집 사육을 방지하고자 적정 밀집 사육 두수(1m²당 9수 이하) 및 알 낳는 장소(7수당 1개 이상) 확보, 횃대(닭이 올라앉는 나무 막대) 적정 사육 두수(1수당 15cm 이상)에 맞게 설치하는 등 관리자에 대한 시설, 환경 및 준수 사항이 강화되었다.

김정문, 「동물 복지 축산 농장 인증제」, 『에코타임즈』, 2017. 7. 3.

(나)

2017년 한국을 휩쓴 조류 인플루엔자(AI)와 살충제 달걀 파동에서 동물 복지 농장은 거의 피해를 보지 않은 것으로 나타난 가운데, 경제적 효율 측면에서도 동물 복지 농장이 밀집 사육 농장보다 더 우월한 것으로 분석됐다. 동물 복지 농장은 공장식 축산과 달리 인간이 동물을 이용하면서 윤리적인 책임을 가지고 동물이 필요로 하는 기본 생존 조건을 보장하는 농장을 뜻한다.

2017년 10월 9일 경기연구원의 「살충제 달걀 파동과 동물 복지 농장 도입의 필요성」 보고서를 보면, 조류 인플루엔자로 발생하는 경제적 손실을 고려한 경제성 분석에서 밀집 사육 농장의 순 현재 가치는 약 997.8억 원으로, 동물 복지 농장의 약 637억 원보다 높게 나타났다. 그러나 투자 대비 효율을 가늠할 수 있는 내부 수익률(IRR)은 동물 복지 농장이 13.36%로, 밀집 사육 농장의 9.98%보다 높은 것으로 분석됐다. 비용－편익비(B/C Ratio) 또한 동물 복지 농장이 1.028로 밀집 사육 농장의 0.996보다 높은 것으로 나타나는 등 동물 복지 농장의 경제적 효율이 월등히 높았다.

홍용덕, 「동물 복지 농장, 밀집 사육보다 경제 효율성 더 높다」, 『한겨레』, 2017. 10. 9.

(가)는 '동물 복지 축산 농장 인증제'를 설명하는 글이다. 이 예문은 정보 전달을 목적으로 하는 글로, 독자가 해당 제도에 대해 이해할 수 있도록 구체적인 정보를 상세하게 제시하고 있다. 이에 비해, (나)는 '동물 복지 축산 농장 인증제'의 효과와 이점을 강조하는 데 초점을 맞추고 있다. 글쓴이는 '조류 인플루엔자AI와 살충제 달걀 파동'을 예로 들어 동물 복지 농장 도입의 필요성을 주장한다. (가)와 (나)는 화제와 독자가 동일한 경우에도 글을 쓰는 목적에 따라 글의 성격이 달라질 수 있다는 점을 잘 보여 준다.

글을 쓸 때 목적을 어디에 두어야 할지를 결정하는 일은 매우 중요하다. 목적은 글의 성격과 목표를 결정짓는 역할을 하기 때문이다. 글쓴이는 이 점을 생각하면서, 구상하기 단계에서 글을 쓰려는 이유와 글을 통해 기대하는 바를 분명하게 인식해야 한다. 또한, 글이 지향하는 방향에 맞는 목적을 명확하게 설정해야 한다.

2. 독자 설정하기

글쓴이는 구상 단계에서 글의 독자를 설정한다. 독자를 누구로 설정하느냐에 따라 글의 성격과 목표가 달라질 수 있으며, 글의 내용과 표현의 수준도 조절될 수 있다. 글쓴이는 글을 구상하는 과정에서 예상 독자를 설정하고, 독자의 범주와 특징을 분석하는 일을 수행해야 한다. 독자를 설정할 때에는 다음 항목들을 고려할 필요가 있다.

- 누가 나의 독자인가?
- 독자의 나이, 교육 수준, 사회 계층은 어떠한가?
- 독자가 나의 글을 읽으려는 이유는 무엇인가?
- 독자는 내가 다루고자 하는 주제에 대하여 얼마나 알고 있는가?
- 독자가 나의 글을 읽고 나서 갖게 될 반응과 기대 효과는 무엇인가?

학술 글쓰기 양식도 독자를 기준으로 보면 차이가 있다. 제안서, 학술 에세이, 학술 보고서 및 논문의 독자를 살펴보면 다음과 같다.

제안서는 창의적인 아이디어를 통해 제안의 필요성을 강조하고 구체적인 실현 방안을 제시하는 글로, 평가자의 역할을 맡고 있는 독자가 제안의 가치를 수용할 수 있게 구성되어야 한다. 제안서는 해당 분야의 전문가만이 아니라 행정 기관이나 기업 관계자가 평가 및 심사를 하는 경우가 많으므로, 제안 내용을 효과적으로 제시하는 전략이 요구된다.

학술 에세이는 독창적인 관점에 입각하여 특정한 주제를 다루면서 일정한 논증 과정을 통해 주장의 타당성을 입증하는 글로, 다양한 부류와 계층의 사람들이 독자의 범주에 포함될 수 있다. 학술 에세이는 제안서, 학술 보고서 및 논문에 비해 독자의 폭이 넓어서, 대학의 구성원이나 전문가만이 아니라 일반 독자까지도 포괄한다. 따라서 학술 에세이를 쓸 때에는 주요 독자가 누구인지를 분명하게 설정해야 하며, 다루려는 글의 주제에 대한 독자의 관심과 이해의 정도를 잘 파악해야 한다. 정보와 개념과 지식을 전달할 때에는 독자가 쉽게 이해할 수 있도록 해야 할 뿐만 아니라, 학술 에세이가 갖추어야 할 논의의 깊이와 관점의 타당성을 확보해야 한다.

학술 보고서 및 논문은 학습 및 연구 성과를 주어진 양식에 맞추어 작성한 글로, 주로 관련 분야의 전문가를 독자로 삼는다. 학술 보고서는 학습과 조사의 수행 과정 및 결과를 보고하기 위한 글이며, 논문은 연구 결과를 전공 분야에서 요구하는 형식에 맞춰 논증하고 기술하는 글이다. 학술 보고서와 논문은 모두 평가나 심사의 대상이 되며 주제의 독창성, 논리적 정합성, 자료 활용의 정확성 등 글의 양식적 규범을 준수해야 한다.

다음 예문은 학술 에세이에 해당하는 글의 일부로, 글쓴이는 〈서문〉을 통해 글의 독자가 누구인지 명시하고 있다. 여기에서 글쓴이는 예상 독자에 대해 구체적으로 기술하고 있을 뿐만 아니라, 자신의 책이 독자의 특징과 성격을 적극적으로 고려하면서 쓰였다는 점을 강조하고 있다.

예문 2

이 책은 읽히기 위해 쓰인 것이지, 연구되기 위해 쓰인 것이 아니다. 이 책은 교과서도 아니며 이론적인 체계를 세우려는 시도도 아니다. 이 책은 내가 대단히 흥미로우며 중요하다고 생각하는 어느 지적 세계로의 초대이다. 그러한 초대를 할 때에는 독자가 초대받는 세계에 대한 대략적인 윤곽을 묘사할 필요가 있다. 그러나 만일 이 초대를 진지하게 받아들이기로 결심한다면, 독자는 이 책의 범위를 넘어서게 될 것이 분명하다.

달리 말하면, 이 책은 어떤 이유에서든 사회학에 대해 궁금해하거나 질문을 던지게 된 사람들을 대상으로 하고 있다. 내가 추측하기로는, 이러한 사람들 중에는 사회학을 진지하게 받아들이려는 생각을 조롱하는 학생들도 있을 것이며, 또한 '교육받은 공중(educated public)'이라고 불리는 좀 더 성숙한 성원들도 있을 것이다. 나는 또한 이 책이 몇몇 사회학자에게는 비록 이 책이 그들이 미처 모르는 것을 말해 주는 것은 별로 없다 하더라도 매력은 있을 것이라고 생각한다. 왜냐하면 우리 모두는 우리 자신이 들어 있는 그림을 바라보는 데에서 어느 정도 자기도취적인 만족을 얻기 때문이다. 이 책은 매우 광범위한 독자층을 대상으로 썼기 때문에, 사회학자들에게 의아스러울 정도로 나쁜 평판을 얻게 된 기술적인 용어들은 가능한 한 피하고자 했다.

그와 동시에, 독자에게 수준을 낮추어 너무 쉽게 말하는 것도 지양하려고 했다. 왜냐하면, 나는 그렇게 하는 것 자체를 반발을 불러일으키는 태도로 간주하고 있을 뿐만 아니라, 또한 학생들을 포함해서 수준을 낮춰서 쉽게 말해야 한다고 느끼는 사람들은 특히 초대하고 싶지 않기 때문이다. 나는 사회학을 오늘날 손에 넣을 수 있는 학문적인 오락 중에서 일종의 '품위 있는 게임(royal game)'으로 생각하고 있다는 것을 솔직하게 인정한다. 따라서 도미노 게임을 할 줄 모르는 사람들은 체스 대회에 초대하지 않는다.

피터 L. 버거, 『사회학에의 초대』, 이상률 옮김, 문예출판사, 1995, 7~8쪽.

글쓴이는 자신의 책이 어떤 이들을 독자로 상정하고 있는지 밝히고 있다. 그에 따르면, 이 책의 독자는 학술적 소양을 가진 전문가에 한정되지 않는다. "사회학에 대해 궁금해하거나 질문을 던지게 된 사람들"이라면 누구나 독자가 될 수 있으며, 그러한 까닭에 이 책은 "매우 광범위한 독자층"을 확보하게 되었다. 글쓴이는 책의 구상 단계에서는 물론이고 실제 내용을 구성할 때에도 독자의 다양성을 고려하였다. 무엇에 대하여 얼마나 구체적으로 쓸 것인가를 결정하는 순간마다 '독자'라는 요인이 중요하게 작용한 것이다.

학습 활동

01 글의 독자와 목적에 따라 글쓰기의 성격과 방향이 달라질 수 있다는 점을 고려하면서, 자신이 가입한 동아리나 관심 있는 동아리에 대한 글을 써 보자. 다음 두 글이 어떠한 차이점을 갖는지 논의해 보고, 하나를 선택하여 글을 작성해 보자.

- 학교 신문에 실릴 동아리 소개 글을 쓰는 경우
- 교내 동아리 지원 사업에 응모하기 위해 제안서를 쓰는 경우

02 비평은 대상에 대한 소개, 배경지식 설명, 창의적인 해석을 포함한다. 서평은 책의 내용과 가치를 분석하여 효과적으로 전달하는 글로, 독자에게 새로운 정보를 제공하고 글을 읽지 않은 이들에게는 관심과 흥미를 불러일으킬 수 있어야 한다. 자신이 읽은 책 가운데 추천 도서 한 권을 선정하여 서평을 써 보자. 이때, 다음 사항들이 글에 잘 반영될 수 있도록 해 보자.

- 글쓴이 소개를 덧붙인다.

- 독자의 반응과 평가를 요약하여 기술한다.

- 책의 핵심 내용을 재구성하여 서술한다.

- 책의 중요한 부분을 두 군데 이상 인용한다.

- 책의 의의를 설명하고 평가한다.

03 다음 예문은 독자 설정과 관련한 리처드 호가트의 글이다. 글을 읽고, 우선 자신의 전공 분야와 관련된 학술 서적이나 논문을 찾아보자. 그 뒤에 해당 글에서 사용하고 있는 핵심 개념 가운데 하나를 선택하여, 일반 독자도 이해할 수 있도록 쉽게 풀어서 설명해 보자.

예문

이 책은 지난 30~40년 동안의 노동자 계급 문화의 변화, 특히 대중 출판물에 의해 촉진된 변화에 대한 내용을 담고 있다. 나는 다른 형태의 오락, 특히 영화나 상업 방송을 예로 들더라도 비슷한 결과가 나올 것이라고 예상하고 있다.

만일 대중문화에 대해 다루고 있는 책이 '대중'이라는 존재가 누구인지를 제대로 충분히 설명하지 않는다면, 그 책이 가지는 호소력은 줄어들 수밖에 없다고 생각한다. 더불어 그 책이 묘사하는 '대중의 삶'의 특정한 면모가 실제 대중의 삶 자체를 제대로 드러내지 못한다면, 그리고 오락물로서 대중문화에 대해 대중이 가지는 태도가 어떤 것인지를 제대로 보여 주지 못한다면이 역시 해당 저술의 호소력을 떨어뜨릴 것이다. 따라서 나는 이런 배경 속에서 노동자 계급 특유의 관계와 태도에 대해 서술하고자 한다. 배경에 대한 설명에서 이 책은 많은 부분 개인적인 경험을 기반으로 하고 있으며, 과학적으로 검증된 사회학적 설문 조사를 바탕으로 하고 있지는 않다. 그러므로 제한된 경험에서 오는 일반화의 위험은 분명히 존재한다. 나는 필요 시 미주 부분에 사회학자들의 연구 결과를 일부 첨부했으며, 해당 연구 결과들은 본문을 뒷받침하거나 본문의 내용을 증명하는 것들이 될 것이다. 또한 나와 비슷한 경험에 대해 다른 해석을 내린 예시 한두 개를 첨부했다.

이후 전개될 내용에는 두 가지 방식의 글쓰기를 실시했다. 위에서 서술한 바와 같은 방식, 그리고 대중 출판물에 대한 특정한 문학적인 분석이 바로 그것이다. 얼핏 보면 이 두 가지 스타일은 그다지 잘 어울리지 않는 것처럼 느껴질 수 있다. 특히 이 책의 후반부에서 보이는 서술 방식의 변화는 다소 급작스러운 것도 사실이다. 하지만 나는 이 두 가지 서술 스타일이 상호 보완적이라고 생각하며, 독자들도 그렇게 느꼈으면 한다.

나는 계급과는 관계없이 진지한 태도를 가진 '평범한 일반 독자', 혹은 '지적인 비전문가'라고 부를 수 있는 모든 독자에게 이야기를 전한다고 생각하며 이 책을 집필했다. 하지만 그렇다고 해서 내가 모든 계급과 계층이 쓰는 어조를 전부 사용하기 위해 일부러 애썼다는 것도 아니다. 그러나 내가 아는 이 주제에 대해 이해하고 있는 바를 가능한 한 명료하게 서술했으며, 전문 용어도 사용하지 않았거나 아주 명백하게 이해될 수 있는 종류의 비유법만 사용했다는 것도 아니다. 그러나 나는 내가 이 주제에 대해 이해하고 있는 바를 가능한 한 명료하게 서술했으며, 전문 용어 및 각종 암시적인 표현은 그것들이 유용하거나 의미 있다고 판단될 경우에만 사용했다. '지적인 전문가'는 규정하기 힘든 존재이며, 대중화는 상당히 위험한 작업이다. 그러나 누군가를 위해 글을 쓰는 것이 시급한 일이라면 글쓴이는 그 사람에게 다가가기 위해 노력해야 한다. 현재의 문화적인 상황에서 가장 두드러지게 나타나는 불길한 모습 중 하나가 바로 전문가들의 전문적인 언어와 엄청나게 수준 낮은 대중 매체 사이의 괴리이기 때문이다.

리처드 호가트

1952년 6월

리처드 호가트, 『교양의 효용』, 이규탁 옮김, 오월의봄, 2016, 6~7쪽.

화제 찾기

글쓴이는 구상 단계에서 글의 화제를 설정한다. 화제는 글의 제재를 가리키며, 화제 찾기는 본격적으로 글을 쓰기 전에 구체적인 논제를 설정하기 위해 거쳐야 하는 과정이다.

화제를 탐색하기 위해서는 폭넓은 시야를 가지고, 관심 있는 대상을 발견하기 위해 노력해야 한다. 글쓴이는 화제를 발견하고 재조직하는 과정에서 구체적인 문제의식을 구성할 수 있으며, 이를 논제로 가공할 수 있다. 화제 찾기의 흐름을 요약하여 정리해 보면 '화제 찾기→논제 설정→주제 구성'이다. 이 과정을 밟아 나가면서 대상에 대한 주체적인 관점과 입장을 세우고, 글의 구체적인 내용을 구상하는 단계로 나아가야 한다.

다음 예문에는 글쓴이가 어떠한 과정을 통해 화제를 찾게 되었는지가 잘 드러나 있다.

예문 3

중용이 미덕인 우리 사회의 요구와 압력을 나 역시 오랫동안 내면화해 왔다. 이 말을 믿지 않는 사람도 있을지 모르지만, 한번 생각해 보라. 모난 사람, 기설을 주장하는 사람, 극단으로 기피받는 인물이 되고 싶은 사람이 어디 있겠는가? 나는 언제나 '중용의 사람'이 되고 싶었다.

그런데 어느 날 알게 되었다. 내가 '중용의 사람'이 되고자 했던 노력은, 우리 사회의 가치를 내면화하고자 했기 때문도 맞지만, 실제로는 무식하고 무지하기 때문이었다는 것을! 그렇다. 어떤 사안에서든 그저 중립이나 중용만 취하고 있으면 무지가 드러나지 않을뿐더러, 원만한 인격의 소유자로까지 떠받들어진다. 나의 중용은 나의 무지였다.

중용의 본래는 칼날 위에 서는 것이라지만, 많은 사람들에게 그것은 사유와 고민의 산물이 아니라, 그저 아무것도 아는 게 없는 것을 뜻할 뿐이다. 그러니 그 중용에는 아무런 사유도 고민도 없다. 허위의식이고 대중 기만이다. 그런데도 우리 사회에는 무지의 중용을 빙자한 지긋지긋한 '양비론의 천사'들이 너무 많다. (중략)

부끄러움을 무릅쓰고, 마흔 넘어 새삼 공부를 하게 된 이유는 우선 내 무지를 밝히기 위해서다. 극단으로 가기 위해, 확실하게 편들기 위해, 진짜 중용을 찾기 위해!

장정일, 『장정일의 공부』, 알에이치코리아, 2015, 5~6쪽.

위 예문에서 글쓴이는 '중용과 공부'라는 화제를 찾게 된 경험적 맥락을 제시하고 있다. 글쓴이는 어느 날 문득 '나는 왜 중용의 사람이 되고자 하는가?' 하는 질문을 던지게 되었으며, 이러한 질문을 매개로 '중용의 사람이 될 것을 요구하는 사회'에 대한 문제의식을 가지게 되었다. 또한 이 과정에서 '중용'의 진정한 의미를 다시 생각해 보는 계기를 마련했을 뿐만 아니라, '중용의 사람'이 되기 위해서는 '공부'를 하고 '입장'을 가져야 한다는 점을 깨닫기도 하였다. 글쓴이는 중용이라는 것이 역설적이게도 비판적인 사고와 주체적인 인식에 의해 구성된다는 점을 강조하고, 이를 통해 공부의 중요성을 환기하고자 하였다.

이 사례는 글쓴이가 성찰적 자기 인식을 통해 화제를 발견하고 문제의식을 키워 나가며, 글의 주제를 구성해 나가는 일련의 흐름을 잘 보여 준다. 이와 함께, 화제 찾기가 자신의 경험과 일상을 관찰하고 분석하는 일에서부터 시작될 수 있음을 알려 준다.

화제의 범위는 폭이 넓고 다양하다. 그렇기 때문에, 자유롭게 화제를 선택할 수 있는 경우에 사람들은 어디서부터 화제를 찾아 나가야 할지 몰라 당황하거나 어려움을 느낄 수 있다. 이러한 때에는 과제의 성격을 정확히 이해하고, 화제 선택의 범위를 확인한 후에 탐색의 과정으로 들어갈 필요가 있다. 또는, 위의 예문에서와 같이 자신의 경험과 일상을 되돌아보거나, 평소에 가지고 있던 궁금증이나 관심사를 살펴보는 일을 통해 화제를 새롭게 발견할 수도 있다. 자신의 관심과 흥미가 반영된 화제를 찾는다면, 의미 있는 주제를 구성하는 일이 한층 수월해질 뿐만 아니라 실제로 글을 쓸 때에도 더 깊이 몰입할 수 있다.

화제 찾기에 도움이 되는 여러 방법들을 탐색하고 활용해 보는 것도 필요하다. 다음에 제시한 브레인스토밍과 마인드맵은 화제 찾기의 대표적 방법에 해당한다.

1. 브레인스토밍

브레인스토밍brainstorming은 자유롭게 사유하고 의견을 교환하는 과정을 통해 다양한 아이디어를 생성하는 방법이다. 브레인스토밍은 자기 글의 화제를 찾는 데 쓰일 수도 있고, 여러 사람이 함께 화제를 탐색할 때 사용될 수도 있다. 개별 브레인스토밍과 집단 브레인스토밍은 다양한 의견을 자유롭게 던지고 여러 아이디어를 모으는 데 초점을 맞추고 있다는 점에서 동일한 목표를 가진다.

집단 브레인스토밍은 공통의 화제를 탐색하기 위해 사용할 수도 있지만, 참여자들이 각자의 화제를 찾을 때에도 유용하게 쓰일 수 있다. 브레인스토밍에 참여할 때에는 서로가 협력적 관계에 있다는 점을 인식해야 한다. 여러 사람이 집단을 이루어 브레인스토밍을 진행하면 혼자서는 미처 생각하지 못했던 분야에 관심을 갖게 될 수도 있고, 다양한 관점에서 문제에 접근할 수도 있어 효과적이다. 또한, 짧은 시간에 많은 아이디어를 창출할 수도 있다.

효과적인 브레인스토밍을 위해서는 충분한 의견 교환과 다양한 아이디어의 제시가 이루어질 수 있는 환경을 조성하는 것이 중요하다. 다음과 같은 사항을 고려하면서 브레인스토밍을 진행하면 기대 효과를 한층 높일 수 있다.

(1) 목표를 분명히 한다.

참여자는 브레인스토밍을 하는 의도와 이유를 인식해야 한다. 브레인스토밍을 하는 목표가 분명하지 않으면, 효율이 떨어질 뿐만 아니라 시간을 헛되이 보내게 된다. 따라서 참여자는 주어진 과제를 정확하게 이해하고, 브레인스토밍을 통해 성취하고자 하는 바가 무엇인지 명확하게 판단해야 한다.

(2) 자기 검열을 하지 않는다.

참여자는 자유롭게 생각하고 거리낌 없이 의견을 제시할 수 있어야 한다. '내 의견은 창의적이고 의미가 있는가', '다른 사람들이 나의 의견에 대해 어떻게 생각할 것인가' 하는 자기 검열은 브레인스토밍을 할 때 가장 큰 장애가 된다. 따라서 어떤 의견이든 부끄러워하거나 두려워하지 말고, 가벼운 마음으로 자유롭게 자신의 의견을 제시하는 것이 중요하다.

(3) 동료의 의견에 비판적 태도를 취하지 않는다.

참여자는 동료의 의견에 우호적이고 개방적인 태도를 취해야 한다. 제시된 의견의 의미와 가치를 판단하는 일은 화제를 좁히거나 구체화하는 데 필요한 작업이다. 그러나 모든 의견을 가치 유무에 따라 판별하려는 태도는 자유로운 의견 개진을 방해하는 요인이 될 수 있다. 동의할 수 없거나 쉽게 이해되지 않는 의견이더라도 비판하거나 무시하는 발언을 해서는 안 된다. 때로는 예상하지 못했던 접근이나 엉뚱한 발상에서 기발한 아이디어가 나올 수 있다는 점을 인식하며 모든 참여자의 발언을 존중하고 경청해야 한다.

(4) 협력적 관계를 통해 아이디어를 생성한다.

참여자는 동료와 상호 협력적 관계를 맺고 있다는 점을 인식해야 한다. 브레인스토밍은 집단적인 사고 과정을 통해 다양한 아이디어를 창출하는 방법으로, 경쟁이나 대립보다는 자유로운 소통과 상호 존중을 중시한다. 브레인스토밍을 할 때에는 참여자들이 긴장감을 느끼지 않는 환경을 조성하여, 서로가 편안하게 대화에 참여할 수 있도록 해야 한다. 자유로운 분위기 속에서 참여자들은 서로의 의견이 만나고 더해지면서 새롭고 흥미로운 아이디어가 생성되는 경험을 할 수 있다.

이와 같은 사항을 고려하면서 글쓴이는 브레인스토밍을 화제 찾기의 단계에서 활용해 볼 수 있다. 또한 브레인스토밍은 여러 차례 시도해 볼 수 있다. 첫 번째 브레인스토밍을 통해 무엇을 쓸 것인지를 폭넓게 탐색하였다면, 두 번째 브레인스토밍을 진행하면서는 화제의 범위를 좁히고 구체적인 관심사를 찾아낼 수 있다. 또는 다음 예시와 같이, 첫 번째 브레인스토밍을 하는 과정에서 예상하지 못했던 관심 영역을 발견하여 두 번째 브레인스토밍을 다시 진행할 수도 있다.

> **과학 기술**
>
> 과학과 인문학의 융합 - **정보 사회** - 4차 산업 혁명 - 인공 지능 - 영화 <HER> - 알파고 - 딥 러닝 - 로봇세 - 미래 사회의 인류 - 복제 인간 - 사라지는 직업 - 이공계 취업 - 공시 - 치의학 대학원 - 뇌 과학 - 유전자 지도 - 무기 산업 - 핵전쟁 - 핵 발전소 - 탈핵 - 미세 먼지 - 기후 변화와 기후 협약 - 재생 에너지 - 전기 차 ……

정보 사회
스마트폰 - SNS - 단톡방 - 빅 데이터 - 정보 제국주의 - 감시 사회 - CCTV - 위치 추적 - 사생활 노출 - 스팸 메일 - 기업 마케팅 - 개인 정보 유출 - 잊힐 권리 - 혐오 발언 - 익명성 - 가상 세계 - 가상 화폐 - 사이버 범죄 - 온라인 게임 - 청소년 - 웹툰 - 팟캐스트 - 대항 권력 - 소셜 미디어 - 사회 연결망 ……

브레인스토밍은 화제를 발견하고, 그 화제를 구체화하는 데 도움을 준다. 위의 예시는 이 점을 잘 보여 준다. 글쓴이는 브레인스토밍의 결과물을 살펴보면서 자신이 어떤 문제에 관심이 있는지 확인해 볼 수 있고, 산발적으로 흩어져 있는 생각들을 조합하여 잠정적인 화제를 만들어 볼 수도 있다. 예시를 활용하면, '빅 데이터와 감시 사회', '온라인 게임과 청소년', '소셜 미디어와 혐오 발언', '기업 마케팅과 개인 정보'와 같은 화제들을 찾아낼 수 있다.

2. 마인드맵

마인드맵mind map은 자신의 생각을 마치 하나의 지도를 그리듯이 이미지화하여 제시하는 방법이다. 사유하는 두뇌를 실제 지면에서 시각적으로 구현했다는 점에서 '생각의 지도'라고 말할 수 있다. 브레인스토밍이 자유롭게 생각을 떠올리고 다양한 아이디어를 창출하는 데 초점을 맞춘다면, 마인드맵은 사유의 전체 범주와 구도를 한눈에 확인할 수 있게 하고, 복잡하게 얽혀 있거나 여러 층으로 겹쳐 있는 생각들을 잘 풀어내어 효과적으로 제시하는 데 초점을 맞춘다.

마인드맵은 핵심 단어를 중심으로 여러 단어들이 방사형의 모양으로 이어져 있는 모습을 보여 줌으로써 생각이 파생되고 확장된 경로를 확인할 수 있게 해 준다. 촘촘한 연결망으로 구성되어 있는 거미줄을 연상하거나, 하나의 뿌리에서 여러 갈래로 뻗어 나가는 나무를 떠올려 보면 도움이 될 것이다.

마인드맵은 단어와 선으로만 간단하게 표현할 수도 있고, 색과 굵기 등의 요소를 다양하게 활용하여 더 구체적이고 세밀하게 표현할 수도 있다. 여러 시각 도구를 통해 단어들의 위치를 잡고 생각에 체계를 부여함으로써 이들의 관계를 입체적으로 재구성하는 것이다. 얼마나 구체적으로 마인드맵을 만들 것인가는 상황에 따라 달라질 수 있는데, 간단한 마인드맵을 구상하고 있을 때에는 다음의 요건을 준수하여 작성한다.

- 생각을 하나의 단어로 표현한다.
- 단어들 간의 관계를 선으로 표시한다.
- 생각의 흐름과 방향을 확인할 수 있게 구조화한다.
- 생각의 전체와 부분을 파악할 수 있게 시각화한다.

다음의 예시는 위의 요건을 고려하여, '교육'을 핵심 단어로 삼아 만든 마인드맵이다.

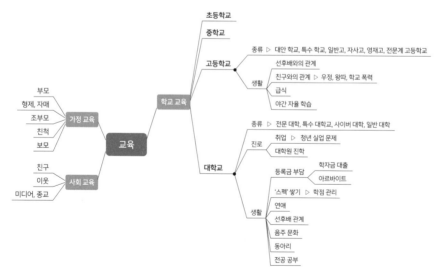

'교육'을 핵심 단어로 한 마인드맵 예시

위의 마인드맵은 글쓴이가 '교육'이라는 핵심 단어에서 출발하여 어떤 생각들을 떠올려 나갔는지 보여 준다. 글쓴이는 교육 분야를 가정 교육, 학교 교육, 사회 교육으로 세분화하여 하위 항목을 만들었다. 이 가운데 복잡하게 분화된 하위 영역을 갖는 것은 학교가 유일하다. '학교 교육'은 구체적이고 상세한 하위 영역들로 구성되어 있는데, 이를 통해 글쓴이의 관심이 어디에 집중되어 있는지 짐작할 수 있다.

마인드맵을 완성하고 난 이후에는 생각의 지형과 흐름을 살펴보면서 자신의 관심 영역이 무엇인지, 또 어떤 화제로 글을 쓰면 좋을지 판단하는 시간을 가져야 한다. 이때 화제는 특정 항목에서 뽑아낼 수도 있고, 서로 다른 항목에 있는 단어들을 배치하고 접목시키는 과정에서 새롭게 구성할 수도 있다.

학습 활동

01 화제를 찾는 데 도움이 되는 여러 방법들을 학습한 후, 실제 화제 찾기 활동을 수행해 보자. 동료들과 논의하여 다음 제시어 가운데 하나를 핵심 단어로 선정하고, 브레인스토밍이나 마인드맵을 활용하여 각자 관심 있는 화제를 찾아보자.

- 청년 ■ 젠더 ■ 도시 ■ 난민
- 대학생 ■ 미래 사회 ■ 문화 산업 ■ 소셜 미디어(social media)

02 글을 구상하는 단계에서는 무엇에 대하여 쓸 것인지, 누가 읽을 것인지, 왜 쓰는지에 대하여 구체적으로 생각해야 한다. 지금 자신이 구상하고 있는 글이 있다면 그 글의 화제, 독자, 목적을 설정하여 제시해 보자.

- 화제 :
- 독자 :
- 목적 :

참고 문헌

- 김상희 외,『분석과 비판의 기초』, 가톨릭대학교출판부, 2007.
- 김해식,『글쓰기 특강』, 파라북스, 2011.
- 신형기 외,『글쓰기』, 연세대학교출판부, 2004.
- 유광수 외,『비판적 읽기와 소통의 글쓰기』, 박이정, 2013.
- 정희모,『글쓰기 교육과 협력 학습』, 삼인, 2006.
- 정희모 외,『대학 글쓰기』, 삼인, 2008.
- A. P. 마티니치,『철학적으로 글쓰기 입문』, 강성위 외 옮김, 서광사, 2007.
- 마릴린 모라이어티,『비판적 사고와 과학 글쓰기』, 정희모 외 옮김, 연세대학교출판부, 2008.
- 필리스 크림 · 메리 R. 리,『작문 신공』, 강주헌 옮김, 효형출판, 2006.
- Teresa Thonney, *Academic Writing: Concepts and Connections, With Readings*, Oxford University Press, 2016.

06

논제 설정과
내용 생성

"논제란 글에서 다루고자 하는 구체적인 문제를 뜻한다. 논제는 글쓴이의 문제 발견 능력, 문제 설정 능력, 창의성을 반영하고 표현할 수 있는 중요한 창구이다. 무엇을 논의할지 문제를 고안하고 선택하는 일은 글쓴이가 주체적으로 수행해야 하는 기초 작업이라고 할 수 있다. 좋은 논제를 설정한다면, 글쓰기의 첫걸음을 성공적으로 내딛은 것이다."

"눈에 보이는 페이지는 이제 말의 기록이 아니라 생각을 거친
주장의 시각적 표현이다."
Ivan Illich, 『텍스트의 포도밭(*In the Vineyard of the Text*)』

논제 설정

글쓴이는 구상 과정을 거쳐 화제를 잡은 후 논제 생성 단계로 들어간다. 논제란 글에서 다루고자 하는 구체적인 분제를 뜻한다. 글을 쓸 때 특정한 논제가 주어질 수도 있지만 그렇지 않은 경우가 대부분이다. 따라서 무엇을 논할지 문제를 고안하고 선택하는 일은 글쓴이가 주체적으로 수행해야 하는 기초 작업이라고 할 수 있다.

논제를 생성하기 위해서는 구상 과정에서 넓게 잡은 화제를 가공하여 정교하게 만들어야 한다. 논제는 글쓴이의 문제 발견 능력, 문제 설정 능력, 창의성을 반영하고 표현할 수 있는 중요한 창구이다. 좋은 논제를 설정한다면 글쓰기의 첫걸음을 성공적으로 내딛은 것으로 볼 수 있다. 논제를 세울 때 무엇을 고려해야 하는지 그리고 어떤 기술이 필요한지 알아보자.

> **화제, 논제, 주제**
>
> ■ 화제: 글에서 다루고자 하는 넓은 범위의 쓸거리
>
> ■ 논제: 화제를 가공하여 만든 구체적이고 실제적인 문제
>
> ■ 주제: 논제에 대하여 글쓴이가 갖고 있는 핵심 주장

1. 논제 설정의 방향

글쓰기는 공중(公衆)을 향해 수행하는 공적인 발화 행위이다. 그러므로 글쓴이는 쓰기를 시작해서 마칠 때까지 자신의 사고, 판단, 주장을 성실하게 검토하고 성찰해야 한다. 논제를 설정할 때에도 검토와 성찰이 따라야 하는데, 특히 좋은 논제를 만들기 위해 생각해야 할 점은 다음과 같다.

(1) 공적으로 다룰 만한 것인가

생성한 논제가 공적으로 제기할 만한 것인지 그리고 누군가와 공유할 만한 것인지 따져 봐야 한다. 다루려는 논제가 개인적인 관심사나 흥미의 수준에 머물러 있다면 설득력과 파급력을 갖춘 글을 쓰기 어렵다.

그러므로 논제를 구상할 때는 '이 문제를 왜 제기하는가?', '이 문제는 어떤 점에서 중요한가?', '이 문제에 주목해야 하는 이유는 무엇인가?'와 같은 질문을 스스로에게 던져야 한다. 자신이 제시한 질문의 가치를 묻고 이에 대해 적절한 답을 마련하고 있다면 그 논제를 다룰 준비와 책임을 다한 것으로 볼 수 있다.

(2) 내가 다룰 수 있는 것인가

글을 쓰기 위해서는 화제를 다룰 수 있는 차원과 크기의 논제로 다듬어야 한다. 논제가 너무 크면 초점과 구체성을 확보하기 어려워 피상적인 논의에 그치기 쉽다. 반대로 논제를 너무 작게 잡으면, 내용의 풍부함과 논의의 완성도를 갖추기 어려워진다. 따라서 글쓴이의 역량을 최대한 발휘할 수 있는 선에서 적절한 수준의 논제를 생성하는 것이 무엇보다 중요하다. 더불어 일정 기간 내에 준비하여 완수해야 하는 글쓰기의 일반적인 조건 역시 고려해야 한다. 주어진 시간 내에 준비 작업을 거쳐 작성하고 결과물을 내야 하므로 자신이 충실하게 감당할 수 있는 크기로 논제를 조절해야 한다.

(3) 나의 관심을 반영하고 있는가

자신의 경험, 관심사, 문제의식을 충분히 반영하여 논제를 생성한다면 글을 쓸 때 동기 부여 및 몰입도 면에서 긍정적인 효과를 얻을 수 있다. 글쓰기를 통해 자신이 관심을 갖는 문제나 발언하고 싶은 내용을 독자와 공유할 수 있으므로 평소 다루고 싶었던 것을 다듬어 논제로 설정해 본다.

관심 분야에서 논제를 만들어 내기 위해서는 자신이 어떤 문제에 탐구 의욕을 갖는지, 어떤 대상에 학술적으로 접근하고 싶은지를 지속적으로 반추해야 한다. 흥미로운 아이디어나 가치 있는 내용을 기록해 두는 습관을 들인다면 논제를 잡을 때 도움이 된다. 이 같은 방식으로 논제를 생성하면 글쓰기 선 과정이 활기를 띨 수 있다.

2. 논제 설정의 방법

글쓴이는 화제에서 출발하여 자신이 쓰고 싶은 논제를 구체화한다. 논제를 최종적으로 결정하기까지는 구상과 다듬기를 반복해야 한다. 논제 설정은 한 번에 완성되지 않으므로 논제로서 적절성, 의의, 완성도를 갖출 때까지 생성 및 검토 작업을 지속한다. 논제를 구상하고 구성할 때에는 다음과 같은 과정과 방법을 따른다.

(1) 논제는 질문형으로 제시한다.

논제는 글쓴이가 다룰 구체적인 문제를 뜻한다. 글로 풀어낼 질문을 스스로에게 던진다고 생각하고 여러 내용과 형식의 물음을 구성해 본다. 글쓴이는 자신이 어떤 문제를 어떤 질서에 따라 논할지 예상해 가면서 논제 설정 작업을 이어가야 한다. 자기 글의 대략을 가늠하면서 계획을 구체화해 갈 때, 질문형 논제 생성 기술이 도움이 된다.

다양하게 만들어 낸 질문을 나열, 조합, 선별하고 질문의 연관성을 검토하면서 관계를 만들어 보면, 무엇에 대해 어떻게 쓰는 것이 좋을지 대략적으로 판단할 수 있다. 감당해야 할 크고 작은 질문들을 글쓴이 스스로 인지한다면, 논제에 어울리는 글의 전반적인 구도와 체계를 비교적 용이하게 구상할 수 있다.

(2) 논제는 주관식 질문 형식으로 생성한다.

논제 설정은 글 전체의 기획 및 내용 생성과 직접 연결되므로 큰 그림을 그려 가며 진행한다. 논제를 잡은 이후에 본격적으로 수행할 쓰기 작업을 염두에 두고 구체화하는 것이 좋은데, 이를 위해 논제를 질문형으로 제시하는 방법을 살펴보았다. 이때 주관식으로 답할 수 있는 '열린 질문' 형태로 만드는 것이 중요하다.

논제를 잡을 때 '예/아니요'와 같이 단답형 답변을 유도하는 형식을 취하게 되면 자신이 어떤 작업을 어떤 순서로 하게 될지 예상하기 어려워진다. '예/아니요' 형태로 답을 내리면 끝나는 '닫힌 질문'의 경우, 글 전체 내용을 생성하는 일도 원활하게 진행할 수 없다. 따라서 논제는 주관식 질문으로 생성한다.

(3) 육하원칙 의문사를 활용하여 논제를 생성하고 구체화한다.

논제 설정을 위한 주관식 질문은 '언제', '어디서', '어떻게', '왜', '무엇', '누구'와 같은 육하원칙 의문사 붙이기를 통해 생성할 수 있다. 크고 넓은 화제를 중심에 놓고 여기에 의문사를 자유롭게, 반복적으로 붙이면서 많은 질문을 만들어 본다.

대략 잡았던 화제를 '~는 무엇인가?', '~는 어떠한가?', '~는 어떻게 되는가?', '~를 어떻게 하는가?', '~는 누구인가?', '~는 왜 그런가?', '~는 언제(부터)인가?' 등과 같은 의문형 문장으로 바꾸는 과정에서 글쓴이는 사유하고 분석할 문제를 확보하게 된다.

(4) 다양한 질문들을 결합하여 논제를 두텁게 한다.

육하원칙 의문사를 이용하여 논제를 만드는 과정에서 글쓴이는 여러 가지 질문을 생성할 수 있다. 이 가운데 하나의 질문만 선택하여 논제로 삼을 수도 있지만, 글의 내용 전반을 풍성하게 구성하고 싶다면 여러 질문을 결합하여 논제를 '두텁게' 구성할 수도 있다. 이 경우 의문형 질문을 두 개 이상 연결지어 나열해 보자. 예를 들어 '무엇'+'어떻게'+'왜'의 형태로도, '언제'+'누가'+'왜'의 형태로도 이을 수 있다.

조합하고 연결하는 과정이 산만하게 느껴질 수도 있지만, 자유롭게 시도해 보는 것이 좋다. 이 과정을 거치면서 적절하고 유효한 결합형 논제가 무엇인지 판단하고 최종 선택할 수 있다. 결합형 논제의 경우 질문들의 순서를 잡는 것도 중요한데, 연결한 질문들의 배치를 바꿔 가며 정돈해 보면 쓰기의 대략도 예상 가능하므로 안정적으로 집필을 준비할 수 있다.

(5) 중심 화제 바깥으로 눈을 돌려 결합할 화제를 찾는다.

논제를 생성할 때 일반적으로 하나의 화제를 선택하여 생각을 이어 간다. 이는 특정한 화제를 중심으로 세부적인 질문을 만들면서 논제로 구체화하는 방식이다. 그런데 논제 생성의 또 다른 방법도 생각해 볼 수 있다. 다른 화제를 찾아, 먼저 설정하고 선택한 화제와 결합하여 논제를 만들어 내는 것이다.

화제들을 결합하여 논제를 생성하는 방법을 활용하면 시야를 넓혀 새로운 논제를 고안할 수 있다. 서로 다른 화제를 결합하기 위해서는 복수의 화제를 찾아내고 두 화제 사이를 넘나들면서 연관 고리를 걸어 구상하는 적극적인 사고가 요구된다. 이 방식으로 논제를 설정할 때에도 최종 결정을 하기까지는 지속적인 가공이 필요하므로, 질문 만들기 과정을 거치도록 한다.

위의 방법에 따라, 구상 단계에서 잡은 화제를 논제로 재구성하는 과정을 검토해 보자. 글쓴이는 다양한 화제들을 타진한 후 최종적으로 '사회 통합' 문제를 더 깊이 탐구하고 싶어졌다. 화제를 '사회 통합'으로 선택했으므로 이제 본격적인 논제 생성을 시도해야 한다. 이 단계에서 글쓴이의 과제는 '사회 통합'이라는 큰 문제를 구체적이고 실제적인 문제로 재구성하는 것이다. '사회 통합'이라는 화제는 아직은 넓고 막연해서, '사회 통합에 대해 쓰겠다'는 수준으로는 집필이 불가능할 뿐만 아니라 내용을 구상하기도 어렵기 때문이다.

■ 다양한 질문 생성

'사회 통합'이라는 화제를 논제로 구체화하기 위해 육하원칙의 의문사를 다양하게 붙여 보자. '한국의 사회 통합은 잘 이루어져 있는가?', '한국의 사회 통합 수준은 어떠한가?' 같은 단답형 질문은 피한다. '한국의 사회 통합은 잘 이루어져 있는가?'는 '예/아니요'의 답에 그치고 만다. '한국의 사회 통합 수준은 어떠

사회 통합 (화제)

⬇ 주관식 질문 생성하기

■ 무엇: '사회 통합'이란 무엇인가, 사회적 포용이란 무엇인가, 사회 통합의 반대 개념은 무엇인가, 무엇이 사회 통합을 가능하게 하는가, 사회 통합 수준을 알려 주는 지표에는 무엇이 있는가? …

■ 누구: 사회 통합은 누구를 포괄하는가, 사회 통합은 누구를 위한 것인가, 사회 통합은 누구에게 중요한가, 사회 통합이라는 이슈에서 누가 핵심이 되어야 하는가? …

■ 왜: 사회 통합은 왜 중요한가, 사회 통합은 왜 필요한가, 사회 통합은 왜 잘 이루어지지 않(았)는가, 사회 통합 지수는 왜 높거나 낮게 나오는가? …

■ 언제: 사회 통합은 언제 이루어지는가, 사회 통합은 언제 어려워지(졌)는가, 사회 통합은 언제부터 중요하게 인식되었나? …

■ 어디: 어디를 대상으로 사회 통합 문제를 논할 것인가, 다른 나라의 사회 통합은 어떠한가, 어떤 사회(국가)에서 사회 통합 시도가 실행되거나 실행되지 않는가? …

■ 어떻게: 사회 통합은 어떻게 어려워지는가, 사회 통합은 어떻게 붕괴되(었)는가, 사회 통합은 어떻게 실현될 수 있는가, 사회 통합의 정도는 어떻게 측정되는가, 사회 통합의 수준을 어떻게 올릴 것인가? …

한가?' 역시 '높다/낮다' 식의 판단에서 벗어날 수 없다. 이같이 간단히 끝나는 모양새로는 글을 계획할 수 없다.

육하원칙 의문사 붙이기를 통해 위(170쪽 도표)와 같이 여러 질문을 얻을 수 있다.

■ 주요 질문 선택

6개의 의문사를 자유롭게 응용하면서 붙여 보면 여러 가지 질문을 얻게 된다. 질문 하나만으로도 충분히 논제가 될 수 있다. 예를 들어 사회 통합이 무엇인지('무엇')를 심층적으로 묻는 글을 쓸 수도 있고, 한국의 사회 통합 수준을 높이기 위한 방법('어떻게')을 모색하는 글을 쓸 수도 있다. 또 사회 통합이 한 사회 혹은 국가의 성숙에 중요한 이유('왜')를 탐구하는 글도 가능하다. 하나의 질문을 특화하여 선택할 경우 각각 다음과 같은 논제를 만들 수 있다.

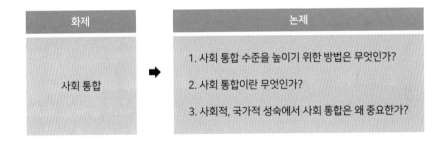

■ 여러 질문의 연결과 조합

글쓴이는 내용의 충실함과 풍부함을 고려하며 논제를 생성해야 한다. 그러므로 하나의 질문만 고집할 것이 아니라 질문들의 결합을 통한 논제 구성도 시도해 본다. 다양하게 선택하여 연결 지을 수 있다. 개별 질문들을 결합하여 구성한 논제는 다음과 같다.

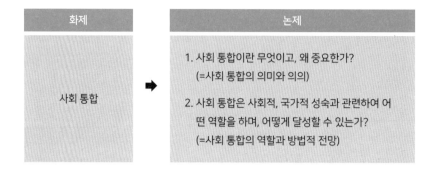

화제	논제
사회 통합	1. 사회 통합이란 무엇이고, 왜 중요한가? (=사회 통합의 의미와 의의) 2. 사회 통합은 사회적, 국가적 성숙과 관련하여 어떤 역할을 하며, 어떻게 달성할 수 있는가? (=사회 통합의 역할과 방법적 전망)

■ 화제들의 결합을 통한 확장

글쓴이가 우선 선택한 화제를 중심 화제라 하자. 중심 화제를 놓고 다른 화제들을 찾아 결합할 수 있는 것들을 함께 연결시켜 보면 새롭고 창의적인 문제의식을 얻을 수 있다. 이 경우에는 화제 단위에서 결합이 이루어지므로, 결합하여 얻은 화제에서 출발하여 위의 논제 생성 기술을 다시 적용한다.

중심 화제	화제 1	화제 2	화제 3	화제 4	화제 n
사회 통합	다문화 사회	신자유주의	민주주의	세대	n

화제 결합	결합 화제	논제 생성
중심 화제 + 화제 1 ➡	다문화 사회의 사회 통합	
중심 화제 + 화제 2 ➡	신자유주의 시대의 사회 통합	육하원칙 의문사를 통한 다양한 질문 생성 및 결합
중심 화제 + 화제 3 ➡	민주주의와 사회 통합	
중심 화제 + 화제 4 ➡	세대 문제와 사회 통합	

<table>
<tr><td>01</td></tr>
</table>

01 다음 예문을 읽고 '공부', '안다는 것', '지식을 쌓는다는 것', '앎과 실천', '글쓰기', '글 읽기' 등의 화제를 추출해 보자. 그중 하나를 선택한 후, 아래의 차례에 따라 이를 논제로 가공해 보자.

예문

버트런드 러셀에 따르면 교양 교육의 과제는 "사물을 지배하는 힘을 길러 주는 것이 아니라 사물의 가치를 분별하는 능력을 길러 주는 것이며 자유 공동체의 현명한 시민이 되도록 도와주는 것이다. 또한 각자가 창조적으로 자유와 시민 의식을 조화시킴으로써 소수의 사람들만이 쟁취할 수 있었던 탁월함을 인간의 삶에 부여할 수 있도록 하는 것"이다. 인간의 삶이 개인의 창의성에서 획득할 수 있는 탁월함과 자유를 위해 투쟁했던 금세기 몇몇 사람들 중에 버트런드 러셀은 가장 뛰어난 인물이다. (중략) 삶을 어떻게 살 것인가를 서술하는 이 글을 썼을 무렵 러셀은 이미 철학과 논리학에 있어 기념비적인 성과로 현대 사상의 흐름을 바꾸어 놓았고 동시에 그가 정당하거나 필연적인 것으로 인정할 수 없었던 전쟁에 결사적으로 반대함으로써 비방과 투옥에 맞서고 있었다. 이후 반세기 동안에도 그는 사상과 연구에서뿐만 아니라 세계를 좀 더 행복하고 덜 잔인하게 만드는 일에서도 불굴의 노력을 기울여 창의적인 성과들을 내놓았다.

노암 촘스키, 『세계를 해석하는 것에 대하여 세계를 변화시키는 것에 대하여』, 박수민 옮김, 미토, 2003, 11~13쪽.

1) 육하원칙 의문사를 다양하게 붙여 여러 개의 질문을 만들고 이를 기록해 보자.

2) 생성한 질문들의 적절성과 유효성을 검토하여 논제를 설정해 보자.

3) 중심 화제 외에 결합할 화제를 찾아 연결하여 새로운 화제를 생성해 보자.

4) 논제를 어떤 방식으로 구성하고 무엇을 고려하여 결정했는지, 자기 사고의 방법론과 전략을 검토해 보자.

내용 생성

논제 설정을 마친 후 글쓴이는 본문을 작성하는 단계로 들어간다. 논제에 포함된 질문에 답한다고 생각하면서 내용을 생성하면 글의 전체적인 흐름을 잡아 논지를 전개할 수 있다. 논제를 질문형으로 설정하면, 큰 질문을 단위로 어떤 내용을 써야 할지 대략 예상할 수 있다. 큰 질문에 해당하는 세부 내용을 각각 충실하게 채워 나가면 글을 완성할 수 있다. 내용을 생성할 때 고려할 점은 다음과 같다.

1. 주제 선명하게 하기

주제란 논제와 관련하여 글쓴이가 갖고 있는 주장으로, 글 전체의 논지를 압축한 것이다. 주제를 효과적으로 요약하거나 선명하게 정리할 수 없다면, 말하고자 하는 바를 명확하게 결정하지 못한 것이다. 내용을 생성하기 위해서는 주제를 분명히 하는 일이 선행되어야 한다. 글의 방향성이 모호한 상태에서는 내용을 생성하기 어렵기 때문이다. 따라서 먼저 주제를 명료하게 한 후 구체적인 내용 구상으로 들어간다.

2. 큰 구도 잡기

내용을 생성하기 위해서는 글 전체의 짜임새를 고려해야 한다. 짜임새는 논제를 구성하는 질문들의 순서 및 배치와 관련된다. 두 개 이상의 질문을 결합하여 논제를 설정했다면 본문에서 답해야 할 부분은 적어도 두 가지이다. 논제와 글 전체의 내러티브를 어떻게 정했는지에 따라 생성 내용은 더 많아질 수 있다.

글쓴이는 논제를 구성하는 큰 질문을 일차적인 단위로 삼아 생각을 진행하면 된다. 큰 질문에 답하는 각 영역을 내용 블록이라 한다면, 블록들 간의 차례 잡기, 양적·질적 균형 잡기, 강약 조절 등이 이루어져야 한다.

내용 블록들의 전체적인 구도를 그린 후 블록 내부를 자세한 내용으로 채워 나간다. 논제 및 내용 블록 구성의 사례를 살펴보면 다음과 같다.

논제 1: 혐오 발언을 줄이기 위한 방법은 무엇인가?

블록 1	**블록 2**	**블록 3**	**블록 n**
혐오 발언을 줄이기 위한 방법 1	혐오 발언을 줄이기 위한 방법 2	혐오 발언을 줄이기 위한 방법 3	

논제 2: 혐오 발언의 사회적 배경과 정치적 의미는 무엇인가?

블록 1	**블록 2**
사회적 배경	정치적 의미 1 정치적 의미 2 정치적 의미 n

논제 3: 혐오 발언은 무엇이며 어떤 점에서 문제인가?

블록 1	**블록 2**
혐오 발언은 무엇인가	혐오 발언의 문제점 1 혐오 발언의 문제점 2 혐오 발언의 문제점 n

논제 4: 혐오 발언과 폭력성은 어떤 관계를 가지며 혐오 발언의 상황은 어떻게 바뀔 수 있나?

블록 1	**블록 2**
혐오 발언과 폭력성의 관계	혐오 발언 상황의 변화 가능성 1 혐오 발언 상황의 변화 가능성 2 혐오 발언 상황의 변화 가능성 n

3. 핵심어 생성하기

핵심어Key words는 글의 흐름과 논지를 압축하고 있는 주요 단어를 뜻한다. 모든 글은 내러티브를 가진다. 학술적인 글도 마찬가지인데, 핵심어는 글 전체 내러티브에서 중요한 역할을 하는 '주인공 어휘'이다.

글쓴이는 자신의 사유를 구성하고 표현하는 핵심어를 생성하는 주체라고 해도 과언이 아니다. 핵심어 중심으로 사고하면 내용을 생성하는 데 도움이 된다. 또 논지의 일관성과 통일성을 검토하면서 생각을 전개해 나갈 수 있다. 핵심어를 생성할 때에는 다음과 같은 점을 고려한다.

(1) 핵심어는 주로 한 단어 명사 또는 짧은 복합 명사로 잡는다.

핵심어는 보통 한 단어를 기본 단위로 한다. 길게 늘여 쓰거나 구 및 절의 형태를 취하는 게 아니므로 중요한 의미를 담은 밀도 높은 단어를 취한다.

(2) 핵심어는 창의적으로 고안할 수 있다.

핵심어는 글쓴이의 사고 및 표현의 창의성을 드러낼 수 있는 창구이다. 기존의 어휘나 개념을 활용하여 독특한 의미와 의도를 담을 수 있으므로 핵심어를 생성할 때에는 말의 새로운 활용에 도전해 본다.

(3) 핵심어는 여러 개이므로 의미론적 배치 관계를 검토한다.

핵심어는 글의 내용을 압축하고 있는 주요 단어이기 때문에 여러 개를 생성해야 한다. 핵심어들을 모아 보면 논지의 줄기가 드러나는데, 이때 단어들 간의 관계를 따져 보면 논리성도 검토할 수 있다.

(4) 생성한 핵심어는 책임진다.

핵심어는 주요 논점과 논지를 담은 단어이므로 글쓴이는 글을 시작하여 마칠 때까지 그 중요성과 역할을 유지하고 보존해야 한다. 이를 위해 주의할 사항은 다음과 같다.

- 핵심어에 대한 질적 · 양적 배려: 핵심어들 가운데 어떤 것을 얼마만큼 논해야 하는지 판단하여 내용을 충분히 생성한다.
- 핵심어 변형 주의: 핵심어를 적절한 설명이나 근거 없이 다른 단어로 변형하거나 교환하여 쓰는 일은 피한다.
- 핵심어 보호: 내용을 전개하는 과정에서 핵심어가 사라지거나 의미가 변하면 논의의 일관성과 통일성이 깨지므로 주의한다.

핵심어와 관련된 주요 사항을 파악한 후 다음 예문을 읽고 글의 핵심어 관계도를 살펴보자.

예문 1

일반적으로 말하자면, 협력은 참여자들이 만나는 것으로 이익을 얻는 교환 관계로 규정할 수 있다. 가령 협력의 행동은 서로의 털을 손질해 주는 침팬지들이나 모래성을 쌓는 아이들 또는 홍수가 났을 때 모래주머니를 쌓는 남녀들 사이에서 금방 눈에 띤다. 서로 돕는 것이 모든 사회적 동물의 유전자 속에 설정되어 있기 때문이다. 그들은 자신들이 혼자 할 수 없는 일을 해내기 위해 협력한다.

협동적 교환은 여러 형태로 이루어진다. 협력은 아이들의 놀이에서 경기의 규칙을 정하기 위해 협력하는 예에서 보듯이 경쟁과 혼합될 수도 있다. 성인들의 경우에는 시장 경제, 선거 정치, 외교 협상 등에서 협력과 경쟁이 혼합된 사례를 찾아볼 수 있다. 한편 종교 의례나 세속적 의례에서도 협력은 독자적인 가치를 갖는다. 성찬식이나 세례 의식을 함께 치른다는 것은 생활 속에 신학을 들여오는 것이다. "감사합니다."라거나 "부탁합니다."와 같은 소소한 예절의 의례는 상호 존중이라는 추상적 개념을 실제 행동으로 바꾼다. 협력은 공식적인 것일 수도 있고 비공식적인 것일 수도 있다. 길거리에서 어울리거나 술집에서 함께 한잔하는 사람들은 "나는 지금 협력하고 있다."라는 의식 없이 잡담을 나누거나 대화를 이어 나간다. 서로 즐거운 시간을 보내는 경험이 그런 행동을 감싸고 있다.

그런가 하면 인간들의 부족주의가 분명히 보여 주듯이, 협동적 교환이 서로에게 파괴적인 결과를 낳을 수도 있다. 은행가들이 저지르는 내부자 거래라든가 친구들 사이의 은밀한 거래 같은 것이 그런 사례이다. 그들의 행동은 법적으로 엄연히 강도 짓이고, 범죄 집단의 갱들도 그와 동일한 사회적 원칙에 따라 행동한다. 은행가나 은행 강도 모두 공모에 가담한 것인데, 공모자는 협력의 검은 천사이다. 18세기에 버나드 맨더빌이 쓴 『꿀벌의 우화』에는 공모의 유명한 사례가 나온다. 재치 있는 맨더빌 박사는 때로는 공동의 악덕이 공공의 선을 만들어 내지만, 종교적·정치적, 혹은 그 어떤 종류의 확신으로도 사람들이 '고통받지' 않는 경우에만 그렇게 해야 한다고 믿는다.

이 책에서 나는 맨더빌의 냉소주의를 야기하지 않으면서 너와 나의 대립이라는 파괴적 협력을 처리할 대안 혹은 타락하여 공모가 되어 버린 협력을 처리할 대책 가운데 작은 한 부분에 집중하고 싶다. 그 대안이란 바로 이루기 힘들고 실행하기에 까다로운 조건을 가진 협력이다. 그것은 서로 단절되어 있고 상충하는 이해관계를 가진 사람들을 한데 모으려고 애쓰는 협력이다. 그런 사람들은 서로를 좋아하지도 않고 서로 평등하다고 느끼지도 않으며 간단하게 말하자면 서로를 이해하지도 못한다. 여기서 우리 앞에 놓인 문제는 사람들이 각자 자신의 기준에 따라 타인에게 반응한다는 것이다. 모든 갈등 관리법이 맞닥뜨리는 문제이다.

철학자이자 정치인인 마이클 이그나티에프는 각자의 기준에 따라 반응하는 능력은 일종의 윤리적 성향으로, 독자적인 개인인 우리 내면에 들어 있는 사고방식이라고 믿는다. 나는 실제 활동에서 그러한 반응 능력이 생겨난다고 생각한다. 전쟁이나 정치 분쟁 따위의 갈등을 잘 관리하면 혼란이 닥치더라도 그런 협력이 사회 집단들을 지탱해 준다는 교훈을 얻는다. 게다가 이런 종류의 협력을 실행해 보는 것은 개인과 집단이 그들 자신이 취한 행동의 결과를 파악하는 데 도움이 된다. 하지만 관용의 정신을 발휘하더라도 은행가도 인간이라고 봐주지는 말자. 자신의 행동을 판단하는 윤리적 기준을 찾으려면 은행가는 자신의 행동이 자신과 매우 다른 사람들, 예를 들면 영세 사업자나 주택 저당 채무자나 그 밖에 다른 고통받는 고객들에게 어떤 영향을 미치는지를 이해해야 할 것이다. 더 일반적으로 말하자면 그런 힘든 종류의 협력에서 우리는 자기 자신을 들여다보는 통찰을 얻게 된다는 말이다.

이루기 힘든 협력과 관련해 가장 중요한 사실은 그렇게 하기 위해서는 기술이 필요하다는 것이다. 아리스토텔레스는 기술을 테크네라고 규정했다. 어떤 일이 일어나게 만들고 그것을 잘 실행하는 테크닉 말이다. 이슬람 철학자 이븐 할둔은 기술이 장인들의 특수 영역이라고 믿었다. 아마 여러분도 나처럼 사회적 기술이라는 말을 싫어할 것이다. 그 말을 들으면 칵테일 파티에서 끊임없이 떠들어 대며 주목을 받거나 필요하지도 않은 물건도 재주껏 팔아 치우는 사람들이 연상된다. 그러나 그보다 더 진지한 사회적 기술이 있다. 잘 듣는 기술, 전략적으로 처신하는 방법, 합의점을 찾아내어 의견 다툼을 처리하는 기술, 혹은 힘든 토론에서도 좌절하지 않는 능력 등이 그런 기술이다. 이 모든 행동은 '대화적 기술'이라는 테크니컬한 호칭으로 불린다. 하지만 대화적 기술에 대해 설명하기 전에 우리는 이런 종류의 숙련된 협력이 왜 일상적 처신이라는 실제 영역이 아니라 마땅히 그래야만 하는 이상의 영역에 속하는 것처럼 보이는지 물어야 한다.

리처드 세넷, 『투게더』, 김병화 옮김, 현암사, 2013, 26~29쪽.

위 예문은 '협력'이란 무엇이며, 협력하는 기술의 회복이 어떤 점에서 중요한지 논하고 있다. 글쓴이는 다음과 같이 핵심어를 생성하고 이를 중심으로 논리를 구성하고 내용을 전개한다.

- 핵심어: 협력, 협동적 교환, 공모, 반응 능력, 협력의 기술, 사회적 기술, 대화적 기술
- 핵심어들의 의미론적 배치 관계: 핵심어들의 관계도를 그릴 수 있다. 괄호 안의 단어는 세부 설명 과정에서 도출된 단어로, 핵심어들을 부연하는 역할을 한다. 핵심어의 관계도를 그려 보면 전체적인 논지 전개와 내용의 흐름을 파악할 수 있고 논리적 연관 역시 검토할 수 있다.

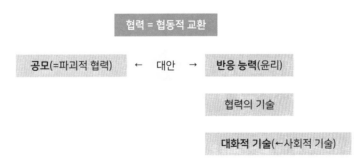

핵심어 관계도

학습 활동

01 시사적인 문제를 선택하여 화제를 잡은 후, 다음 순서에 따라 논제 설정과 내용 생성 활동을 수행해 보자.

1) 논제 생성 과정을 통해 질문들을 만들고 다룰 논제를 구성해 보자.

2) 설정한 논제로 글을 쓰기 위해 몇 개의 내용 블록이 필요할지 설계해 보고, 동료와 검토하여 수정 및 보완할 부분을 찾아보자.

02 '목소리'의 사회적 · 정치적 의미를 설명하고 '목소리의 가치'에 대해 논의하고 있는 다음 예문을 읽고 아래의 활동을 해 보자.

예문

　이를 위해 '목소리'라는 단어를 독특한 방식으로 사용할 필요가 있다. 우리는 '목소리'에 내재하는 두 가지 의미에 익숙하다. 첫째 목소리는 사람이 말하는 소리를 의미한다. 목소리에서 소리의 측면이 중요한 통찰을 낳기는 하지만 이런 용법은 내가 나에 관해 이야기하는 여러 방식을 포괄하지 못한다. 둘째 우리는 정치 영역에서 '목소리'를 의견 표현 또는 좀 더 폭넓게는 세계를 보는 독특하면서 인정되어야 하는 표현과 등치하는 데 익숙하다. '목소리'라는 단어를 이처럼 정치적으로 사용하는 것은 여전히 유용하다. 특히 재현의 불평등이라는 끈질긴 문제를 다루는 데서 그렇다. 예컨대 이 같은 용법은 발전 환경을 만드는 데 있어 미디어의 역할에 적용되어 왔다. 그러나 다른 맥락에서는 진부해질 위험이 있다. 우리는 모두 '목소리'를 가지고 있고 우리는 모두 '목소리'를 찬양한다. 이런 용법을 통해 우리가 얼마나 나아갈 수 있겠는가.

나는 '목소리'라는 용어를 다른 식으로 그러니까 두 가지 수준으로 구별해서 사용하고자 한다. 즉 (우리에게 이미 상대적으로 익숙한) 과정으로서의 목소리와 가치로서의 목소리다. 첫째 우리는 가치로서의 목소리에 좀 더 명확해질 필요가 있다. 이러한 차원은 사회 정치 및 문화 조직으로서 신자유주의는 어떤 중요한 목적을 가지고 과정으로서 목소리가 중요하지 않다는 가정하에 작동한다는 점을 생각할 때에 특히 중요하다. 가치로서 목소리라 함은 (과정으로서) 목소리를 그 자체로 가치 있게 여기는 인간의 삶과 자원의 조직 틀을 가치 있게 여기며 또 가치 있게 여기기를 택하는 행동을 일컫는다. 목소리를 가치로서 다루는 일은 인간의 삶과 자원을 조직하는 방식에서 자기 선택에 따라 목소리의 가치를 실천에 옮기는 방식을 분별 있게 지지함을 의미한다. 이는 복수적이고 서로 연결된 목소리 과정을 약화하거나 부정하는 게 아닌 존중과 지지로 이루어질 수 있다. 목소리를 가치로서 다루는 일은 신자유주의처럼 목소리를 부정하거나 약화하는 사회·경제적, 정치적 조직 틀에 분별 있게 반대함을 의미한다. 따라서 목소리의 가치를 중시하는 것은 과정으로서 목소리를 미묘하게 훼손하거나 그 가치를 경시하는 방식에 특히 주목한다. 이처럼 과정으로서 목소리의 조건─그 가치 경시와 관련한 조건 또한 포함한다.─에 대한 성찰적 관심에 따르면 여기서 '목소리'는 가치에 관한 가치 또는 철학에서 '이차' 가치라고 불리는 것을 의미한다.

닉 콜드리, 『왜 목소리가 중요한가』, 이정엽 옮김, 글항아리, 2015, 16~17쪽.

1) 핵심어를 찾고 핵심어들의 관계도를 그려 의미론적 배치를 검토해 보자.

2) 핵심어와 관련된 논의가 어떤 식으로 이루어졌는지 살펴보고, 핵심어가 내용을
   생성하는 데 어떤 역할을 하는지 생각해 보자.

03 자신이 쓴 학술 에세이 한 편을 선택하여 핵심어를 찾아보고 다음 활동을 수
행해 보자.

1) 핵심어들의 의미론적 연관이 드러나도록 핵심어 관계도를 그려 보자.

2) 핵심어 관계도를 보고 어떤 점을 보완해야 할지 동료들과 함께 검토해 보자.

참고 문헌

- 정희모 외, 『대학 글쓰기』, 삼인, 2008.

- 노암 촘스키, 『세계를 해석하는 것에 대하여 세계를 변화시키는 것에 대하여』, 박수
  민 옮김, 미토, 2003.

- 닉 콜드리, 『왜 목소리가 중요한가』, 이정엽 옮김, 글항아리, 2015.

- 리처드 세넷, 『투게더』, 김병화 옮김, 현암사, 2013.

- 부스 · 컬럼 · 윌리엄스, 『학술 논문 작성법』, 양기석 · 신순옥 옮김, 나남, 2014.

07

자료 탐색과
글쓰기 윤리

"대학은 학문을 탐구하고 진리를 추구하는 공간으로 이를 위한 학습과 소통, 결과물 산출은 글쓰기를 기반으로 이루어진다. 충분한 자료 탐색을 거친 글은 다양한 시각과 심도 있는 지식, 명료한 논제를 확보하게 되어 글의 완성도와 신뢰성이 높아진다. 오늘날 각종 매체의 발달로 디지털 자료의 이용이 편리해졌지만, 이런 때일수록 글을 쓰는 이들에게는 책임감 있는 윤리 의식이 요청된다."

"모든 텍스트는 인용의 모자이크로 구성되어 있으며, 다른 수많은 텍스트를 흡수하고 변형한 것이다."

Julia Kristeva, 『세미오티케(*Semeiotike*)』

자료 탐색의 방법

1. 자료 탐색의 목적과 과정

(1) 자료 탐색의 목적

글의 전체적인 틀과 방향을 구상하고 내용을 구체적으로 구성하기 위해서는 다양한 자료가 필요하다. 충분한 자료 탐색을 거친 글은 다양한 시각과 심도 깊은 지식, 그리고 명료한 논제를 확보하게 되어 글의 완성도와 신뢰성이 높아진다. 또한 개인의 글은 자료 탐색의 과정을 거치면서 사회적으로 의미 있고 소통 가능한 방식으로 구성되고 재조직된다.

글의 목적은 정보 제공, 원인 분석, 문제 제기와 해결, 지적 유희 등 각기 다양하지만 이들의 공통점은 의미 있는 질문과 그에 대한 답, 혹은 그 모색의 과정을 담고 있다는 점이다. 이러한 글의 내용을 생성하고 정교하게 서술하기 위해서는 자료를 읽고 분석하는 작업이 필요하며 이는 글을 쓰는 전 과정에서 지속적으로 이루어져야 한다.

자료 탐색은 글쓴이가 자신의 글을 학술적인 글로 발전시키기 위해 해야 하는 가장 기본적인 활동이다. 원재료의 형태 그대로인 '자료'를 자신이 활용할 수 있는 '정보'의 형태로 가공하고, 이를 체계적으로 수집하여 '지식'을 생성한다. 또한 그에 대한 분류와 분석을 수행하여 자신의 글 안에 재배치하는 작업을 통해 한 편의 '글'을 완성할 수 있다. 이러한 글쓰기를 더 체계적으로 심화하고 확장시키면 '학문'의 단계로 나아갈 수 있다.

(2) 자료 탐색의 과정

　자료 탐색은 글쓰기의 전 과정에서 이루어진다. 자료 탐색의 과정을 거치면서 글의 초점이 잡히고 내용은 풍성해지며 설득력은 높아진다. '계획하기' 단계에서는 자료 탐색을 통해 다양한 이론과 사례를 접하면서 시야를 넓히고, 글감을 찾고 문제의식을 생성하며 논제를 명료하게 할 수 있다. '작성하기'와 '수정하기'의 단계에서도 자료 탐색이 지속적으로 이루어져야 보완과 수정을 통해 글의 완성도를 높일 수 있다.

　다음 예문은 '문화 분석 글쓰기'를 제출한 학생 글이다. '문화 분석' 중 '언어 분석'에 관심이 있는 글쓴이는 자료 탐색을 통해 '~충(虫) 용어의 유행'으로 화제를 좁히고 '한국 사회의 갈등 양상과 혐오의 문제'라는 논제를 생성하였다. 글쓴이는 계획하기와 수정하기 단계에서 두 차례 자료 탐색을 시도하며 글의 내용을 보완하였다.

[예시 1]

화제 설정
일상 언어 가운데 '~충'이라는 말이 유행하는 현상에 대해 분석하는 글을 써 보려고 한다.

자료 탐색 1
⇒ '~충' 혹은 '~벌레'라는 유행어와 관련된 자료를 탐색한다. ⇒ '~충'이라는 접미사와 관련된 주요 감정이자 개념어인 '혐오'에 대한 자료를 탐색한다.

논제 설정
최근 한국 사회에서 유행한 '~충'이라는 접미사는 타인에 대한 혐오와 개인의 불안감을 반영하는 것으로, 이렇게 불특정 다수를 배제하는 접미사를 남발하는 것은 사회적 갈등과 불안감을 심화시키므로 이에 대한 자성 노력이 필요하다.

우리는 전부 다 벌레인가

'곤충을 비롯하여 기생충과 같은 하등 동물을 이르는 말'. 이것은 벌레의 사전적 정의이다. 요즘, 전에 없던 새로운 '벌레'들이 주변에 널려 있다. 일 반적인 벌레와는 달리 이 새로운 '벌레'는 겨울이라고 줄어들지 않고 오히 려 점차 일상 영역으로 침범하고 있다. 이 벌레는 바로 '~충' 문화로 인해 벌레로 불리게 된 우리 자신이다. 자신이 혐오하고 비난하고 싶은 대상에 '벌레 충(虫)'을 결합한 '~충'은 일부 인터넷 사용자들이 사용하던 것에서 이제는 젊은 세대가 자연스럽게 활용하는 일종의 접미사가 되었다.

상대를 벌레에 빗대어 표현하는 문화는 예전에도 존재했다. 일벌레, 공 붓벌레처럼 특정 분야에 지나치게 몰두하는 사람을 표현하고자 할 때 '벌 레'라는 표현을 쓰고는 했다. 하지만 지금은 특정 분야에서만이 아니라 사 회의 모든 영역에서 자신이 싫어하는 아무 단어에나 '벌레 충'을 붙이기만 하면 자신의 혐오 감정을 표현할 수 있다. 소스를 음식에 부어 먹는 사람을 '부먹충'이라고 부르거나 급식을 먹는 초중고교 학생들을 '급식충'이라고 불 러 특별한 이유 없이 대상을 비하한다.

'~충' 문화의 대표적인 특징은 일반화이다. 타인을 비판할 때 대상이 속 한 집단 전체를 하나로 묶어 비판하는 것이다. 예를 들어 아기 대변이 담긴 기저귀를 카페 테이블에 그대로 놓고 간 아기 엄마처럼 일부 몰지각한 행 동을 한 개인을 '맘충'이라는 단어로 비난한다. 아기 엄마 중 몰지각한 행동 을 하는 것은 극히 일부에 불과하지만 이들을 '맘충'이라고 부르게 되면 결 국에는 이들을 전부 다 몰지각한 사람으로 묶어서 비난하는 것이 된다. 초 기에는 비상식적인 아기 엄마만을 '맘충'이라고 했겠지만 나중에는 '맘충' 용어를 바탕으로 아기 엄마라는 집단에 대한 선입견이 생기게 된다.

또 다른 특징은 '~충' 접미사가 타인뿐만 아니라 자기 자신을 비난하는 데에도 쓰인다는 것이다. "타자에 대한 공격인 혐오의 감정"은 "자신에 대한 부정인 모멸의 감정과 밀접히 연관"[1]되어 있다. 사회로부터 정당한 대우를 받지 못한다고 불안감을 느끼는 대중들은 자기방어를 위해서 타인을 공격하고 타인에 대한 혐오를 표출하여 불안감을 해소하려고 한다. 그리고 상대를 벌레라고 멸시하는 행동의 바탕에는 자신도 사회에서 벌레로 여겨질 수 있다는 무의식이 존재하는 것이다.

타인과 자신에 대한 비난과 혐오가 만연하게 된 데에는 경제적 불황과 사회 전반에 퍼져 있는 불안감의 영향이 크다. 사람들에게 "제도적 대응이 무력하게 느껴질 경우 개인적 차원에서 기성 질서에 대한 문화적 반발 내지 공격성이 강화"되며 "불안한 사회에 대한 불만은 특정 집단을 향한 크고 작은 혐오로 전환"[2]되는 것이다. 현실에 만족할 수 없기에 발생한 개인적 분노를 타인에 대한 공격으로 표현하고 있는 것이다. 이러한 현상은 대중들이 사회가 합리적인 공간이라고 느끼게 되기 전까지 지속될 것이다.

'~충' 문화가 계속된다면 대중의 의식 속에 자기 비하와 타인 혐오 의식이 각인될 수가 있다. 미국의 언어학자 에드워드 사피어는 언어가 언어 사용자의 사고방식에 영향을 줄 수 있다고 주장했다.[3] 언어 사용자의 사고방식은 언어가 사회를 표현하는 방식에 영향을 받는다는 것이다. 우리가 의식적으로 선택하고 사용한 '~충' 단어가 역으로 우리로 하여금 타인을 혐오하도록 우리의 사고 체계를 강요할 수 있다.

지금의 혐오 감정은 불특정 다수를 향해 표출되고 있다. 이는 사람들의 "분노의 대상이 명확하지 않고 남발하면서 혐오라는 더 극단적인 감정으로 이어진 측면도 있다."[4] 방향성 잃은 타인 혐오는 잠재적으로 사회에 큰 문제를 야기할 수 있다. 우리가 목도하고 있는 '~충' 문화는 사회의 불안감이 극대화되고 공동체가 위기에 처할 수 있다고 경고하고 있다. '벌레'는 우리 사회에 경고를 하고 있다.

학생 글

1) 김호기, 「벌레 이야기」, 『한국일보』, 2015. 8. 27.

2) 위의 글.

3) 한상복 · 이문웅 · 김광억, 「사피어-워프의 가설」, 『문화인류학』, 서울대학교출판문화원, 2011. 언어가 인간의 사고를 규정한다고 주장한 대표적인 학자는 사피어와 워프이다. 그들의 가설에 따르면 언어란 사상이나 경험을 전달하는 상징적 도구일 뿐 아니라 언어 자체가 비판의 기준을 가진 힘으로서 인간에게 작용한다고 한다. 즉 언어는 무의식 속에 투사된 내적 세계를 경험의 세계로 끌어올려 실제적 경험을 규정하는데, 이것을 다른 말로는 '강요된 관찰(forced observation)'이라고 한다.

4) 김태훈, 「민폐 과다와 배려 결핍, 혐오를 낳다」, 『경향신문』, 2015. 8. 22.

자료 탐색 2

⇒ 한국 사회의 갈등 구조 변동에 대한 자료를 탐색한다.

⇒ 언어가 사회에 미치는 영향을 언급하기 위해 '언어의 사회성'과 '언어 철학'에 대한 자료를 탐색한다.

1차 수정 글

우리는 전부 다 벌레인가

곤충을 비롯하여 기생충과 같은 하등 동물을 이르는 말. 이것은 벌레의 사전적 정의이다. 전에 없던 새로운 '벌레'들이 주변에 널려 있다. 일반적인 벌레와는 달리 이 새로운 '벌레'는 겨울이라고 줄어들지 않고 오히려 점차 일상 영역으로 침범하고 있다. 이 벌레는 바로 '~충' 문화 속에서 벌레로 불리게 된 우리 자신이다. 자신이 혐오하고 비난하고 싶은 대상에 '벌레 충(虫)'을 결합한 '~충'은 일부 인터넷 사용자들이 사용하던 것에서 이제는 젊은 세대가 자연스레 활용하는 일종의 '접미사'가 되었다.

상대를 벌레에 빗대어 표현하는 문화는 예전에도 존재했다. '일벌레', '공

붓벌레'처럼 특정 분야에 지나치게 몰두하는 사람을 지칭할 때 벌레에 빗댄 표현을 쓰고는 했다. 하지만 지금은 특정 분야에서만이 아니라 사회의 모든 영역에서 자신이 싫어하는 아무 단어에나 '벌레 충'을 붙이기만 하면 자신의 혐오 감정을 표현할 수 있다. 소스를 음식에 부어 먹는 사람을 '부먹충'이라고 부르거나 급식을 먹는다는 이유로 초중고교 학생들을 '급식충'이라고 부르는 것은 특별한 이유 없이 대상을 비난하는 예이다. 이러한 언어 문화는 단순히 하나의 유행에 불과한 것일까?

언어는 언어 자체로 의미를 지니는 것이 아니라 언어 사용자의 삶 속에서 존재하고 기능한다. 철학자 비트겐슈타인은 "하나의 언어를 상상한다는 것은 어떤 하나의 삶의 형식을 상상하는 것"[1]이라고 했다. 언어는 같은 언어 사용 집단이 공유하는 사회적 맥락과 그에 대응하는 개인의 사고 체계와 행동에 의해 의미를 지니게 된다. 언어는 사회적으로 사용되면서 비로소 존재하게 되는 것이다. 오래전부터 존재하던 '벌레'라는 단어는 타인에 대한 적대감과 자기 부정이 만연한 사회적 맥락 속에서 새로운 의미를 부여받고 사회적 영향력을 행사하게 된다. 따라서 우리는 '충' 문화를 통해 우리 사회가 지닌 문제점을 발견할 수 있다. '충' 문화는 단순한 유행이 아니라 우리 사회의 문제를 들여다보는 돋보기가 될 수 있다.

'충' 문화의 대표적인 특징은 일반화이다. 타인을 비판할 때 대상이 속한 집단 전체를 하나로 묶어 비판한다. 예를 들어, 아기 대변이 담긴 기저귀를 카페 테이블에 그대로 놓고 간 사람처럼 일부 몰지각한 행동을 한 아기 엄마를 '맘충'이라는 단어로 비난한다. 아기 엄마 중 이런 행동을 하는 이들은 극히 일부에 불과하지만 이들을 통틀어 '맘충'이라고 부르게 되면 결국에는 아기 엄마들을 전부 다 몰지각한 사람으로 묶어서 비난하게 된다. 초기에는 비상식적인 아기 엄마만을 비난하려는 의도였겠지만 나중에는 '맘충' 용어를 바탕으로 선입견이 생기게 된다. 이러한 점에서 타인을 비하하는 용어는 언어 사용자의 의도 여부와 상관없이 사회 갈등 요소로 발전할 수 있다.

개인의 언어 사용이 사회에 미치는 영향력과 그 중요성에 대해 고찰한 자료를 추가했다.

특이한 점은 '충' 문화로 설명되는 사회 갈등은 기존의 갈등과 다른 방향을 향하고 있다는 것이다. 기존의 갈등은 사회 경제적 불평등이 원인이 되어 계층 갈등과 노사 갈등이 주를 이루고 교육, 세대, 지역 갈등 등이 복합적으로 얽혀 있는 형태였다.[2] 기존의 사회 갈등이 주로 사회 경제적 자원의 불평등한 분배로 인해 발생했다면, 타인 비하로부터 나타나는 사회 갈등은 심리적 영역인 사회적 인정과 관련이 깊다. 경제적 불평등 자체보다는 이를 바탕으로 한 무시와 수치심이 타인에 대한 분노와 혐오 감정을 야기하는 것이다.

사회 심리학자 악셀 호네트는 사회적 인정을 성공적인 삶을 실현하기 위한 사회적 조건이자 긍정적인 자의식을 형성할 수 있게 하는 조건으로 보았다. 뒤집어 말하면 사회적으로 무시와 모욕을 당할 때는 분노가 쌓이고 자아 형성에 부정적인 영향을 끼치는 것이다. 사회적으로 무시당한 개인의 분노와 혐오 감정이 개인적 차원에서 그치는 수준을 넘어 외부에 분출되고 하나의 문화 현상으로까지 발전한 것이다. 주목할 점은 타인에 대한 분노가 기준이나 방향성이 없이 불특정 다수에 표출된다는 것이다.[3] '찍먹충', '부먹충'은 개인의 기호를 기준으로, '진지충'은 성격을 기준으로 타인을 비하하는 예이다. 자신과 구별되는 단편적 차이점으로 타인을 비하하는 발화들은 사회를 향한 개인의 절망감이 상당한 수준임을 가늠하게 한다.

다른 특징은 '충' 문화가 타인뿐 아니라 자신을 부정하는 것과도 연관되어 있다는 것이다. "타자에 대한 공격인 혐오의 감정"은 "자신에 대한 부정인 모멸의 감정과 밀접히 연관"[4]되어 있다. 이처럼 '충' 문화에 속한 사람들은 자신에게 배어 있는 모멸감과 부정성을 자신으로부터 떼어 내 타인에게 전가함으로써 스스로를 보호한다. 타인을 벌레로 부르는 것은 타인에 대한 개인적 판단과는 별개로 사회적 모멸감으로부터 자신을 지키는 방어 기제로 작용한다. 가령 타인을 '설명충'으로 비하하는 사람은 그 대상을 재미없고 대화 분위기를 다운시키는 사람으로 규정하고 이를 통해서 자신은 그러

> 한국 사회의 갈등 구조가 경제적 차원에서 심리적 차원과 사회적 인정의 문제로 변화하고 있음을 설명해 주는 자료를 추가했다.

> 사회적 인정의 중요성과 그 좌절이 표출되는 방식의 문제점에 대한 자료를 추가했다.

한 부정적 대상과는 구별되는 사람이라는 주장을 무의식적으로 하고 있는 것이다.

만연한 타인 혐오 감정은 누구나 혐오 대상으로 전락할 수 있다는 불안감에 휩싸이게 한다. 혐오 주체는 자신의 부정적인 요소를 타인을 비하하는 데 사용해 그 요소가 자신과는 관계없는 이질적인 요소라고 합리화한다. 혐오 주체는 타인을 혐오하면서, 동시에 자신에게서 그 요소가 발견될 가능성에 불안감을 느끼고 이는 타인에 대한 공격성을 더 강화하도록 작용한다. 위의 예에서 '설명충'으로 타인을 비하하는 사람은 역설적으로 자신이 '설명충'에 담긴 지루함이라는 특성을 신경 쓰고 있으며 그에 대한 불안감이 내재되어 있는 것이다.

타인 비하 문화가 계속된다면 대중의 의식 속에 자기 비하와 타인 혐오 의식이 각인될 수가 있다. 미국의 언어학자 벤자민 리 워프는 언어가 언어 사용자의 사고방식에 영향을 줄 수 있다고 주장했다. "모든 언어는 상호 간에 차이를 보이는 방대한 패턴 체계"인데 사람들은 그 체계 속에서 "의사소통할 뿐만 아니라 자연을 분석하고 특정 유형의 관계와 현상에 주목하거나 무시하며 자신의 추리를 이끌어 내고, 의식이라고 하는 틀을 만드는 데 사용"한다.[5] 우리는 언어를 통해서 세상을 경험하고 이해한다. 언어 사용자의 사고방식은 언어가 사회를 표현하는 방식에 의해 영향을 받는다. 우리의 사고 체계와 사회적 맥락 속에서 생성된 언어가 역으로 우리의 사고방식에 영향을 미칠 수 있다. 우리가 선택한 '~충'이라는 단어가 이제 우리로 하여금 타인을 혐오하도록 우리의 사고 체계를 강요하는 것이다.

이렇게 '충' 문화가 개인의 가치관 형성에 영향을 미친다면 앞서 언급했던 사회적 인정은 지금보다 부정적인 관계로 형성될 것이다. 타인을 부정적인 시각으로 호명하고 분류하게 되면 지금보다 더 많은 타인 혐오 감정이 사회에 표출될 가능성이 높다. 자칫하면 악순환에 빠져 사회 갈등이 심화될 가능성이 있다. 또한 지금의 혐오 감정이 명확한 대상 없이 불특정 다

수를 향해 표출된다는 점을 고려할 때[6] 그 사회 갈등의 실체를 파악하기도
쉽지 않을 것이다. '충' 문화는 단순히 젊은 세대의 일시적인 유행어로 치부
할 현상이 아니다.

참고 문헌
- 김태훈, 「민폐 과다와 배려 결핍, 혐오를 낳다」, 『경향신문』, 2015. 8. 22.
- 김호기, 「벌레 이야기」, 『한국일보』, 2015. 8. 27.
- 박수호, 「행복 요인으로서의 사회적 인정」, 『사회화 이론』 23호, 한국이론사회학회, 2013.
- 서문기, 「한국 사회의 갈등 구조와 계층 갈등」, 『국제 지역 연구』 23권 1호, 서울대학교 국제학연 구소, 2014.
- 손희정, 「혐오의 시대-〈2015년, 혐오는 어떻게 문제적 정동이 되었는가〉」, 『여/성이론』 32, 도서 출판 여이연, 2015.
- 이진우, 『의심의 철학』, 휴머니스트, 2017.
- 한상복·이문웅·김광억, 『문화 인류학』, 서울대학교출판문화원, 2011.
- 루트비히 비트겐슈타인, 『철학적 탐구: 비트겐슈타인 선집 4』, 이영철 옮김, 책세상, 2011.
- 벤자민 리 워프, 『언어, 사고, 그리고 실재』, 신현정 옮김, 나남, 2010.

학생 글

---

1) 루트비히 비트겐슈타인, 『철학적 탐구: 비트겐슈타인 선집 4』, 이영철 옮김, 책세상, 2011, 31쪽.
2) 서문기, 「한국 사회의 갈등 구조와 계층 갈등」, 『국제지역 연구』 23권 1호, 서울대학교 국제학연구소, 2014, 27~52쪽.
3) 김태훈, 「민폐 과다와 배려 결핍, 혐오를 낳다」, 『경향신문』, 2015. 8. 22.
4) 김호기, 「벌레 이야기」, 『한국일보』, 2015. 8. 27.
5) 벤자민 리 워프, 『언어, 사고, 그리고 실재』, 신현정 옮김, 나남, 2010, 385쪽.
6) 김태훈, 「민폐 과다와 배려 결핍, 혐오를 낳다」, 『경향신문』, 2015. 8. 22.

자료 탐색 n

위 예문은 사회 현상 속에서 화제를 설정하고, 화제를 통해 말하고자 하는 바
를 구체적으로 생성할 수 있도록 자료를 탐색하여 논제를 생성하였다. 처음에

는 '~충의 유행'이라는 언어 현상에 주목하는 정도였다면 자료 탐색을 거치면서 우리 사회의 '혐오와 불안, 사회 갈등'의 문제에 다가서게 되었다. 글쓴이는 이를 바탕으로 초고를 작성했지만 여기서 그치지 않고 여전히 부족하거나 새롭게 필요해진 내용을 보충하기 위하여 두 번째 자료 탐색을 시도하였다. 그리고 자료에서 얻는 내용을 초고에 적절하게 반영하여 '1차 수정 글'을 완성하였다. 이렇게 여러 차례 자료 탐색을 거치면서 글의 내용은 풍성해지고 논의는 정교해진다.

2. 자료의 종류와 탐색 방법

(1) 자료의 종류

자료는 그 기록이나 재현의 방식에 따라 문자로 된 문헌 자료, 이미지나 소리로 이루어진 시청각 자료, 그리고 도표나 그래프로 표현되는 통계 자료 등이 있다. 오늘날 온라인을 통해 많은 자료를 손쉽게 이용할 수 있지만 그것이 신뢰할 만한 자료인지는 반드시 확인해야 한다. 공신력 있는 사이트인지, 주관적인 견해인지, 잘못된 정보이거나 표절한 내용은 아닌지, 출처가 분명한 자료인지, 최신의 정보인지 등의 여부를 확인해야 한다.

문헌	시청각 자료	기타 자료
학위 논문, 학술 논문 신문, 잡지 단행본 그 밖의 문서들 (발표집, 보고서, 회의록 등)	이미지 영상 음성	통계 및 각종 형태의 정보

자료의 종류

글쓴이는 자신의 논의를 강화하기 위해서 자료를 활용할 때, 자료 종류의 특성을 인지하고 적합한 자료를 선택해야 한다. 자료는 여러 가지 목적을 위해 필요하며, 동일한 자료일지라도 글쓴이의 목적에 따라 다양한 방식으로 활용된다.

이 가운데 통계 자료의 경우는 자신의 주장과 분석에 대한 근거로 이용된다. 표와 그래프를 활용하여 표현되는 다양한 형태의 통계 자료를 적절하게 사용하면 더욱 구체적이고 효과적으로 자신의 논지를 전달할 수 있다. 다음 예문에서 글쓴이는 해방 이후 교육 혜택이 급격히 확산되었음을 주장하고 있는데, 그 근거를 보여 주기 위해 표와 그래프를 활용하고 있다. 이때 자기 글의 논지에 가장 적절한 형태의 통계 자료를 선별해야 하며, 자료를 왜곡하지 않고 자료의 출처를 정확하게 표기해 주어야 한다.

예문 1

해방은 우선 일제 강점기를 통해 차별의 한 상징이었던 교육 부문의 해방을 가져왔다. 해방 직후의 교육의 양적 팽창은 가히 폭발적인 것이었다(〈표 5〉참조). 일제 강점기에 교육에 대한 공급이 수요를 충족시키지 못하였던 것을 단적으로 보여 준다.

학생 수의 변화 추세를 보여 주는 〈그림 13〉에서 1945년 이후 조그만 봉우리 같은 것이 나타나는 것은 바로 이러한 폭발적인 교육의 팽창 때문이었다. 폭발적인 교육의 팽창은 한국 전쟁으로 일시 수축되었지만, 전 후 다시 그 추세로 복귀하였다.

열화와 같은 교육 수요의 증가에 따라 1948년에 제정된 헌법에 교육을 받을 권리가 명시되고, 1949년에 제정된 교육법에서 의무 교육이 명기되었으며, 의무 교육 제도는 1950년 6월부터 시작되었다. 의무 교육의 실시

<표 5> 해방 직후의 남한의 교육

교육 기관 종류		실수			지수(1945. 8. 15.-100)		
		학교 수	교사 수	학생 수	학교 수	교사 수	학생 수
초등	1945. 8. 15.	3,037	13,064	1,372,883	100	100	100
	1947. 5. 말	3,314	30,519	2,183,449	109	234	159
중등	1945. 8. 15.	394	1,225	79,846	100	100	100
	1947. 5. 말	385	6,304	159,650	98	515	200
고등	1945. 8. 15.	21	257	2,382	100	100	100
	1947. 5. 말	24	1,075	13,485	114	418	566

<자료> 1945. 8. 15., United States Army Military Government, *Summation of United States Army Military Government Activites in Korea*, Volume3, June 1946 : 1947. 5. 말, 朝鮮通信使, 「朝鮮年鑑」 1948년판, 298~305쪽 에서 작성

는 한국 전쟁으로 일시 지연되었다가 1953년 7월에 '의무 교육 완성 6개년 계획'을 수립하였는데, 이 계획은 1954~59학년도의 6년 동안 학령 아동의 96%를 취학시킬 것을 골자로 하는 것이었다. 그 결과는 〈그림 13〉에서 본 바와 같다.

〈그림 13〉에서 알 수 있는 또 하나의 중요한 사실은 일제 강점기에는 조

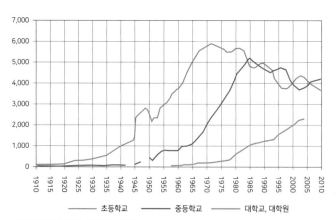

<주> 일제 강점기의 학생수는 조선 전체에 대한 것이다.
<자료> 朝鮮總督府 「統計年鑑」; United States Army Military Goverrment, *Summation of United States Army Military Goverrment Activities in Korea*, Volume 3, June 1946 ; 朝鮮通信社, 「朝鮮年鑑」 1948년판, 298~305쪽; 朝鮮銀行 調查部, 「經濟年鑑」 1949년판 ; 公報處 統計局, 「大韓民國統計年鑑」 ; 文敎部, 「文敎行政統計一覽」, 「문교통계연보」 등에서 작성.

<그림 13> 학생 수 (단위: 천명)

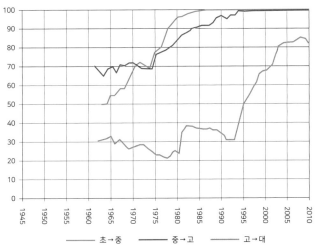

<자료> 통계청 KOSIS, 조선총독부 『통계연보』 등에서 작성하였다.

<그림 14> 진학률 (단위: %)

선인에 대한 중등 교육 이상의 교육은 사실상 존재하지 않았다고 보아도 좋을 정도로 미미했던 반면, 해방 후에는 그것이 폭발적으로 증가하였다는 점이다. 초등 교육 재학생 수와 중등 교육 재학생 수(중학생 수와 고등학생 수를 합산한 것)는 1985년 이후가 되면 거의 같아지는데, 이것은 이 무렵부터 초등학교 졸업자의 중학교 진학률이 거의 100%에 가까워지고, 중학교 졸업자의 고등학교 진학률 역시 90%를 넘게 되었기 때문이다(〈그림 14〉 참조). 이러한 시대적 요청에 따라 1998년부터는 중학교 의무 교육 제도가 실시되었다.

허수열, 「1945년 해방과 대한민국의 경제 발전」, 『한국 독립운동사 연구』 43집, 한국독립운동사연구소, 2012.12., 487~489쪽.

(2) 자료 탐색 방법

가장 대표적인 자료 제공 기관은 대학 도서관과 국공립 도서관이다. 이 가운데 대학 도서관은 국내외 각 분야의 전문 학술 자료 및 일반 자료에 접근할 수 있는 다양한 서비스를 제공하고 있다. 대학 도서관의 학술 정보 검색 사이트는 다른 대학 도서관, 국립 중앙 도서관과 국회 도서관 및 국내외 각종 자료 검색 사이트와도 연동되어 있다. 이를 통해 전 세계 학술 자료나 전자책, 디지털 문서 등을 열람할 수 있다. 대학 도서관 안에 소장되어 있지 않은 자료도 상호 대차 서비스를 이용하여 입수할 수 있으므로 이를 적극 활용할 필요가 있다.

그 밖에도 국가 통계, 언론 자료, 시청각 자료나 역사적 사료를 DB로 구축해서 제공하는 포털 사이트들도 있다. 이를 통해 신문, 잡지, 보고서, 국가 기록, 영상물 등의 자료들을 검색하고 열람할 수 있다.

온라인상에서는 검색창에 저자, 제목, 핵심어 등을 검색하여 자료를 찾을 수 있다. 핵심어Key words란 제목이나 중심 문장, 요약문 등에서 중요한 비중을 차지하는 개념어나 대상을 뜻한다. 지시 대상이 광범위한 핵심어의 경우에는 인접 핵심어나 하위 핵심어와 결합하는 방식으로 검색 대상을 좁혀서 찾는다. 그리고 검토한 자료들이 가장 최신의 자료인지 점검하되, 자료의 질을 선별하고 자신의 글과의 연관성을 고려하여 선택한다.

만일 적합한 자료를 발견했다면, 그 자료가 인용하거나 참고한 문헌을 찾아보는 방식으로 관련 주제의 자료들을 확장할 수도 있다. 또한, 검색어만으로는 포착하기 어려운 폭넓은 자료들을 섭렵하고 싶다면 도서관에 직접 가서 해당 분야의 서적들을 찾아본다. 자료 찾기에 어려움을 겪는다면 도서관 사서에게 도움을 요청한다.

학습 활동

01   대학 도서관 홈페이지의 '데이터베이스'에서 '주제별 리스트'로 들어가, 자신의 전공 분야와 관련된 자료를 제공하는 사이트를 세 군데 이상 방문해 보고 각각의 특징을 파악해 보자. 그리고 현재 수강하고 있는 강의의 과제를 위한 참고 자료를 10편 이상 찾아서 그 서지 사항을 기록해 보자.

02   다음 예는 분야별 DB를 제공하는 사이트들이다. 조별로 다음 사이트들을 방문하여 각 사이트에서 제공하는 자료의 특징을 파악해 보자. 그리고 그 밖의 다양한 자료를 제공하는 국내외 사이트들을 5개 이상 찾아 그 사이트 주소를 적고, 새롭게 찾은 사이트들은 어떤 글을 작성할 때 유용하게 사용될지에 관해 다른 조에게 소개하는 글을 작성해 보자.

고전번역원 http://db.itkc.or.kr

장서각 디지털 아카이브 http://yoksa.aks.ac.kr

한국역사통합시스템 www.koreanhistory.or.kr

한국독립운동정보시스템 http://search.i815.or.kr

한국사회과학자료원 http://www.kssda.or.kr

한국영상자료원 www.koreafilm.or.kr

한국언론진흥재단 www.bigkinds.or.kr

한국개발연구원 http://www.kdi.re.kr

KOSIS 국가통계포털 http://kosis.kr

전공 분야의 최근 동향을 파악하기 위한 자료 찾기 활동을 수행해 보자.

1) 세부 전공 분야에서 최근 5년간 산출된 도서나 글의 서지 사항을 다음 조건에 따라 조사하여 기록해 보자.

①국내외 석사 · 박사 학위 논문 10편의 서지 사항

② 국내외 전공 서적 5권의 서지 사항

③국내외 교양 서적 5권의 서지 사항

④전공자들이 신문 · 잡지 · 웹 등에 기고한 글 5편의 서지 사항

＊세부 전공 분야에 대한 정보가 없을 때에는 학부나 대학원의 강좌명을 알아보거나, 자신이 듣는 강의의 교수자나 교재 집필자의 이름을 검색하여 찾을 것.

2) 기록한 서지 사항들을 토대로 전공 분야의 최근 동향을 한 단락으로 요약해 보자.

글쓰기 윤리와 자료 활용

1. 글쓰기 윤리

(1) 대학과 글쓰기 윤리

대학은 학문을 탐구하고 진리를 추구하는 공간으로 이를 위한 학습과 소통, 그리고 결과물 산출은 기본적으로 글쓰기를 기반으로 이루어진다. 이때, 학습의 방법에서부터 결과물을 산출하고 공유하는 제반 과정은 윤리적으로 이루어져야 한다. 학습 윤리에는 표절, 변조, 위조, 과제물 구매나 양도, 중복 제출, 협동 작업에서의 무임 승차, 대리 출석, 시험 부정 행위 등과 관련된 내용이 포함된다. 글쓰기의 윤리는 이러한 학습 윤리 중에서 '표절, 변조, 위조, 과제물 구매나 양도, 중복 제출' 등과 관련된 사항이다. 표절은 원자료를 도용하는 것이고, 변조는 왜곡하거나 조작하는 것이며, 위조는 거짓 자료나 결과를 제출하는 것이다.

글쓰기는 타인과 지식을 공유하고 교류하는 '과정'으로 그 전체 과정에서 '글쓰기 윤리'가 요청된다. 학술적이고 창의적인 글을 쓰기 위해서는 사전에 읽기 작업이 필수적이다. 그리고 이렇게 쓰인 글은 다른 이의 읽기 자료가 된다. 글쓰기 윤리란, 이 과정에서 읽기 자료를 객관적이고 공정하게 활용하는 것뿐만 아니라 자료 해석 방법의 타당성도 포함한다.

오늘날 각종 디지털 자료의 이용이 편리해졌지만 동시에 신뢰할 수 없는 자료의 공유와 유통, 복제 또한 손쉬워졌다. 이런 때일수록 글쓴이에게는 책임감 있는 윤리 의식이 요청된다. 타인의 글을 도용하거나 신뢰할 수 없는 자료를 남용하지 않기 위해서는 의식적인 노력이 필요하다. 대학에서는 보고서를 작성할 때 학습 윤리나 글쓰기 윤리 규정을 이해하고 자기 점검을 하도록 권고하는데, 자기 점검 양식의 예는 다음과 같다.

글쓰기 윤리 규정

1. 나(우리)는 과제물의 내용을 스스로 연구하여 작성하였다. □

2. 참조, 인용한 자료(책, 논문, 인터넷 자료)의 출처를 정확하게 제시하였다. □

3. 과제물에 사용된 도표나 데이터를 조작(위조, 변조)하지 않았다. □

4. 공동 과제 수행에 참여하지 않은 사람을 제출자에 포함시키지 않았다. □

5. 이 과제와 동일한 내용물을 다른 과제로 제출하지 않았다. □

교과목명:

교수명:

학과:

이름:

제출일:

서명:

글쓰기 윤리 규정 자기 점검 양식의 예

(2) 표절과 인용

표절剽竊, plagiarism은 다른 사람의 언어, 생각, 자료 등을 도용하는 것이다. 표절의 범위에는 다른 글을 적절한 인용 출처를 밝히지 않고 그대로 베끼는 것뿐만 아니라 부분적으로 변형하거나 자신의 말로 바꾸는 것까지 포함된다. 출처를 밝혔다 해도 글의 대부분이 다른 글에서 가져와 짜깁기한 내용이면 이 역시 적절한 인용 방법이 아니다. 원문의 저자가 동의하더라도 표절은 허락되지 않는

데, 이는 두 필자들만의 관계가 아니라 독자 전체가 피해를 입기 때문이다.

표절의 범위에는 자기 자신의 글을 의도적으로 재사용하는 '자기 표절'도 포함된다. 글쓴이는 최초의 문제의식이나 주제를 다른 글을 통해서 지속적으로 발전시킬 수는 있다. 하지만 유사한 글을 여러 과목의 과제로 제출한다든가, 기왕에 제출된 하나의 글을 쪼개거나 여러 글을 섞어 짜깁는 것은 문제가 된다. 또한 공동의 산물을 개인의 결과물인 것처럼 제출해도 안 된다.

인용이나 참고 문헌 작성 방법을 엄격하게 준수하지 않으면 의도적이지 않았더라도 결과적으로 표절이 되는 경우가 발생할 수 있다. 따라서 글쓰기의 윤리 차원에서 가장 치명적 행위인 표절을 피하려면 정확하게 인용하고 출처를 표기하는 법을 익혀야 한다. 글쓰기 윤리를 준수한 글은 기본적으로 다른 이의 글을 존중하는 태도를 보여 줄 뿐만 아니라, 글 자체에 대한 신뢰성도 높일 수 있고, 독자에게 상세한 정보를 정확하게 제공하게 된다.

표절의 범위

- 다른 사람 글의 부분 혹은 전체를 자신의 것인 것처럼 제시한 경우
- 다른 사람 글의 주요 개념이나 아이디어를 자신의 것처럼 제시한 경우
- 구체적 정보나 자료의 출처를 제시하지 않고 사용한 경우
- 자기 표절의 경우

표절을 피하기 위해 주의해야 할 사항

- 인용할 자료의 내용을 기록할 때에는, 직접 인용과 간접 인용하는 부분 그리고 글쓴이 자신의 논평 부분이 섞이지 않도록 구분하여 둔다.
- 자료 내용은 가급적 자신의 언어로 요약한다. 핵심어들만을 추출해서 자신의 문장으로 다시 작성해 보는 것도 방법이다.

- 인용할 만한 내용을 발견할 때마다 서지 사항과 자료의 출처 및 쪽수를 정확하게 기록한다. 온라인에서 얻은 자료 역시 웹 주소와 검색일을 기록해 둔다.

- 다른 사람의 글에 제시된 자료를 그대로 베끼거나 재인용하지 않고 가급적 직접 원자료를 찾아서 정확한 사실과 맥락을 확인한 다음에 활용한다.

- 디지털 기기로 문서를 작성할 때에는 원자료에서 '복사해서 붙여넣기'(Ctrl C + Ctrl V)를 하지 않는다. 무심코 해 놓았다가 의도치 않게 표절이 되는 경우가 많다.

2. 자료 활용의 방법

(1) 자료의 발견과 선택

자료를 수집하고 읽었다고 해서 그것을 모두 활용하는 것은 아니다. 자료의 질을 평가하고 자신의 글에 적합한 것을 선택해야 한다. 자료의 필자, 지면, 내용이 신뢰할 만한지, 최신의 논의인지 등을 검토해 본다. 그리고 읽은 자료와 그것이 참조하고 있는 자료를 무조건 신뢰하기보다는 그 타당성을 검증하며 비판적으로 읽어야 한다. 자료가 보편적 진리를 대변하는지 특수한 사례에 가까운지도 판별해 볼 필요가 있다. 또한, 아무리 좋은 자료일지라도 자신의 글에 필요한지, 그리고 어느 부분에 활용해야 할지 점검해야 한다.

자료 선택의 기준
- 신뢰할 만한 자료인가?
- 최신 자료인가?
- 글의 논지에 부합하는 자료인가?

(2) 인용의 방법

다른 이의 글을 자신의 글에 적절한 방식으로 활용하는 것을 인용引用, citation
이라고 한다. 일반적으로는 본문의 해당 부분에 각주나 미주를 달고 인용된 원
문의 전체 서지 사항은 글 말미의 참고 문헌 목록에 기입한다. 그 인용의 구체
적인 형식은 해당 학계나 분야에서의 관행을 따르되, 한 편의 글 안에서 통일성
있는 형식을 유지하는 것이 중요하다.

이때 인용문의 본래 의미를 왜곡하지 않아야 하고, 인용의 범위를 명시해야
하며, 인용문의 출처 또한 정확히 밝혀야 한다. 무엇보다도 글쓴이는 자신이 해
당 자료를 인용하는 목적을 명확히 인식하고 있어야 한다.

인용의 목적은 사안에 따라 다르다. 다른 글을 해석하거나 비판적으로 논의
하기 위해, 자신의 주장을 설득력 있게 보완하기 위해, 구체적 사례를 제시하기
위해, 현상을 보는 이론적 틀을 확보하기 위해, 반론에 대비하기 위해 등 다양
한 목적으로 인용할 수 있다.

자료 인용의 목적

- 다른 이의 글을 해석하거나 비판적으로 논의하기 위해
- 기존 논의와의 차별성을 드러내기 위해
- 논지를 강화하기 위해
- 구체적 사례를 제시하기 위해
- 반론에 대비하기 위해

인용에는 직접 인용, 간접 인용, 재인용이 있다. 인용문을 글 안에 담아내는
방식에 따라 직접 인용과 간접 인용으로 나뉘고, 인용문을 글쓴이가 직접 확인
했는지 여부에 따라 재인용이 되기도 한다.

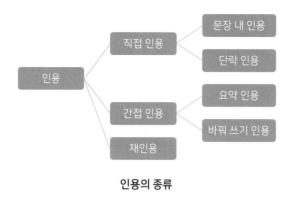

인용의 종류

① 직접 인용의 방법

　직접 인용은 다른 사람의 글에서 단어, 문장, 몇 개의 단락 등을 원문 그대로 자신의 글로 옮겨 오는 것이다. 직접 인용은 원문을 다른 언어로 바꾸면 의미가 훼손되거나, 원문을 언어적 차원에서 면밀하게 분석할 필요가 있을 때, 혹은 원문 그 자체에 주목할 필요가 있을 때 활용한다.

예문 2

　　현대의 삶이 사람들을 타락시키는 일련의 공포로 이뤄져 있으며, 사람들이 이런 공포에 점점 더 익숙해져 간다는 주장은 현대성에 대한 비판, 그러니까 현대성만큼이나 오래된 비판의 근간을 이루는 사고방식이다. 1800년, 워즈워스는 『서정 가요집』의 서문에서 "매일 국가적 사건들이 발생하며, 모두 획일적인 직업을 가진 탓에 기이한 일들을 열망하게 되고 이 열망을 급속한 정보 전달이 매시간 충족시켜 주는 도시로 사람들이 점점 더 모여들고 있다는 사실"이 야기한 감수성의 붕괴를 고발했다. 이렇듯 사람들이 지나치게 자극을 받게 되면 "정신의 분별력이 무뎌질" 뿐만 아니라 "정신이 미개하다고 할 만큼 무감각해지는 상태에 빠지는" 결과가 빚어진다는 것이다.

이 영국의 시인은 '매일' 벌어지는 사건들과 '매시간' 들려오는 '기이한 일들' 탓에 정신이 무뎌진다고 지적했다.(그것도 1800년에!) 그리고 정확히 어떤 사건과 일들이 벌어지고 있는지는 신중하게도 독자들의 상상력에 맡겼다. 그로부터 60여 년이 지난 뒤, 또 한 명의 위대한 시인이자 문화 진단자가 이보다 훨씬 더 격하게 똑같은 점을 지적했다.(이 사람은 프랑스인이었는데, 그래서인지는 몰라도 프랑스인들을 낮춰 말하는 경향이 있는 영국인들이 그랬듯이, 사람들은 그가 지나치게 과장을 일삼는다는 딱지를 붙였다.) 그 프랑스인 보들레르가 1860년대 초 자신의 일기에 적어 놓은 기록을 살펴보도록 하자.

매일, 매달, 혹은 매년 신문지상에 인간의 사악함이 빚어낸 가장 끔찍하기 이를 데 없는 소식이 실리지 않을 때가 없다. (중략) 처음 줄부터 끝줄까지, 모든 신문들은 공포에 질릴 만한 소식투성이이다. 군주들, 국가들, 사적 개인들이 저지른 온갖 전쟁, 범죄, 절도, 호색, 고문, 사악한 행위, 온 세상에 판치는 잔악 행위 등등. 문명화된 인간은 매일 이 메스꺼운 전채로 아침 식사의 식욕을 돋운다.

보들레르가 이 글을 썼을 당시에는 아직 신문에 사진이 실리지 않았다. 그렇다고 해도, 전 세계의 끔찍한 소식들이 실린 조간신문을 든 채 식탁에 앉아 아침 식사를 하는 부르주아지를 힐난하는 보들레르의 묘사가 오늘날의 비판, 즉 우리가 매일 조간신문이나 텔레비전을 통해 받아 보는 끔찍한 소식들이 우리의 감수성을 얼마나 무디게 만들어 버리는가에 대한 비판과 뭔가 달라질 것은 전혀 없다. 단지 최신 기술이 그런 소식들을 쉴 새 없이 제공해 준다는 점만을 빼고는 말이다. 그 덕택에 우리는 눈만 돌리면 수많은 참사와 잔악 행위를 볼 수 있게 됐다.

수전 손택, 『타인의 고통』, 이재원 옮김, 이후, 2011, 158~159쪽.

글쓴이 수전 손택은 현대인이 자극적인 기사와 보도에 익숙해지면서 타인의 공포에 점차 무뎌지고 있다고 주장한다. 글쓴이는 이러한 현상이 근대화되어 가는 과정에서 이미 벌어졌고 이것에 대한 경계가 일찍이 있었다는 사실을 소개하기 위해 워즈워스와 보들레르의 서술을 여러 가지 방식으로 직접 인용한다. 위 예문처럼 직접 인용을 할 때에는 원문에서 그대로 가져오는 단어, 구절, 문장의 단위에는 큰따옴표로 표시하고, 단락처럼 분량이 많을 때에는 따로 구분해서 보여 주는 것이 바람직하다.

② 간접 인용의 방법

간접 인용은 다른 사람의 글을 자신의 글에 맞게 가져오는 방법으로, 여기에는 요약하기와 바꿔 쓰기가 있다. 많은 분량을 요약해서 가져오거나 자기 글의 맥락에 맞게 바꿔 써야 할 때 간접 인용 방법이 주로 사용된다.

요약하기나 바꿔 쓰기는 다른 사람의 글의 개요나 핵심적 내용을 자신의 글에 자연스럽게 활용할 때 유용하다. 인용하려는 내용을 원문의 맥락에서 가져와 자기 글의 맥락 안에 적절하게 배치하는 작업이므로 재맥락화라고 할 수 있다.

다음 예문은 바꿔 쓰기가 활용된 예이다.

예문 3

폴 클라크에 의하면, 제5세대 영화감독들이 남부의 부드럽고 습기 많고 풍요로운 풍경이 아닌 서북부의 모질고 메마르고 거친 풍경에 애착을 갖는 것은 중국이 살아남기 위해서는 강인해질 필요가 있다는 그들의 메시지를 전달하기 위해서라고 한다.[1] 이 '강인함'은 남성 중심주의적인 것이다.[2] 따라서 현대 중국 영화의 '자연으로의 회귀'를 고찰할 경우, 젠더의 문제, 특

히 여성이 차지하는 위치를 논의할 필요가 있다.

레이 초우, 『원시적 열정』, 정재서 옮김, 이산, 2009, 75쪽.

---

1) Clark, "Reinventing China: The Fifth Generation Filmmakers", Modern Chinese Literature 5, no.1(Spring 1989), p.134.
2) ibid., p.123.

글쓴이 레이 초우는 폴 클라크의 저술을 인용하며, 원문의 단어·구절·문장을 자신의 것으로 바꾸어 재서술하였다. 바꿔 쓰기의 경우라도 각주 표시를 통해 원문의 출처를 표기해야 한다.

다음 예문은 요약하기가 사용된 예이다.

예문 4

서론에서 언급했듯 뉴먼의 『대학의 이념』은 오늘날에 이르기까지 대학의 위기를 염려하는 논의 속에서 아주 많이 언급되어 온 고전이다. 그 반복적 논의의 핵심은 리버럴한 지식은 그 자체가 목적으로서 어떤 다른 외적인 목적을 위한 것이 아니라는 것, 즉 어떠한 초월성에 종속되지도 유용성의 수단이 되지도 않는다는 주장이었다. 우리는 여기서 앞서 말한 칸트의 철학 옹호 그리고 이를 받아들인 피히테나 슐라이어마허, 훔볼트가 세운 대학 이념에 대한 반향을 읽어 낼 수 있다. 독일의 훔볼트형 대학에서 '철학'에 부여된 '이성의 자유'는 영국에서는 '리버럴한 지식'이라는 다소 아리스토텔레스적인 울림을 지닌 개념으로 부상했다. 실제로 뉴먼은 이 책에서

'대학 교육'의 목적은 무엇인가, 대학이 담당하는 '리버럴 곧 철학적 지식'의 목적은 무엇인가를 질문하면서 '리버럴'한 지식과 '철학적'인 지식을 거의 동일시하고 있다. 보다 엄밀하게는 "'지식'은 '이성'에 의해 추동 · 고무 · 잉태되므로 '학문'이나 '철학'과 같은 이름으로 불린다."라고 말하고 있다. '리버럴'이라는 것은 지식의 상태를 지시하는 형용사인데 이러한 상태에서 지식이 조직된 것이 '철학'이다. 이러한 지식은 '유용성'에 따라 조직된 '기계'적 지식에 대립하는 것이다. 이러한 개념에는 동시대 영국에서 전성기를 맞이하고 있던 산업 사회에 대한 매우 비판적인 의식이 꿈틀대고 있다.

요시미 순야, 『대학이란 무엇인가』, 서재길 옮김, 글항아리, 2015, 117~118쪽.

위 예문은 뉴먼의 저술에서 대학의 본질과 목적에 대한 논의의 핵심을 요약적으로 제시하는 간접 인용을 활용하고 있다. 그리고 구체적인 아이디어와 개념어를 정확히 전달하기 위해서 해당 대목에서는 직접 인용도 사용하고 있다. 요약할 때에는 원문의 내용을 왜곡해서는 안 되며, 독자가 요약문 자체만 읽고도 이해할 수 있도록 논리적이고 명료하게 작성해야 한다.

③ 재인용

다른 사람이 인용한 글을 다시 인용하는 경우에는 '재인용'이라고 표시한다. 재인용은 보통, 인용하려는 원문에 접근하기 힘들어서 그것이 인용된 자료를 통해 언급해야 할 때, 또는 원문에 대한 내용 이해나 해석이 담긴 자료를 인용해야 할 때 사용한다. 다음 예문은 외국어 자료인 원문을 인용하려는 필자가 해당 대목을 한글로 번역한 다른 필자의 글을 토대로 재인용을 한 예이다.

연변을 비롯한 조선족의 거주지는 특수한 공간적 특성을 갖고 있다. 중국의 중심부를 놓고 말하면 주변부로 되지만 여러 민족이 더불어 살고 있고 경계 너머에 모국이나 다른 민족 국가가 있기에 연변은 그야말로 호미 바바의 말 그대로 "제3의 영역", "찬란한 변두리"에 속한다. 호미 바바는 "국가들 사이의 틈새"에 대하여 다음과 같이 설명한다.

> 국가적인 문화를 '위치 짓기(locality)'는 그 자체의 관계에 있어서 통합되지도 않았고 단일한 것도 아니며 그 바깥이나 너머에 있는 것들과의 관계에 있어서도 단순하게 '타자'로 보여서는 안 된다. 그 경계선은 야누스적(Janus-faced)인 속성을 갖고 있으며 밖/안의 문제는 항상 잡종성의 과정을 포함하고 있는데, 이 과정은 정치적인 관점에서 바라보는 새로운 '사람들(people)'을 혼합하고 의미의 또 다른 측면을 생산해 내며 또한 필연적으로 그 정치화의 과정에서는 재현을 위하여 누구도 예상할 수 없는 힘과 정치적인 적개심을 무력하게 만드는 측면을 생산해 내는 과정을 포함하고 있다.[1]

> 김호웅 · 김정영, 「조선족 문학과 디아스포라」, 『디아스포라 민족 정체성, 문학과 역사』,
혜안, 2016, 285쪽.

---

[1] Nation and Narrating 4, 이소희, 「호미 바바의 '제3의 영역'에 대한 고찰」, 『영미 문학 페미니즘』 제9권 1호, 2001, 104쪽에서 재인용.

위 예문에서 알 수 있듯이, 원자료의 내용, 해석, 비판을 가져올 때만이 아니라 그 번역에 의존하는 경우까지도 재인용에 해당된다. 재인용이 불가피한 경우도 있고, 재인용일 경우 그 사실을 반드시 밝혀야 하지만, 학술적인 글을 쓸 때에는 가급적 인용된 원문을 직접 찾아 읽고 스스로 해석하거나 번역하여 인용하는 노력도 해 보아야 한다.

(3) 주석과 참고 문헌 작성법

① 주석 작성법

'주석註釋, annotation'은 본문의 단어 혹은 문장을 이해하기 쉽게 따로 풀이하거나, 참고하거나 인용한 문헌의 출처를 표기하기 위해 작성한다. 주석은 이를 표기하는 위치에 따라 각주脚註, footnote와 미주尾註, endnote, 그리고 내주內註, in-text note로 나뉜다. 각주는 각 쪽의 하단에, 미주는 글의 끝에, 내주는 글의 본문 안에 표기한다.

분야나 장르, 매체에 따라 관습적으로 사용하는 주석의 방식은 다르지만, 기재해야 하는 기본적인 내용은 같다. 요즘은 주석을 따로 달지 않고 본문 내에 괄호 표기로 필자와 출판 연도, 쪽수 정도만 간단히 내주로 표시하고 전체적인 서지 사항은 글 말미의 참고 문헌 목록에 표기하는 본문주도 많이 사용한다. 내주 작성의 예는 다음과 같다.

예문 6

주지하듯이 지난 20년 사이에 한국 사회가 체험한 변동은 정치, 경제, 사회, 문화의 특정 부분에 국한되지 않는 포괄적이며 심층적인 것이었다. 이런 변화를 체계적으로 이해하고 설명하기 위해서 최근 공론장의 영역에서 활발하게 사용된 개념이 바로 '레짐(regime)'이다. 87년 민주화 대항쟁 이후에 전개된 민주화의 시대를 상징적으로 표상하는 '87년 체제'의 개념,

---

그리고 97년 IMF 외환 위기 이후의 신자유주의적 세계화를 표상하는 '97년 체제'의 개념 등이 그 대표적 용례라 하겠다. 이 개념들은 87년 이후 약 20여 년간 진행된 한국 사회의 변동을 10년의 단위로 분절하여 사고할 수 있는 기초적 정형을 제공하였다. 또한 이를 바탕으로 그간 다양한 생산적 논의들이 제출되어 사회 변동의 현상, 구조, 역학에 대한 심화된 이해를 제공하였다.(김종엽, 2005; 박명림, 2005; 윤상철, 2005: 김호기, 2007; 김문조, 2008)

김홍중, 『마음의 사회학』, 문학동네, 2009, 21쪽.

위 예문은 최근 한국 사회의 변동에 대한 기존의 사회학적 논의들을 요약하면서 그 필자와 출판 연도 정보만을 간략하게 표시하는 내주 방법을 사용하고 있다. '필자와 출판 연도' 정보 대신 '서명과 쪽수'를 표기하는 경우도 있다. 내주를 달 때에는 글 마지막에 참고 문헌 목록을 정확히 작성해야 하며, 해당 자료의 구체적 서지 사항을 얻고자 하는 독자는 그 목록에서 확인할 수 있다.

기본적으로 주석은 필자의 글이 속한 각 언어권이나 전공 분야, 출판 지면의 표기 관행을 따른다. 중요한 것은 한 편의 글 안에서 일관된 형식을 유지하며 해당 규칙을 준수하는 데 있다.

각주	쪽 하단에 인용의 출처를 밝히거나 부연 설명한다.
미주	글의 끝에 인용의 출처를 밝히거나 부연 설명한다.
내주	글의 본문 내에 인용의 출처를 밝히거나 부연 설명한다.

주석의 종류

주석의 출처 표기법

1. 단행본

1) 동양서: 글쓴이, 『책 제목』, 출판사, 출판 연도, 인용한 쪽수.
   예) 김왕배, 『산업 사회의 노동과 계급의 재생산』, 한울아카데미, 2012, 9쪽.
   동북아역사재단 편, 『동북아 평화와 역사 문제』, 동북아역사재단, 2016, 40~45쪽.

2) 서양서: 글쓴이, 책 제목, 출판지: 출판사, 출판 연도, 인용한 쪽수.
   예) Noam Chomsky, *On Nature and Language*, New York: Cambridge University
   Press, 2002, p.29.

3) 번역서: 글쓴이, 『책 제목』, 번역자, 출판사, 출판 연도, 인용한 쪽수.
   예) 한병철, 『피로 사회』, 김태환 옮김, 문학과지성사, 2012, 21쪽.

2. 논문

1) 동양 논문: 글쓴이, 『논문 제목』, 『학술지명』 제O권 제O호, 발행 기관, 출판 연도, 인용한
   쪽수.
   예) 남형두, 『법과 예술』, 『정보법학』 제20권 제2호, 한국정보법학회, 2016, 32쪽.

2) 서양 논문: 글쓴이, "논문 제목", 학술지명, vol.O, 출판 연도, 인용한 쪽수.
   예) Rey Chow, "China as documentary: Some basic questions(Inspired by
   Michelangelo Antonioni and Jia Zhangke)", *European Journal of Cultural
   Studies*, vol.17, Issue 1, 2/2014, p.17.

3. 신문 및 정기 간행물

1) 신문: 글쓴이, 『기사 제목』, 『신문 이름』, 발간 일자.
   예) 『한국 대학은 유토피아를 창조하고 있는가』, 『교수신문』, 2017. 4. 17.

2) 정기 간행물: 필자, 『기사 제목』, 『잡지 이름』 제O권 O호, 발간 일자, 게재 면수.
   예) 정웅기, 『트럼프 이전과 이후의 미국 정치-공화당의 '전환'에 관한 시론』, 『문학과 사
   회』 116호, 2016년 겨울, 232~233쪽.

4. 사전

『항목 이름』, 『사전 이름』, 출판사, 출판 연도.
예) 『양반』, 『민족 문화 대백과사전』, 한국정신문화연구원, 1991.

5. 인터넷 자료

기사 : 글쓴이,「기사 제목」,『인터넷 매체 이름』, 작성 일자, (사이트 주소, 접속 일자).
예)「독립을 꿈꾸는 카탈루냐가 이슬람 혐오를 거부한 이유」,『경향신문』, 2017. 9. 6.
(http://news.khan.co.kr/kh_news/khan_art_view.html?artid=201709051503
001&code=970205, 2017.9.6.)

6. 공연/상연물

영화: 제작자/연출자/책임자,『제목』, 참여자, 제작 회사, 일시/장소.
예) 봉준호(감독),『옥자』, 틸다 스윈튼, 폴 다노, 안서현 등(출연), 넷플릭스, 2017.

7. 동일 자료를 여러 번 인용할 때

1) 연속적으로 인용할 때 표기법 : 위의 책, 해당 쪽수. (ibid.(ibidem), p.)

2) 비연속적으로 인용할 때: 저자 명, 앞의 책, 해당 쪽수. (op.cit.(opere citato), p.)
예)
1) 르네 웰렉,『문학의 이론』, 백철 · 김병철 옮김, 신구문화사, 1959.
2) 위의 책, 17쪽.
3) 김현,『김현 문학 전집 1』, 문학과지성사, 1991, 96쪽.
4) 르네 웰렉, 앞의 책, 20쪽.

② 참고 문헌 작성법

〈참고 문헌〉에는 인용 자료뿐만 아니라 글을 쓸 때 참고했던 문헌의 서지 사항들을 정리한다. 분야와 언어권, 출판 지면의 관행에 따라 그 기준이 다르므로 각각의 요건을 숙지하고 따른다. 일반적인 참고 문헌 정리법과 그 예시는 다음과 같다.

참고 문헌 정리법

- 필자 이름의 가나다순으로 적는다.

- 동일 필자의 문헌이 여러 개 있을 경우에는 연도 순서로 적는다.

- 필자가 4인 이상인 경우, 대표 저자 이름만 기재하고 '외 O인'이라고 표기한다.

- 여러 언어의 문헌들이 공존할 경우, '국내 문헌→외국 문헌'의 순서로 언어권별로 정리하여 적는다.

- '1차 자료→논문 및 단행본→기타 자료'의 순서로 정리한다.

참고 문헌 작성의 예

〈참고 문헌〉

1. 자료

김시습, 「귀신」, 『매월당집』 권17, 『한국 문집 총간』 13, 민족문화추진회, 1988.

유몽인, 『어우야담』, 신익철 외 옮김, 돌베개, 2006.

정약용, 『목민심서』, 이정섭 옮김, 민족문화추진회, 1986.

작자 미상, 『홍길동전/전우치전, 서화담전』, 김일렬 옮김, 고려대 민족문화연구소, 1996.

2. 논문 및 단행본

강상순, 「조선 시대 필기 야담류에 나타난 귀신의 세 유형과 그 역사적 변모」, 『우리 어문 연구』 38, 우리어문학회, 2010.

금장태, 『귀신과 제사』, 제이앤씨, 2009.

김우형, 「조선 후기 귀신론의 양상」, 『양명학』 19, 한국양명학회, 2007.

맹정현, 『리비돌로지』, 문학과지성사, 2009.

박성규, 『주자 철학의 귀신론』, 한국학술정보, 2005.

고야스 노부쿠니, 『귀신론』, 이승연 옮김, 역사비평사, 2006.

뤼시앙 레비브륄, 『원시인의 정신세계』, 김종우 옮김, 나남, 2011.

Bettelheim, *The Uses of Enchantment*, Alfred A. Knopf: New York, 1977.

3. DB 자료

이익, 『성호사설』 제10권, 인사문 「마진」, 한국고전번역원(http://www.itkc.or.kr)

『조선 왕조 실록』(http://silok.history.go.kr)

예는 다음의 참고 문헌 목록을 수정한 것임.

강상순, 『귀신과 괴물: 조선 유교 사회의 그림자』, 소명출판, 2017, 335~340쪽.

학습 활동

01 연구윤리정보센터(www.cre.or.kr)에서 제공하는 〈학습 윤리 가이드〉를 읽고, 대학 글쓰기에서 유념해야 할 중요한 정보와 새롭게 알게 된 내용을 정리해 보자. 그리고 최근 국내외에서 발생한 학습 윤리 위반 사건 중에서 주목할 만한 것을 하나 선택하여, 문제가 된 이유와 그 판정 결과를 조사해 보자.

02 『표절 백문백답』(남형두, 청송미디어, 2017)은 표절과 관련된 백 가지 질문과 답변으로 구성된 책이다. 이 책을 읽고 대학생으로서 가장 유의해야 할 질문과 답변을 조별로 5개 선정하여 정리해 보자. 또한, 논란의 여지가 있는 항목 1개를 선정하여 구체적인 사례를 근거로 들며 그에 대해 토론해 보자.

03 다음 예문에서 직접 인용된 부분들을 간접 인용법으로 바꾸어서 글을 다시 써 보자.

예문

오늘날 문화 산업은 인터넷에서 음성이나 영상, 애니메이션 등을 실시간으로 재생할 수 있는 스트리밍 기법을 통해 개인의 취향을 정밀히 타격하는 문화 상품을 제공한다. 얼마 전 국내에서도 애플 뮤직을 쓸 수 있게 되었다. 약 3000만 곡 수준의 음원을 제공하는 애플 뮤직의 힘은 그 다양성에만 있는 것이 아니다. "어떤 장르의 음악을 듣고 싶은가?", "어떤 음악가를 좋아하는가?" 등 소비자의 취향을 알아내는 알고리즘을 통해 애플은 소비자 대신 음악을 골라 준다. 아마존은 이미 독자의 개인적 취향에 따라 읽을 책 목록을 대신 뽑아 주고, 구글은 빅 데이터를 토대로 개인의 취향을 정확하게 읽어 낸다.

사정이 이런데도 우리는 소비자가 스스로 선택할 수 있는 자유를 갖고 있다고 말할 수 있는가? 이 점을 꿰뚫어 본 이들이 바로 호르크하이머와 아도르노이다.

> 갑이라는 영화와 을이라는 영화 사이에, 또는 상이한 가격 층의 잡지 내용들 사이에 차이가 없는 것은 물론 아니지만, 그 차이란 사실 자체로부터 나오는 본질적인 차이라기보다는 소비자들을 분류하고 조직하고 장악하기 위한 차이에 불과하다. 어느 누구를 위해서도 무엇인가가 마련되어 있지만, 그것은 누구도 그것으로부터 빠져나가지 못하게 하기 위해서이다. 이를 위해 차이는 오히려 강조되고 선전된다. 모든 사람은 미리 자신에게 주어진 수준에 걸맞게 '자발적으로' 행동하며 자기와 같은 유형을 겨냥해 제조된 대량 생산물을 고른다.[1]

자본주의는 모든 사람의 욕구를 충족시킬 수 있는 시스템이다. 헤겔이 시민 사회를 '욕구의 체제'라고 규정한 것은 여전히 타당한 것처럼 보인다. 자본주의 사회에서 우리는 소비를 통해 시민이 된다. 우리가 자신의 취향에 맞는 문화 상품을 고르고 소비함으로써 개성을 실현한다고 착각한다면, 문화 산업은 우리가 상상하는 것 이상으로 우리의 의식에도 영향을 준다.

자본주의 사회는 어느 누구를 위해서도-그가 차별화되기 위해 아무리 다양한 것을 요구할지라도-무엇인가를 제공한다는 사실은 우리를 섬뜩하게 만든다. 이것이 문화 산업이 기존의 지배 관계를 안정화시킬 수 있는 힘이다.

그러나 지배 관계의 안정화는 결코 문화 산업의 단순한 부수 효과가 아니다. 그것은 문화 산업의 본질이다. 문화 산업은 소비 대중에게 자신의 취향과 생각, 이념을 은연중 믿게 만든다. 이러한 암시 효과 때문에 소비 대중은 문화 산업이 제시한 '문화'의 척도를 스스로 받아들인다. 이것이 바로 호르크하이머와 아도르노가 비민주적이라고 신랄하게 비판한 문화 산업의 기만 장치다. 이처럼 "지배가 생산하는 고통의 의식을 금지하는 것은 지배의 메커니즘에 속한다."[2]

이진우, 『의심의 철학』, 휴머니스트, 2017, 164~165쪽.

---

1) M. 호르크하이머, Th. W. 아도르노, 『계몽의 변증법』, 김유동 · 주경식 · 이상훈 옮김, 문예출판사, 1995, 172~173쪽.
2) Th. E. Adorno, Minima Moralia, in *Gesammelte Schriften*, hrsg. v. Rolf Tiedermann, Bl. 4, (Frankfurt am Main, 1997), p. 70.

참고 문헌

- 김호웅 · 김정영, 「조선족 문학과 디아스포라」, 『디아스포라 민족 정체성, 문학과 역사』, 혜안, 2016.
- 김홍중, 『마음의 사회학』, 문학동네, 2009.
- 남형두, 『표절론』, 현암사, 2015.
- 이진우, 『의심의 철학』, 휴머니스트, 2017.
- 정희모 외, 『대학 글쓰기』, 삼인, 2008.
- 진영복 외, 『현대 사회와 비판적 글쓰기』, 박이정, 2013.
- 한국과학기술정보연구원 정보서비스센터 NDSL서비스실, 『지식 정보 활용 백문백답』, 한국과학기술정보연구원, 2012.
- 허수열, 「1945년 해방과 대한민국의 경제 발전」, 『한국 독립운동사 연구』 43집, 한국독립운동사연구소, 2012.12.
- 레이 초우, 『원시적 열정』, 정재서 옮김, 이산, 2009.
- 수전 손택, 『타인의 고통』, 이재원 옮김, 이후, 2011.
- 요시미 순야, 『대학이란 무엇인가』, 서재길 옮김, 글항아리, 2015.
- W. 부스 외 3명, 『학술 논문 작성법』, 신순옥 · 양기석 옮김, 나남출판, 2000.
- 연구윤리정보센터, 『학습 윤리 가이드』, 국가과학기술인력개발원, 2013 (연구윤리정보센터 정보포털 www.cre.or.kr)
- Teresa Thonney, *Academic Writing: concepts and connections, with readings*, Oxford University Press, 2016.

08

논증의
이해와 유형

"주장하는 글을 쓸 때에는 타당한 근거를 들어 논증(argument)하는 방법을 활용한다. 논증은 타당한 사실에 근거하여 이유와 주장을 펼쳐야 하기 때문에 근거의 객관성과 설득력이 무엇보다 중요하다. 논증은 이해나 행동을 요구하는 주장을 제시하고, 이유와 근거로 주장을 뒷받침하는 형식으로 구성되며, 자기주장에 대한 반론을 예상하고 반론에 대한 재반론을 준비하는 등 대화적 방식으로 이루어져야 한다."

"글쓰기는 사유를 표현하는 것이 아니다. 글쓰기는 사유를 창출한다."
Walter Benjamin, 『*Arcade Project*(도시의 산책자)』

논증의 이해

1. 논증의 구조

　논증argument이란 타당한 근거를 들어 주장을 펼치는 행위나 진술이다. 글쓴이가 주장과 문제 해법을 제시하여 독자를 설득한다는 점에서 대상을 객관적으로 풀어서 밝혀 주는 설명과 구별된다. 논증은 이해나 행동을 요구하는 주장을 제시하고 이유와 근거로 주장을 뒷받침하는 형식으로 구성된다. 이유는 주장에 대한 판단이나 의견을 제시하는 것이고, 근거는 이유를 뒷받침하는 진술이다.

　어떤 주장에 대해 독자는 필자가 그렇게 주장하는 이유를 물을 수 있다. 여기에서 알 수 있듯이 이유는 주장을 뒷받침하는 진술이다. 단순한 형식의 논증은 주장과 이를 뒷받침하는 이유만으로 완성된다.

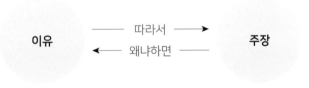

(가) 4차 산업 혁명으로 일자리가 줄어든다. (이유)
　　 따라서 기본 소득제를 실시하여 인류의 기본 생활을 보장해야 한다. (주장)

(나) 기본 소득제를 실시하여 인류의 기본 생활을 보장해야 한다. (주장)
　　 왜냐하면 4차 산업 혁명으로 일자리가 줄어들기 때문이다. (이유)

그런데 어떤 진술은 맥락과 쓰인 목적에 따라 주장이 되기도 하고 이유가 되기도 한다. 다음의 예를 통해 살펴보자.

(다) 폭력적인 게임에 많이 노출된 아이는 커서 폭력적인 어른이 될 확률이 높다. (주장)
왜냐하면 현실과 허구를 구분하는 능력을 잃어 가기 때문이다. (이유)

(라) 폭력적인 게임물에 대한 규제를 강화해야 한다. (주장)
왜냐하면 폭력적인 게임에 많이 노출된 아이는 커서 폭력적인 어른이 될 확률이 높기 때문이다. (이유)

　　(다)에서 '주장'의 문장은 (라)에서는 주장을 뒷받침하는 '이유'로 쓰이고 있다. 글의 의미 맥락에 따라 문장의 기능이 유동적으로 변한 것이다. 주장과 이유를 제시하여도 독자는 이유의 근거를 물을 수 있다. (다)에서 '현실과 허구를 구분하는 능력을 잃어 간다'는 이유의 근거를 제시하라고 독자는 요청할 수 있다. 따라서 주장의 타당성을 확보하기 위해서는 이유뿐만 아니라 그 이유를 뒷받침하는 근거가 필요하다.

　　논증의 표준적인 틀은 '주장+이유+근거'이다. 근거는 이유를 뒷받침한다. "어떤 근거가 그러한 이유를 뒷받침하는지 설명해 보라."는 자연스럽지만 "어떤 이유가 그러한 근거를 뒷받침하는지 설명해 보라."는 부자연스럽다. 논증은 타당한 사실에 입각해 이유와 주장을 펼쳐야 하기 때문에 근거의 객관성과 설득력이 중요하다.

그런데 사실에 바탕을 두지 않고 보편적 원칙에 의지하는 논증도 가능하다. 이런 유형은 전제로 설정한 보편적인 원칙이 주장의 근거 역할을 한다.

(마) 자기의 생각을 표현하는 것은 헌법에서 보장한 권리이다. (전제)
랩 가사는 자기의 생각을 표현하는 것이기 때문에 (이유)
대중 매체에서 방송하지 못하도록 금지할 수 없다. (주장)

(마)와 같이, 이유와 주장을 이어 주는 전제를 근거로 활용하여 논리적 설득력을 높일 수 있다. 객관적이고 과학적인 사실을 근거로 활용한 논증이든, 보편적인 원칙을 근거로 활용한 논증이든, 독자를 설득하기 위해서는 그 근거가 타당하고 합리적이어야 한다.

2. 논증의 방법

독자를 논리적으로 설득하는 논증에는 다양한 방법이 있다. 예를 들어 '우리 사회에 차별 금지법을 도입해야 한다'는 주장을 펼친다고 가정해 보자. 필자는 독자를 설득하기 위해 부당한 차별을 받은 자신의 이야기를 기술하는 방법을 활용할 수 있다. 또는 차별이 왜 범죄인가를 정의(규정)하거나, 다른 나라의 법률 사례와 비교하는 방법을 가져와 주장을 펼칠 수 있다. 혹은 다양한 통계 자료를 인용하고 현재의 법률만으로는 불충분하다고 평가한 후에 새로운 제도나 행동을 제안하는 방법을 활용할 수도 있다. 논증에 자주 쓰이는 방법을 정리하면 다음 표와 같다.

논증에 자주 쓰이는 방법

정의	대상의 뜻을 규정하는 일
분석	대상의 요소나 성분, 측면을 밝혀 쓰는 일
예시	예를 들어 보이는 일
비교/대조	두 개 이상의 대상을 견주어 보는 일
분류	대상을 구분하여 체계를 세우는 일
비유	대상을 직접 설명하지 않고 비슷한 대상에 빗대어 표현하는 일
평가	대상의 가치나 수준을 평가하는 일
제안	의견으로 제시하는 일

성공한 논증은 독자에게 근거나 이유를 묻는 질문을 남기지 않아야 한다. 그러므로 논증은 자기주장에 대한 반론을 예상하고 반론에 대한 재반론을 준비하는 등 대화적이어야 한다. 이때 감정적이거나 극단적인 어휘 사용은 오히려 논리적 설득력을 반감시킨다. 대안을 제시할 때에도 자신의 대안이 문제 상황에 대한 해결책이 될 수 있는지를 객관적으로 평가한 후에 제시해야 한다. 섣부른 해결책보다는 문제의 핵심을 날카롭게 파고 들어가는 논증이 더 설득력이 있고 문제 해결에도 도움을 줄 수 있다.

다양한 논증 방법을 활용하여 논증 글을 쓸 때에는 텍스트 구성 전략을 잘 세워야 한다. 기존의 것이 가지고 있는 가치를 평가하고 새로운 문제를 제기하는 구성도 있고, 문제적 사안에 대해 찬성과 반대의 의견을 개진하는 구성도 자주 쓰인다. 대안과 정책 제시를 논증하는 문제 해결형도 있다.

다음 예문은 탈원전의 가치를 주장하는 글이다. 필자의 주장에 동의하는 지점과, 질문이나 반론하고 싶은 지점을 구성하면서 예문의 글과 대화를 나누어 보자.

예문 1

25일부터 신고리 5·6호기 공론화 시민 참여단 모집이 시작되었다. 공론화 위원회가 권고안을 제출하는 10월 20일까지 탈원전 논쟁이 더욱 뜨겁게 달아오를 것이다. 고리 1호기 영구 폐쇄식에서 문재인 대통령이 탈원전을 선언하자 원자력계와 보수 언론이 격렬하게 반발했다. 보수 언론은 전기 요금 폭등과 전력 수급 불안, 재생 가능 에너지의 한계를 집중해서 다뤘고, 원자력계와 탈원전 진영 간에 '팩트 체크' 공방이 지속되었다.

에너지 정책에 대한 뜨거운 논쟁은 꼭 필요하다. 그런데 안전 문제, 경제적 비용, 전기 요금과 같은 주제에 대해 논쟁하기 전에 처음으로 돌아가 기본 질문을 던져 보는 것은 어떨까? 왜 정부가 이 시기에 탈원전과 에너지 전환을 주요 국정 과제로 내세웠나? 탈원전의 가치는 무엇이며, 탈원전을 하면 어떤 것들이 좋아지는가에 대한 질문 말이다. 탈원전을 시작하게 된 배경에는 '안전하고, 깨끗한 에너지'로 바꿔야 한다는 문제의식이 있었다. 그 문제의식을 바탕으로 탈원전이 구현된 세상에 어떤 매력이 있는지를 상상해 볼 수 있다.

탈원전을 하면 좋은 점. 첫째, 보다 안전한 세상에서 살 수 있다. 스리마일, 체르노빌, 후쿠시마까지 세 번의 큰 원전 사고가 발생했지만 제대로 책임지는 이들이 없었다. 방사능 오염은 누군가 책임질 수 있는 재앙이 아닌 것이다. 후쿠시마에는 고향으로 돌아가지 못하는 원전 난민이 여전히 7만

9446명에 달한다. 고리원전 부지 30km 반경 내에 382만 명이나 살고 있다. 우리도 지난해 경주 5.8 지진을 경험했기 때문에, 지진 지대 위에 원전을 추가로 짓는 것은 너무 위험하다. 최근에도 한빛원전 4호기 콘크리트 방호벽에 '구멍'이 뚫렸고, 증기 발생기에서 쇠망치가 발견된 것이 알려졌다. 원전 운영 실태가 부실하고 불안하기 짝이 없다. 사고를 예방하는 가장 좋은 방법은 원전을 단 한 기라도 추가하지 않고, 탈원전을 앞당기는 일이다.

둘째, 원전이 줄어든 자리를 에너지 효율 개선과 재생 가능 에너지가 대신할 수 있다. 낡은 에너지 시스템을 지속 가능한 방식으로 바꿀 수 있는 기회가 생기는 것이다. 전력 시스템은 분산형, 지역 기반형으로 바뀌게 된다. 생산지와 소비지가 실시간으로 전력 정보를 주고받으면서 최적 설비 용량을 갖추고, 통신 기술로 전력 예비율을 관리한다. 전력 산업은 재생 가능 에너지, 송배전망 스마트화, 정보 기술(IT), 저장 장치가 연결되면서 부가 가치를 창출하게 될 것이다. 재생 가능 에너지 비중도 2030년 20%까지 늘어날 계획이다. 국제에너지기구에 따르면 2015년에 벌써 세계 재생 가능 에너지 발전 설비 용량이 석탄 발전 설비 용량을 넘어섰다. 세계적으로도 급격하게 늘어나는 재생 가능 에너지, 그 변화의 흐름에 우리도 함께하는 것이다. 더불어 밀양과 청도같이 초고압 송전망으로 고통받는 지역 주민들도 생기지 않게 된다.

셋째, 탈원전으로 안전하고 지속 가능한 일자리가 늘어난다. 재생 가능 에너지는 지역 곳곳에 일자리를 더 많이 만들어 낸다. 독일은 탈원전으로 3만 개의 일자리가 줄어든 대신 37만 개의 재생 가능 에너지 관련 일자리가 만들어졌다. 국제재생에너지기구는 2030년까지 재생 가능 에너지 관련 일자리가 2,400만 개가 될 것으로 예측하고 있다. 무엇보다 핵 발전소를 운영하고 폐쇄하면 그 과정에서 노동자들이 방사능에 노출될 수밖에 없다. 탈원전은 위험한 원전 노동을 줄여 노동자의 건강을 지키는 일이다.

원자력계는 신고리 5·6호기 건설을 계속해야 하는 이유로 전기 요금 인상, 전력 공급 불안, 일자리 감소, 경제 성장 저해를 내세우고 있다. 그러나 폭염이 뜨거웠던 이번 여름에도 전기는 부족하지 않았다. 지금도 LNG 발전소 가동률이 40%대로, 10기 중 6기가 멈춰 있다. 게다가 핵 발전소 해체와 10만 년을 보관해야 하는 폐기물 처분 비용을 반영하면, 핵 발전은 값싼 에너지가 아니다. 원자력계는 공론화 과정에서 전력 수급과 전기 요금 인상에 대한 불안을 강조하고, 재생 가능 에너지는 안 된다는 부정적인 메시지를 발신할 것이다. 변화에 대한 두려움 때문에 낡은 에너지 시스템을 고수하자는 주장이다. 반면 탈원전은 긍정의 프레임이다. 안전하고 깨끗한 에너지로의 전환, 핵폐기물을 다음 세대에게 떠넘기지 않겠다는 책임 의식, 재생 가능 에너지를 통한 일자리 창출까지. 신고리 5·6호기 공론화는 탈원전 논의의 장이기도 하지만 동시에 우리 사회의 미래를 선택하는 일이다. 따라서 신고리 5·6호기 건설 중단과 지속 중에서 하나를 선택하기 전에 먼저 떠올려야 할 질문이 있다. "우리는 어떤 사회에서 살고 싶은가?"

이유진, 「'안전과 경제' 탈원전의 가치」, 『경향신문』, 2017. 8. 25.

위 글에서는 찬반양론이 명확하게 구분되는 형식의 논증을 발견할 수 있다. 이러한 찬반양론이 구분되는 논증에서는 이편도 맞고 저편도 맞다는 식의 상대주의적 관점은 옳지 않다. 자기 판단을 유보하는 것은 문제 상황에 최선을 다해 몰입하지 않아 논리적 판단을 할 수 없다는 고백이기 때문이다. 너의 주장도 충분히 근거가 있지만, '그럼에도' 나는 이러한 이유와 근거로 이렇게 생각한다는 태도가 필요하다. 이처럼 자기주장을 구체화하는 과정은 사회 공동체에 참여하고 책임을 나누는 윤리적 태도와 연결된다.

학습 활동

01 탈원전을 주장하는 〈예문 1〉을 읽고 다음 활동을 통해 논증의 방법을 학습해 보자.

1) 〈예문 1〉의 논증 구조를 분석하고, 글의 주장, 전제, 이유, 근거 등을 분석해 보자.

2) 〈예문 1〉의 글쓴이에게 묻고 싶은 질문을 생각해 보고, 반박이나 반론을 펴 보자.

3) 한국과 독일, 프랑스, 중국, 일본의 원전 정책을 비교해 보자.

4) 회색 경제에서 녹색 경제로 이행해 가는 조건과 과정에 필요한 정책을 제시해 보자.

02 법조문의 응집성(cohesion)을 분석한 다음 예문을 읽고 아래의 활동을 해 보자.

> **예문**
>
> 각 법조문은 법조문 전체가 하나의 텍스트이고, 각 법조문은 또 다른 텍스트인 여러 개의 절로 이루어져 있다. 또한 각 절은 여러 개의 항으로 이루어져 있어 가 항이 또 다른 하위 텍스트를 구성한다고 할 수 있다. 다른 조항과 연계되어 있는 예외적인 조항을 제외하면 대부분의 조항들은 각각

하나의 하위 텍스트를 이룬다. 법조문은 매우 정형화된 틀을 가지고 있고 서술 구조 또한 매우 정형화되어 있다. 이러한 특성은 표현 구조에도 그대로 반영되어 나타나기 때문에 법조문에 두드러진 몇 가지 표현들을 확인할 수 있었다. 주제어의 사용이 두드러지고, 접속 부사 '다만', '그러나'가 문장의 맨 앞에 오고 서술부에는 '그러하지 아니하다', '-지 못하다' 등과 같은 부정 표현이 온다는 점, 그리고 역동(亦同)의 의미를 나타내는 보조사 '도'가 쓰이고 '(또한) 같다'와 같은 표현이 전형적으로 나타난다는 점 등을 확인할 수 있었다. 또한 관형사형 어미의 쓰임상의 특징도 볼 수 있었다.

그러나 이러한 표현 방식 자체가 각 조문들 사이의 응집성을 확보하는 방법이 된다고 할 수 있을 것이다. 특히, 하나의 조문에 속한 각 항들 사이에 나타나는 동일한 표현 방식, 그리고 여러 개의 조문이 모여서 하나의 상위 텍스트를 이룰 때 이들 조문 사이에 나타나는 동일한 표현 방식은 이들 사이의 응집성을 확보하는 장치가 된다. 또한 응집성을 강화하기 위해서는 표제가 본문을 어떻게 반영해야 하는지에 대해서도 살펴보았다.

고성환, 「법조문의 텍스트 분석」, 『텍스트 언어학』 29권, 한국텍스트언어학회, 2010, 48~49쪽.

1) 문제적인 사건의 판결문을 찾아보고 텍스트 구성 방식을 분석해 보자.

2) 지적 재산권을 다룬 법률 조항을 찾아보자. 지적 재산권에 대해 반대하는 단체의 주장을 정리해 보고 이 문제에 대해 토론해 보자.

논증의 유형

1. 정의 논증

정의 논증은 어떤 개념이나 사물의 뜻을 명확히 밝혀 분명하게 정하는 논증이다. 정의 논증은 정의되는 항(피정의항)과 정의하는 항(정의항)으로 이루어지며, 보통 'A는 B이다/B가 아니다'의 형식을 취한다. 예를 들면, 그라피티는 예술로 정의할 수도 있고 낙서로 정의할 수도 있다. "그라피티는 표현의 수단이자, 디자인 구성에 대한 이해를 보여 주며, 인간의 감각과 정신을 자극하기 때문에 예술이다."라고 정의할 수도 있지만, "그라피티는 스프레이나 페인트로 도로나 건물 등에 한 낙서이다."라고 정의하고, 그렇게 정의하는 이유를 제시할 수도 있다.

정의 논증 가운데 형식적 정의와 조작적 정의를 살펴보자.

(1) 형식적 정의

형식적 정의Formal Definitions는 어떤 항목의 기준을 세워 분류하고 범주화하여 정의하는 방법이다. 대부분의 사전은 이 방법에 따라 개념을 정의한다. 다음 예문에는 그라피티에 대한 여러 가지의 정의가 나온다. 그라피티를 정의하는 다양한 예를 통해서 형식적 정의를 이해해 보자.

　　그라피티(Graffiti)는 작가의 감정과 내면세계를 대중에게 쉽게 전달하기 위해 생활에서 접하기 용이한 벽이라는 매개체를 이용하여 대중과의 의사소통을 목적으로, 단시간에 드로잉과 문자로 구현되는 무형적, 반기계적 조형 예술이다(유현정, 2011). 원래 그라피티는 고고학의 용어로 벽면에 새겨진 그림과 문자, 또는 문양을 일컬었으나 현재에는 공공장소의 건물 벽이나 지하철 등 평면에 스프레이 페인트 등을 이용하여 그리는 그림, 즉 그라피티 아트의 의미로 사용된다(이효진, 2002). 초기에는 도시의 미관을 해치고 갱 조직의 영역 표시로 악용되는 뒷골목의 낙서로 인식되어 미국 대부분의 주에서 불법으로 규정하였지만, 1980년 Fashion MODA와 COLAB이 공동 주최한 타임스퀘어 쇼에서 그라피티 미술을 공식으로 소개하면서 뉴욕 미술계에 새로운 활력을 불어넣은 뉴 페인팅이자 도시 예술로 승화되었다(이재정·박은경, 2006). 이후 키스 해링(Keith Haring)과 장 미셸 바스키아(Jean Michel Basquiat)가 주목을 받으면서 그라피티가 미술의 주류로 편입되었고, 최근에는 영국의 로빈 뱅크시(Robin Banksy)가 그라피티 작품에 사회 문제나 정치 문제를 담아 참여 미술로서의 역할도 하고 있다(김형진, 2011).

고재윤·남형두·고은주, 「패션 콜라보이션의 저작권법적 쟁점 - 그라피티 아트를 중심으로」, 『한국 디자인 포럼』 47권, 한국디자인트렌드학회, 2015. 5, 308쪽.

　　위의 예문에서는 그라피티가 대중적 조형 예술, 그라피티 아트, 도시 예술, 참여 미술 등의 성격을 지니는 예술 장르로 다양하게 규정되고 있다. 명확한 정의(규정)가 없으면 지시 대상도 불분명해지므로 엄밀한 논증을 위해서는 예문에 나와 있듯이 형식적 정의를 내리고 규정하는 일이 필요하다.

(2) 조작적 정의

조작적 정의Operational Definitions는 대상을 경험적으로 다룰 수 있도록 정의한 다는 의미를 담고 있다. 예를 들어, 대학생의 알코올 중독의 문제를 다룬다면 알코올 중독이라는 현상을 객관적이고 경험적으로 기술하기 위해 '중독'과 '알코올 중독'이 무엇인지에 관한 정의가 필요하다. 또한, 조작적 정의는 오랫동안 사용되어 온 관습적인 용례와 더 이상 일치하지 않는 사례들이 발생하였기 때문에 연구의 맥락에서 어떤 개념을 새롭게 규정하거나 그것이 무엇을 의미하는지를 명백하게 드러내기 위해 사용된다. 자연 과학과 사회 과학 연구자들이 주로 조작적 정의를 사용한다.

예문 3

흔히 '중독'은 사회적으로 유해한 물질을 대상으로 하며 정신 의학적 관점에서 무비판적 가치 판단을 가능하게 하는 특성을 가진다(정경석, 2016. 3. 28). 일반적이고 사전적인 의미의 중독은 ① 생체가 음식물이나 약물의 독성에 의하여 기능 장애를 일으키는 것, ② 술이나 마약 따위를 지나치게 복용한 결과, 그것 없이는 견디지 못하는 병적 상태가 되는 것, ③ 어떤 사상이나 사물에 젖어 버려 정상적으로 사물을 판단할 수 없는 상태가 되는 것을 의미한다. 또한 중독성은 ① 먹거나 들이마시거나 접촉하면 목숨이 위험하게 되거나 병적 증상을 일으키는 성질, 혹은 ② 중독으로 인하여 나타나는 특성으로 정의할 수 있다(국립국어원, 2016). 이 중 게임 중독에 사용되는 표면적 의미로서의 중독은 ②, 즉 술이나 마약 따위의 중독으로 인한 병적 상태를 지칭한다고 볼 수 있다. 이를 정신 의학적 관점에서 보면 '물질이나 습관적 행동이 해로운 결과를 초래함에도 불구하고 스

스로 조절해서 사용하지 못하고 강박적으로 사용하는 경우(dependence 또는 addiction)를 의미한다고 할 수 있으며(조근호, 2011; 정정원, 2014 재인용), 내성과 금단 증상을 포함한다는 점(손지영, 2012)에서 치료의 대상이 된다.

게임을 중독으로 규정하는 법안에서 중독이라는 단어의 개념을 명확히 하는 것이 중요한 이유는 대상의 범위를 어디까지 확대할 수 있을 것인지에 대한 경계를 구체적으로 예상할 수 있고, 단순히 '대상에 과몰입된 현상'(intoxication)인지 '정신 의학적인 치료가 필요한 병리 현상'을 뜻하는 것인지를 판가름할 수 있기 때문이다(이해국, 2016. 4. 5).

그러나 국내의 게임 중독은 법안에 따라 단어가 오용, 혼용되고 있어 범위와 규제 방안의 적합성을 예측할 수 없다는 문제에 직면해 있다. 현재 진행 중이거나 발의 중인 법률안 내 게임 중독을 지칭하는 표현과 의미를 살펴보면 다음과 같다. 먼저, 〈국가정보화 기본법〉 제3조의 20(정의)과 제30조(인터넷 중독의 예방 및 해소)는 게임 중독을 인터넷 중독으로 표기하며 정보 통신망을 통하여 제공되는 정보 통신 서비스의 지나친 이용으로 이용자가 일상생활에서 쉽게 회복할 수 없을 정도로 신체적·정신적·사회적 기능의 손상을 입는 것을 의미한다고 밝힌다. 〈청소년 보호법〉 제3장(청소년 인터넷 게임 중독 예방)의 게임 중독은 인터넷 게임 중독이라고 표현되며, 정보 통신망을 통하여 실시간으로 제공되는 게임물(이하 "인터넷 게임")을 의미한다. 또한 〈게임산업진흥에 관한 법률〉 제12조의 3(게임 과몰입·중독 예방 조치 등)에서는 게임 과몰입과 게임 중독을 혼용하고 있음을 알 수 있다. 이외 다양한 관련 법안에서 게임 과몰입과 중독에 해당하는 현상을 유사하지만 서로 다른 언어로 표기하고 있다는 것은 게임 중독의 실체를 파악하고 대비하는 데 부정적 영향을 미칠 수 있음을 유의해야 한다. 또한 명확성과 예상되는 피해의 최소화를 충족시키기 위해서 입법

> 이전에 게임 중독의 개념과 범위의 구체적인 설정이 선행되어야 할 것으로
> 보인다.
>
> 박현아 · 이재진, 「게임 중독 규제 법리에 대한 비판적 고찰」, 『한국 언론 학보』 60권 5호,
> 한국언론학회, 2016.10, 13~14쪽.

위 예문에서 볼 수 있듯이, '게임 중독'을 어떻게 규정하는가에 따라 법률적 조치 양상은 확연하게 달라진다. 이에 따라 다양한 이해관계자들의 이익이 첨예하게 대립할 수 있으므로 타당하고 분명한 정의를 내리는 일이 중요하다.

2. 인과 논증

어떤 결과의 원인을 찾는 것이 인과 논증의 핵심이다. 확인할 수 있는 원인을 찾기란 아주 어렵고 복잡하다. 인과 논증을 위해서는 다음과 같은 방법이 필요하다.

- 다르게 보이는 현상들 간의 연관성을 설명할 수 있는 공통점 찾기
- 어떤 상황에는 있지만 다른 상황에는 없는 차이점 찾기
- 원인으로 예측되는 현상과 결과로 예측되는 현상이 서로 비슷한 변화 패턴을 갖고 있는지 살펴보기
- 모든 원인들을 추측한 뒤에 원인이 될 수 없는 것들을 하나씩 제거해 가는 방법을 통해 원인과 결과 간의 연관성 추론하기

인과적 논증은 기본적으로 세 가지 형태를 취한다.

(1) 하나의 원인이 하나 또는 그 이상의 결과를 이끌어 낸다.

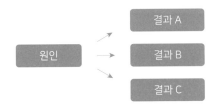

(2) 하나의 결과가 여러 개의 원인을 갖고 있다.

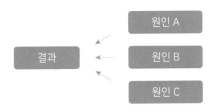

(3) 어떤 원인은 다른 원인의 원인이 되고, 이러한 연쇄의 끝에 특정한 결과가 나온다.

다음 예문은 중국이 최강대국이 되기 어렵다는 주장을 전개하고 있는 글이다. 이 예문은 하나의 결과가 여러 개의 원인을 갖고 있는 인과 논증의 구조로 되어 있다.

강대국의 역사에 비추어 본다면 중국의 굴기는 예외적이다. 근대 이후 최강대국은 1인당 소득 면에서 최고 수준이었거나 그에 근접했다. 스페인, 영국, 미국이 다 그랬다. 그러나 중국은 1인당 소득은 낮은데 인구가 많기 때문에 대국이 됐다. 중국 인구는 세계 인구의 20%가량이며 미국의 4배 수준인 반면 1인당 소득 순위는 190여 개국 중 70위권에 머물고 있다. 만약 중국이 최강대국이 된다면 발전 단계가 낮은 국가가 세계를 주도하는 근대사 초유의 일이 일어나는 셈이다.

중국이 미국을 제치고 선두로 나설 가능성은 얼마나 될까. 다음의 이유로 가능성은 낮다. 첫째, 인구 감소와 고령화 때문이다. 유엔 보고서에 따르면 2050년 중국 인구는 지금보다 불과 2,000만 명 늘어나지만 미국 인구는 8,000만 명 증가한다. 더욱이 2050년 중국에서 65세 이상 인구가 차지하는 비율은 27%로 같은 해 미국의 20%보다 높다. 중국의 고령화는 경제 성장률 하락으로 이어져 인구 감소가 시작되는 2030년부터 중국과 미국의 평균 성장률이 비슷해질 수도 있다. 또 일본은 1인당 소득 4만 달러대에서 인구가 최대치에 도달했고 한국도 3만 달러대에서 그렇게 되겠지만, 중국은 1만 달러대 혹은 2만 달러대 초반부터 인구가 줄어들 전망이다. 따라서 중국의 1인당 소득이 3만 달러를 넘어서기가 쉽지 않다. 중국의 경제 규모가 미국보다 커진다 하더라도 이는 일시적 현상일 뿐이라는 의미다.

둘째, 중국이 4차 산업 혁명을 주도할 가능성이 적다. 영국과 미국이 각각 1차(증기력·면직), 그리고 2차(전기) 및 3차 산업 혁명(컴퓨터)의 진원지였다는 사실은 최강대국이 되기 위해서는 새로운 산업 기술을 주도할 역량이 있어야 함을 시사한다. 기술 간의 융합과 사물 및 사람과의 연결이 관건인 4차 산업 혁명을 이끌기 위해서는 우수한 인적 자본뿐만 아니라 자유와 자율을 기초로 다양한 실험이 장려되고 이를 유연한 법과 제도로 뒷받침할 수 있어야 한다. 사회주의 정치 제도, 관료주의, 심각한 부패가 얽혀 있는 중국이 4차 산업 혁명을 주도하기는 어렵다는 말이다. 더욱이 시진핑 주석은 민주주의로 나아가야 할 시기에 오히려 개인 권력을 강화하고 있다.

셋째, 해외에 전파할 수 있는 중국의 가치와 문화, 제도가 부족하다. 경제력, 군사력이 강대국의 전부가 아니다. 전 세계 사람들이 수용하고 싶은 문화와 제도를 구축한 나라가 최강대국이다. 영국과 미국이 시작하고 발전시킨 민주주의와 시장 경제보다 더 나은 제도를 중국이 만들 수 있을까. 극히 회의적이다. 중국 문화는 세계에서 존재감을 찾기 어렵다. 그뿐 아니라 홍콩·대만과의 관계, 남중국해 문제, 한국의 사드 배치에 대한 보복은 중국 정부의 의식 수준이 21세기가 아니라 19세기에 머물러 있음을 보여 준다. 중국은 국익을 위한 당연한 행동이라고 말하지만 이는 오히려 중국의 이미지를 악화시켜 국익을 저해하는 역설을 낳고 있다.

김병연, 「중국의 섣부른 굴기」, 「중앙일보」, 2017. 5. 18.

위 글은 중국이 미국을 제치고 최강대국이 되기 어렵다는 결과를 예측하고 그 이유를 세 가지 원인에서 찾고 있다. 이러한 주장이 타당한지에 대한 판단은 독자의 몫이지만, 중국이 최강대국이 되기 위해 극복해야 하는 미래 과제를 제시한 것이라고 볼 수 있다.

다음 글은 내연 기관 자동차가 2030년에는 완전히 사라진다는 주장을 소개한 기사이다. 자동차 산업은 국민 경제와 개개인의 생활에 미치는 영향이 큰 만큼 자동차 산업에 대한 예측은 모두의 관심사일 수밖에 없다.

120년 역사의 자동차 산업과 160년 역사의 석유 산업이 10여 년 후 붕괴할 것이라는 전망이 나왔다. 미국 캘리포니아주 소재 싱크 탱크 리싱크엑스가 15일 발간한 "2020~2030년 운송 수단을 재고하다"라는 보고서에서다. 보고서의 결론은 '내연 기관 자동차가 2020년을 정점으로 하락하기 시작해, 2030년 완전히 사라진다'는 것이다.

전기 · 전자 공학 분야 가장 유력한 학술지를 발간하는 국제전기전자기술자협회 운영공학매체(IEEE 스펙트럼)도 이 보고서를 소개했다. 연구진은 2030년경이면 자율 주행 기능을 갖춘 전기 자동차가 전체 자동차 판매 대수의 60%를 점유할 것이라고 예측했다. 주행 거리를 기준으로는 도로에 다니는 자동차의 95%는 자율 주행 전기차라고 전망했다. 자동차 산업 패러다임이 크게 달라지는 기점은 2021년이다. 보고서의 공동 저자인 토니 세바 미국 스탠퍼드대 교수는 "페이스북 · 스마트폰 보급 등의 예에서 보면, 기술 변화가 특정 시점을 넘어서는 순간 갑자기 시장 수요가 급격히 증가하면서 일상에 확산한다."라며 자율 주행차의 경우 이 시점을 2021년으로 예상했다.

이는 미국자동차기술학회(SEA)가 규정한 '레벨 5(Level 5)급 자율 주행차' 구현이 가능한 시점이 2021년이기 때문이다. 레벨 5급 자율 주행차란 주행 시 운전자 도움을 전혀 받지 않고 100% 자동차가 스스로 주행할 수 있는 수준의 자율 주행차를 뜻한다.

이 시점이 되면 보고서는 소비자들이 자동차를 소유할 필요가 사라진다고 봤다. 차량을 소유하는 비용과 비교할 때, 카 셰어링 서비스를 이용하는 것이 ▶금융 비용을 90% 줄일 수 있고 ▶차량 유지 비용을 80% 절약하고 ▶자동차 보험료를 90% 덜 내고 ▶연료비를 70% 아낄 수 있다는 것이다. 이런 시대가 개막하면 현재 자동차 산업은 심각한 타격을 입는다. 보고서는 2억 4,700만 대(2020년 기준)의 미국 자동차 등록 대수가 10년 만에 4,400만 대(2030년)로 감소할 것이라고 예측했다.

대신 자동차 산업의 주도권은 카 셰어링 업체가 쥔다. 4,400만 대의 차량이 효율적으로 거의 24시간 움직이면서, 차량 1대의 연간 이동 거리는 현재 1만 600km~3만 2,000km에서 16만km로 최대 10배 증가한다. 보고서는 이때가 되면 자동차 제조사들이 카 셰어링 업체에 차량을 납품하는 하청 업체로 전락할 수 있다는 예측도 곁들였다.

이렇게 되면 유관 산업에도 파장이 크다. 직접적으로는 석유 수요가 2020년의 70% 수준으로 줄어들어 석유 산업이 타격을 입는다. 부동산 가격과 공간 활용 방식에도 영향을 미친다. 브레드 탬플턴 미국 싱귤레러티 대학 교수는 "현재 주차장으로 사용하고 있는 땅은 도심 재생에 활용될 것"이라고 예측했다. 신용 평가사 무디스 관계자는 보고서에서 "손해 보험사는 그들의 자동차 보험 비즈니스 모델을 완전히 뜯어고쳐야 할 것"이라고 밝혔다. 자동차 사고가 크게 줄어들면 지금과 같은 형태의 자동차 보험에 가입할 이유가 사라지기 때문이다.

보고서는 종합적으로 이런 변화는 미국 경제 발전에 긍정적이라고 본다. 개인 자동차 보유·운송 비용이 줄어들면 가구당 가처분 소득이 5,600달러 늘어나고, 내수 소비 증가로 이어져 미국 국내 총생산이 연간 1조 달러(1121조 원) 상승한다고 분석했다.

문희철, 「기존 자동차·석유 산업 2030년엔 무너진다」, 『중앙일보』, 2017. 5.18.

위 글은 내연 기관 자동차 산업의 변동을 예측하고 그것이 경제에 미치는 영향을 분석한 보고서를 소개하고 있는 기사이다. 기술 혁신에 따른 자동차 산업의 변동은 석유 산업, 손해 보험사, 부동산, 리스 산업 등에 연쇄적으로 영향을 준다. 이처럼 인과 논증은 결과의 원인을 찾거나 원인들이 어떤 결과를 초래할 것인지를 분석하는 논증이다. 학술 에세이 등의 많은 논증 글에서 자주 사용하는 유형이다.

3. 가치 평가 논증

어떤 문제나 의견에 관한 글쓴이의 주장에는 판단이 담겨 있다. 판단을 내리기 위해서는 가치 기준이 있어야 한다. 가치 평가 논증은 모든 적절한 영향 변수들을 상대적 중요성과 가치 기준에 따라 평가하는 것을 말한다. 판단에 필요한 가치 기준 가운데 대표적인 것으로는 실용적 기준, 윤리적 기준, 심미적 기준이 있다. 그라피티를 바라보는 관점에도 이 세 가지 가치 판단이 전제되어 있다.

그라피티는	실용적 기준에서	필요하다
		필요 없다
	윤리적 기준에서	옳다
		그르다
	심미적 기준에서	아름답다
		추하다

그라피티를 화제로 삼아 한 편의 글을 완성할 때에는 세분화된 가치 평가 기준을 세우고 이를 심화·확대하면 풍부한 글쓰기를 완성할 수 있다. 혼란스러운 문제일수록 가치 판단의 기준을 섬세하게 다듬는다면 문제가 명확해질 수 있다.

4. 반증과 제안 논증

　반증이란 다른 사람의 주장을 반박하거나 그 주장에 비해 더 설득력 있는 주장을 제시하는 논증이다. 반증은 다른 사람의 주장을 전제로 하며, 그 주장이 지닌 한계를 비판하는 데 초점을 둔다. 이와 다르게 제안 논증은 어떤 문제에 대한 새로운 주장이나 해결책을 제안함으로써 제도를 바꾸게 한다.

　다음 예문은 처벌을 강화함으로써 반사회적 폭력을 예방할 수 있다는 주장에 대해 반론을 제기하는 글이다.

예문 6

　그러기 위해 우리는 폭력 행위 또는 폭력 범죄를 바라는 두 가지 유형의 '도덕주의'를 극복해야 할 것이다. 첫 번째 유형은 폭력 범죄의 가해자는 범행의 '무게'에 입각하여 법에 의한 처벌을 받아야 한다는 것이다. 유 모 씨는 악마이고 그의 범행은 고귀한 생명에 대한 파괴적 폭력 행위인 셈이고, 그것은 철저히 제거되어야 하는 것이다. 폭력 행위는 인간을 악마로 만들기 때문에 인간[善]과 폭력[惡]은 어떤 형태로든 어울릴 수 없는 것이며, 나아가 폭력 행위를 말하는 것조차 금기이다. 그러나 선과 악의 실체적 구분에 입각한 이러한 강박적 도덕주의는 도덕적 기초를 무너뜨리는 폭력을 논리적으로 '절대화'하여 오히려 문화적 불균형을 초래한다. 이러한 논지는 상식과는 달리 폭력 행위의 발생 맥락과 의미 작용에 대한 파악이 결여되어 있기 때문에 폭력 범죄에 대응하는 데 현실적으로 도움을 주지 못한다.

　두 번째 유형은 폭력 범죄와 가해자라는 인간을 구분하여 사회적 관용을 유도하자는 것이다. 물론 폭력 행위의 가해자도 우리에게 동정을 받을 가치가 있다. 그도 역시 현재의 '미덕' 이하로 취급될 이유는 없는 것이다. 그

러나 가해자와 폭력 범죄의 구분 또는 범행 시기와 지금 현 상태의 구분은 폭력 행위의 의미 작용과 관련하여 진실을 혼란스럽게 한다. 이러한 구분은 시간을 초월하는 폭력 행위와 폭력 범죄의 현존을 간과하고 있다. 가해자가 더 이상 사악하지 않고 범행을 반성한다고 해도 그의 범행은 특정한 조증적 문화 형태와 연결되어 미래까지 반향될 뿐만 아니라 미래는 과거를 적절히 보상해 줄 수 없는 것이다. 따라서 이러한 '구분'의 논리는 일종의 형이상학적 신비화에 불과하다. 이 역시 폭력 행위의 심리적 의미 작용과 사회 문화적 효과에 대해서는 이야기하지 않는 것이다.

첫 번째 유형과 두 번째 유형이 서로 상이한 것처럼 보이지만, 양자는 도덕적 범주로 폭력 범죄를 바라보고 폭력 행위를 '인간됨'에 적대하는 것으로 간주하여 범행 속의 불안과 파괴적 충동을 제거하거나 무시해야 할 것으로 본다는 측면에서 동일한 것이다. 남을 철저히 종속시키지 않으면 자신의 자유가 상실될 것 같은 불안, 그리고 상보적으로 교제하기보다는 시기하고 빼앗으려고 하는 충동은 일정 부분 인간됨의 문제이다. 우리는 이러한 불안과 충동을 완전히 제거할 수 없고, 그것들이 증오의 감성을 실행하게 만들고 그렇지 않을 경우 두려움에 시달릴 수 있다는 것을 알지 못하는 도덕적 정언 명령은 현실적으로 무의미해지기 마련이다.

따라서 우리가 폭력 범죄에 직면하여 벙어리가 되거나 그것에 매혹되지 않으려면, 폭력 범죄와 그와 결부된 불안과 충동 및 증오와 두려움에 대한 담론을 분리시켜 보지 않는 것이 중요하다. 나아가 이미 구조화된 조증 문화의 '결'을 걷어 내려고 하거나 무시하는 것이 아니라 폭력 범죄의 중심에 자리 잡고 있는 증오의 감성을 포용해야 한다. 우리가 증오를 남에게 부과하지 않고 오히려 우리 안에 포용할 수 있도록 증오의 뿌리라고 할 수 있는 불안과 두려움을 인지해야 하는 것이다. 남의 생명을 자신의 것으로 알고 빼앗으려고 하거나 자신의 파멸적 운명을 외재화하려는 가해자 마음속의 증오를 포용하면, 끔찍한 살인과 같은 범행은 필연적인 것이 아니라 인지 가능한 것이 된다. 그러면 우리는 폭력 범죄의 가해자들과 한 세상을 같이 살아가야 하는 것인가?

답변은 "그렇다!"이다. 하지만 폭력 범죄 속의 증오와 불안에 대해 이야기하고 그 내용을 남들과 공유하는 것이 필요하다. 우리가 폭력 범죄 속의 증오와 불안의 '양'을 감소시키기 원한다면, 사람들이 어떻게 스스로의 존재 방식을 담론의 형태로 지탱하느냐가 중요하기 때문이다. 물론 증오와 불안에 대해 이야기하는 것이 폭력 범죄를 줄이는 데 전부는 아니지만 이야기하기를 포기한다면 폭력 행위는 실체화되어 마치 '신'의 모습처럼 인간됨의 속성을 벗어 버린다. 폭력 행위는 그러한 초월적 존재가 아니다. 폭력 행위는 그 현존과 근원에서 철저하게 인간됨의 문제와 연관되어 있고, 우리들 자신을 통과해 다음 세대로 전달되는 '독이 든 선물'이다. 이를 인정한다면, 폭력 범죄는 인간됨의 병리를 의미하므로 항상 우리의 삶과 함께하는 것이며, 완전히 치료되는 것이 아니라 기껏해야 개선되거나 변형될 수 있을 뿐이다.

또한 폭력 범죄의 가해자들은 우리들 자신의 '과장된' 모습에 불과하고, 폭력 범죄는 단순히 개인의 파괴적 충동의 결과가 아니라 그 충동이 문화적으로 포용되지 못한 결과, 즉 병리적 문화 형태라고 볼 수 있다. 유 모 씨가 살인마로 돌변한 것은 포용되지 못한 그의 증오로 가득 찬 파괴적 충동을 더 이상 포용할 수 없는 문화 형태가 결합된 결과이다. 심지어 '좋음'과 '나쁨'의 병리적 투사로 구조화된 우리의 조증적 문화 형태는 폭력 범죄의 희생자들을 말살하는 방향으로 퇴행할 수도 있다. 따라서 무고한 사람들에게 가해진 끔찍한 폭력 범죄를 줄이거나 근절할 수 있는 실제적인 변수는 문화가 개인들에게 삶의 숙명을 받아들일 수 있는 상징적 자원을 얼마나 제공할 수 있는가에 달려 있다. 만약 라캉이 말하듯이 타자의 주체성이

외부적으로 부정되는 것이 아니라 타자의 타자성이 내부적으로 인정되는, 위니컷의 '이행 공간(파괴적 충동의 완충 지대)'이 확보된 문화 형태는 폭력 행위의 가해자들에게 사회적 약자들을 매우 일상적인 방식으로 희생시키는 도착증적 향락의 배설 통로를 열어 주었을지도 모른다.

결론적으로 우리는 폭력 범죄의 가해자가 희생자의 몸에 투사한 파괴적 충동을 문화적 상징 형태로 승화시킬 수 있는, 즉 죽음에 직면할 수밖에 없는 우리의 운명에 직면하여 삶의 의미에 관한 '분석가 담론'을 생산해야 한다. 그리고 이 담론이 우리가 사회 문화적 차원에서 자기애적으로만 동일시해 왔던 지배와 종속의 권력 표상과 이 표상을 심리적으로 지탱하고 있는 절대 향락 추구로부터 가능한 한 충분한 거리를 확보·유지할 수 있도록 작동하게 만드는 일상생활 정치의 수단들을 개발해야 할 것이다.

이만우, 「반사회적 폭력 범죄, 어떻게 볼 것인가」, 『르몽드 디플로마티크』 77호, 2015. 2. 1.

글쓴이는 반사회적 범죄에 대한 법률을 강화하거나 도덕주의를 강조함으로써 반사회적 범죄를 예방해야 한다는 주장에 대해 반증을 전개한다. 일상생활의 정치를 개발해 지배와 종속이라는 권력 관계가 만연한 사회에서 벗어나야만 반사회적 폭력이 예방될 수 있다고 글쓴이는 주장한다. 이러한 반증에 따라 글쓴이는 도덕주의에서 벗어나 파괴적 충동의 완충 지대인 이행 공간을 마련하는 것이 필요하다고 말한다. 이처럼 반증은 어떤 주장을 반박하거나 더 설득력 있는 주장을 제시하는 논증 유형이다.

제안 논증은 특정 문제에 대해 설득력 있는 해결책을 제시하여 기존 제도를 바꾸고 새로운 대안을 요구하는 유형이다. 이러한 논증에서 제안은 구체적이어야 하며 법률과 제도의 수준에서 사회의 변화를 요구해야 한다. 다음 예문에서는 '디지털 성폭력'이라는 법률 용어를 제안하고 있다.

　　언어는 힘이 세다. 사람들의 생각에 큰 영향을 미치는 언론의 언어라면 더욱 그렇다. 만약 언론이 구사하는 언어가 편견을 조장하고, 본래 의미를 왜곡하는 것이라면 어떨까. 편견과 왜곡된 의미는 언론의 파급력과 확산성을 등에 업고 확대·재생산될 것이다.

　　리벤지 포르노. 지난 9월 26일 정부가 발표한 '디지털 성범죄 피해 방지 종합 대책'을 다룬 여러 언론 보도에 등장한 언어다. 정부의 종합 대책에는 "연인 간 복수 등을 위해 특정 개인임을 알아볼 수 있는 사람의 신체 또는 행위를 촬영한 자가 영상물을 유포하는 경우에는 5년 이하 '징역형'만으로 처벌토록 했다."라는 내용이 담겨 있다. 이에 다수 언론은 '리벤지 포르노 유포 시 무조건 징역형' 등을 헤드라인으로 뽑았다. 리벤지 포르노라는 단어는 수많은 기사에 등장했고 카드 뉴스 등 다양한 콘텐츠로 재생산됐다.

　　26일 같은 시각, 국회에서 열린 '디지털 성폭력 근절을 위한 정책 마련 토론회'에서는 리벤지 포르노라는 표현의 부적절성을 지적하는 목소리가 나왔다. 리벤지(revenge)는 우리말로 '복수, 보복'을 뜻한다. 즉, 원한이 맺힐 정도로 자기에게 해를 끼친 사람이나 집단을 향해 앙갚음한다는 의미다. 이같이 그 의미를 추적해 가면, 리벤지 포르노라는 표현에는 피해자가 '보복'을 유발할 만한 잘못을 저질렀다는 모종의 인식이 담겨 있거나, 자칫 그런 인식을 심어 줄 수 있다는 것을 알 수 있다. 피해자는 졸지에 '먼저 잘못을 저질렀고, 그래서 성폭력으로 혼난' 대상으로 전락한다.

　　전선미 디지털성범죄아웃(D.S.O) 팀장은 "리벤지 포르노라는 말은 디지털 성폭력 범죄가 '집단'의 가해라는 개념을 희석하고, 유포자와 피해자 간 관계를 중시하거나 개인에게 책임을 부과하는 결과를 낳는다."라고 지적했다. 전선미 팀장은 "디지털 성폭력 범죄는 한 개인이 벌이는 가해 행위가 아닌 집단으로 행해지는 가해"라고 강조했다.

디지털 성폭력은 크게 제작형, 유포형, 참여형, 소비형으로 구분된다. 제작형 가해는 오프라인에서 도촬 · 협박 · 강간 등으로 불법 촬영 이미지나 영상을 제작하는 행위다. 유포형 가해는 본인의 동의 없이 이미지, 영상, 개인 정보 등을 온라인에 유포하는 행위다. 개개인 간 유포, 불특정 다수를 대상으로 한 유포 모두 포함된다. 유포형 가해가 발생하면 온라인에 접속한 수많은 개인의 참여, 소비 행위를 통해 가해 정도가 기하급수적으로 증폭된다.

참여형 가해는 온라인에 유포된 이미지, 영상, 개인 정보 등을 이용해 추가적인 성폭력을 휘두르는 경우다. 게시물에 모욕성 댓글을 달거나 유포형 가해자에게 더한 성폭력을 요구하는 경우, 유포한 개인 정보를 통해 피해자와 접촉하거나 모욕을 주는 경우 역시 참여형 가해다.

소비형 가해는 온라인에 유포된 디지털 성폭력 범죄 이미지를 소비해 수익 구조를 발생시키는 모든 행위다. 소비형 가해자는 자신이 심각한 가해 행위를 하고 있다는 인식 없이 디지털 성폭력 범죄의 가장 주요한 축을 담당한다. 집단 성폭력이다. 이는 고스란히 피해자의 고통으로 이어진다.

전선미 팀장은 디지털 성폭력 범죄를 설명하며, 이를 리벤지 포르노라고 칭하지 말아야 한다고 역설했다. 토론회를 주최한 남인순 더불어민주당 의원은 "범죄의 불법성을 희석하는 잘못된 용어들이 유포되고 있다. 이런 용어를 바로잡는 것이 중요하다."라고 말했다.

한수연, 「왜 '리벤지 포르노'라고 부르면 안 되냐고요?」, 『블로터(http://www.bloter.net)』,
2017. 11. 17.

위 글에는 '리벤지 포르노'를 '디지털 성폭력'으로 고쳐 부르기를 제안하는 이유와 근거가 제시되어 있다. 아울러 디지털 성범죄와 관련한 정책을 개발하고 법률화할 필요가 있음을 주장한다. 이처럼 제안 논증은 특정 문제에 대해 설득력 있는 해결책과 제도를 제시하는 논증이다.

학습 활동

01 다음 활동을 통해 정의 논증, 인과 논증, 가치 평가 논증, 반증과 제안 논증 등의 유형에 대해 익히고 자신의 논리를 개발해 보자.

1) 그라피티에 대해 실용적 · 윤리적 · 심미적 판단 기준에서 자신의 주장을 펼쳐 보자.

2) 〈예문 4〉의 논리에 대해 반증을 제기해 보자.

3) 〈예문 6〉에서 말하는 지배와 종속을 완화할 수 있는 방안을 모색해 보고, '이행 공간'에 대한 방안을 토론해 보자.

4) 〈예문 7〉이 제안한 것처럼 부적절한 용어가 사용된 사례를 찾아 조별로 발표해 보자.

5) 우리 사회에 증오와 혐오 분위기가 만연한 원인을 찾아보고, 이를 완화할 수 있는 방법이나 정책을 제안해 보자. 이와 관련한 다른 나라의 법률적 사례도 조사하여 발표해 보자.

02 정직, 용기와 같은 인간 본성에 대한 정의는 기준을 세워 범주화하고 분류하거나 실험적 방법으로 수량화하여 규정하기 어렵다. 이러한 경우, 비유적 방법을 활용하여 서술할 수 있다. 다음 예문은 니체가 비유를 통해 인간다움을 설명한 글이다. 글을 읽고 형식적, 조작적 정의가 힘든 대상에 관해 비유적으로 설명하는 글을 써 보자.

예문

　정신이 어떻게 해서 낙타가 되고, 낙타가 어떻게 해서 사자가 되며, 마지막으로 사자가 어떻게 해서 어린아이가 되는가를 차례로 설명하겠다. (중략) 무엇이 무겁고 곤란한가? 중력을 견디어 내는 정신은 이렇게 묻고는 낙타처럼 무릎을 꿇고 앉아 아주 무거운 짐이 실려지기를 원한다. (중략) 무거운 짐을 짊어지고 사막으로 들어가는 낙타처럼, 정신은 자신의 사막으로 서둘러 가는 것이다.

　그러나 이 한없이 고독한 사막에서 두 번째 변화가 일어난다. 여기서 정신은 사자가 되는 것이다. 그리하여 사자는 자유를 쟁취하여 그 사자의 주인이 되려고 한다. (중략) 승리를 쟁취하기 위해 그 거대한 용과 필사적으로 싸우는 것이다. (중략) 그 거대한 용은 "그대는 해야 한다."라고 말한다. 그러나 사자인 정신은 "나는 소망한다."라고 말한다. (중략) 스스로 자유를 창조하고, 의무에 대해서까지도 신성한 부정을 하기 위해 사자가 필요한 것이다. (중략)

　사자가 할 수 없는 것을 어린아이가 능히 할 수 있는 것은 무엇인가? 약탈하는 사자가 다시 어린아이가 되지 않으면 안 되는 이유는 무엇인가? 어린아이는 천진무구 그 자체이며 망각이다. 하나의 새로운 시작이며, 쾌락이다. 스스로 굴러가는 바퀴이며, 시원(始原)의 운동이며 신성한 긍정이다.

　그렇다. 나의 형제들이여, 창조라는 쾌락을 위해서는 신성한 긍정이 필

요하다. 이제 정신은 자신의 의지를 욕구하며 세계로부터 격리된 정신은

자신의 세계를 획득한다.

나는 그대들에게 정신의 세 가지 변화를 설명하였다.

프리드리히 니체, 『짜라투스트라는 이렇게 말했다』, 사순옥 옮김, 홍신문화사, 2001, 29~32쪽.

참고 문헌

- 고성환, 「법조문의 텍스트 분석」, 『텍스트 언어학』 29권, 한국텍스트언어학회, 2010.
- 고재윤 · 남형두 · 고은주, 「패션 콜라보이션의 저작권법적 쟁점 - 그라피티 아트를 중심으로」, 『한국 디자인 포럼』 47권, 한국디자인트렌드학회, 2015. 5.
- 김병연, 「중국의 섣부른 굴기」, 『중앙일보』, 2017. 5. 18.
- 박현아 · 이재진, 「게임 중독 규제 법리에 대한 비판적 고찰」, 『한국 언론 학보』 60권 5호, 한국언론학회, 2016. 10.
- 이만우, 「반사회적 폭력 범죄, 어떻게 볼 것인가」, 『르몽드 디플로마티크』 77호, 2015. 2. 1.(http://www.ilemonde.com/news/articleView.html?idxno=3025, 2017. 11. 16.)
- 이유진, 「'안전과 경제' 탈원전의 가치」, 『경향신문』, 2017. 8. 25.
- 진영복 외, 『현대 사회와 비판적 글쓰기』, 박이정, 2013.
- 한수연, 「왜 '리벤지 포르노'라고 부르면 안 되냐고요?」, 『블로터(http://www.bloter.net)』, 2017. 11. 17.
- 조셉 윌리엄스 · 그레고리 콜럼, 『논증의 탄생』, 윤영삼 옮김, 홍문관, 2008.
- 프리드리히 니체, 『짜라투스트라는 이렇게 말했다』, 사순옥 옮김, 홍신문화사, 2001.
- Lester Faigley, Jack C Selzer, *Good Reasons with Contemporary Arguments*, Addison-Wesley, 2007.

09

글 전체 쓰기

"글은 하나의 완결된 체계와 논리를 가진다. 대부분의 글은 서두, 본론, 결말의 세 부분으로 구성되며, 각 부분들은 단락의 집합으로 이루어진다. 글을 구성하는 여러 개의 단락은 글의 체계와 논리를 만드는 중요한 성분이다. 글쓴이는 문장과 단락의 차원, 그리고 단락들의 집합인 글 전체의 차원에서 내용, 논리, 표현을 점검하여 글이 통일성, 일관성, 응집성을 갖출 수 있도록 해야 한다."

"어떤 장르이든 글은 인간이 고안한 도구 가운데 가장 강력한 영향을 주는 표현 방식이다.(…) 이제 당신의 생각과 느낌을 써 보라. 한 줄짜리라도, 한 문장이라도 써 보라."

Fred White, 『글쓰기의 모든 것(*The Daily Writer*)』

단락의 구성과 배열

글은 하나의 완결된 체계와 논리를 가진다. 글을 구성하는 여러 개의 단락은 이 체계와 논리를 만드는 중요한 성분이다. 단락은 긴밀하게 연결된 문장들의 집합을 가리킨다.

대부분의 글은 서두, 본론, 결말의 세 부분으로 구성되며, 각 부분들은 단락의 집합으로 이루어진다. 글쓴이는 문장과 단락의 차원, 그리고 단락들의 집합인 글 전체의 차원에서 내용, 논리, 표현을 점검하여 글이 통일성, 일관성, 응집성을 갖출 수 있도록 해야 한다.

1. 단락의 구성

단락은 생각의 덩어리를 나타내는 단위로, 단락 하나에 한 가지 생각을 담는 것을 원칙으로 한다. 글을 단락 단위로 쓰는 일은 독자에게나 글쓴이에게나 모두 도움이 된다. 글쓴이는 단락을 중심으로 글을 써 가면서 자신의 생각을 구체화하고 짜임새 있게 만들 수 있으며, 독자는 단락별로 구성된 내용을 통해 주제를 효과적으로 이해할 수 있다.

하나의 단락은 논리적 일관성을 잃지 않고 한 가지 중심 생각을 구현할 수 있어야 한다. 단락은 중심 생각을 담은 소주제문과 소주제문을 설명하는 뒷받침 문장으로 구성된다. 단락의 중심 생각을 선명하게 제시하기 위해서는 소주제문을 단락의 맨 앞이나 맨 뒤에 배치할 수 있다. 뒷받침 문장은 정의, 분석, 예시, 비교·대조, 묘사, 서사, 비유와 같은 설명 방법을 활용해서 쓸 수 있다. 뒷받침 문장을 통해 소주제문에 대한 설명이 충분히 이루어져야 단락의 중심 생각이 전달된다.

단락은 행 바꾸기와 들여쓰기로 구분한다. 단락은 그 자체로 내용과 흐름에 변화가 발생할 것이라는 점을 알리는 서술 체제상의 구별 형식이다. 글의 내용과 흐름의 전환을 반영하고, 단락 사이의 조화와 균형을 고려하여 단락을 구분해야 한다. 또한, 단락의 중심 생각을 효과적으로 전달하기 위해서는 어느 정도 분량의 문장이 필요한지를 판단해야 한다. 단락의 길이는 필요에 따라 조절할 수 있지만, 지나치게 길어질 경우 독자의 이해도나 집중력이 떨어질 수 있다.

다음 예문을 예시로 삼아, 글쓴이의 생각이 어떻게 단락을 중심으로 조직되고 재구성되는지 살펴본다.

예문 1

식민 지배와 압축 '성장'을 특징으로 하는 한국 현대사는 남성과 여성에 대한 '한국적 젠더'를 생산했다. 나약하고 무기력하나 폭력적인 아버지 혹은 그러한 아버지의 부재와 억척스럽고 생활력 강하며 아버지를 뒤에서 티가 나지 않게 조종하는 '지혜로운' 어머니상은 서구의 젠더 이미지와는 차이가 있다. 그런 점에서 한국의 어머니들은 존경받아 왔다. 이제까지 어머니의 지위는 여성이 거의 유일하게 도달할 수 있는 존경받을 만한 사회적 권력이었다.

문제는 어머니의 권력과 여성의 권력은 정반대라는 것이다. 어머니의 지위가 높은 사회일수록 여성의 지위는 낮다. 어머니는 아들의 대리인이다. 고부 갈등은 여성과 여성의 갈등이 아니다. 시어머니/며느리는 여성의 관점에서 비롯된 정체성이 아니라, 여성이 남성과 맺고 있는 힘의 관계를 설명할 뿐이다. 어머니의 권력은 결국 출세한 아들의 권력에서 나온다. 어머니의 행복한 삶은 잘난 아들을 통해서(정확히 말하면 아들의 아내의 노동을 통해서) 보장된다. 그런 어머니가 남녀고용평등법을 찬성할 리 없다.

그래서 우리 사회의 교육 문제는 결국 젠더 문제다. 여성의 자아실현과 인생의 성공은 자녀 교육을 통해서만 가능하다는 것이 한국의 사회적 합의다. 어머니가 자녀 교육에 '목숨을 걸고', 과외비 마련을 위해 '파출부', 주부 매춘까지 마다하지 않는다. 여성은 공적 영역에서 성공하더라도 어머니의 정체성과 역할이 우선적으로 강조된다.

그렇다면 어머니가 자녀를 위해 바친 인생만큼 우리 사회는 어머니를 기억하고 존중하는가. 우리 기억 속의 아릿한 상처와 안쓰러움으로 남아 있는 헌신과 희생을 다한 어머니와, 음식점에서 떼를 지어 큰 소리로 웃고 떠들며 지하철에서 자리 쟁탈전을 벌이는 뻔뻔스러운 여성들, 오형근의 사진 작품에 나오는 촌스럽게 화장한 얼굴, 문신한 눈썹, 풍풍하고 나이 든 추레한 여성, 창피한 줄도 모르고 물건값을 깎아 대며 시장에서 악다구니를 써 대는 여성들은 우리들 각자의 어머니와 다른 사람들인가? 젊은 여성을 포함하여 그 누구라도 '아줌마!'라는 단 한 마디로 손쉽게 무시할 수 있는 사람들, "아줌마 주제에……."라는 말에 대응 논리를 잃고 주눅 드는 여성들은 누구인가?

'탈특권화된' 아줌마와 '특권화된' 어머니의 차이는 무엇일까. 결혼한 여성이 자신의 성 역할에 충실하며 집에만 머무를 때, 어머니가 직장 생활을 하지 않을 때 그녀는 나의 어머니다. 하지만 그녀가 욕망을 드러내며 밖으로 나올 때, 남의 어머니일 때 그녀는 아줌마다. 그녀가 집에서 내게 밥을 해 줄 때는 어머니지만, 그녀 자신이 음식점에서 남이 해 준 밥을 먹을 때는 아줌마다. 여성은 평생토록 서비스를 하는 주체이지 받는 대상이 될 수 없기 때문이다. 타인의 서비스를 당당하게 요구하는 여성은 모두를 불편하게 한다. 여성이 공공장소에서 자기 욕망으로 젖가슴을 드러낼 때 그녀는 필시 몸을 파는 여성이거나 '미친 년'일 것이다. 그러나 아이에게 젖을 먹이기 위해서라면 성스럽고 숭고하다.

우리 사회의 아줌마에 대한 혐오 담론은, 그들이 모성과 섹슈얼리티라는 핵심적인 여성성을 상실한 집단이라는 인식에서 온 것이다. 젊음과 미모라는 여성의 가치를 상실한, 섹슈얼리티가 이미 훼손된, 따라서 아무나 '건드릴 수' 있는, 아무나 건드릴 수 있지만 스스로 성적 욕망을 표현해서는 안되는, 집안의 정숙한 중산층 여성이 아니라 집 밖에서 노동하는 여성이라는 이미지에서 기인한다.

나는 몇 년 전 국가 폭력과 관련한 국제 학술 대회에 참석한 적이 있는데, 한 남성 참가자로부터 "어떻게 아줌마가 (애를 안 보고) 이런 곳엘 다 왔느냐."라는 '칭찬'을 여러 번 들었다. 나는 그 말을 모욕이라고 생각했으나 그는 칭찬이라고 주장했다. 그 말은 "여자 주제에 어떻게 인권과 평화를 논하는 자리에 왔느냐."라는 의미가 아니다. 그 대회에 참가한 미혼 여성들은 어느 누구도 그런 말을 듣지 않았다. 아줌마는 여성이 아니라 제3의 성이다. 공적 영역에 나올 수 있는 여성은 남성이 규정한 여성 이미지-젊고 예쁜, 자신의 눈을 즐겁게 할 수 있는-에 걸맞아야 하기 때문이다. 아줌마는 그들이 기대하는 여성이 아니다.

정희진, 「어머니는 말할 수 있을까?」, 『페미니즘의 도전』, 교양인, 2005, 62~64쪽.

위 예문은 한국 사회에서 아이를 낳은 여성들의 위상과 정체성에 대해 논의하고 있다. 글쓴이는 '어머니'와 '아줌마'라는 두 개의 호칭을 비교하며, 여성에 대한 특권화와 혐오가 어떤 맥락에서 발생하는지를 살핀다. 또한, 이러한 논의를 통해 궁극적으로는 한국 사회에서 "어머니는 말할 수 있을까?"라는 질문을 제기하고, 이 질문이 가지는 의미를 탐색한다. 이 점을 고려하면서, 각 단락을 구성하는 소주제문과 뒷받침 문장을 다음과 같이 정리할 수 있다.

단락	소주제문	뒷받침 문장에서의 논증 방법
1단락	한국 현대사를 배경으로 한 아버지상과 어머니상 (첫 번째 문장)	나약하고 무기력하나 폭력적인 아버지상, 억척스럽고 생활력 강하고 지혜로운 어머니상 (비교 · 대조)
2단락	어머니의 권력과 여성의 권력은 정반대 (첫 번째 문장)	어머니의 삶은 아들을 통해서 보상받음. (예시)
3단락	자녀 교육 문제는 젠더 문제가 됨. (첫 번째 문장)	여성의 자아실현은 자녀 교육을 통해 가능하다고 여겨짐. (예시)
4단락	아줌마와 어머니의 차이 1 (두 번째 문장)	헌신과 희생의 상징인 어머니, 촌스럽고 뻔뻔스러운 여성인 아줌마 (대조, 예시, 묘사)
5단락	아줌마와 어머니의 차이 2 (첫 번째 문장)	아줌마는 가정 내 성 역할에 충실한 여성으로서의 어머니상에 들어맞지 않음. (대조)
6단락	아줌마에 대한 혐오 담론의 유래 (첫 번째 문장)	아줌마는 모성과 섹슈얼리티를 상실한 여성으로 인식됨. (분석)
7단락	아줌마는 공적 영역에서 남성이 기대하는 이미지와 맞지 않음. (여섯 번째 문장)	글쓴이가 아줌마로서 경험했던 사례 (예시)

이와 같이, 글쓴이는 일곱 개의 단락으로 글을 구성하여 제시하고 있다. 단락마다 중심 생각이 담겨 있는데, 넓게 보아 이 단락들은 글의 주제를 뒷받침하는 역할을 한다. 예문에서 볼 수 있듯이 각 단락은 하나의 중심 생각을 담고 있으며, 소주제문과 뒷받침 문장으로 구성된다. 뒷받침 문장은 다양한 논증의 방법을 활용하여 단락의 중심 생각을 설명하는 기능을 하며, 논제가 가지는 의미를 설득력 있게 전달하는 데 기여한다.

2. 통일성, 일관성, 응집성

　글쓴이는 문장 단위에서부터 단락 단위, 나아가 단락들의 집합인 글 전체 단위에서 통일성, 일관성, 응집성을 확보해야 한다. 문학 작품에 플롯이 있듯이 한 편의 글에는 일정한 구조와 흐름이 존재한다. 구상의 단계에서 '무엇을 선별할 것인가', '어떻게 배치할 것인가', '어느 정도로 자세히 쓸 것인가' 등을 결정했다면, 쓰기의 과정에서는 글 전체가 하나의 이야기처럼 매끄럽고 유기적으로 이어질 수 있게 체계와 구성을 잡아야 한다. 이 과정이 잘 이루어지면 한 편의 글에서 통일성, 일관성, 응집성을 갖출 수 있다.

　통일성unity은 내용 차원에서의 흐름을 가리키는 말이다. 통일성을 갖춘 글은 한 단락이 하나의 중심 생각을 구현하고 있어 단일한 호흡으로 읽힐 수 있다. 글이 통일성을 갖추기 위해서는 문장과 단락의 차원만이 아니라, 글 전체의 차원에서도 주제에 맞지 않거나 내용이 이어지지 않는 부분이 있는지 살펴야 한다. 단락의 배열이 내용의 차원에서 유기적으로 이루어져야만 주제가 더 명료해지고 통일성도 확보할 수 있다.

　일관성cóherence은 논리적 차원에서 글의 흐름을 가리키는 말이다. 일관성을 지닌 글은 주장과 논거가 분명하며, 글의 논리적 흐름이 구성에 잘 반영되어 있다. 일관성을 확보하기 위해서는 글의 구성과 전개가 논리적 타당성을 지녀야 하며, 글 전반에 걸쳐 논리적 오류나 비약이 없어야 한다.

　주장이 적절한 논거로 뒷받침되지 않으면 설득력을 지닐 수 없다. 글의 논리적 흐름은 문장과 단락 단위, 나아가 글 전체의 맥락에서 살펴야 한다. 단락 사이의 연결이 유기적으로 잘 이루어졌는지 확인하는 방법은 각 단락의 소주제문을 추출하여 열거하고 이 문장들이 하나의 이야기 흐름을 가지면서 주제를 구현하고 있는지 검토하는 것이다. 본론을 구성하는 단락들 사이의 연결만이 아니라, 서두와 본론의 첫 단락이 잘 이어졌는지, 본론의 마지막 단락과 결말이 잘 이어져 마무리되었는지도 확인해야 한다.

응집성cohesion은 표현 차원에서 글의 흐름을 가리키는 말이다. 내용의 통일성과 논리의 일관성은 응집성이라는 텍스트의 문법적 요소로 표현된다. 응집성을 갖추기 위해서는 문법적 오류에 유의해야 하고, 용어와 표현을 정확하게 사용해야 한다. 지시 어구나 접속 어구를 쓸 때에도 주의해야 한다.

지시 어구를 자주 사용하면 내용이 모호해져서 논점이 흐려질 수 있다. 또한, 접속 어구의 빈번한 사용과 부적절한 사용은 글의 흐름을 매끄럽지 않게 할 수 있고, 논리의 흐름을 흐트러뜨릴 수 있다.

내용의 통일성	• 주제가 명료하게 드러나는가?
	• 주제에서 벗어난 부분은 없는가?
	• 내용을 보충하거나 삭제할 부분은 없는가?
논리의 일관성	• 주장과 근거에 논리적 연관이 있는가?
	• 각 단락의 중심 생각이 잘 연결되는가?
	• 논리적 오류나 비약은 없는가?
표현의 응집성	• 문법적 오류는 없는가?
	• 용어나 개념을 정확하게 사용했는가?
	• 부적절한 표현은 없는가?

통일성, 일관성, 응집성은 글을 쓰는 과정에서만이 아니라 고쳐쓰기를 할 때에도 중요하게 검토해야 한다. 글쓴이는 독자의 시선으로 글을 읽어 나가며 자신의 글을 객관화해 볼 필요가 있다. 이때 위와 같은 구체적인 질문들을 적용하여 글의 전체 구성과 배열을 점검해야 한다. 또한, 동료들과 함께 서로의 글을 돌려 읽고 검토하면 미처 발견하지 못했던 오류나 허점을 찾을 수 있으며, 글의 주제가 명료하게 전달되는지도 확인할 수 있다.

글을 읽고 분석하는 훈련을 통해 통일성, 일관성, 응집성에 대한 이해를 높이는 것도 중요한 훈련 과정에 해당한다. 다음 예문을 예로 들어 내용, 논리, 표현의 문제를 구체적으로 검토해 본다.

예문 2

소문 통신에 따르면 '행복 사냥'이 요즘 세계 몇몇 나라에서 대중적 유행이 되어 있다고 한다. 영국에서는 행복론 계열의 책들이 무더기로 쏟아져 나와 사람들을 행복의 나라로 안내해 주고 있으며(내 귀에 들려온 책 제목만도 대여섯 종류나 된다.) 여당 야당 할 것 없이 정치권이 부쩍 '행복의 정치학'이라는 것에 열을 올리고 있다는 소식이다. 미국에서는 '행복학' 강의가 대학의 인기 과목으로 올라섰다는 소문도 들린다. 우리도 그 몇몇 나라에 들어간다. '웰빙'이라는 말은 업계가 수입한 지 몇 해 만에 중산층 이상의 사람들에게는 '팥빙수'보다 더 친근한 말이 되었다. '행복해지는 법'을 가르쳐 주겠다고 공언하는 책들도 여럿 나와 있다.

영미 두 나라가 행복에 관심이 많은 것은 우연한 일이 아니다. '최대 다수의 최대 행복'이라는 말로 '행복'을 사회적 화두가 되게 한 것은 영국의 공리주의 철학이다. 미국의 경우, 폴 새뮤얼슨이 쓴 인기 경제학 교과서가 '행복의 공식'이란 걸 들고 나와 대학 학부생들을 유혹하기 시작한 것은 벌써 20년도 더 된 일이다. 무엇보다도 두 나라는 자본주의, 시장 경제, 자유 무역, 세계화, 신자유주의의 선도국들이다. 자본주의 선도국들은 행복을 강조할 필요와 의무가 있다. 자본주의가 사람들을 행복하게 해 준다면 그걸 자랑하기 위해서도 "봐라, 우리는 행복하다."라고 떠들 필요가 있고, 자본주의가 약속과 달리 사람들을 비참하게 한다면 그 비참을 덮고 가리기 위해서, 그리고 그 비참에 비례해서, 행복해지는 법("불행은 네 탓이야.")

의 개인적 터득 기술을 열심히 사람들에게 가르쳐 주어야 한다. 그런데 우리는 뭔가?

21세기 초 도시 중산층 이상의 한국인을 지배하는 정신 상태는 두 개의 강력한 '코드'에 관통당해 있다. 더 날씬한 은유가 생각나지 않아 좀 투박하게 대놓고 말하자면, 하나는 '탐욕의 코드'이고, 다른 하나는 '선망의 코드'이다. 탐욕의 코드는 폴 새뮤얼슨이 말한 자본주의적 '행복의 공식'을 따른다. 이 경제학자가 내놓은 계산법에 의하면 행복(H)은 욕망(D) 분의 소유(P)다. 내가 원하는 것을 얼마만큼 소유했는가가 나의 행복을 결정한다. 내가 100을 원하는데 100을 가지고 있으면 나는 완벽하게 행복하다. 그러나 100을 원하는데 가진 것은 20뿐이라면 내 행복은 완전치의 1/5에 불과하다. 이 경우 나는 겨우 20퍼센트만 행복하고 80퍼센트는 불행하다. 그러므로 소유하라, 친구여, 욕망의 크기만큼 소유하고 그 소유를 달성하기 위해 뛰어라, 그러지 않으면 너는 불행을 벗어날 길이 없다. 네가 뛰어야 네 부동산도 뛴다.

선망의 코드는 "저자는 갖고 있는데 나는 없어, 이건 안 되지, 암 안 될 일이고 말고."라고 사람들을 들쑤셔 견딜 수 없게 만드는 전염성 질투의 부호다. 저 사람이 가지고 있는 것은 나도 가져야 한다. 내가 저 인간만큼 가지지 못한다면 나는 불행하다. 내가 가질 행복을 저자가 가지고 있네그려? 저런 도둑놈, 내 행복을 훔쳐 가다니. 화가 치미는 바로 그 순간에 질투의 여신이 나타나 행복에 이르는 길을 확인시켜 준다. 저자가 가진 것은 너도 가져라, 훔쳐서라도. 그러면 행복은 네 것이다. 아니, 너는 저자가 가진 것 이상으로 가져야 해. 저 녀석이 100을 가졌다고? 그러면 너는 200을 가져, 300이면 더 좋고.

탐욕과 선망의 부호가 행복의 공식이 될 수 없다는 것을 일찌감치 알려 준 것은 석가모니다. 욕망의 크기는 무한해서 그것을 충족시킬 방도가 없다는 것, 그것을 알게 된 것이 붓다의 '깨우침' 가운데 하나이다. 욕망은 일정량의 크기로 묶이지 않는다. 100을 바라던 욕망은 그 100을 소유하는 순간 200으로 불어나고, 200을 가지는 순간 300으로 커져 달아난다. 욕망의 크기를 정할 수 없기 때문에 소유를 키우는 방법으로 행복에 도달한다는 것은 신기루 잡기이다. 그러므로 욕망의 크기를 줄여라. 그것만이 평온에 이르는 길이다. 욕망이 제로일 때는 제로의 소유만으로도 너는 행복하다. 재갈 물리지 않은 욕망이 탐욕이다. 그 탐욕이 충족되지 않아 너를 화나게 하고 질투하게 하는 것이 '진'(분노)이며 이 간단한 진리를 모르는 것이 '치'(어리석음)다. 그러므로 욕망을 다스려라, 줄여라, 끊어라, 그리고 평화로워라, 친구여.

그러나 자본주의적 행복의 공식이 행복은커녕 불행, 불안, 불만의 기원이라면, 석존의 평화 공식만으로 이 지상에 살 수 있는 사람도 히말라야의 도인 말고는 아무도 없다는 것 역시 인간 세계는 안다. 욕망을 제로 지점에 두는 것이 '니르바나'라면, 욕망이 제로 포인트로 돌아가는 그 열반은 죽음의 순간에만 가능하다. 생물학의 관점에서 보면 죽음은 생명체의 목표가 아니다. 사회적 관점에서도 그러하다. 모두 죽어서 니르바나에 들자고 주장하는 '열반당'이 정치의 세계에 뜰 수 있는 가능성은 그야말로 제로다. 욕망이 아니라면 인간 세계에서는 아무 일도 일어날 수 없다. 생존에 필요한 욕망과 과잉의 탐욕은 서로 성질이 다르다. 그러나 석존의, 혹은 동양적 정신세계의 가르침은 현대인의 불행감을 다스리는 데 너무도 중요하고 요긴하다. 사람들의 탐욕과 선망을 부추기지 않고서는 단 하루도 지탱되지 않는다는 것이 현대 경제의 치명적 결함이며 현대인의 삶을 괴롭히는 딜레마이다. 이 결함을 치유하고 딜레마를 풀 방법이 있을까? 동양 문화권에 속한다면서 동양의 정신적 가치는 시궁창에 던지고 탐욕과 선망의 코드에 나포되어 있는 것이 지금 우리 사회이다. 그러나 그 치명적 결함을 고쳐 나가야 하는 것이 현대 문명의 과제이자 우리 사회의 과제이다.

　고통과 불행은 그 자체로는 결코 예찬할 것이 못 된다. 많은 경우 그것은 무의미하고 잔인하다. 그러나 삶이 고통과 불행을 수반한다는 것 역시 아무도 피할 수 없는 인간 세계의 현실이다. 만약 행복의 추구가 불행의 완벽한 제거와 고통의 회피에 목표를 둔다면 그 목표는 달성 불가능할 뿐만 아니라 그 목표 자체가 고통의 기원이 된다. 완벽한 행복의 추구란 가능하지 않다. 그것은 이미 삶의 진실이 아니며, 영국 심리학자 애덤 필립스의 주장처럼 인간 사회의 도덕적 이상도 아니다. 사람들이 행복해지는 법을 열심히 찾아 헤매야 하는 사회는 행복한 사회가 아니다. 그것은 오히려 절망의 사회다.

도정일, 「(행복=소유÷욕망)인가」, 『한겨레』, 2006. 7. 28.

　위 예문은 '자본주의적 행복의 공식'에 대해 논의하면서 한국 사회에서 행복을 추구한다는 것은 어떤 의미가 있는지를 묻고 있다. 이른바 '자본주의적 행복의 공식'이란 무엇인지 제시하고 서구 사회와의 비교를 통해 한국적 상황의 특이성을 분석하며, 현재 한국 사회가 이야기하는 '행복론'이 어떤 의미를 가지고 있는지 고찰한다.

　예문은 '자본주의적 행복의 공식'을 중심으로 서구와 한국 사회를 비교하고 분석하는 한편, '탐욕'과 '선망'이라는 코드로 한국의 특징적 면모를 잘 드러내고 있다. '자본주의적 행복의 공식'은 글 전반에 걸쳐 주제를 견인하는 핵심 개념으로 사용되고 있다. 그리고 이 개념을 매개하여 구성된 단락들은 통일성, 일관성, 응집성을 확보하는 데 중요한 역할을 하고 있다.

01 〈예문 2〉를 분석 대상으로 삼아, 글을 구성하는 각 단락의 소주제문과 뒷받침 문장을 정리해 보자.

02 '누가 한국인인가'에 대해 논의하고 있는 다음 예문을 읽고, 아래의 활동을 수행해 보자.

예문

　국민 국가 정체성은 '경계'를 설정하고 범주를 구성하는 것으로 시작된다. '누가 한국인인가' 하는 질문에 많은 사람들은 "한국인은 순혈의 한국인 부모에서 태어나 한국에서 자라 한국말을 하는 사람이다."라고 답변할 것이다. 이때 한국인이란 출생지, 혈연, 언어를 기준으로 결정된다. 한민족이지만 한국에 정주하지 않고 이주한 사람은 '재외 동포'로, 부모 중 한쪽이 한민족이 아니면 '혼혈'로, 한국어를 잘하지 못하면 한국 사람답지 않은 것으로 구분된다. 영토적 귀속성, 순혈주의, 단일 언어주의라는 세 가지 원칙 하에 구성되는 한국인의 정의는 통합된 국민 정체성의 기반을 마련해 주었고, 궁극적으로 한국인의 단결력, 빠른 경제 발전과 사회 변화에 기여한 것으로 평가되어 왔다. 우리 내부의 '차이 없음'은 사회적 갈등이 없다는 것을 의미했고, 이 때문에 정치 지도자들은 의도적으로 단일 민족주의의 신화를 강조해 왔다. 그러나 국민 국가 정체성의 기준이 되어 왔던 이런 원칙들은 이상적인 한국인의 기준에 부합되지 않는 사람들을 차별하거나 배제하는 데 사용되었다. 예를 들어 혈연주의를 보자. 혈연주의는 단순히 피의 순수성을 강조하는 것뿐만 아니라 같은 핏줄로 연결된 인간관계를 가장 중요하게 생각하는 사고방식을 가리킨다. 때문에 본질주의적 '우리' 의식을 강화하면서 혼혈인, 외국인, 타민족 등에 우월 의식을 갖거나 불신과 의심을 갖는 경향 또한 강화시켰다.

외국인에 대한 배제는 심리적인 배타성을 만들어 냈을 뿐 아니라 법을 통해 강화되었다. 한국인이 국적을 취득하는 방식은 속인주의 원칙에 의거한다. 혈연관계를 통해 국적을 '대물림'받는 것이다. 혈연을 통해 국적을 획득하는 속인주의 원칙은 민족 정체성과 동질성을 중요한 가치로 삼는다. 속인주의 원칙의 국적 부여 제도는 특정 영토나 지역에서 태어나면 자동적으로 국적을 취득하는 속지주의 원칙과 매우 다르다. 혈연주의 원칙에 의거한 국적 부여 제도는 아무리 그 지역에서 태어나 오래 산 사람이라도 외국인이면 국민이 될 수 없다. 한편 유럽이나 미국, 캐나다 같은 이민 국가들은 혈통이나 종족성이 어떠하건 간에 영토 안에서 태어났으면 국적을 부여하고, 그곳에서 태어나지 않았더라도 정주 기간에 따라 영주의 권리나 국민으로서 시민권을 순차적으로 획득할 수 있는 통로를 제공한다. 그러나 한국의 경우 한 번 외국인은 영원한 이방인이다. 한국에 150년 이상 거주하여 6세대 이상 살아온 화교는 영원한 이방인 취급을 당하면서 재산권 행사를 제대로 하지 못했고 세금을 내더라도 다양한 사회 복지 서비스에 접근할 수 없었다. '국민'에게만 허용되는 아파트 청약권조차 갖지 못하고 있다. 한국에서 태어나 한국말을 구사하고 한국에 정주한 화교들은 결혼을 통한 귀화 이외에는 국적을 취득할 수 있는 길이 없었다. 정부는 2003년에서야 비로소 화교가 '영주권'을 획득할 권리를 부여했다.

한국인의 범주를 구성해 온 또 다른 문화적 범주는 부계 중심의 가족 제도였다. 부모가 모두 한국인인 경우 출생 신고를 통해 부모의 가족 등록 안에 포함되고, 18세 성인이 되면 주민으로 등록되어 국민으로서 권리를 행사하게 된다. 주민 등록은 국민의 자격을 법적으로 획득하는 중요한 통과의례이다. 그러나 1998년 국적법이 개정되기 전까지 국적은 부계주의 원칙에 의거했다. 즉, 아버지가 한국인이면 국적을 자동으로 물려받지만 어머니가 한국인일 경우 국적을 획득하는 것이 매우 어려웠다. 1998년에 국적법이 개정되어 부모 양계를 인정하면서 비로소 한국인 모와 외국인 부에서 태어난 자녀도 원하면 어머니를 통해 국적을 획득할 수 있게 되었다. 2005년 호주제가 폐지되면서 한국의 모든 국민을 남성 '호주'를 기준으로 한 '家' 단위로 편제한 제도 또한 사라졌다. 그러나 여전히 관습적으로 부계 중심주의는 강력한 이데올로기로 존재한다. 부계 중심의 가족 제도와 국적 부여 제도는 현재에도 많은 문제점을 야기한다. 미(비)혼 여성이 아이를 낳으면 모자 가정으로 사는 것이 당연하지만, 아버지 없는 아이는 이미 정상성을 벗어난 존재로 취급되면서 해외 입양의 일차적인 대상이 된다. 1998년 이전 입양된 아이가 한국 국적을 취득하지 못한 채 타국으로 보내져, 양부모가 그곳에서 이 아이의 국적을 신청하지 않으면 한국 국적도 없고, 입양국의 국적도 얻지 못하는 '무국적자'가 된다. 또한 최근 급증하는 국제결혼이 해체된 경우, 외국인 어머니보다는 한국 아버지가 아이에 대한 권리를 갖는 것을 당연시한다.

100퍼센트 한국인을 규정하는 또 하나의 강력한 이데올로기는 영토적 소속성이다. 우리 땅과 연결된 강한 소속감은 나가는 이주자와 들어오는 이주자 모두에게 강한 반감을 보인다. 이 때문에 불가피한 사정, 즉 전쟁, 기아, 빈곤, 식민지나 독재 등 정치적 상황 때문에 한반도를 떠나 타 지역에 정착한 재외 한인들에 대해서도 배타성이 강했다. 재외 한인들에 대한 태도는 양가적인데, 강력한 혈연주의 원칙에 입각하여 재외 한인을 한민족으로 호명하여 재영토화하는 경우가 있는 반면, 그들이 이주한 국가의 경제적 상황에 따라 이들을 위계화하고 구분하며 차등적인 권리를 부여하는 경우도 있다. 재미 교포, 조선족, 고려인 등은 모두 재외 동포지만 한국인들은 이들을 차별적으로 대우하는 경우가 많다. 그나마 불가피한 사정에 의해 강제 이주 당한 한인들에 대한 귀환 정책은 최근에서야 본격화되었다.

김현미, 「누가 100퍼센트 한국인인가」, 이주여성인권포럼, 「우리 모두 조금 낯선 사람들」,
오월의봄, 2013, 20~23쪽.

1) 이 글의 단락 구성이 잘 이루어졌는지 검토해 보자. 단락의 재구성이 필요한 부분이 있다면, 어떻게 해야 하는지 수정안을 제시해 보자.

2) 이 글의 핵심 논지가 잘 드러나도록 주제문을 만들어 보자.

3) 각 단락의 중심 생각을 파악한 후, 단락별 소주제문과 뒷받침 문장을 구성해 보자.

03 다양한 강연 동영상을 제공하는 미국의 비영리 재단 '테드'의 한국어 홈페이지(www.ted.com/translate/languages/ko/)는 강연을 글로 옮겨 둔 형태(트랜스스크립트)를 제공하고 있다. 관심이 가는 논제를 찾아서 해당 스크립트를 한 편의 글로 재구성해 보자. 그리고 글의 완성도를 높이기 위해 통일성, 일관성, 응집성을 갖춘 글로 고쳐 보자.

04 접속사와 접속 어구는 적절하게 활용해야 효과가 있다. 자신이 준비 중인 글의 모든 문장 앞에 접속사나 접속 어구를 넣어 보자. 이후 접속사 및 접속 어구를 최소화하는 방향으로 제거하면서 글의 응집성을 확보해 보자.

접속사와 접속 어구

- **비교·대조**: '그러나', '반면(에)', '이와 달리(다르게)', '~에 비해(서)'

- **인과**: '그러므로', '그래서', '따라서', '~ 때문에', '~의 이유로', '그 결과'

- **예시**: '가령', '예를 들면', '예컨대', '이를테면'

- **상술·부연**: '다시 말하면', '즉', '곧'

서두와 결말

글은 서두, 본론, 결말의 세 부분으로 구성된다. 서두와 결말은 각각 글을 열고 닫는 역할을 하고, 본론에서는 글의 주제를 구현해 가면서 논제에 대한 본격적인 논의가 이루어진다.

글에서 각각의 구성 부분들은 서두, 본론, 결말을 중심으로 각 부분의 의미를 모으고, 성격에 부합하는 단락을 연결하여 전체 주제를 형성하는데, 이렇게 각 부분들을 형성하고 연결하면서 글을 쓰는 일이 학술 글쓰기의 기본을 이룬다.

1. 서두

글의 제목과 서두는 독자가 글을 대할 때 처음으로 만나는 부분이다. 제목과 서두에서 독자의 관심을 끌지 못하면 글이 독자들에게 읽힐 수 있는 기회는 사라진다. 글의 제목은 글의 전체 내용을 지시하면서도 독자의 시선을 끌 수 있어야 한다. 호기심만 자극하고 정작 내용과는 관계가 없거나, 내용은 충실하게 반영하고 있지만 독자의 관심을 끌지 못한다면 둘 다 글의 제목으로 바람직하지 않다.

서두는 독자로 하여금 글을 계속해서 읽고 싶게 만들 수 있어야 한다. 자신이 다른 글의 독자가 되어 보면 서두를 쓸 때 충분히 주의를 기울여야 한다는 점을 잘 알 수 있다. 적극적이고 우호적인 독자는 많지 않기 때문이다.

글쓴이는 독자를 글의 내용에 관심이 없거나 배경지식이 충분하지 않은 사람으로 상정하고 어떻게 서두를 쓸 것인지 고민해야 한다. 서두에서 글쓴이의 주장을 직접 밝히는 방법도 있지만, 자신이 쓰려고 하는 글의 논제와 관련해서 글을 어떻게 시작해야 독자의 시선을 끌 것인지 고민하며 여러 가지 방법을 시도해 볼 필요가 있다.

(1) 경험적 일화를 이야기하는 방법

누구나 자신이 겪은 일을 이야기할 때 사람들이 솔깃해하는 모습을 본 경험이 있을 것이다. 추상적이거나 거대 담론에 관한 장광설이 아니라, 자신의 이야기나 특별한 경험적 일화(逸話)를 활용해서 글을 시작함으로써 독자의 시선을 끌 수 있다.

예문 3

우연히 관여하게 된 개발 도상국 과학 기술 협력 사업으로 아프리카 케냐와 나이지리아에 다녀왔다. 케냐의 수도 나이로비는 서늘한 고원이라 모기가 덜하지만, 나이지리아 수도 아부자는 덥고 습한 기후로 모기에게 안 물리면 이상한 곳이었다. 아프리카에 가려면 소위 예방 접종 4종 세트를 준비해야 하는데 황열병, 장티푸스, 파상풍, A형 간염 주사다. 그런데 이상하게도 아프리카 대륙 하면 가장 많이 떠올리는 말라리아는 접종 리스트에 없다. 왜냐하면 말라리아는 바이러스가 아닌 기생충이기 때문이다. 예방 주사가 아니고 예방약을 먹는데 이게 부작용이 심해 개도국 사업을 오래 한 분들은 차라리 그냥 가서 말라리아에 걸리면 현지 약을 구해 먹는 것이 더 낫다고 한다.

김소영, 「달과 말라리아」, 「경향신문」, 2016. 7. 3.

글쓴이는 개발 도상국에 필요한 적정 기술의 개발을 주장하는 글에서 과학 기술 사업차 아프리카에 갔던 자신의 경험을 소개한다. 남들이 겪지 않은, 특별하고 의미 있는 경험이야말로 사람들의 관심을 집중시킬 수 있다. 이처럼, 적절한

일화를 활용하여 글을 시작하는 것은 독자들의 흥미를 끌면서 호기심을 자극하는 방법이 될 수 있다.

(2) 시사적인 사실이나 예술 작품을 언급하는 방법

시사적인 사실을 활용하는 방법은 글쓴이가 다루려는 바가 허황되거나 과장된 것이 아니라 실제로 발생했던 일이라는 점을 드러내기 위해 흔히 쓰인다. 시사적인 사실을 언급하면서 글을 시작하면 현장의 생생함과 사실성을 높일 수 있다.

예문 4

2011년 일본에 몰아친 동북 대지진은 후쿠시마 원자력 발전소 사고로 이어졌다. 그리고 얼마 지나지 않아 한반도에도 방사성 물질이 검출되기 시작했다. 기상청의 전문가들이 편서풍에 고마워하며 안전을 약속한 지 불과 며칠 만에 벌어진 대반전이다. 후쿠시마 원전에 처음 회색 연기가 피어오를 때 방송에 나온 우리 핵 전문가들도 "멜트다운(노심 용해)은 일어나지 않을 것"이라고 다들 한목소리였다. 하지만 멜트다운은 일어났고, 우리나라뿐 아니라 전 세계는 속수무책으로 그 여파가 작기만을 바랄 수밖에 없었다. 여느 때와 마찬가지로 과학 전문가들이 활약은 했지만 거의 모두 예상을 빗나갔다. 전문가들이 자괴감을 느낄 수밖에 없는 상황이다. 대체 문제는 어디에 있던 것일까?

물론 탁월한 과학 전문가라고 해서 가능한 모든 결과들을 정확히 예측할 수는 없다. 그들도 자신의 지식을 총동원하며 최선을 다했을 것이다. 과학 기술자의 실력이나 태도를 탓하고 싶지는 않다. 오히려 문제는 과학 기술의 지식과 권위가 유통되는 방식에 있는 것 같다. 과학 기술과 관련된 문제들이 사회적 쟁점이 될 때마다 우리는 늘 과학 기술계가 당연히 '한목소리'를 내 줄 것이라고 기대한다. 이번 사태를 대하는 언론도 거의 모두 위험성을 매우 낮게 보는 전문가만을 패널로 불러 놓고 안심 방송을 했다. 전문가 패널을 둘 이상 초대한 방송은 거의 없었다. 언론이 정치, 종교, 교육 등의 쟁점들을 논할 때는 으레 찬반양론을 전제하는 데 비하면, 이것은 분명 흥미로운 차이다. 만일 리스크를 매우 높게 예상하는 전문가까지 불러 놓고 갑론을박을 했었다면 어땠을까? 과학 기술 관련 항목들에 대해 이런 논쟁들을 하면 무슨 문제라도 생기는 것일까?

장대익, 「과학의 본질은 논쟁이다」, 『인간에 대하여 과학이 말해 준 것들』
바다출판사, 2013, 44~45쪽.

위 예문에서 글쓴이는 과학의 본질이 논쟁에 있다는 문제의식을 강조하면서, 2011년 일본의 후쿠시마 원전 사고 보도를 언급하고 있다. 원전 사고가 일어났을 당시에 전문가들은 한결같이 후쿠시마 원전에 노심 용해가 일어나지 않을 것이라며 일종의 "안심 방송"을 하였다.

글의 요지에 부합하는 시사적인 사실을 글의 서두에서 언급한다면, 독자의 이해를 돕고 관심을 끌어낼 수 있다. 길지 않은 글에서는 사례가 너무 길어지거나 장황해지지 않도록 주의해야 한다. 모든 사건이나 현상은 다면적일 수밖에 없으므로, 글의 요지와 긴밀하게 관련된 부분을 핵심적으로 드러내어 제시하는 것이 좋다.

현실의 사례를 언급하는 방법 이외에, 현실을 가공한 예술 작품을 예로 들면서 글을 시작할 수도 있다. 자신이 본 영화나 소설, 광고, 음악 등과 같은 예술 작품을 활용하면 글을 부드럽게 시작하면서, 논제에 대한 호기심을 자극할 수 있다. 서두에서 예술 작품을 언급할 때에도 장황해지지 않도록 본론의 내용에 밀착하여 압축적으로 제시해야 한다.

(3) 속담이나 격언, 통념을 언급하는 방법

글의 서두에 속담이나 격언, 통념을 활용할 수 있다. 적절한 속담이나 격언을 가져와 사용하면 독자의 흥미를 끌 수 있다. 글의 주제와 밀접하게 관련된 속담이나 격언을 인용하여 독자의 이해를 도울 수도 있고, 기존의 속담이나 통념을 반박하는 방식을 통해 글의 주제를 참신하게 부각할 수도 있다.

예문 5

늙어 간다는 것은 역사를 써 간다는 것이다. 아프리카 동부의 소말리아에 "노인 한 사람이 죽으면 도서관 하나가 불타 없어진 것과 같다."라는 속담이 있다고 한다. 늙음의 가치를 이보다 더 고귀하게 표현한 말이 또 있을까 싶다. 소말리아의 이 속담은 노인이 체득한 바가 사그라지지 않고 후대에 잘 이어질 수 있도록 전체가 나서야 한다는 점을 강조한다.

정진오, 『세월을 이기는 힘, 오래된 가게』, 한겨레출판, 2015, 5쪽.

예문은 인천에 있는 고포古鋪, 즉 오래된 가게를 취재하고 기록한 책의 〈서문〉에 해당한다. 책에는 오래된 가겟집 사람들의 인생사와 도시의 일상사, 거시적 역사가 씨줄과 날줄로 짜여 있다. 글쓴이는 책의 내용과 잘 어울리는 속담을 인용하여 글을 시작함으로써 인상을 남기고 있다.

(4) 문제 제기를 하는 방법과 대상을 낯설게 하는 방법

문제 제기를 하거나 대상을 낯설게 소개하는 것은 글쓴이가 다루려는 논제에 대한 사람들의 일상적 인식에 의문을 제기하면서 시선을 끄는 방식이다.

예문 6

(가) 프랑스 사회학자 피에르 부르디외는 '지적 인종주의'라는 말로 학업 성적이 부진하다는 이유 때문에 사회적으로 차별하는 것에 일침을 가했다. 우리는 피부 색깔을 선택해서 태어날 수 없듯이 두뇌를 선택할 수 없다. 두뇌의 용량과 기능은 사람마다 다른데 오로지 문제 풀이와 암기 능력이 뒤떨어진다는 이유로 차별하고 그것을 당연하게 받아들인다면 피부색이 다르다는 이유로 차별하고 억압하는 인종주의와 무슨 차이가 있느냐는 것이다. 더구나 우리는 오로지 암기나 문제 풀이 능력으로 학생을 평가할 뿐 감수성이나 사람됨에 대해선 거의 무시한다.

홍세화, 『생각의 좌표』, 한겨레출판, 2009, 27쪽.

(나) 뉴스는 일군의 특출난 남녀들을 소개해 준다. 지구상에서 누구보다 빨리 뛰는 사람, 어떻게 하면 사람들을 웃길 수 있는지 아는 사람, 획기적인 사업을 시작한 사람, 군침 도는 식단을 설계한 사람, 티 없이 아름다운 외모를 가진 사람 들 말이다. 그들이 거둔 성취, 개성, 그리고 멋진 외모만큼 우리를 열광하게 만드는 건 거의 없다. 그 결과, 우리는 그들에게 어떻게 그런 일을 해냈는지 묻고 싶어 하고, 그들의 어린 시절을 궁금해하고, 그들이 뭘 입었는지 보고 싶어 하고, 누구와 사랑에 빠졌는지 알고 싶어 하고, 집 안을 엿보고 싶어 하고, 해변에 따라가고 싶어 하고, 심지어는 그들

이 식료품을 사러 나갈 때 도로를 가로질러 동행하고 싶어 한다.

알랭 드 보통, 『뉴스의 시대』, 최민우 옮김, 문학동네, 2014, 181쪽.

(가)는 지적 인종주의라는 말을 써서 경쟁과 차별을 부추기는 학교 환경을 문제 삼은 글이다. 글쓴이는 교육 현장의 인권 침해를 문제 삼는 짧은 칼럼의 서두에서 문제를 제기하는 방식으로 주제 의식을 드러내고 있다.

(나)는 글에서 다루고자 하는 바를 낯설게 제시하면서 독자의 호기심을 자극하고 있다. 글쓴이는 연예 뉴스를 다룬 글의 서두에서 스타를 향한 대중의 열망을 나열하면서 스타와 대중의 존재를 낯설게 환기하는 효과를 거두고 있다.

2. 결말

결말은 글을 마무리하는 마지막 부분이다. 학술 보고서나 학술 논문의 결말에서는 본론의 내용을 정리하고 핵심을 짚어 줄 필요가 있다. 결말이 잘 정리되어 있느냐의 여부는 글쓴이가 글의 내용을 장악하고 있는지를 알려 주는 지표가 된다. 글쓴이가 내용과 주제를 확실하게 인지하고 파악하고 있을수록 결말에 요약된 글의 핵심이 선명하다.

하지만 쉽게 쓰인 짧은 글의 경우, 결말에서의 상투적인 요약과 반복은 글의 주제에 대한 집중력과 확장성을 떨어뜨릴 수 있다. 본론에서 독자의 공감과 이해를 얻었다면, 결말에서는 글의 내용을 확장하면서 독자에게 인상을 남길 수 있는 분명한 마무리가 필요하다. 마지막까지 글의 내용이 힘을 가지고 있어야 인상 깊은 글로 남을 수 있다. 결말을 잘 마무리하는 데 참고할 수 있는 여러 가지 방법이 있다.

(1) 문제 상황을 환기하는 방법

결말에서 문제 상황을 환기하는 방법은 문제의 핵심을 다시 짚어 주면서 독자의 인식 변화를 촉구할 때 유용하게 쓰인다.

예문 7

수백만 년 전 인류가 오랜 진화 과정을 통해 지구상에 처음 얼굴을 내밀었을 때는 지구가 젊음의 격변기와 형성 초기의 격렬함에서부터 46억 년이나 되는 세월을 이미 보내고 중년기의 안정을 찾은 뒤였다. 그러나 현대에 들어와서 인류의 활동이 지구에 아주 새롭고 결정적인 영향을 미치는 요인으로 작용하기 시작했다. 우리의 지능과 기술이 기후와 같은 자연 현상에도 영향을 미칠 수 있는 힘을 부여한 것이다. 이 힘을 어떻게 사용할 것인가? 인류의 미래에 영향을 줄 수 있는 문제들에 대하여 무지와 자기만족의 만행을 계속 묵인할 것인가? 지구의 전체적 번영보다 단기적이고 국지적인 이득을 더 중요시할 것인가? 아니면 우리의 자녀와 손자 손녀를 위한 걱정과 함께, 미묘하고 복잡하게 작용하는 생명 유지의 전 지구적 메커니즘을 올바로 이해하고 보호하기 위해서 좀 더 긴 안목을 가져야 할 것인가? 알고 보니 지구는 참으로 작고 연약한 세계이다. 지구는 좀 더 소중히 다루어져야 할 존재인 것이다.

칼 세이건, 『코스모스』, 홍승수 옮김, 사이언스북스, 2006, 215쪽.

위 예문의 글쓴이는 본론에서는 지구가 소행성의 충돌이나 공전 궤도의 변화와 같은 우주로부터의 위협에 노출되어 있는 한편, 인류의 자기 파멸적 개발로 지구가 위협받고 있다는 사실을 설명했다. 글쓴이는 결말에서 지구가 천국이 될지, 지옥이 될지는 인류의 손에 달려 있다는 점을 환기시키면서 독자의 인식 변화를 유도하고 있다. 글쓴이는 문제 상황을 환기하면서 "알고 보니 지구는 참으로 연약한 세계이다. 지구는 좀 더 소중히 다루어져야 할 존재인 것이다."라는 인상적인 표현을 덧붙여 여운을 남기고 있다.

(2) 비유적인 표현을 활용하여 인상을 남기는 방법

글의 주제와 관련된 비유적인 표현을 활용하는 것은 독자에게 생각의 여지를 열어 주면서, 깊은 인상을 남기는 방식이 될 수 있다.

예문 8

고전을 재조명하는 작업은 어쩌면 오늘날처럼 속도가 요구되는 환경에서 너무나 한가롭고 우원(迂遠)한 일인지도 모릅니다. 그러나 현대 자본주의가 쌓아 가고 있는 모순과 위기 구조는 근본 담론을 더욱 절실하게 요구하는 상황이 아닐 수 없습니다. 바쁠수록 돌아가라는 금언이 있습니다. 길을 잘못 든 사람이 걸음을 재촉하는 법이기 때문입니다.

신영복,『강의: 나의 동양 고전 독법』, 돌베개, 2004, 47쪽.

예문에서 글쓴이는 고전의 중요성을 환기하면서 글을 마무리하는 데 비유를 활용하고 있다. "바쁠수록 돌아가라."라는 격언은 새롭지 않지만 글의 맥락에서 눈여겨볼 만한 문장의 역할을 하고 있다. 이것은 현대 사회의 위기와 대면할수록 근본적인 질문으로 돌아가야 한다는 의미로 고전 읽기의 중요성을 강조하는 역할을 하기 때문이다.

결말에서 활용한 비유적 표현을 서두 부분과 연결 지으면서 마무리할 수도 있다. 글의 앞부분에서 사용했던 비유나 격언, 인용문, 일화를 다시 언급하면서 글을 마무리하는 것도 독자에게 깊은 인상을 남기는 한 가지 방법이 될 수 있다.

(3) 요약 및 대안을 제시하는 방법

본론을 요약하고 대안을 제시하는 방식은, 글을 마무리할 때 가장 많이 쓰인다.

예문 9

국가 경제력(GDP), 수출, 1인당 국민 소득 등의 흔한 경제 지표로만 보면 한국은 확실히 선진 국가가 된 것처럼 보인다. 그러나 사회적 사망이라는 관점에서 보면 한국은 여전히 후진국이고 심각하게 병든 나라다. 아무리 좋게 생각해도 산재, 빈곤, 노조 탄압 등 사회적 불의로 매년 수천 명 이상이 죽는 나라를 결코 선진국이라 말할 수는 없다. 국민들이 비자연적 이유로 죽음을 맞이할 확률이 낮은 나라, 즉 약자가 안전하게 살 수 있는 나라가 선진국이다. 그래서 나는 '사회 건강', '생명 존중'을 새 사회 발전 지표로 만들어 대책을 마련해야 한다고 생각한다.

김동춘, 「'사회적 사망'과 사회 건강」, 『한겨레』, 2015. 5. 12.

예문에서 글쓴이는 본론에서 논의한 "사회적 사망"을 정리하고, 사회 발전을 위한 새로운 지표인 '사회 건강'을 제안하고 있다. 글쓴이는 본론의 내용을 요약하고 대안을 제시하는 방식을 써서 글을 마무리하였다.

결말에서 요약하는 방식을 활용할 때 주의해야 할 점이 있다. 마무리의 요약이 본론의 동어 반복에 그치고 있지는 않은지 점검해야 한다. 기계적인 요약이나 동어 반복은 독자의 흥미를 떨어뜨린다. 결말에 제시되는 요약은 본론의 내용을 심화하고 풍부하게 하면서, 독자에게 인상을 남길 수 있어야 한다.

본론에서 문제를 제기했다고 해서 결말에서 반드시 대안을 제시할 필요는 없다. 대안을 제시하는 일은 자기주장을 펼치는 과정에서 도모할 수 있는 고도의 단계에 속한다. 현실적인 대안을 도출하기 위해서는 먼저 문제를 정확하게 분석하고 기존의 대안을 충분히 검토하는 과정이 필요하다. 논리적으로 타당하나 현실성이 없는 대안은 대안으로서의 기능을 할 수 없다. 오히려 문제의 핵심을 정확히 파악하는 일이 대안을 마련하기 위한 의미 있는 출발점이 될 수 있다. 결말에서 대안을 만들어 내는 데 급급하기보다는 문제의 핵심을 환기시켜 주는 방식이 훨씬 더 효과적인 마무리가 될 수도 있다.

학습 활동

01 조별로 인상 깊은 글의 서두를 찾아 공유하고, 각 서두의 전략과 효과를 비교해 보자. 그리고 자신이 현재 구상하고 있는 글의 서두를 작성해 보자.

02 자신이 구상하고 있는 글의 논제와 연관된 신문 칼럼을 찾아서 어떤 방식으로 글을 마무리하고 있는지 확인해 보자.

참고 문헌

- 김동춘, 「'사회적 사망'과 사회 건강」, 『한겨레』, 2015. 5. 12.

- 김소영, 「달과 말라리아」, 『경향신문』, 2016. 7. 3.

- 김현미, 「누가 100퍼센트 한국인인가」, 이주여성인권포럼, 『우리 모두 조금 낯선 사람들』, 오월의봄, 2013.

- 도정일, 「(행복=소유÷욕망)인가」, 『한겨레』, 2006. 7. 28.

- 신영복, 『강의: 나의 동양 고전 독법』, 돌베개, 2004.

- 장대익, 「과학의 본질은 논쟁이다」, 『인간에 대하여 과학이 말해 준 것들』, 바다출판사, 2013.

- 장하늘, 『글 고치기 전략』, 다산초당, 2006.

- 정진오, 『세월을 이기는 힘, 오래된 가게』, 한겨레출판, 2015.

- 정희모 외, 『대학 글쓰기』, 삼인, 2008.

- 정희진, 「어머니는 말할 수 있을까?」, 『페미니즘의 도전』, 교양인, 2005.

- 진영복 외, 『현대 사회와 비판적 글쓰기』, 박이정, 2013.

- 홍세화, 『생각의 좌표』, 한겨레출판, 2009.

- 알랭 드 보통, 『뉴스의 시대』, 최민우 옮김, 문학동네, 2014.

- 조셉 윌리엄스, 『Style 문체』, 김영희·류광현 옮김, 홍문관, 2010.

- 칼 세이건, 『코스모스』, 홍승수 옮김, 사이언스북스, 2006.

10

고쳐쓰기

"고쳐쓰기는 흔히 글의 오류를 수정하거나, 문장을 다듬는 일 정도로만 생각하는 경향이 있다. 그러나 고쳐쓰기는 글쓰기의 의미를 다시 생각하게 하고, 다시 경험하게 만드는 재창작의 중요한 과정이다. 자신이 쓴 글을 다시 보면서 '무엇'을 썼는지, 그리고 '어떻게' 다시 고쳐 쓸 것인지를 고민하면서 더 좋은 글을 향해 나아갈 수 있다. 고쳐쓰기는 바로 완전한 글쓰기를 위한 고민에서 이루어지는 행위이다."

"좋은 글쓰기의 비결은 모든 문장에서 가장 분명한 요소만 남기고 군더더기를 걷어 내는 데 있다. 아무 역할도 하지 못하는 단어, 짧은 단어로도 표현할 수 있는 긴 단어, 이미 있는 동사와 뜻이 같은 부사, 읽는 사람이 누가 무엇을 하고 있는 것인지 모르게 만드는 수동 구문, 이런 것들은 모두 문장의 힘을 약하게 만드는 불순물일 뿐이다."

William Zinsser, 『글쓰기 생각 쓰기(On Writing Well)』

고쳐쓰기의 이해

1. 고쳐쓰기의 의미

　고쳐쓰기는 흔히 오류를 수정하거나 문장을 다듬는 일 정도로 생각하는 경향이 있다. 그러나 고쳐쓰기는 글쓰기의 의미를 생각하고 경험하게 되는 중요한 과정이다. 자신이 쓴 글을 다시 보면서 '무엇'을 쓸 것인가, 그리고 '어떻게' 쓸 것인가를 고민하게 되기 때문이다. 고쳐쓰기는 바로 이러한 고민에서 시작된다.

　글의 내용을 고민하며 고쳐 쓰는 과정을 통해서는 글이 담고 있는 사유를 심화시켜 나가기도 한다. 글에 논지가 분명하게 드러나 있지 않은 것은 표현이 명료하지 못하기 때문일 수도 있고, 내용을 충분히 숙고하지 않아서 명확하게 서술하지 못했기 때문일 수도 있다. 그럴 때는 글의 표현이나 구성을 검토하고 수정하는 과정을 통해 내용의 문제를 발견하고 개선해야 한다.

　다음 예문은 이와 같은 고쳐쓰기의 의미를 잘 보여 준다. 글을 고쳐쓰는 과정을 통해 다시 생각하게 되고, 지식과 사고를 정교화할 수 있다. 특히, 학술 글쓰기에서 이 과정은 아주 중요한 의미를 가진다. 개념이 명료하게 드러나도록 글을 고쳐 쓰는 것은 사고를 명료하고 구체적으로 정리하는 과정이다.

예문 1

　글쓰기의 정수는 바로 다시 쓰기에 있다. 극소수의 작가만이 말하고자 하는 바를 정확하게 표현할 수 있다. 우리 집에 케이블 TV를 설치해 준 회

사가 최근에 보내온 편지에 이런 문장이 적혀 있었다. "다음 달에 우리 전화를 업그레이드할 예정이오니, 연락이 어려울 것입니다." (중략) 본디 의미란 놀랍도록 규정하기 어렵다. 평생 글쓰기를 업으로 삼아 왔지만 나는 지금도 여전히 내가 쓴 모든 문장을 여러 번 다시 읽으며 애매모호하게 표현된 부분이 없는지 검토한다. 나는 누군가가 의미를 파악하기 위해 내가 쓴 문장을 두 번 읽기를 바라지 않는다. 당신이 만약 한달음에 글을 완성한 뒤 제대로 되었다고 여긴다면, 그 글을 읽는 사람은 분명 곤욕을 치를 것이다. 멩켄은 "인류의 0.8퍼센트만이 단 한 번의 시도로 이해 가능한 글을 쓸 수 있다."라고 말했다. 그가 수치를 약간 높게 잡은 것 같다. 서두름을 경계하라. 한달음에 '쉽게 쓴' 것처럼 보이는 글은 엄청난 노고의 산물이다. 글은 끊임없이 진화하는 유기체와 같다.

흥미롭게도 학교 일선에서는 이와 사뭇 다른 시각으로 글을 대한다. 지금까지 미국의 아이들은 작문을 완성된 건축물처럼 생각하도록, 그리하여 적재적소에 주제 문장이 들어가 있고, 철자에 오류가 없는 깔끔하게 정돈된 글을 쓰도록 교육받아 왔다. 최근에 들어와서야 글쓰기에 대한 중대한 관점의 변화가 일어났다. '결과'에서 '과정' 중심으로의 변화다. 글쓰기를 '과정' 중심으로 보는 관점은 한 편의 글을 완성하기 위해 거치는 과정, 즉 최상의 결과물을 빚어내기 위한 반복적인 다시 쓰기와 다시 사고하기를 강조한다. 과정이 훌륭하다면 결과는 자연스레 따라오기 마련이다.

결국 우리는 '왜 미국인은 글을 쓰지 못하는가'를 묻는 것과 더불어 '왜 미국인은 배우지 못하는가'를 물어야 한다. 이 두 문제는 서로 연결되어 있다. 글쓰기는 사고를 명료하게 정리하고 조직하는 행위다. 글쓰기는 우리가 어떤 주제에 접근해 그것을 자기 나름의 방식으로 이해하는 과정이다. 글쓰기는 내가 배우고자 하는 것에 대해 무엇을 알고, 무엇을 모르는지를 깨닫게 한다. 개념을 글로 표현하는 것은 창에 서린 성에를 닦아 내는 작업

> 과 비슷하다. 흐릿하고 모호했던 개념이 글을 쓰면서 서서히 명확하게 윤
> 곽을 드러내기 시작한다. 어떤 글이든—메모든, 편지든, 쪽지든—무언가를
> 쓰면서 우리는 비로소 진정으로 자신이 무엇을 말하고자 하는지 깨닫는다.
>
> 윌리엄 진서, 『공부가 되는 글쓰기』, 서대경 옮김, 도서출판 유유, 2017, 45~47쪽.

위 예문은 미국의 글쓰기 교육을 예로 들며 글쓰기 과정의 중요성을 강조하고 있다. 고쳐쓰기는 어떻게 표현할 것인가, 어떤 글로 쓸 것인가를 고민하면서 적합한 장르나 형식으로 완성해 내는 과정이다.

말은 하는 순간 사라지지만, 글은 문자로 기록되고 시공간의 한계를 넘어 여러 사람에게 읽힌다. 따라서 글은 맥락을 떠나서도 이해될 수 있도록 쓰여야 한다. 또한, 말해지거나 생각이 떠오르는 순서가 아니라 읽히거나 보이는 방식으로 편집되어야 한다. 즉, 글쓴이의 의도나 주제를 가장 효율적으로 표현하고 전달할 수 있게 구성하고 배열해야 한다.

다음 예문은 헤밍웨이의 글쓰기에 대한 글로, 고쳐쓰기를 효과적으로 활용한 예를 보여 준다. 독특하고 효율적인 방법으로 글을 관찰하고 검토했던 헤밍웨이의 글쓰기 방식을 살펴보자.

문장의 길이

헤밍웨이는 문장을 짧게 썼다. 그는 단순하고 직접적인 문장으로도 유명하다. 그러나 문장을 짧게 쓰기 위해 헤밍웨이가 얼마나 많은 노력을 기울였는지, 그리고 왜 문장을 짧게 쓰려고 했는지 대부분의 작가들은 잘 모르고 있다. 가장 큰 이유는 표현의 정확함 때문이다. 그가 신문 기사를 쓸 때 가장 중요하게 여긴 것이 표현의 정확함이었다. 오늘날에도 신문 기사는 그 어떤 글보다 명확하고 직접적인 문체로 쓰인다. 헤밍웨이는 복잡하지 않고 정확한 문장을 썼다. 그래야 독자가 잠깐 동안 기사를 대충 훑어보더라도 글쓴이의 논점을 파악할 수 있다고 생각했다.[1] 짧고 직접적인 문장은 표현의 정확함을 얻을 수 있는 방법이다. 특히 수정 작업을 할 때 이 말을 기억해 두면 도움이 될 것이다. 주저하지 말고 길고 복잡한 문장을 작은 조각으로 분해하라. 가독성이 높아진다. (중략) 그래서 헤밍웨이의 문장은 빠른 속도가 특징이다. 문장의 속도란 소리를 내어 읽든 속으로 읽든 문장이 읽히는 속도를 말한다. 헤밍웨이의 문장은 다른 작가들의 문장이 겨우 시동을 걸고 있을 때 혼자 총알을 타고 저만치 날아가는 듯하다.

용어 선택

용어 선택이란 말 그대로 단어의 선택이다. 헤밍웨이는 단순한 앵글로색슨 계열의 단어를 주로 사용한다. 물론 필요한 경우에는 전문 용어나 일반적으로 잘 쓰이지 않는 단어도 거리낌 없이 사용하지만 대개는 구어 중에서 가장 쉬운 단어를 선택한다. 포크너는 바로 이 점을 비난했다. "헤밍웨이는 겁쟁이입니다. 절대로 위험한 선택을 하지 않죠." 포크너가 대학의 문학 강의 시간에 학생들에게 한 말이다. "그는 무슨 뜻인지 궁금해서 독자들이 사전을 뒤져 볼 만한 단어는 여간해선 쓰지 않습니다." 물론 포크너는 헤밍웨이와 정반대 문체를 가졌던 작가다. 포크너의 비난에도 헤밍웨이의 직설적이고 직접적인 단어 선택은 엄청난 성공을 거두었다. (중략) 단순한 어휘를 사용하면 가독성이 크게 높아진다. (중략) 당신의 글이 지나치게 전문적인 느낌을 풍기거나 숨이 막히는 느낌이 들 때는 헤밍웨이의 방법을 시도해 보라.

당신의 페이지는 어떻게 생겼는가

글을 쓰다 말고 한 발 물러서서 자신이 써 놓은 글을 바라본 적이 있는가? 얼마나 자주 그래 봤는가? 나는 지금 실제로 물리적 거리를 두고 자신이 써 놓은 글을 바라본 적이 있는지 묻고 있다. 당연히 이런 의문이 들 것이다. "왜 그래야 하죠? 그렇게 떨어져서 보면 글씨가 너무 작아서 제대로 읽을 수도 없지 않나요?" 그것이 내 요점이다. 뒤로 몇 발짝 떨어져서 보려고 하면 글씨가 너무 작아서 제대로 볼 수 없다. 그 순간 눈에 들어오는 것은 글자가 아니라 페이지 전체의 모양이다. 페이지 전체가 어떻게 생겼는지 보는 것, 이는 생각보다 훨씬 중요한 문제다.

페이지의 전체적인 모습을 살펴보는 것은 잘 알려지지 않은 헤밍웨이의 작업 비밀 중 하나였다. 그는 빼곡하게 글이 들어찬 문단을 싫어했다. 그래서 문단이 옆으로 퍼지면서 뚱뚱해진다 싶으면 슬쩍 대화를 끼워 넣어 여백을 만들었다. 그가 특히 즐겨 쓴 방법은 두 인물이 짧은 대화를 주고받게 한 것이다. 알고 있는가? 이 기교가 시작된 건 2천 년 전으로 거슬러 올라간다. 최초로 이 기교를 만들어 낸 사람은 고대 그리스의 극작가들이었다. 그들은 이를 격행 대화라 불렀다. 문자 그대로 한 줄짜리 짧은 시나 대화를

뜻한다. (중략)

　당신의 작품에서도 똑같은 기법을 사용할 수 있을까? 물론이다. 당신의 페이지가 어떻게 생겼는지 파악하라. 이는 독자를 위한 배려다. 당신의 책을 읽고 있는 독자는 이미 당신이 말하는 내용에 관심을 갖고 있다. 그렇지 않았다면 당신의 책을 펼쳐 들었겠는가? 비록 의식하지는 못하겠지만 독자들은 한편으론 당신의 페이지가 어떻게 생겼는지에 대해서도 관심을 갖고 본다. 내 말이 이상하게 들린다면 서점에 나가 사람들을 관찰해 보라. 책을 구입하기 전에 책장을 넘기며 훑어보는 사람들이 쉽게 눈에 띌 것이다. 책을 잠깐 훑어보는 사이에 실제로 내용은 몇 줄 읽지 못한다 하더라도 적어도 페이지가 '어떻게 생겼는지'에 대한 인상을 결정하기엔 충분한 시간이다. 아예 내용은 단 한 글자도 읽지 않는 사람들도 많다.

　의식적으로 페이지 모습을 다듬어라. 비교적 쉽게 활용할 수 있는 기법이다. 가장 간단한 방법은 지나치게 긴 대사를 피하고, 대사를 다시 쓸 때는 불필요한 단어를 쳐내는 것이다. 인용 표시를 없애는 것도 한 방법이다. 일단 대화를 시작하면 '그는 말했다', '그녀는 말했다'와 같은 표현을 일일이 써 줄 필요는 없다. 대화는 정성껏 손질하면 손질할수록 틀림없이 더 잘 읽히고 깔끔해진다.

　긴 문단을 너무 많이 사용하지 마라. 긴 문단 사이에 짧은 문단을 끼워 넣어 보라. 이 기법의 대가는 찰스 디킨스였다. 그는 종종 한두 문장으로 이루어진 짧은 문단을 긴 문단들 사이에 끼워 넣었다. 덕분에 그의 페이지는 보기 좋아졌고 그도 그 사실을 잘 알고 있었다. 디킨스 이후 많은 작가들이 짧은 문단을 중간에 집어넣어 긴 문단을 분리한다. 이는 현대 산문이든 고전 산문이든 어디에서나 볼 수 있다. 명심하라. 독자가 책을 훑어볼 때 눈에 가장 먼저 띄는 것은 페이지의 모습이다. 긴 문단이 너무 많으면 독자들은 대번에 '겁부터 집어먹는다'. 현대 독자들은 여백을 사랑한다. 여백은 솔깃한 유혹이고 더 재밌게 책을 읽을 수 있게 해 준다.

윌리엄 케인, 『거장처럼 써라』, 김민수 옮김, 이론과 실천, 2011, 228~240쪽.

1) 조이스 캐럴 오츠는 헤밍웨이의 절제된 문체를 가리켜 "감수분열하는 문장"이라고 불렀다. 헤밍웨이는 이러한 효과를 얻기 위해 종종 초고를 수정하면서 처음에 썼던 단어의 3분의 2를 걸러 내는 작업도 마다하지 않았다.

위 예문처럼 자신이 쓴 글의 단락 길이와 배열을 점검하면서 글의 구성과 흐름을 파악할 수 있다. 또한 문장을 짧게 수정하다 보면 생각이 명료하게 정리되고, 쉼표와 접속어를 다시 살펴보면 문장을 자연스럽게 만들 수 있다.

간결한 문장은 논리를 명확히 드러내기 때문에 눈에 잘 띄지 않는 오류도 쉽게 드러난다. 사전을 이용하여 쉽고 일상적인 단어를 찾아보거나, 단어들 사이의 미묘한 차이를 느껴 보는 것도 적절한 표현을 찾는 유용한 방법이다. 이와 같이 글의 표현과 형태를 살펴보고 고치는 일은 내용을 고쳐 쓰는 일 못지않게 글의 전달력과 완성도를 높여 준다.

2. 고쳐쓰기의 방법

(1) 고쳐쓰기의 대상과 항목

초고를 쓴 후에 글을 다시 읽어 보면 단번에 고치기가 어려울 만큼 문제가 복잡하다고 느낄 수 있다. 주제는 빈약해 보이고, 논리 전개도 자연스럽지 못해 보일 수 있다. 하나씩 고쳐 나가다 보면 아예 처음부터 다시 쓰는 것이 편할 때도 있다. 고쳐쓰기는 이처럼 쉽지 않은 과정이므로 구체적 절차와 방법이 필요하다.

고쳐쓰기를 할 때에는 내용과 형식을 구별하면서 전체에서 작은 부분으로, 단계적으로 접근해 나가야 한다. 각 단계에서 검토해야 할 구체적 항목을 설정해야 하며, 무엇을 고칠 것인지 분명하게 인식해야 한다. 글을 최종적으로 완성하기까지는 이와 같은 과정을 여러 차례 반복한다.

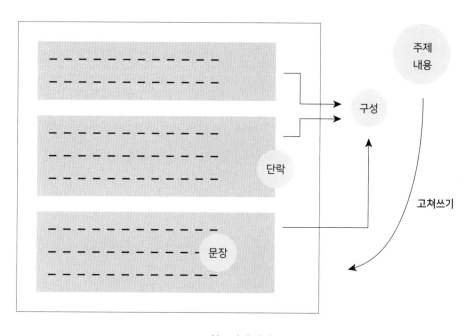

고쳐쓰기의 대상

처음에는 '주제'를 포함하여 내용을 전체적으로 살펴본다. 주제가 분명하게 드러나는지, 빠진 내용이나 논거는 없는지, 또는 주제를 벗어나거나 불분명한 표현은 없는지 검토한다. 그런 후에 필요한 내용을 추가하거나 불필요한 내용을 삭제한다. 또 내용상의 논리에도 무리가 없는지 점검한다.

다음으로는 내용의 논리에 맞게 글이 '구성'되었는지 검토한다. 글쓴이의 생각은 일차적으로 구성을 통해 설득력 있게 표현되고 전달되기 때문이다. 문제 제기, 주장, 논거, 반론, 대안 제시 등 논리적 요소들이 적절히 단락을 이루고 자연스럽게 연결되는지 검토한다. 또한, 주제를 구현하기에 적절하게 전개되었는지도 살펴보고 수정해야 한다. 이 단계에서 단락 재배치와 함께, 내용을 추가하거나 삭제하는 작업도 한다.

다음으로 '단락'의 구체적 내용이나 서술을 고쳐 쓴다. 각 단락이 간결하고 분명하게, 적절한 기능을 하도록 수정해야 한다. 단락의 핵심 문장을 확인하여 그 위치나 표현이 적절한지 점검하고, 이를 뒷받침하는 문장과도 긴밀하게 연결되도록 고쳐 쓴다.

마지막으로 '문장'을 다듬는다. 문장은 글쓴이가 말하려는 주제를 표현하는 기본 단위이다. 하나의 문장이 하나의 생각을 담고 있는지, 지나치게 길거나 복잡하지 않은지, 또 문장 성분들이 제대로 갖추어져 있으며 서로 어울리는지 면밀하게 검토해야 한다. 이러한 수정 과정을 거쳐야만 정확한 의미를 전달하는 문장으로 다듬어 갈 수 있다.

고쳐쓰기의 단계

각 단계에서 점검해야 할 구체적인 내용은 다음과 같다.

고쳐쓰기의 대상과 기준		검토 항목
주제 내용	· 주제의 명료함 · 내용의 독창성	■ 주제가 의미 있고 잘 드러나는가? ■ 글쓴이의 생각이나 관점이 드러나는가? ■ 주제에서 벗어나거나 빠진 내용은 없는가?

구성	· 논리적 흐름 · 글의 구성	■ 글쓴이의 생각이 논리적으로 전개되었는가? ■ 단락의 기능이 분명한가? ■ 단락들이 논리적으로 배열되고 있는가?
단락	· 단락의 의미 기능 · 연결성, 일관성 · 단락 구성	■ 단락의 핵심 문장이 잘 드러나는가? ■ 뒷받침 문장이 긴밀하게 연결되었는가? ■ 문장 간에 사용된 지시어, 연결어는 적절한가?
문장	· 정확성 · 간결성	■ 한 문장이 하나의 생각을 표현하는가? ■ 문장의 각 부분들이 서로 잘 어울리는가? ■ 표현이나 용어는 적절한가?

고쳐쓰기에서 중요한 일은 쓴 글을 읽고 검토하는 것이다. 이 과정에서는 특히 자신의 글을 객관적으로 볼 수 있어야 한다. 그러려면 초고를 완성한 후에 어느 정도 시간적 간격을 두었다가 나중에 글을 다시 살펴보는 것이 좋다. 시간이 흐르면 생각에 변화가 일어날 수도 있기 때문에, 시간을 두고 글을 다시 읽으면 고쳐야 할 내용이 더 잘 보인다.

구성, 단락, 문장 등 층위를 나누어 살펴보거나 단계적으로 고쳐 쓰는 것도 자신의 글에 거리를 두면서 고쳐쓰기를 할 수 있는 방법이다. 글을 출력하여 인쇄물 형태로 보면 전체를 한눈에 볼 수 있을 뿐만 아니라, 단락을 잘 구분할 수 있고 적절한 분량으로 채워졌는지, 논리적으로 배열되었는지도 쉽게 파악할 수 있다. 문장을 고칠 때 소리를 내어 읽는 것도 좋은 방법이다. 내용이나 논리가 분명하면 문장이 더 잘 읽히기 때문이다.

이와 같이, 글을 읽고 검토하는 과정에는 글쓰기에 대한 전문 지식과 방법, 객관적 시선이 필요하다. 그래서 교수자와 동료의 논평을 듣는 것도 의미가 있다. 그들은 낯선 시선을 가진 독자이기 때문에 잘못된 내용이나 표현을 쉽게 발견한다. 글쓴이가 깨닫지 못하는 습관이나 오류를 찾아내기도 하고, 내용에 대한 새로운 관점을 제시해 주기도 한다. 이런 과정들은 글쓴이의 시각을 넓혀 줄

뿐만 아니라 논의를 심화하는 데 도움을 주기도 한다. 반론을 고려하면서 자신의 주장에 대한 논증을 더 튼튼히 세울 수 있기 때문이다.

그럼에도 동료들의 조언에 대해 판단하고, 글에 반영하는 일은 결국 글쓴이의 몫이다. 따라서 글쓴이는 각각의 행위나 과정이 지닌 의미를 제대로 알고, 또 충분히 활용할 수 있어야 한다.

다른 사람들과 글에 대한 논평을 주고받을 때에는 서로 쉽게 이해할 수 있는 지침이 필요하므로 검토할 항목을 정하고, 정해진 약호를 사용하는 것이 좋다.

고쳐쓰기를 위한 약호

■ 주제와 구성에 관한 고쳐쓰기

<주제>	주제가 불분명한 경우
<논거>	주장의 근거 제시가 미흡하거나 부적절한 경우
<사례>	사례 보완이 필요한 경우

■ 단락에 관한 고쳐쓰기

<소주제문>	단락 내의 핵심 문장이 불분명한 경우
<뒷받침 문장>	뒷받침 문장이 핵심 문장에 긴밀히 연결되지 않는 경우
<논리>	문장이나 단락 사이의 논리적 연관 관계가 성립되지 않는 경우
<반복>	같은 내용이 반복되는 경우
<지시>	지시어가 적절히 사용되지 않은 경우
<연결>	연결어가 적절히 사용되지 않은 경우

■ 문장에 관한 고쳐쓰기

<주술>	주어와 서술어가 어울리지 않는 경우
<비문>	문법에 맞지 않는 문장
<긴 문장>	문장이 길거나 논리가 명확하지 않은 경우
<생략>	어휘나 표현을 생략해야 할 경우
<피동>	불필요하게 피동문으로 쓰인 경우
<어휘> <표현>	어휘나 표현이 적절하지 않은 경우

- 글을 성실하고 꼼꼼하게 읽어 글쓴이의 의도를 충분히 이해하려고 노력한다.

- 구체적인 대상이나 항목을 중심으로 검토한다.

- 부분적인 오류나 실수보다 전체적 내용과 흐름을 파악한다.

(2) 초고 검토와 수정 계획: 구성과 단락

이제 구체적인 고쳐쓰기 방법들을 살펴보자. 먼저, 글을 읽어 보고 전반적인 수정 방향이나 계획을 세운다. 글의 구성에 대해서는 개요 형식으로 써 보는 것이 좋다. 단락별로 읽고 검토한 내용을 기록하며 세세한 수정 방법도 메모한다. 필요 없는 내용은 삭제하고, 추가하거나 보완할 부분은 미리 준비하거나 간단히 써 본다.

- 글 전체를 훑어본 후 주제를 파악하고, 제목에 대해서도 생각해 본다.
- 구성이 적절한지 살펴본 후에 수정 계획과 방향을 개요 형식으로 쓴다.
- 단락별로 검토한 내용을 기록하고 구체적인 수정 방법도 메모한다.
- 원고에 직접 삭제할 부분이나 추가, 보완할 부분을 표시한다.

초고 검토의 첫 단계에서는 글 전체의 수정 방향이나 집중적으로 수정해야 할 부분에 대해서 판단한다. 글의 주제를 생각하면서 부족한 내용을 보충하는 것도 이 단계에서 해야 할 일이다. 초고를 읽으면서 전체적 흐름이나 구성, 내용을 검토하고 수정 방향을 세운 후에 수정 사항과 방안을 기록한 것이 '수정 개요'이다. 수정 개요는 초고 검토안인 동시에 고쳐쓰기 계획안이다. 다음의 예와 같이 한눈에 볼 수 있는 간결한 형식으로 수정 개요를 작성한다.

현재의 단락 구성에 대한 검토 내용

- 앞의 세 단락이 서론, 본론의 구분 모호함. 논리적 전개 위한 단락 재배치 필요
- 단락 1에는 글 전체의 이론적 전제가 될 개념('사회 방언')이 소개됨, 본론의 분석 방향을 암시하고 있음.
- 단락 3에 서론에 들어갈 만한 문제 제기 등장, 젊은이들의 언어 사용에 대한 문제 제기와 시각에 대한 언급(화제 제시)
- 세 단락은 서론으로 보기에는 내용이 다소 긴 편. 본론과의 경계 모호

구성에 대한 수정 방향

- 서론: 젊은이들의 언어 사용은 정말 문제이기만 한가(두 단락을 한 단락으로 통합)
  - 문제가 되고 있는 젊은이들의 언어 사용 사례들
  - 사회나 미디어의 시각, 언급

- 본론: 젊은이들의 언어 사용 양상에 대한 사회적 접근
  - 언어 사용의 사회적 변이 개념('사회 방언')

<예문 4(310쪽)>에 대한 수정 개요

    고쳐쓰기를 할 때에는 다음과 같이 검토한 내용을 초고에 직접 메모하기도 한다. 단락별 의미나 기능을 살펴보면서 각 단락 옆에 이를 메모해 놓으면 수정해야 할 방향을 생각하는 데 도움이 되므로 다음과 같이, 단락 옆에 검토한 내용이나 수정 방향을 구체적으로 작성한다. 수정할 부분이 많거나, 문장 오류가 있는 부분은 직접 글 위에 기록한다.

인간이 다른 사람과 협력하여 살아가기 위해서는 언어가 반드시 필요하다. 인간의 사회적 생활과 일은 언어 사용을 필요로 하고, 언어 사용은 인간의 생활과 일에 의해 결정된다. 언어는 사회적 필요에 따라 만들어진 사회적 약속이지만, 사회 내에서도 다양한 모습을 보인다. 계층, 성별, 연령, 지역 등 다양한 요인에 따라서 언어는 달라진다. 이렇게 사회학적 변수에 따라서 달라지는 언어적 변이를 사회방언이라 한다. 사회방언에는 여러 가지가 있지만 특히 우리나라에서 크게 논란이 되고 관심을 받는 것 중에 하나로 연령에 의해 생겨난 사회방언, 즉 젊은이들이 사용하는 언어가 있다.

◀ 단락 1: 언어 사용의 다양한 사회적 변이 개념
- 이론적 개념과 시각(사회적 요인에 의한 변이 양상), 글에서 취할 관점 제시
- 글 전체에서 차지할 논리적 위치를 염두에 두지 않은 단순한 개념 서술

젊은이들의 언어 사용 현황을 살펴보면 다음과 같다. 실제 있는 말을 줄여서 사용하는 줄임말(예를 들어 '생일 선물'을 줄여 '생선', '행복하십시오'를 줄여 '행쇼' 등이 있다.) 욕설 및 비속어, 한국어 또는 외국어를 조합하여 만든 합성어(예를 들어 아니라는 뜻의 영어 낫(not)과 인간이라는 뜻의 일본어 닝겐을 합쳐서 너무 뛰어나서 인간이 아닌 것 같다는 뜻의 '낫닝겐', 아니다 또는 없다는 뜻의 영어(no)와 한국어 재미를 합쳐서 재미가 없다는 뜻의 '노잼' 등이 있다.), 게임 용어, 오타나 소리 나는 대로 또는 자음으로 적는 것(예를 들어 인정을 'ㅇㅈ', 환전을 '오나전', 어떡해 또는 어떻게를 '어떠케'라고 적는 것 등이 있다.), 의성어와 의태어(예를 들어 쓰담쓰담, 부들부들, 또르르 등이 있다.) 등을 많은 젊은이들이 의사 소통을 하는 과정에서 자주 사용하고 있다.

◀ 단락 2: 실제 젊은이들의 언어 사용 사례 또는 실태
- 사례를 문제 제기로 언급할지, 본론에서 제시할지 고민

이러한 언어 사용에 대해서 사회적인 인식은 어떨까? 대부분의 언론 매체에서는 이러한 현상을 부정적으로 인식하고 있다. 기존의 한국어를 외국어와 섞거나 맞춤법이나 한국어 문법을 제대로 지키지 않는다는 관점에서 한국어 파괴 현상이라 보기도 한다. 또한 이러한 한국어 사용이 습관화되어 나중에 나이를 먹어서도 무의식적으로 잘못된 한국어를 사용할 수 있다고 생각된다. 그리고 잘못된 언어 사용으로 인해 어휘력이 떨어지고 그

◀ 단락 3: 미디어나 사회의 시각에 대한 문제 제기
- 서론의 핵심, 문제의식(핵심 문장)이 드러난 부분
- 단락 2, 3을 재구성해 서론의 핵심적 문제의식(단락 3)을 부각하는 서론으로 수정

로 인해 사고력의 발달에도 부정적 영향을 끼칠 것이라 생각하는 사람들이 있다.그 외에도 지나친 욕설과 비속어의 사용으로 인간 형성에 악영향을 끼치기도 하고 위의 세대가 알아들을 수 없는 용어 사용으로 인해 세대 간의 소통이 단절되는 원인으로 젊은이들의 언어 사용을 이야기하기도 한다. 그래서 이와 같은 많은 사람들이 더 이상 이러한 언어를 사용하지 말아야 한다고 주장한다. 이 글에서는 이러한 젊은이들의 언어 사용의 원인은 무엇인지 그리고 언론매체에서 이야기하는 것처럼 젊은이들의 언어 사용이 정말 문제가 있어 병화해야 하는 것인지에 대해 이야기 하고자 한다.

초고에 검토 내용 메모하기

(3) 단락 속의 문장과 문장 연결

단락을 짜임새 있게 고쳐 쓰기 위해서는 단락의 문법을 이해해야 한다. 먼저, 단락의 핵심 내용이 분명하고 그것을 뒷받침하는 논의가 충분히 이루어지며 다음 단락으로 잘 이어지면 논리적 일관성coherence을 갖추게 된다. 다음으로, 내용상의 논리는 겉으로도 잘 구현되어야 한다. 적절한 표현을 통해 단락 내 문장들이 긴밀히 연결되고, 하나의 단락으로서의 통일된 느낌을 갖추어야 한다. 이것을 단락의 응집성cohesion이라고 한다.

일반적으로 초고 단계에서는 내용의 논리가 정리되지 않고 문장 간의 관계가 정교하게 표현되지 않는 경우가 많다. '-고'나 '-며'와 같이 논리 차이를 두지 않는 비슷한 표현을 사용하거나 비슷한 의미의 서술을 반복하기도 한다. 예를 들면, 언뜻 보면 비슷해 보이는 '그러나', '그런데', '그럼에도 불구하고'는 앞뒤 문장 간의 논리를 다르게 표현한다. '그리고', '또', '또한' 역시 마찬가지이다. 경우에 따라서는 접속 표현 없이 다음 문장을 쓰는 것이 더 자연스러울 때도 있다.

논리적 일관성과 응집성을 갖추기 위해서는 단락의 의미와 기능을 생각하며 단락 안에서 문장을 구성하고 배치하는 방식으로 검토하고 고쳐 쓰는 연습이 필요하다. 특히 문장을 수정할 때에는 하나의 문장이나 이어지는 두 문장이 아니라, 단락을 이루는 여러 문장들을 한눈에 보면서 고치는 것이 좋다. 단락 전체의 문장들을 하나의 그림이나 지도처럼 시각적으로 파악하는 것이다. 이때 불필요한 부분을 지워 내용의 통일성을 유지하면서, 같은 대상에 대한 표현들을 연관되게 하여 응집성을 유지하는 것이 중요하다.

응집성은 대상을 동일한 단어로 표현한다고 유지되는 것이 아니다. 오히려 맥락에 따라 다른 형태로 변환할 때 문장들이 긴밀하게 연결되며, 응집성이 높아질 수 있다. 예를 들어, 동일한 주어라 해도 위치에 따라 표현은 달라진다. 첫 문장에서 대상을 특정하는 이름을 썼다면, 이어지는 문장에서는 지시 표현을 쓰거나 생략하는 것이 자연스럽다. 이렇게 쓴 글은 흐름이 끊기지 않고 한 호흡으로 읽히기 때문에 이해하기 쉽다.

또한, 초고에는 지나치게 많은 의미를 담은 문장이 있을 수 있고, 각 문장들이 제각각 떨어져 있는 느낌을 줄 수도 있다. 따라서 고쳐 쓸 때에는 하나의 단락, 또는 이어지는 단락들을 쉬지 않고 한 번에 읽을 필요가 있다. 특히 한 단락은 처음부터 끝까지 집중해서 읽어야 한다. 그래서 마치 한 단락이 한 문장처럼 막힘없이 읽히도록 자연스럽게 연결되는지 주의를 기울여 살펴보아야 한다. 다음 예문을 통해 응집성의 문제를 조금 더 살펴보자.

예문 3

① <u>〈그녀〉</u>는 상투적인 로맨스 영화의 틀을 갖추고 있으나 그럼에도 충분히 특별해 보이는 영화다. ② *'이 영화가' 생략* 연애의 과정에 존재하는 다채로운 면면을 단순히 드라마틱한 이야기의 차원으로만 환원시키지 않았기 때문이다. ③ <u>이 영화는</u> 그런 표정들을 시청각적 경험으로 체험하게 한다. ④ 처음에 <u>관객은</u> 주인공 남녀의 대화, 웃음소리, 숨소리에 집중하게 된다. ⑤ 그러다 *'그들은' 생략* 시간이 조금 흐르면 호아킨 피닉스의 얼굴에 전보다 더 집중하고 있는 자신을 발견할 수 있다. ⑥ *'그들은' 생략* 두 캐릭터 사이의 모든 소통이 청각적 신호로만 이루어지다 보니 역으로 배우의 얼굴이 전달하는 시각적 신호에 훨씬 더 예민하게 감응하는 것이 가능해지는 것이다. ⑦ 그리고 *'그들은' 생략* 뒤에 가서는 다시 인간의 목소리 속에 담겨 있는 풍부한 표정에 빠져들게 된다.

이후경, 「인공 지능 운영 체제와의 연애 〈그녀〉」, 『씨네 21』, 2014. 5. 21.

위 글은 단락 전체에 두 가지 주어가 몇 가지 형태로 나타난다. 첫 문장(①)에 나타난 영화 제목 "그녀"는 두 번째 문장(②)에서는 생략되고, 다음 문장(③)에서는 "이 영화는"으로 실현된다. 다양하지만, '특정 표현－생략－지시'라는 일정한 흐름을 따라 자연스럽게 읽힌다.

단락의 후반부로 가는 다음 문장(④)에는 새로운 주어 "관객은"이 나타난다. 여기에서부터 단락의 마지막까지(⑤~⑦)는 이 주어가 모두 생략된다. 그러나 주어의 생략에도 "그러다"(⑤), "그리고"(⑦) 등의 접속어가 적절히 사용되어 논리적 흐름을 잃지 않고 짜임새 있는 단락을 이루고 있다.

또한, 이 단락은 일곱 개의 문장으로 이루어졌음에도, "이 영화는", "관객은"이라는 단 두 개의 주어, 즉 두 대상을 중심으로 서술되어 읽는 이의 부담을 덜어 준다. 지시와 생략, 또는 접속어를 통해 일관된 주술 관계, 문장 구조를 유지한 것도 힘들이지 않고 내용과 논리를 이해할 수 있게 하는 장치이다.

만약 지금 검토하고 있는 글이 잘 읽히지 않거나, 쉽게 파악되지 않는다면 단락 속의 문장들이 제각각 떨어져 있지 않은지, 혹은 논리가 엉켜 있지 않은지 살펴보아야 한다. 문장이 간결하게 정리되고, 긴밀하게 연결되면 글의 흐름이 더 쉽게 눈에 들어온다.

학습 활동

01 인터넷 매체와 공간에서는 특정 키워드가 검색되도록 키워드가 자주 노출되거나 내용과 무관한 단락 편집이 나타나기도 하고, 다양하고 자유로운 형식의 글들도 등장한다. 다음 예문은 인터넷판 주간지에 실린 음악 칼럼으로, 원문에서 단락을 이어 붙인 상태이다. 내용의 흐름이나 논리에 맞게 단락을 구성해 보자.

> **예문**
>
> 4월 17일, 18일 서울에는 비가 촉촉이 내렸다. 바람이 불었다. 벚꽃이 졌다. 땅은 온통 분홍빛 점들로 가득했다. 아스팔트에 펼쳐진 밤하늘 같았다. 나는 전날의 서울 잠실종합운동장 올림픽주경기장을 떠올렸다. 콜드플레이의 첫 내한 공연, 무대 앞과 객석을 가득 채운 5만 개의 팔찌가 내뿜던 빛을. 그 빛이 모이고 흔들리며 함성과 합창 속에서 이지러지던 우주를. 4월 15일 해가 질 무렵 올림픽주경기장에 도착했다. 스탠딩 입장을 위해 낮부터 기다린 이들이 올린 사진과 글로 이미 소셜 네트워크 서비스(SNS)가 빼곡했다. 분위기를 짐작할 수 있었는데도 막상 도착해 깜짝 놀랐다. 티셔츠와 에코 백 등 콜드플레이 관련 물품을 파는 부스 앞에 줄이 길게 늘어서 있었다. 일본 공연장에서나 볼 수 있는 풍경이었다. 일부 아이돌 콘서트를 제외하면 국내에서 티셔츠를 사려고 관객이 이렇게 줄 서 있는 걸 본 적이 없다. 마니아를 제외하면 밴드 티셔츠를 평소 입고 다니는 사람이 거의 없는 현실에서, 인증 샷을 찍는 것으로 모자라 물건으로 이 시간을 기념하고자 하는 욕망의 밀도를 확인할 수 있었다. 콜드플레이의 음반·음원 매출이 국내 시장에서 비교적 상위권에 드는 건 사실이다. 하지만 'I'm Yours'

로 공전의 인기를 기록한 제이슨 므라즈, 신보가 나오는 족족 빌보드 차트는 물론이고 국내 음원 차트에서도 강세를 보이는 마룬 5에 비하면 체감 인기는 떨어지는 편이다. 그럼에도 현장 열기는 그들의 공연장에서 느껴지는 수준을 압도했다. 첫 내한 공연이라는 프리미엄이 있고, 현대카드 슈퍼콘서트 시리즈라는 브랜드도 있다. 이런 요소가 맞물려 수백 대 일이라는 예매 전쟁이 가능했다. 하지만 이것만으로는 부족하다. 21세기에 이름을 알린 해외 음악가 가운데 콜드플레이의 공연은 가장 관객 친화적이자 상호작용에 충실하기로 정평이 나 있기 때문이다. 관객이 콜드플레이의 히트곡 'Viva La Vida'를 합창하며 공연 시작을 재촉하는 가운데 저녁 8시 10분쯤 무대 조명이 꺼졌다. 환영 함성이 울려 퍼졌다. 통상적인 공연이라면 바로 입장 음악과 함께 밴드가 등장하고 첫 곡을 시작했을 테지만, 이번엔 밴드의 아시아 투어를 위한 영상이 흐르며 분위기를 한껏 고조시켰다. 그리고 마침내 "우주 최강 밴드 콜드플레이를 소개합니다."라는 멘트와 함께 카운트다운이 울려 퍼졌다. 숫자가 제로(0)가 되는 순간, 마리아 칼라스의 'O Mio Babbino Caro'를 배경으로 그들이 등장했다. 첫 곡 'A Head Full of Dreams'가 무지갯빛 조명과 함께 시작됐다. 자신들의 공연에 기승전결 따위는 없다는 듯, 오직 기선 제압만 있다는 듯 시작부터 불꽃이 터지고 무빙이 돌아갔다. 그리고 콜드플레이 공연의 전매특허이자 많은 팬이 기다려왔던 자이로 밴드(발광 팔찌)가 스탠딩과 지정석을 막론하고 무지갯빛을 뿜어내기 시작했다. 자이로 밴드는 안에 LED(발광 다이오드)와 센서가 내장된 플라스틱 팔찌다. 공연장에서 흔히 볼 수 있는 야광봉을 생각하면 곤란하다. 이 팔찌 조명을 음향·조명 부스에서 일괄 조절하기 때문이다. 중앙에서 라디오 신호를 쏘면 각각의 팔찌가 반응하는 식이다. 점멸은 물론이고, 색상과 위치까지 조절할 수 있다. 노랑과 빨강, 파랑과 초록 등 그때그때 곡 분위기에 맞는 색깔로 반응하며 위치에 따라 다른 색으로 빛나기도 한다. 2011년 독일의 한 기술자가 콜드플레이 공연을 보던 중 'Fix You'에 영감을 받아 이 장치를 개발했고, 그들에게 공연에 도입할 것을 제안했다. 이후 지금까지 자이로 밴드는 콜드플레이 투어의 트레이드마크처럼 쓰이고 있다. 이 장치로 현대 콘서트에서 중요한 위치를 차지하는 조명은 무대에서 객석으로 확산됐다. 무대에서 뿜어내는 스펙터클이 전부가 아닌, 밴드 또한 객석의 장관을 바라보며 함께 공연을 만들어 낼 수 있게 된 것이다. 5만 개 별이 형형색색 시시각각으로 빛나는 가운데 콜드플레이는 신곡과 히트곡을 이어 갔다. 데뷔 히트곡 'Yellow'는 세월호 3주기이기도 했던 4월 16일 공연에서 10초간 묵념과 함께 시작돼 희생자를 추모하는 노래가 됐다. 이어 대표적인 히트곡 'Fix You'와 'Viva La Vida'가 연이어 연주되며 객석은 감동과 흥분의 절정을 찍었다. 공연 내내 이어지던 객석의 '떼창'도 이 두 곡에서 가장 높은 목소리로 울려 퍼졌다. 이 두 곡은 근래의 한국 사회와도 관계가 있다. 이른바 '세월호 정국'이 이어지던 때 한 종합 편성 채널 뉴스에서 'Fix You'를 사용한 적이 있었다. 이 영상은 인터넷에서 많은 공감을 얻었고 보는 이의 눈가를 적셨다. 이 곡은 비단 한국뿐 아니라 여러 나라에서 우리 시대 대표적인 위로의 노래로 통하기도 한다. 크리스 마틴의 노래를 따라 부르며 나 역시 눈물이 흘렀다. 이어진 'Viva La Vida'는 몰락한 왕의 이야기를 그린 노래다. 2008년 발표한 이래 콜드플레이의 대표적 앤섬(anthem)으로 자리 잡았다. 탄핵 정국에서 이 노래는 집회 참여를 독려하는 영상에도 종종 삽입되곤 했다. 그땐 대통령 탄핵과 구속을 염원하는 촛불의 송가로 광장에 퍼졌다면, 이제는 그때를 돌아보는 개선 행진곡이 돼 잠실벌을 울렸다. 음악의 절정은 그렇게 찾아왔다. 2시간 동안 펼쳐진 공연에서 콜드플레이는 20년간 흘러온 대중음악의 트렌드를 음악으로, 연출로 보여 줬다. 스탠딩과 지정석 사이 간이 무대에서 버스킹 같은 형식으로 어쿠스틱 공연을 선보였고, 최근 페스티벌계의 대세인 일렉트로

닉 댄스 뮤직(EDM) 스타일의 연출로 객석을 거대한 춤판으로 만들기도 했다. 자이로 밴드로 대표되는 기술과 연출, 메인 무대와 보조 무대를 오가는 공간 활용, 장르를 넘나드는 다양한 경험이 어우러졌다. 이 극적이고 화려한 엔터테인먼트를 보면서 새삼 콜드플레이 성공 비결의 본질을 깨달았다. SNS와 모바일 시대에 최적화된 무대였다. 록 스타의 신화와 제의적 가치가 무너진 시대다. 이제 사람들은 공연장에서 눈 대신 스마트폰 카메라에 기억을 기록한다. 그리고 SNS에 인증하고 자랑한다. 그러나 현장의 경험은 액정과 스피커에 온전히 담을 수 없는 법이다. 무대에서 멀수록 그 한계는 더하다. 이때 자이로 밴드가 펼치는 환상적인 풍경과 멀리 앉아 있어도 지정석까지 다가오는 모습이 담긴다면? 공연을 보는 사람은 뿌듯하고 온라인으로 연결된 이는 생생한 부러움을 느낄 것이다. 그 시간, 그 자리의 스펙터클이 각자의 이미지로 전달될 수 있는 것이다. 그렇기에 콜드플레이의 공연이 점점 커질 수밖에 없고 한국에서도 10만 명이라는 기록적인 관객을 모을 수 있었으리라. 콜드플레이는 그렇게 현대 콘서트가 가야 할 방향을 제시하고 한국을 떠났다. 혼자 온 사람에게는 행복을, 친구와 온 사람에게는 연대를, 연인과 온 사람에게는 사랑을 선물하고 떠났다.

김작가, 「5만 개 팔찌에게 준 우주 회장 밴드의 선물」, 『주간동아』, 2017. 4. 25.

02 다음은 말과 글이 표현되는 방식의 차이를 설명한 글이다. ①은 구술성이 남아 있어 문장이 짧고 나열적이다. 문장들 간의 논리는 맥락 속에 숨어 있다. 그러나 글에는 다양한 지시, 연결 표현이 사용되어 단락이 구성된다. ②에 '~을 때, ~으며, ~고, ~이라(고)' 등의 연결 표현이나 '한편, 그때, 그러자, 이어서, 이리하여' 등의 접속 표현을 넣어 글을 완성해 보자. 그리고 ①과 ②를 이해할 때 어떤 차이가 있는지 이야기해 보자.

구술 양식으로서 우리에게 익숙한 예는 〈창세기〉 1장 1~5절에 있는 천지 창조 이야기다. 두에(Douay)판 성서(1610)는 아직 구술 문화의 영향이 남아 있고 히브리어 원전이 지닌 첨가적인 양식에 가깝다.

① 태초에 하나님이 천지를 창조하시니라. 땅이 혼돈하고 공허하며 흑암이 깊음 위에 있고 하나님의 신은 수면에 운행하시니라. 하나님이 가라사대 빛이 있으라 하시매 빛이 있었고 그 빛이 하나님이 보시기에 좋았더라. 하나님이 빛과 어둠을 나누사 빛을 낮이라 칭하시고 어둠을 밤이라 칭하시니라. 저녁이 되며 아침이 되니 이는 첫째 날이니라.

『뉴 아메리칸 바이블(New American Bible)』(1970)에 와서는 쓰기와 인쇄의 영향을 받아 현재와 같이 번역되었다.

② 태초에 신이 천지를 창조했을 때, 땅은 형체 없는 황무지였으며 어둠이 심연을 뒤덮고 있었다. ___ 강풍이 물 표면을 휘젓고 지나갔다. _____ 신이 "빛 있으라."라고 말했다. _____ 빛이 있었다. 신은 빛을 보고 좋다고 했다. _____ 신은 빛과 어둠을 나누었다. 신은 빛을 '낮'이라 이름하고 어둠을 '밤'이라 이름했다. _____ 저녁이 되고 아침이 되었다. 첫째 날이다.

월터 J. 옹, 『구술 문화와 문자 문화』, 이기우 · 임명진 옮김, 문예출판사, 1982. 62~63쪽.

〈답〉

② 태초에 신이 천지를 <u>창조했을 때</u>, 땅은 형체 없는 <u>황무지였으며</u>, 어둠이 심연을 뒤덮고 있었다. <u>한편</u> 강풍이 물 표면을 휘젓고 지나갔다. <u>그때</u> 신이 "빛 있으라."라고 말했다. <u>그러자</u> 빛이 있었다. 신은 빛을 보고 좋다고 했다. <u>이어서</u> 신은 빛과 어둠을 나누었다. 신은 빛을 '낮'이라 이름하고 어둠을 '밤'이라 이름했다. <u>이리하여</u> 저녁이 되고 아침이 되었다. 첫째 날이다.

고쳐쓰기의 실제

글을 고쳐 쓸 때에는 글쓴이 스스로 자기 글의 독자가 되어야 한다. 제대로 읽고 검토하는 일이 먼저이다. 표현하고자 했던 생각이 제대로 구현되었는지 살펴보는 한편, 쉽게 읽히고 잘 이해되는지 생각하며 읽어야 한다. 그러나 자기 글을 읽으며 약점을 발견하기란 쉽지 않다. 말하고자 하는 데에만 지나치게 몰입하거나, 글쓰기에 대한 지식이 충분하지 않아서이다. 그러므로 고쳐쓰기를 할 때에는 글쓰기 과정을 이해하는 꼼꼼한 독자가 될 필요가 있다.

이제 한 학생의 글을 대상으로 실제 고쳐쓰기 과정을 살펴보자.

1. 주제와 내용의 검토

다음 예문은 젊은이들의 언어 사용 문제를 다룬 글이다. 먼저, 글을 읽으며 글쓴이의 의도나 주제를 파악해 본다. 그것이 한 편의 글이 될 만한 주제인지, 글 속에 분명히 드러나는지 살펴본다.

〈예문 4〉는 글의 앞부분에 해당하며 문제 제기와 시각, 주제 등을 언급한 것으로 보아 서론에 가깝다. '젊은이들의 언어 사용에 대한 부정적 인식'을 논제로, 문제를 제기하며 그것을 언어 사용의 사회적 변이라는 관점에서 살펴보려는 것이 글쓴이의 의도이다.

우리 사회에는 준말이나 신조어, 비속어 등을 즐겨 쓰는 젊은이들의 언어 사용을 부정적으로 보고, 계도하려는 생각들이 존재한다. 그런 현상을 집단 나름의 소통 욕구와 기능을 가진 것으로 이해하려는 의도는 글의 주제가 될 만하다. 또한, 이를 상식 차원의 규범이나 도덕 문제로만 보지 않고 사회학적 변수에 의한 변이로 보고 '사회 방언'이라는 개념을 통해 설명하려 했다는 점에서 대학의 학술 보고서로서의 가치가 있다.

① 인간이 다른 사람과 협력하여 살아가기 위해서는 언어가 반드시 필요하다. 인간의 사회생활과 일에는 언어가 필요하고, 언어 사용은 그 생활과 일에 의해 결정된다. 언어는 사회적 필요에 따라 만들어진 약속이지만, 사회 내에서도 다양한 모습을 보인다. 계층, 성별, 연령, 지역 등 다양한 요인에 따라 달라진다. 이렇게 사회학적 변수에 따라서 달라지는 언어적 변이를 사회 방언이라고 한다. 사회 방언에는 여러 가지가 있지만 최근에 우리나라에서 크게 논란이 되고 있는 것이 연령에 따른 변이, 즉 젊은이들이 사용하는 언어이다.

연령 변이에 의한 사회방언으로 접근

② 젊은이들의 언어 사용 사례를 살펴보면 다음과 같이 모습이 다양하다. 흔히 아는 욕설이나 비속어 외에도 말을 줄여서 하는 줄임 말(예를 들어 '생일 선물'을 줄인 '생선', '행복하십시오'를 줄인 '행쇼' 등이 있다.), 한국어 또는 외국어를 조합하여 만든 합성어도 자주 쓰인다. 예를 들어, 아니라는 뜻의 영어 '낫(not)'과 인간이라는 뜻의 일본어 '닝겐'을 합쳐서 너무 뛰어나서 인간이 아닌 것 같다는 뜻의 '낫닝겐', 아니다 또는 없다는 뜻의 영어 '노(no)'와 한국어 '재미'를 합쳐서 재미가 없다는 뜻의 '노잼' 등이다. 그 밖에 '인정'을 'ㅇㅈ', '완전'을 '오나전', '어떡해'나 '어떻게'를 '어떠캐'로 오타를 그대로 적거나 소리 나는 대로, 또는 자음으로 적는 경우도 있다. 통신 언어에서 쓰담쓰담, 부들부들, 또르르 등 의성어와 의태어를 쓰기도 하고, 게임 용어를 일상생활에서 쓰기도 한다.

젊은이들의 언어 사용 사례 언급

③ 이러한 언어 사용에 대해서 사회적인 인식은 어떨까? 대부분의 언론 매체에서는 이러한 현상을 부정적으로 인식하고 있다. 기존의 한국어를 외국어와 섞거나 맞춤법이나 한국어 문법을 제대로 지키지 않는다는 관점에

이러한 언어 사용에 대한 매체나 사회의 부정적 인식

서 한국어 파괴 현상이라 보기도 한다. 또한 이러한 한국어 사용이 습관화
되어 나중에 나이를 먹어서도 무의식적으로 잘못된 한국어를 사용할 수 있
다고 생각한다. 그리고 잘못된 언어 사용으로 인해 어휘력이 떨어지고 그
로 인해 사고력의 발달에도 부정적 영향을 끼칠 것이라 생각하는 사람들이
있다. 그 외에도 지나친 욕설과 비속어의 사용으로 인간 형성에 악영향을
끼치기도 하고 위의 세대가 알아들을 수 없는 용어 사용으로 인해 세대 간
의 소통이 단절되는 원인으로 젊은이들의 언어 사용을 이야기하기도 한다.
그래서 이와 같은 많은 사람들은 젊은이들이 더 이상 이러한 언어를 사용
하지 말아야 한다고 주장한다. 이 글에서는 이러한 젊은이들의 언어 사용
의 원인은 무엇인지 그리고 언론 매체에서 이야기하는 것처럼 젊은이들의
언어 사용이 정말 문제가 있어 변화해야 하는 것인지에 대해 이야기하고자
한다.

문제 제기와 주제 암시
'젊은이들의 이러한 언어 사용의 원인은 무엇이며 정말 문제인가?'

이렇게 논제와 주제를 확인한 후에는 적합한 구성을 취하고 있는지 살펴본다. 〈예문 4〉를 보면 처음부터 다소 어려울 수도 있는 '사회 방언'이라는 개념이 먼저 등장하고, 문제 제기가 나중에 나온다. 이 글이 취하고 있는 '개념-사례-문제 제기'의 순서는 글쓴이가 이 주제에 대해 학습한 순서, 또는 학습한 내용을 정리한 방식에 가깝다.

읽는 이가 글을 읽고 싶어지도록 만드는 구성은 아니다. 우리 주위의 흥미로운 언어 사용 실태를 이야기하며 관심을 끌고, 그에 대한 미디어나 사회의 일반적 인식을 언급한 후 그것에 문제 제기를 하는 방식이 훨씬 더 반전이 있고 효과적일 수 있다.

사례 제시를 통한 화제 도입과 문제 제기로 서론을 재구성한 결과물은 〈예문 5〉와 같다.

　　요즘 젊은이들은 '생일 선물'을 '생선'으로, '행복하십시오'를 '행쇼'로 하는 등 줄임 말을 많이 쓴다. 영어 '노(no)'와 한국어 '재미'를 합쳐 재미가 없다는 뜻의 '노잼' 같은 기이한 합성어를 만들어 쓰기도 한다. 메신저 속에서는 오타 그대로 '완전'을 '오나전', '어떡해'를 소리 나는 대로 '어떠캐'로 쓰기도 한다. 이런 말들은 너무 낯설고 이해하기 힘든 것이어서 기성세대에게 부정적으로 인식되곤 한다. 한국어를 파괴할 뿐 아니라 개인의 인격, 사고력에도 문제가 될 것 같아서다. 그러나 이러한 언어 사용은 정말 문제이기만 할까? 그렇다면 왜 그런 언어를 사용하는 것일까? 이 글은 이런 의문을 품고, 다양한 양상들에 담긴 의미는 무엇일지 그들의 입장에서 그 의미를 이해해 보고자 한다.

2. 구성과 단락의 검토

　　다음 〈예문 6〉은 〈예문 4〉에 이어지는 부분으로 젊은이들의 언어 사용 실태와 원인을 다루고 있다. 본론에 해당하는 내용과 서술로서, 실태를 알아보기 위한 설문 조사 결과(④)와 그러한 언어 사용의 원인을 다룬 뒷부분(⑤)으로 이루어져 있다.

④ 먼저 젊은이들의 언어 사용 실태를 알아보기 위하여 설문 조사를 실시하였다.

⑤ 조사 결과에 따르면 설문 조사 대상자들은 표준어 이외의 줄임 말, 게임 용어, 비속어 등을 자주 사용하며, 이러한 언어들은 주로 친구와 인터넷에서 처음 접하였다. '통신 언어의 경제성과 연령별 특징(조민하, 2016)'을 보면, 10대와 20대의 언어 사용에는 30대와 40대에 비해 은어와 비속어 사용이 많으며, 새로운 표현을 만드는 것을 즐기고 폐쇄적 의사소통을 하는 속성을 가지고 있다. 또한 압축된 형태를 통해서 직접적인 자기표현을 하는 특징이 있다. 설문 조사 및 관련 논문들을 통해 살펴본 언어 사용의 원인은 다음과 같다. 현재 젊은이들의 언어 사용은 설문 조사에서도 볼 수 있듯이 <u>인터넷에서의 통신 언어에서 비롯되었다.</u> 인터넷과 스마트폰 등을 통한 의사소통이 발달한 지금 시대에서, 신정보의 지속적 노출로 빠른 속도의 타자를 위해 의사소통이 가능한 범위에서 음소나 음절의 수를 최대한 줄인 간소화된 형태를 고안하여 사용하게 되었다. 글자 입력의 시간과 노력을 줄여서 빠르고 편하게 언어를 쓰기 위해 줄임 말, 자음으로 적기, 소리 나는 대로 적기, 서술어 줄이기, 붙여 적기 등의 새로운 언어 사용이 생기게 되었다. 또 다른 이유로는 <u>집단의 소속감</u>이 있다. 설문 조사에서도 절반 이상의 대상자가 친구로부터 처음 이러한 언어를 접하게 된 것처럼 언어 사용의 원인 중 하나로 집단 내의 소속감을 이야기할 수 있다. 또래가 사용하기 때문에 친근감을 위해서 같이 사용하기도 하고, 집단 외의 사람들이 알아들을 수 없도록 자신들만의 의사소통을 위해 이용하기도 하고, 집단 내의 유희를 목적으로 만들어 쓰기도 한다. 새로 만들어진 언어 혹은 맞춤법이 맞지 않는 언어를 사용하면서 <u>기성세대나 일상 규범의 압박에서</u>

④언어 사용 실태에 대한 조사 결과

⑤언어 사용의 여러 가지 원인

- 통신 매체에 적응한 것

- 집단의 소속감

- 기성세대와 규범에서의 해방감

- 자기표현과 창조의 욕구

언어 사용의 사회적 의의로도 해석됨.

벗어나려는 심리적인 해방감을 느끼기도 하고 스트레스를 해소하기도 한다. 다른 이유에는 직접적으로 자기를 표현하기를 원하는 젊은이들의 특성이 있다. 젊은이들은 기성세대에 비해 적극적으로 자신의 기분이나 상태를 드러내는데, 기존의 언어 사용으로는 이를 표현하기 힘들기 때문에 더 직접적이고 구체적인 자기표현을 위해 의성어나 의태어를 많이 사용하거나 새로운 언어를 만들어 사용하게 되는 것이다. 이러한 계속적인 언어 사용으로 인해 습관이 되어서 무의식적으로 사용하게 되는 것 등 연령에 따른 사회 방언의 형성에는 여러 원인이 존재한다. 이러한 원인들과 실제 사용되는 언어들의 형태를 통해, 젊은이들의 언어에 대한 그동안의 사회적인 부정적 인식에 대하여 반론하고자 한다.

그런데 위 글은 단락이 구분되지 않아 구성이 논리적이고 적절해 보이지 않는다. 20대 대학생들을 대상으로 한 설문 조사 결과는 젊은이들이 어떤 말을 쓰며, 어떤 경우에 그러한 말을 쓰는지 확인하는 수준으로 아주 소략하게만 언급되었다. 오히려 기존 연구의 분석 내용이 본론이 되어 설문 조사 결과는 그 논의를 유도하거나 뒷받침하는 방식으로 쓰였다. 따라서 설문 조사 결과와 기존 연구의 분석 내용을 어떤 논리로 엮을 것인지 고민하면서 단락을 재구성하여야 한다.

특히, 사용 원인에 대한 언급에서는 그것이 지닌 사회적 의의를 함께 다루고 있어서 이 단락의 의미와 기능을 그에 맞게 수정할 필요가 있다. 예를 들어 통신 매체의 발달에 적응한 언어 사용(⑤), 집단에의 소속감과 표현 욕구, 기성세대로부터의 해방감 등 사회 심리적 요인에 의한 사용(⑥), 그에 대한 해석 시도를 언급하는 부분(⑦) 등으로 나눌 수 있을 것이다. 그 결과는 다음 〈예문 7〉과 같다.

④ 먼저 젊은이들의 언어 사용 실태를 알아보기 위하여 설문 조사를 실시하였다. 조사 결과에 따르면 설문 조사 대상자들은 표준어 이외의 줄임말, 게임 용어, 비속어 등을 자주 사용하며, 이러한 언어들은 주로 친구와 인터넷을 통해 처음 접하였다. '통신 언어의 경제성과 연령별 특징(조민하, 2016)'을 보면, 10대와 20대의 언어 사용에는 30대와 40대에 비해 은어와 비속어 사용이 많으며, 새로운 표현을 만드는 것을 즐기고 폐쇄적 의사소통을 하는 속성을 가지고 있다. 또한 압축된 형태를 통해서 직접적인 자기 표현을 하는 특징이 있다.

⬅ 젊은이들의 언어 사용 실태에 대한 설문 조사와 연구

⑤ 설문 조사 및 관련 논문들을 통해 살펴본 언어 사용의 원인은 다음과 같다. 현재 젊은이들의 언어 사용은 설문 조사 결과에서도 볼 수 있듯이 <u>인터넷에서의 통신 언어에서 비롯되었다.</u> 인터넷과 스마트폰 등을 통한 의사소통이 발달한 지금 시대에서, 신정보의 지속적 노출로 빠른 속도의 타자를 위해 의사소통이 가능한 범위에서 음소나 음절의 수를 최대한 줄인 간소화된 형태를 고안하여 사용하게 되었다. 글자 입력의 시간과 노력을 줄여서 빠르고 편하게 언어를 쓰기 위해 줄임 말, 자음으로 적기, 소리 나는 대로 적기, 서술어 줄이기, 붙여 적기 등의 새로운 언어 사용이 생기게 되었다.

⬅ 인터넷, 통신 매체에서의 언어 사용

⑥ 또 다른 이유로는 <u>집단의 소속감</u>이 있다. 설문 조사 결과를 통해 알 수 있듯이 절반 이상의 대상자가 친구로부터 처음 이러한 언어를 접하게 된 것처럼, 언어 사용의 원인 중 하나로 집단 내의 소속감을 이야기할 수 있다. 또래가 사용하기 때문에 친근감을 위해서 같이 사용하기도 하고, 집단 외의 사람들이 알아들을 수 없도록 자신들만의 의사소통을 위해 사용하기도 하고, 집단 내의 유희를 목적으로 만들어 쓰기도 한다.

⬅ 집단 내의 소속감과 의사소통

⑦ 새로 만들어진 언어 혹은 맞춤법이 맞지 않는 언어를 사용하면서 <u>긴</u>

⬅ 규범에서의 일탈과 자기 표현 욕구

성세대나 일상 규범의 압박에서 벗어나려는 심리적인 해방감을 느끼기도 하고 스트레스를 해소하기도 한다. 다른 이유에는 직접적으로 자기를 표현하기를 원하는 젊은이들의 특성이 있다. 젊은이들은 기성세대에 비해 적극적으로 자신의 기분이나 상태를 드러내는데, 기존의 언어 사용으로는 이를 표현하기 힘들기 때문에 더 직접적이고 구체적인 자기표현을 위해 의성어나 의태어를 많이 사용하거나 새로운 언어를 만들어 사용하게 되는 것이다.

⑧ 이러한 계속적인 언어 사용으로 인해 습관이 되어서 무의식적으로 사용하게 되는 것 등 연령에 따른 사회 방언의 형성에는 여러 원인이 존재한다. 이러한 원인들과 실제 사용되는 언어들의 형태를 통해, 젊은이들의 언어에 대한 그동안의 사회적인 부정적 인식에 대하여 반론하고자 한다.

이러한 언어 사용을 전적으로 부정적으로만 보아야 하는가

이처럼 전체의 구성을 수정하고, 단락을 다시 나눈 후에는 단락의 서술을 수정한다. 그 결과물이 〈예문 8〉이다. 단락 속의 문장들은 전체적 흐름 속에서 단락이 차지하는 의미와 기능에 따라 쓰여야 한다. 한 단락을 이룰 만큼 분량이 충분한지, 단락의 의미를 나타내는 핵심 문장이 어느 위치에 어떻게 쓰였는지, 뒷받침하는 문장은 논리적으로 긴밀하게 쓰였는지 살펴보아야 한다.

우선, 단락 ④는 〈예문 8〉에서 보듯이 젊은이들의 언어 사용 실태에 대한 설문 조사를 다루고 있으므로 각주에 실린 조사 결과는 본문으로 옮기고 조사 과정에 대한 정보를 보완했다. 자신의 논의를 뒷받침하는 조사 결과를 부각하여 실제 사용 현황을 제시하였다. 단락의 뒷부분에서는 이 결과를 해석하는 다른 문헌을 인용했으며, 이를 통해 다음 단락의 논의로 자연스럽게 연결된다. 단락 ⑤, ⑥, ⑦은 몇 가지 원인(②)을 설명하고 있는데, 초고에 서술한 내용과 분량

을 고려하여 통신과 매체에 적응한 언어 사용(⑤), 또래 집단에의 소속감(⑥), 심리적 해방감과 자기표현(⑦) 등으로 단락을 나누었다. 이 단락들은 글 전체의 관점과 주제(⑧에 암시)를 드러낼 수 있도록 사회적 의의 역시 부각해야 한다.

〈예문 8〉에서는 단락 ④와 ⑧을 수정해 보았다. ⑧에서는 그 의의를 해석하며 그것을 설명하는 개념('사회 방언')을 부각하는 방향으로 서술을 수정하였다. 현대 사회의 다양한 의사소통 문제나 양상을 드러내는 변이로서 '언어의 사회적 변이', '사회 방언'이라는 개념을 도입하였다.

예문 8　　수정 후 - 단락의 서술 수정

④ 먼저 젊은이들의 언어 사용 실태를 알아보기 위하여 설문 조사를 실시하였다.[1) 조사 결과에 따르면 설문 조사 대상자들은 표준어 이외의 줄임말, 게임 용어, 비속어 등을 자주 사용하며, 이러한 언어들은 주로 친구와 인터넷을 통해 처음 접하였다.

- 모든 말에 포함된다(19%) • 자주 사용한다(38%) • 가끔 사용한다(35%)
- 친구(57%)　　　　　　　• 인터넷/SNS(30%)

'통신 언어의 경제성과 연령별 특징(조민하, 2016)'을 보면, 10대와 20대의 언어 사용에는 30대와 40대에 비해 은어와 비속어 사용이 많으며, 새로운 표현을 만드는 것을 즐기고 폐쇄적 의사소통을 하는 속성을 가지고 있다. 또한 압축된 형태를 통해서 직접적인 자기표현을 하는 특징이 있다. (중략)

⑧ 이와 같이 젊은이들의 언어 사용은 규범을 어긴 나쁜 습관으로만 볼 일은 아니다. 젊은 세대답게 변화하는 매체에 빠르게 적응한 결과이기도 하고, 기성세대나 규범에 저항하며 답답함을 풀고 그들만의 내밀한 소통을

- 단락의 기능과 소주제 제시를 고려한 수정
- 자료의 보완 및 단락의 수정 방향에 맞는 서술

유지하는 또 다른 언어 사용 방식이기도 하다. 어느 시대에나 그러했듯 언어 변화는 바로 이 지점에서 시작된다. 한국 사회에서 부정적으로 인식되는 젊은이들의 언어 사용은 그 연령대의 정서와 상황, 의사소통의 욕구를 반영한 언어로 재해석될 필요가 있다. 현대 사회에 존재하는 다양한 의사소통의 문제와 양상은 결국 ('사회적 변이' 또는 '사회 방언'이라 부르는) 다른 언어 사용의 모습으로 드러난다.

---

1) 설문 조사 대상 및 과정에 대한 정보 보완

3. 문장과 표현의 검토

예문 9	수정 전 - 문장의 오류와 문제 검토

- 성분 간의 어울림
('언어 사용에 대해서 사회적인 인식')

- 반복되는 표현
'이러한, 이와 같은'
'잘못된 언어 사용'
'-로 인해'
'-다고 생각한다/주장한다'

- 적절하지 않은 어휘나 표현
('인간 형성' '한국어를 외국어와 섞거나')

➌ 이러한 **언어 사용**에 <u>대해서</u> 사회적인 인식은 어떨까? 대부분의 언론 매체에서는 이러한 현상을 부정적으로 인식하고 있다. 기존의 한국어를 외국어와 섞거나 맞춤법이나 한국어 문법을 제대로 지키지 않<u>는다는 관점에서</u> 한국어 파괴 현상이라 보기도 한다. 또한 이러한 **한국어 사용**이 습관화되어 나중에 나이를 먹어서도 무의식적으로 **잘못된 한국어를 사용**할 수 있다고 생각한다. 그리고 **잘못된 언어 사용**으로 인해 어휘력이 떨어지고 그로 인해 사고력의 발달에도 부정적 영향을 끼칠 것이라 생각하는 사람들이 있다. 그 외에도 지나친 욕설과 비속어의 사용으로 인간 형성에 악영향을 끼치기도 하고 위의 세대가 알아들을 수 없는 용어 사용으로 인해 세대 간의

소통이 단절되는 원인으로 **젊은이들의 언어 사용**을 이야기하기도 한다. 그래서 이와 같은 많은 사람들은 **젊은이들이** 더 이상 이러한 **언어를 사용하지** 말아야 한다고 주장한다. 이 글에서는 이러한 **젊은이들의 언어 사용**의 원인은 무엇인지 그리고 언론 매체에서 이야기하는 것처럼 **젊은이들의 언어 사용**이 정말 문제가 있어 변화해야 하는 것인지에 대해 이야기하고자 한다.

〈예문 9〉는 〈예문 4〉에 등장한 단락(③)으로, 문장에 관한 여러 가지 문제들을 가지고 있다. 예를 들어, "이러한", "이와 같은", "잘못된 언어 사용", "-로 인해"와 같은 표현이 한 단락 속에서 여러 번 반복되고 있다. 이런 경우에는, 지시 표현을 사용하거나 적절히 생략함으로써 문장 간의 연결을 더 긴밀하고 응집력 있게 수정해야 한다.

문장 내부의 문법적 문제도 있다. "언어 사용에 ~~대해서~~ 사회적인 인식"에서처럼 문장 내의 성분들이 서로 어울리지 않는 것이 그 예이다. 특히 "잘못된 언어 사용으로 인해 어휘력이 떨어지고, 그로 인해 사고력의 발달에도 부정적 영향을 끼칠 것이라 생각하는 사람들이 있다."처럼, 주어가 불분명하게 서술되거나 생략된 경우 주어와 서술 표현의 불일치가 자주 나타난다. 성분들의 어울림이나 일치 관계가 바로 파악되지 않기 때문이다. 이런 경우에는 주어를 확인하고, 주어-서술어의 관계를 떠올리며 점검하는 습관이 필요하다. 이렇게 하다 보면 생략되거나 지시된 표현들에 대해서도 예민하게 느끼게 된다.

또한, 이 단락에서는 현상에 대한 사회적 인식을 언급하다 보니 '생각하는/생각한다/주장한다' 같은 표현들이 반복된다. 이런 경우에도 다른 형태의 문장으로 바꾸거나 생략하여 자연스럽게 읽히도록 수정할 필요가 있다.

이 밖에도 학술적 글에서는 용어나 개념 선택에 특히 주의를 기울여야 한다.

"인간 형성"처럼 표현이 적절하지 않거나, 의미가 모호한 경우도 적합한 표현으로 수정한다. "기존의 한국어", "-다는 관점에서"와 같은 불필요한 표현도 삭제하여 간결하게 수정한다.

예문 10	수정 후

이러한 언어 사용에 대한 사회적 인식은 어떨까? 대부분의 언론 매체에서는 이 현상을 부정적으로 인식한다. 한국어를 외국어와 섞어 사용하거나 문법을 제대로 지키지 않는 한국어 파괴 현상으로 보기도 한다. 또한 이러한 사용이 습관화되어 나중에 나이를 먹어서도 잘못된 한국어를 사용할 수 있으며, 그로 인해 어휘력이 떨어지고 사고력의 발달에도 부정적 영향이 있을 것이라고 생각하는 사람들도 있다. 그 밖에 지나친 욕설과 비속어 사용이 인격 형성에 악영향을 끼칠 것이라고 우려하기도 하고, 위 세대가 알아들을 수 없는 용어 사용을 세대 간 소통 단절의 원인으로 지목하기도 한다. 그래서 그들은 젊은이들이 더 이상 이러한 언어를 사용하지 말아야 한다고 주장한다. 이 글에서는 과연 젊은이들의 언어 사용이 정말 문제인지, 그러한 언어 사용의 원인은 무엇인지에 대해 이야기해 보고자 한다.

학습 활동

01 자신이 쓴 초고를 읽고 제목이 적절한지, 주제를 잘 표현하였는지, 서두, 본론, 결말에 해당하는 단락의 수나 분량이 적절한지, 각 단락의 핵심 내용 또는 소주제문은 무엇인지 검토해 보자. 글을 살펴본 후에는 다음과 같은 형식으로 수정 개요를 작성해 보자.

수정 개요(초고에 대한 검토)

제목 또는 주제에 대한 검토

· 제목 → 제목이 적절한가

· 주제 → 주제를 잘 표현하는가, 주제가 될 만한가

단락 구성에 대한 검토 내용

→ 단락의 수, 분량이 적절한가

→ 소주제문, 핵심 내용은 무엇인가

· 서두

· 본론

· 결말

---

02 자신이나 동료의 글을 검토하여 검토 내용을 기록한 다음에, 서로 의견을 나누어 보자. 동료의 의견을 듣고 어떻게 수용할 것인지 충분히 생각한 후에 수정 계획을 세워 보자.

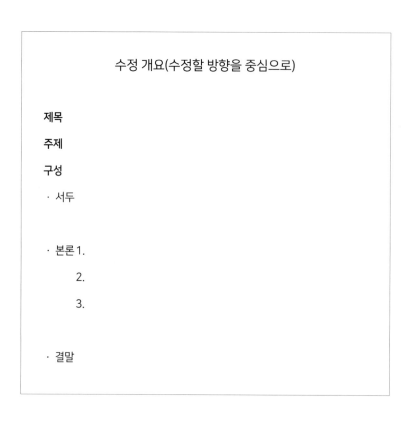

03 자신이 쓴 글의 문장을 단락별로 살펴보자. 특히 문장이 간결한지 확인한 다음, 문장 속의 주어가 제대로 쓰여 있으며, 다른 부분들과 잘 어울리는지도 검토해 보자. 그런 다음에 문장들이 서로 긴밀하게 연결되었는지 지시 표현과 접속 표현, 생략을 중심으로 살펴보자. 고쳐야 할 부분들은 교정 부호를 이용하여 표시해 보자.

참고 문헌

- 김작가, 「5만 개 팔찌에게 준 우주 회장 밴드의 선물」, 『주간동아』, 2017. 4. 25. (http://weekly.donga.com/3/all/11/906937/1)

- 이후경, 「인공 지능 운영 체제와의 연애 <그녀>」, 『씨네 21』, 2014.5.21.(http://www.cine21.com/news/view/?mag_id=76957)

- 정희모 외, 『대학 글쓰기』, 도서출판 삼인, 2008.

- 월터 J. 옹, 『구술 문화와 문자 문화』, 이기우 · 임명진 옮김, 문예출판사, 1982.

- 윌리엄 진서, 『공부가 되는 글쓰기』, 서대경 옮김, 도서출판 유유, 2017.

- 윌리엄 케인, 『거장처럼 써라』, 김민수 옮김, 이론과 실천, 2011.

제4부
다양한 글쓰기

자기표현 글쓰기

"자기표현 글쓰기는 표현의 대상이나 문제의 대상이 자기 자신인 글쓰기이다. '나'를 대상으로 바라보고 표현하는 글쓰기인 자기표현 글쓰기는 '나를 바라보는 나'의 성찰적 관계 속에서 구성되며, 자신의 삶의 의미와 가치를 타자와의 관계 속에서 성찰하게 한다. 이러한 글쓰기를 통해 '나'는 타자 및 세계와의 관계를 직시하고 회복할 수 있다."

"우리는 자신의 언어 안에서도 바이링구얼(bilingual), 멀티링구얼(multilingual)이다."
미우라 노부타카, 『언어 제국주의란 무엇인가』

자기표현 글쓰기의 개념과 요건

1. 자기표현 글쓰기의 개념

　모든 글은 글쓴이의 감각과 인식을 바탕으로 한다. 표현에 목적을 둔 글이든 논증에 목적을 둔 글이든, 글쓴이의 시선과 사유가 글 속에 녹아 있다. 자기표현 글쓰기는 표현의 대상이나 문제의 대상이 자기 자신인 글쓰기이다. '나'를 대상으로 바라보고 표현하는 글쓰기인 자기표현 글쓰기는 '나를 바라보는 나'의 성찰적 관계 속에서 구성된다.

　자기표현 글쓰기는 대상으로서의 자기와 바라보는 자기 사이의 거리를 횡단하며, 자기를 표현하거나 분석하고 성찰하면서 자기를 텍스트화한다. 자기 자신을 대상으로 글을 쓰는 것은 쉬운 일이 아니다. 나를 바라보는 깊은 응시가 없

윤두서의 「자화상」(1710년)

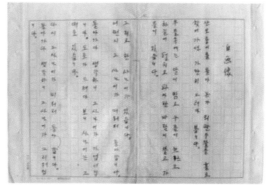

윤동주의 「자화상」(1941년) 육필 원고

다면 독자의 공감을 얻기가 어렵다.

자기를 대상으로 삼아 글을 쓰는 행위는 근대의 산물이다. 근대 들어 평범한 개인의 초상화나 자서전이 등장하기 시작하였다. 근대 이전의 초상화는 종교적 의미를 담은 인물이나 특수한 신분인 왕이나 영웅을 형상화하였지만, 근대 개인 주의가 정착하면서 비로소 평범한 개인의 초상화가 그려지기 시작하였다. 마찬 가지로, 영웅의 이야기가 아니라 개인의 일대기를 담은 자서전도 근대에 접어들 어 출간되기 시작한다. 독립된 주체로서 개인이 탄생하는 과정에서 자기표현 글 쓰기가 등장한 것이다.

자기표현 글쓰기는 '나' 안에 있는 타자를 바라보고, 세계와 이어진 관계에서 나를 성찰한다는 점에서 편협한 자아주의와 다르다. 자기 성찰 글쓰기는 "나는 나다."라는 진술에 그치지 않고, 자신의 삶의 의미와 가치를 타자와의 관계 속 에서 성찰하게 한다. 이러한 글쓰기를 통해 '나'는 세계 전체와의 관계를 회복할 수 있다.

2. 자기표현 글쓰기의 요건

자기표현 글쓰기는 내용 창안 단계에서 생성적 사고를 풍부히 하는 데 도움을 준다. 따라서 자기표현 글쓰기는 글쓰기의 관습이나 규칙 같은 형식적 제약과 자신의 글에 대한 의심은 일단 유보한다. 그 대신에 자기만의 목소리로 이야기 를 함으로써 스스로를 글쓴이로서 신뢰한다. 자신의 언어와 사유에 충실히 몰두 하는 연습을 하는 것이다. 글쓴이의 고유한 견해와 자연스러운 언어가 살아 있 어야 독자에게 울림을 줄 수 있다.

대학에서 수행하는 학술 담화 학습은 자칫 학생들의 목소리와 생각을 위축되 게 할 수 있는데, 자기표현 글쓰기는 학생이 자신의 목소리에 귀 기울이고 필자 로서의 자신감을 갖도록 해 준다. 글쓴이가 자신의 글에 대한 장악력을 키우는 과정 없이 학술 공동체와의 생성적 대화에 성공하기는 어렵다.

자기표현 글쓰기를 할 때에는 무엇보다 '나'를 객관적으로 응시하는 열린 태도가 필요하다. 또한 타자와 소통하고 대화하고자 하는 의지와 대상을 분석하고 성찰하려는 노력이 필수적이다.

■ 자기 응시의 힘

자기표현 글쓰기에서 자기의 고유한 목소리는 자기 응시의 힘에서 나온다. 자기 응시에는 바라보는 '나'와 바라보이는 대상인 '나'가 분리된다. 이 분리의 거리에서 자기 연민의 감정이 생기기도 하고 부정적인 감정에 빠지기도 하지만, 종합적인 성찰을 통해 한 단계 더 높은 자기 이해에 이르게 된다.

자기 이해는 있는 그대로의 자기를 받아들이는 행위로부터 출발한다. 부정하고 싶은 자기의 행동과 경험을 회피하거나 자기 합리화에 빠지지 않고 그대로 인정하고 관찰하는 태도가 필요하다. '나'에게 침잠하며 가장 좋았던 기억이나 잊히지 않는 기억, 무의식적으로 숨겨 놓았던 기억이나 '나'를 표현하는 키워드 등을 의식의 수면 위로 떠올려 응시하고 성찰하면 '나'를 더욱 잘 이해하게 된다.

자기 이해가 부족하면 자기방어적 태도를 취하기 쉽다. 타인에게 쉽게 마음의 문을 열지 못하거나, 타인의 의견에 비판 없이 동조해 버리게 된다. 자기 이해가 선행되어야 타인과의 관계도 객관화할 수 있고 세계의 전체상을 조망할 수 있다. 따라서 자기를 응시하는 용기는 자기를 표현하기 위한 기본 태도이다.

■ 타자 지향의 관계성

자기표현 글쓰기는 '나'라는 존재가 타자와 이어져 있다는 관점을 중요시한다. '나'는 타자와의 관계 속에서 존재한다. 타자가 '나'의 존재에 차지하고 있는 자리와 그 관계성을 성찰할 때 '나'와 타자 사이의 질적 다양성이 드러난다. 관계라는 개념 자체가 어느 하나로 환원될 수 없는 두 항의 분리를 전제로 하므로, 타자와의 관계 속에서 나를 성찰한다고 해서 자기를 포기하는 것은 아니다.

자기 고유성의 성립 없이는 타인에 대해 책임지는 윤리적 관계가 성립하지 않는 것이다.

타자와의 관계뿐만 아니라 자기와 사회, 자기와 세계와의 관계를 보는 시선도 중요하다. '나'라는 존재는 세계 내적 존재이다. '나'는 상황과 사회, 세계 속에서 삶을 영위하기 때문에 '나'의 감정과 경험, 그리고 사유 역시 그 안에서 형성된다. 그러므로 '나'의 문제는 세계와 연결되어 있다. 자기와 세계에 대한 관계를 성찰하는 것은 자기의 책임과 윤리성을 회복하는 일이기도 하다.

■ 성찰과 분석의 깊이

자기표현 글쓰기는 성찰과 분석을 필요로 한다. 시간이 경과함에 따라 경험이 다양해지고 사유의 힘이 향상되지만, 세계에 대한 안목이 저절로 깊어지지는 않는다. 또한 기억의 구성 과정에서 감정, 의도, 회피 등의 기제가 틈입하기도 한다. 따라서 '나'와의 객관적 거리를 형성해야 자기 자신을 객관적으로 인식할 수 있다. 심리, 철학, 사회학, 문학, 과학 등의 학문을 통해 성찰의 힘을 심화할 수 있다.

자기만의 혼란스러운 경험과 기억을 구체적이고 질감 있게 반추하는 데에도 인간과 사회, 세계에 대한 심화된 인식이 필요하다. 자기표현 글쓰기를 수행할 때에 '나'와 연관되는 경험을 이해하고 분석하는 데 도움을 주는 학술 성과를 참조하면 '나'의 경험 양상을 구체적으로 의미화하고 나와 타자, 세계와의 관계를 종합적으로 바라볼 수 있다.

자기표현 글쓰기의 실제

　자기표현 글쓰기에는 다양한 텍스트 구성 전략이 있다. 일어난 일을 시간적 질서에 따라 맥락을 만들어 이야기하는 방법, 어떤 사건이나 체험이 준 변화를 중심으로 구성하는 방법, 자기의 고유성을 표현할 수 있는 사물과 활동을 중심으로 구성하는 방법, 자기의 심경이나 상황을 철학적이거나 심리학적으로 분석하는 방법, 자기와 타자의 관계를 중심으로 구성하는 방법 등 다양하다. 자기표현 글쓰기의 다양한 방법을 실제 예시를 통해 살펴보기로 한다.

1. 경험 활용하기

　어떤 경험이나 사건이 의미 있는 변화를 줄 때가 있다. 작은 경험이 평생을 두고 자기를 지지하는 힘의 근원이 되기도 하고, 잊히지 않고 괴롭힘을 주기도 한다. 개인적인 차원에서뿐만 아니라 사회적인 차원에서도 마찬가지이다. 어떤 요소나 사건이 변곡점이 되어, 이전과 다른 새로운 질서로 사회를 변화시킨다.

　체험 전과 체험 후를 비교하며 구성하는 전략은 어떤 체험이 '나'에게 준 변화에 집중하게 한다. 변화는 연쇄적 과정으로 서서히 오거나, 단절적으로 급격하게 올 수도 있다. 경험이나 사건이 '나'의 경험 구조, 인식, 태도, 세계관 등의 변동을 초래한 과정에 대해 성찰하는 힘을 보여 주어야 독자의 공감을 얻을 수 있다. 어떤 체험에 의해 '나'는 이러한 성취를 얻었다는 결과론적인 글쓰기는 독자에게는 '나'와 상관없는, 평범하고 흥미를 떨어뜨리는 이야기로 들리기 쉽다. 독자도 함께 추체험하여 공감과 인식, 이해를 넓힐 수 있도록 변화 과정을 성찰적으로 사유하고 표현하는 글쓰기 전략이 필요하다.

　다음의 질의에 답하면서 자신의 체험을 통한 자기표현 글쓰기의 화제를 찾을 수 있다.

- 좋았던 '나'의 경험들을 떠올려 본다.

- 기억하는 경험을 시간적 질서에 따라 배열해 본다.

- 힘들었던 순간을 회상하고 그것을 어떻게 극복했는지 생각해 본다.

- 어떤 사물이나 대상이 '나'에게 준 변화를 분석해 본다.

- 1년 전, 3년 전, 5년 전의 '나'와 지금의 '나'를 비교해 본다.

- 새로 생긴 취미, 습관, 행동 패턴과 지금은 멀어진 취미, 습관, 행동 패턴 등을 대조해 보고 그것이 준 변화를 떠올려 본다.

2. 비유 사용하기

자기표현 글쓰기를 사물이나 활동에 대한 비유를 통해 구성할 수도 있다. 자기를 잘 표현할 수 있는 사물이나 활동을 선택하고, 사물이나 활동의 특징과 자기와의 연관성을 표현하는 방법이다.

시간의 추이에 따른 변화보다는 사물이나 활동이 지닌 고유한 성질, 특징, 가치, 의미 등을 한 축에 놓고, 자기를 한 축에 놓아 이 두 관계항을 연결하여 자기를 표현한다. 사물과 자기라는 두 관계항에 대한 깊은 이해에 바탕을 두고 이 두 항을 자유롭게 연결 짓는 연습이 필요하다.

다음 질의에 응답하는 활동을 통해서 비유를 통해 구성하는 자기표현 글쓰기의 화제를 찾을 수 있다.

- 나를 표현할 수 있는 사물이나 활동을 10개 적어 본다.

- 내가 좋아하는 취미, 행동, 대상을 떠올려 본다.

- 내가 싫어하는 사물이나 활동을 10개 적어 본다.

- 사물이나 활동의 좋고 싫음을 대조하여 자기의 특성을 규정해 본다.

- 현재 내가 좋아하는 사물과 행동을 과거와 대조해 본다. 만약 변화한 것이 있다면 그 이유

와 의미를 찾아본다.

- 취미, 행동, 대상 중에 자기를 잘 표현할 수 있는 대상을 선정하고 그것이 나에게 준 변화를 분석해 본다.
- 자기를 잘 표현할 수 있는 대상에 얽힌 일화를 이야기해 본다.

3. 관계 탐색하기

'나'는 타자와의 관계 속에서 존재한다. 따라서 '나'를 돌아보는 일은 타자와의 관계를 돌아보는 일이기도 하다. 특히, 가족은 '나'에게 다양한 영향을 지속적으로 준다. 자아주의는 개인을 독립된 주체로 인정하여 개성의 해방을 보장하기도 하지만, 개인을 고립시키기도 한다.

타자와의 관계 속에서 존재하는 '나'를 응시할 때, 개성을 분명하게 성찰할 수 있고 세계와의 관계성도 회복할 수 있다. 자아주의는 자기의 능력과 성취에 따라 욕망들이 실현되는 능력주의 사회를 정당화한다. 능력주의 사회는 사회 구조에서 파생된 문제를 개인만의 책임으로 환원시키기도 한다. 이러한 폐쇄적 순환 관계에서 개인은 자기 규율을 강화하고 자기 지배의 테크놀로지를 더욱 연마하는 억압 속에 갇히게 된다. 타자와의 관계, 더 넓혀 세계와의 관계에서 '나'를 바라보는 일은 편협한 자아주의에서 벗어나 다수의 '자기'를 만나게 한다.

다음 질의에 대한 응답을 통해 타자와의 관계를 중심으로 구성하는 자기표현 글쓰기의 화제를 찾을 수 있다.

- 나에게 깊은 영향을 준 사람이나 사건을 생각해 본다.
- 자기가 닮고 싶지 않은 인물이나 사건을 이야기해 본다.
- 나의 성격, 습관, 태도, 가치 지향은 누구로부터 영향받았나를 생각해 본다.
- 자기가 가족이나 가까운 사람에게 어떤 존재이고 어떤 영향을 주는지 떠올려 본다.

- 가끔 생각나는 사람이나 사건을 떠올려 보고 왜 생각나는지 그 이유를 말해 본다.
- 나를 억압하거나 강제한 사회 현상이나 상황을 생각해 보고 그것을 어떻게 인식하고 있는 지 분석해 본다.
- 자기가 상상하는 자유로운 분위기의 사회 현상이나 상황을 이야기해 보고 이를 실현할 수 있는 방법을 모색해 본다.

4. 내면 분석하기

자기표현 글쓰기에는 내면 심리나 욕망을 성찰하여 텍스트를 구성하는 방법도 있다. 혼란스러운 감정, 무의식 저편으로 은폐해 놓았던 기억, 갈등적인 심리나 상황, 복잡하게 전이되고 모방된 욕망들 등을 응시하고 분석한다.

내면 분석에서는 '자기가 통제할 수 있는 감정 기억인가', '분석의 가치가 있는가', '의미화가 가능한가'를 판단하는 작업이 중요하다. 또한, 내면의 상태는 어떤 대상이나 사건과의 인과 관계에서 비롯되는 경우가 많으므로 어떤 대상이나 사건을 통찰하는 눈이 뒷받침되어야 내면을 제대로 성찰할 수 있다. 즉, 내면 분석을 통한 자기표현 글쓰기는 삶의 가치와 목적, 그리고 관계성을 명징하게 하는 일과 분리될 수 없다.

다음의 질의와 응답은 내면 분석을 중심으로 자기표현 글쓰기의 화제를 찾는 데 도움을 준다.

- 자기가 이룬 성취나 이루지 못한 욕망을 이야기해 본다.
- 선택의 갈림길에서 하나의 길을 선택하고 다른 길을 선택하지 않은 이유를 말해 본다.
- 지금 자기의 내면의 고민을 심리적 · 철학적으로 명제화하여 본다.
- 자기의 꿈을 말해 보고 그것을 욕망하게 된 직접적이거나 간접적인 계기를 떠올려 본다.
- 자기의 고민이나 갈등에 미친 사회적 압력을 반추해 본다.

- 지금 자기가 사회적 환경이나 인식과 부딪치는 지점이 있다면 그것이 무엇인지 말해 본다.

- 자기가 욕망하는 것이 타자의 욕망을 욕망하는 것이 아닌지 성찰해 본다.

- 행복한 삶을 욕망한다는 것이 어떤 의미인지 생각해 본다.

01 다음 예문은 학생이 작성한 글이다. 자기표현 글쓰기로서 이 글이 취하고 있는 텍스트 구성 방법을 분석하고 평가해 보자.

예문

갈치는 오늘도 콘트라베이스를 연주한다

목포의 한 해안가에서 낚시를 하고 있을 때였다. 한참을 기다리고 나서 겨우 잡은 갈치 한 마리가 아버지의 낚싯대에 매달려 펄떡펄떡 뛰고 있었다. 하지만 얼마 지나지 않아 쉴 새 없이 펄떡거리던 갈치는 끝내 제 급한 성격을 이기지 못하고 죽고 말았다. 마냥 급했던 그 갈치가 지금도 이따금씩 떠오르곤 하는데, 그럴 때마다 몇 년 전 나의 모습이 자꾸만 겹쳐진다. 남들보다 일 년이 늦어졌다는 압박감을 떨쳐 내지 못했던 재수 시절의 나는 모든 일을 빠르게 처리하려고만 했다. 그 습관적인 부담감은 대학교에 입학한 이후에도 끊임없이 이어졌고, 내 성격은 급해져만 갔다. 그와 동시에 모든 것을 빨리 해내려는 마음은 과한 욕심으로 바뀌어 버렸다. 새내기 대표와 화학과 회장을 거치며 학과의 전반적인 행사들을 주도했고, 남들에게 뒤처지지 않기 위해 소위 '스펙'으로서의 영어 공부와 학점 관리를 하였다. 이 모두가 대학교 입학 이래 내가 맡게 된 새로운 짐이었다. 하지만 내 앞을 가로막던 막중한 책임감과 성급함은 결국 몸과 마음을 모두 망쳐 버리고 말았다. 학과 성적이 학사 경고를 간신히 면할 정도까지 떨어졌을 뿐만 아니라, 우울증에 가까운 심리적 불안정함에 시달리게 된 것이다.

어쩌면, 그 갈치는 정말 나였을지도 모르겠다.

이러한 스트레스에서 벗어나고 싶었던 나는 새로운 탈출구를 찾기 시작했다. 내가 향하는 곳이 어디인지도 모른 채, 어둠 속에서 무작정 뛰기만 했던 나에게 변화가 필요했다. 그러던 중 고등학교 시절을 회상해 보게 되었고, 클래식 음악이 입시에 지쳐 있던 나에게 평온함을 주곤 했다는 사실을 떠올렸다. 클래식이라니, 지난 몇 년간 까맣게 잊고 있었던 클래식이라니. 어떻게 스트레스를 해소할 수 있을지 고민하던 나는 무언가에 홀린 듯이 클래식 동아리에 대한 정보를 찾기 시작했다. 클래식에 대해 많은 것을 알고 있지도 않았고, 다룰 수 있는 악기도 없었지만 클래식 동아리가 해결책이 될 수 있을 것만 같았다. 얼마 후 나는 아마추어 오케스트라 동아리인 유포니아에 입단하였다. 입단 후에 악기를 시작할 수 있다는 말에 막연하게나마 용기를 얻었던 것이다. 그렇게 지푸라기라도 잡는 심정으로 1학년 겨울 방학에 시작하게 된 동아리 활동은 나에게 있어 큰 변화의 시작이었다.

처음으로 콘트라베이스라는 생소한 악기를 들고 연습 장소에 발을 들였던 날이 아직까지도 생생하다. 60명쯤 되는 단원들이 차이콥스키의 교향곡 6번 〈Pathetique(비창)〉 1악장을 연주하고 있었다. 애수가 가득한 바순의 멜로디가 곡의 시작부터 나의 어깨를 토닥거리며 위로해 주었고, 현악기와 관악기가 반복적으로 주고받는 멜로디는 나에게 할 수 있다고 속삭이는 듯했다. 눈앞에서 펼쳐지는 오케스트라의 연주는 위안 그 자체였다. 이후 음악을 단순하게 듣는 것을 넘어 콘트라베이스 연습을 본격적으로 시작하게 되면서 나에게 또 다른 즐거움이 찾아왔다. 간단한 현 긋기부터 시작해 음을 하나하나 만들어 가는 과정은 한 번도 느껴 보지 못했던 평온함을 주었다. 활로 악기를 그을 때마다 가슴을 울리는 저음의 웅장함과 그 진동이 남기는 떨림은 나를 완전히 매료시켰다. 또한 안정적인 저음의 콘트라베이스를 연주하는 것만으로도 나는 스스로 해결하지 못했던 불안감이나 긴장감

을 표출하며 스트레스를 해소할 수 있었다.[1]

뿐만 아니라 동아리의 수많은 단원들과 함께 귀로만 듣던 음악을 차근차근 만들어 가며, 나는 조금씩 변해 갔다. 단 하나의 음을 연주한다고 해도 수십 명의 단원들 모두가 호흡을 완벽하게 맞춰야 아름다운 음악이 탄생할 수 있다. 이러한 사실을 몰랐던 처음에는 급한 성격 탓에 남들보다 반 박자 빠르게 연주하여 연습에 방해가 되곤 했다. 그러나 아름다운 음악을 만들기 위해 단원들과 호흡을 맞추려는 노력을 멈추지 않았고, 그 덕분에 연습이 거듭될수록 급했던 버릇은 점차 사라져 갔다. 이와 같이 단순하게 반 박자 늦게 나오려 노력했을 뿐인데, 이후 나는 어떠한 문제에 직면하더라도 차분히 생각하게 되었다. 성격이 느긋해진 것이었다. 그렇게 변화된 성격은 스트레스 해소와 더불어 서둘러야 한다는 압박감을 줄여 줌으로써 우울한 감정을 이겨 내는 데 큰 도움을 주었다.

지속적인 음악 활동은 학업 성취도 상승이라는 뜻밖의 결과도 만들어 냈다. 동아리 연습을 하다 보니 자연스럽게 클래식 음악을 듣게 되었는데, 덕분에 뇌 활동이 활발해지고 집중력까지 향상되었던 것이다. 이는 클래식 음악에 뇌를 자극하는 효과가 있기 때문이었다.[2] 단지 악기 연습을 하며 마음을 안정시키려 했을 뿐인데, 학과 성적이라는 또 다른 토끼까지 잡을 수 있었다. 즉, 이전에는 미처 몰랐던 음악 활동의 효과 덕분에 나는 더욱 오랜 시간 동안 집중하여 공부하게 되었고, 오케스트라 활동을 하기 이전에 비해 상당히 높아진 전공 이해도 및 성취도를 보이게 되었다. 그 결과 동아리를 시작한 다음 학기부터는 모든 전공과목에서 A^0 이상의 성적을 받을 수 있었다. 학사 경고를 받기 직전까지 갔던 내가 수직 상승하는 모습을 보며 학과의 교수님들께서도 칭찬을 마다하지 않으셨다. 대학교에 입학한 이후로 처음 느껴 보는 뿌듯함이자 만족감이었다.

너무나 복잡하고 빠르게 변화하는 현대 사회, 이곳에서 우리는 안정감을 느끼지 못하기에 종종 스트레스를 받곤 한다. 어쩌면 당연하게도 이를 해결하기 위한 소위 '힐링'은 우리 사회의 중심적인 트렌드가 되었고, 사람들은 나름의 치유 방법을 찾으려 노력한다. 그렇다면 나에게 있어 '힐링'이란 무엇일까. 아마 한 치의 의심도 없이 3년째 몸담고 있는 오케스트라 활동이라고 대답할 것이다. 19세기 덴마크의 철학자이자 신학자인 키르케고르는 "음악은 가장 직접적이다. 인간을 엄습해서 그를 그의 우둔한 일상성으로부터 탈피시켜 생의 원천으로 이끌어 주는 그러한 음악의 힘은 말로써 재현될 수 없다."라고 말한 바 있다. 그의 말처럼 음악은 과거의 집착에서 벗어나 심리적인 안정을 찾을 수 있도록 도왔고, 스트레스 완화, 학과 성적 상승 등의 많은 변화를 만들었다. 지금도 과거에는 깨달을 수 없었던 새로운 나의 모습에 깜짝 놀라곤 한다. 어느 순간 다가와 날 따뜻하게 안아 주며 미래를 꿈꿀 기회까지 제공해 준 음악은 분명 내 인생의 전환점이었을 것이다. 몸을 타고 흐르는 선율을 흥얼거리며, 이어폰을 꽂은 갈치는 가만히 앉아 지난날을 떠올려 본다. 그리고 얼굴에 한껏 미소를 머금고 일어난 그의 두 손에는 콘트라베이스와 활이 들려 있다. 그렇게 변함없이, 갈치는 오늘도 콘트라베이스를 연주한다.

학생 글

---

1) 정현주, 『인간 행동과 음악 – 음악은 왜 치료적인가』, 학지사, 2011, 38쪽.
2) 돈 캠벨 · 알렉스 도먼, 『음악으로 행복하라』, 트리니티 영어연구회 옮김, 페퍼민트, 2012, 149쪽.

02 최근 감명 깊게 읽은 자서전을 떠올려 보고, 그 글이 좋았던 이유를 설명해 보자.

03 자기에 대해 떠오르는 것들을 20개의 문장으로 자유롭게 표현해 보자.

04 멕시코 출신의 여성 화가 프리다 칼로(Frida Kahlo, 1907~54)는 필생의 예술적 주제가 자기 자신이었다고 할 정도로 많은 자화상을 그렸다. 다음 그림은 칼로의 「부서진 기둥」이라는 작품이다. 이 그림을 보고 받은 인상을 글로 표현해 보자.

프리다 칼로, 「부서진 기둥」(1944)

참고 문헌

- 김미란, 「표현주의 이론과 대학의 글쓰기 교육」, 『반교어문연구』 35, 반교어문학회, 2013.
- 김보연, 「피터 엘보우의 글쓰기 이론 연구」, 연세대학교 석사학위논문, 2012.
- 필립 르죈, 『자서전의 규약』, 윤진 옮김, 문학과지성사, 1998.

12

제안서 쓰기

"제안서란 글쓴이가 문제 상황을 발견하고, 그 해결 방안을 모색하여 제안하는 글쓰기 장르이다. 제안서는 현실 사회의 문제를 전문적인 지식으로 해결하면서 독자를 설득하는 대화적 글쓰기이 기 때문에, 그 과정에서 종합적 사고를 신장할 수 있다. 제안서는 가치 있는 제안, 독창적인 내용, 명료한 서술, 실현 가능성의 요건을 갖춰야 한다."

"잘된 제안서를 읽으면 프로젝트 단계마다 무슨 일이 이루어질지 알 수 있다."

J.G. Paradis & M.L. Gimmerman,
The MIT Guide to Science and Engineering Communication

제안서의 개념과 요건

1. 제안서의 개념

제안서란 글쓴이가 문제 상황을 발견하고 그 해결 방안을 모색한 후, 이를 실행 권한이 있는 주체에게 제안하는 글쓰기 양식이다. 글쓴이는 어떤 사안에 왜 주목해야 하는지 독자를 설득하고 그 해결 및 실현 가능성을 제시하며 이를 통해 현실을 변화시킬 수 있는 방안까지 담아내야 한다.

제안서는 현실 사회의 문제를 전문적인 지식으로 해결하면서 독자를 설득하는 대화적 글쓰기이기 때문에 그 과정에서 종합적 사고를 신장할 수 있다. 지난 업무를 보고하는 보고서, 정해진 목표 속에서 기획을 해야 하는 기획서와 달리 제안서는 대상·목표·주제를 스스로 설정하고 미래를 설계할 수 있다는 점에서 현실 참여적인 글쓰기이다.

제안서 작성 단계와 목적

2. 제안서의 요건

제안서는 가치 있는 제안, 창의적 아이디어, 구체적인 실현 방안을 전달하여 읽는 이를 설득하기 위한 글이므로 논리적이고 명료하게 서술해야 한다. 학교나 기업, 정부가 주최하는 공모전은 보통 큰 틀의 취지가 정해진 경우가 많은데, 이때는 주어진 조건 안에서 창의성과 실현 가능성을 극대화하는 것이 관건이다.

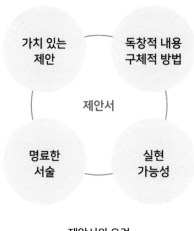

제안서의 요건

■ 가치 있는 제안

제안서를 쓸 때에는 가치 있는 제안을 찾아 제시하는 것이 중요하다. 기본적으로는 '실용적', '윤리적', '심미적' 가치를 들 수 있으나, 사안에 따라 '가치'의 기준이 다양하며, 때로는 가치들 사이에 충돌이 있을 수 있다. 그러므로 해당 사안에서 어느 가치 기준을 강조해야 할지를 숙고하여 결정해야 한다.

■ 독창적 내용과 구체적 방법

가치 있고 중요한 제안일수록 기존의 제안과 구별되는 독창성이 있어야 한다.

또한 그 접근법이나 해결 방법이 구체적이고 차별화된 것이어야 한다. 자신의 제안서에 창의적인 부분이 있는지, 어떻게 차별화를 할 수 있는지, 연구 방법이 구체적인지를 점검해야 한다. 진부하거나 상식적인 수준의 제안서에서 벗어나기 위해서는 자료 탐색과 현장 점검을 적극적으로 시도해서 독창적 내용과 구체적인 방법에 대한 고민을 충분히 해야 한다.

■ 명료한 서술

제안서는 읽는 이가 짧은 시간에 쉽게 이해할 수 있도록 작성해야 한다. 글은 체계적이고 논리적으로 구성하며, 문장은 정확한 어휘로 간단명료하게 서술해야 한다. 제안서의 핵심어들을 추출해 보고, 이것들이 유기적으로 연결되어 서술되어 있는지 점검해 본다. 필요에 따라 도표, 차트, 그림 등을 적절하게 활용한다.

■ 실현 가능성

아무리 흥미로운 제안이라 하더라도 그 실현 가능성이 낮으면 채택되기 힘들다. 따라서 가급적 구체적이고 현실적인 방안을 모색하여 제시해야 한다. 제안의 주제나 규모, 시기가 적절한지 점검하고, 전문가나 실무자에게 적극적으로 조언을 구하여 이론과 현실의 간극을 좁히면서 실현 가능성을 높여야 한다.

제안서 쓰기의 실제

　제안서는 내용을 효과적으로 전달하고 독자를 설득하는 데 목적이 있으므로, 독자의 입장과 이해력을 적극 고려해야 한다. 따라서 해당 제안에 대한 독자의 관심도와 지식의 정도를 예상하여 그에 알맞은 수위에서 용어를 선택하고 설명의 난이도를 설정해야 한다. 또한 제안의 목적과 의의, 해결 방법 등이 한눈에 파악되도록 제안서를 체계적으로 구성하고 다듬어야 한다.

　제안서를 기획하고 작성하여 제출하는 과정은 다음과 같다.

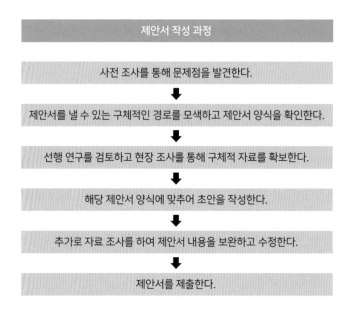

　제안서는 분야의 특성이나 제안의 성격에 따라 문서형, 포스터형 등으로 접수받는데, 문서 형태의 요약문은 공통적으로 요구된다. 문서형은 줄글로 된 문서의 형식으로 작성하는 것인데 기관에 따라 일정한 양식을 사전에 제공하는 경우가 있다. 포스터형은 제안서의 전 내용을 한 지면에 담아 한눈에 들어오도록 구성하는 양식이어서 시각적인 효과를 낼 수 있도록 만들어야 한다. 각 제안서의 예는 다음과 같다.

1. 문서 형식

　일반적으로 제안서는 필요한 요건들을 갖춘 문서의 형식으로 제출된다. 제안서는 제안의 '필요성 및 목적', '방법론', '내용', '기대 효과', '참고 문헌'에 해당하는 항목을 갖추어야 한다.

　'필요성 및 목적'은 제안서의 도입부로, 왜 이 지점이 문제적인지 독자를 충분히 설득하되 간결하고 강렬한 인상을 주도록 작성되어야 한다. '방법론'에서는 이 문제를 해결하기 위한 전체적인 틀과 방법을 설명하고, '내용'에서는 기술·시간·비용·인력 등을 고려하여 그 해결 방안을 구체적으로 작성한다. '기대 효과'에서는 제안의 혜택이 이해관계 당사자뿐만 아니라 사회 공동체에 어떤 도움이 되는지도 기술하면 그 의의가 확장될 수 있다.

다음 예문은 대학생들이 작성한 제안서이다.

예문 1

국제 캠퍼스 내 걷기 문화 활성화를 위한 연구

○○○ 외 6명

1. 연구의 필요성 및 목적

(1) 연구 배경

연세대학교에 재학하는 1학년 학생들은 모두 송도 학사에서 기숙사 생활을 한다. 기숙사 생활의 특성상 송도 학사 학생들의 통학 거리는 매우 짧다. 또한, 송도 국제 캠퍼스는 각 강의실 간 거리가 가깝다. 따라서 이동 거리에 따른 운동량이 다른 대학생에 비해 현저히 적을 수밖에 없다. 이뿐만 아니라 국제 캠퍼스의 엘리베이터를 이용해 보면 5층 이하의 낮은 층에서 엘리베이터가 자주 멈추는 모습을 볼 수 있다. 이는 학생들이 습관적으로 계단보다는 엘리베이터를 이용하고 있음을 암시한다. (중략)

(2) 연구의 중요성

걷기는 모두가 알듯이 돈이 들지 않고 누구나 쉽게 할 수 있는 운동이다. 이는 바쁜 삶 속에서 지속적인 운동으로 이어질 수 있는 걷기의 큰 장점 중 하나이다. 걷기는 그 운동 효과도 상당한데, 걷기를 통해 혈액 순환 향상, 골다공증 예방이 가능하다. 또한, 걷기가 습관화되면, 체중 감량 및 신체 조성 변화, 유산소 능력과 심혈관계 개선, 유연성과 근력 향상의 효과를 거

둘 수 있다. 걷기는 신체 건강뿐 아니라 정신 건강에도 큰 도움이 될 수 있다. (중략)

2. 연구 방법론

(1) 설문 조사

설문 조사는 정보 수집을 위해 질문지나 인터뷰 방식을 쓰는 연구 방법이다. 특히 인터넷 질문지를 이용하는 설문 조사는 익명으로 작성하고 주로 빠르게 답할 수 있는 객관식 문항으로 구성되기 때문에 많은 표본을 얻을 수 있다는 장점이 있다. 연세대학교 국제 캠퍼스 학생들의 운동량과 걷기에 대한 인식을 조사하기 위해 인터넷 설문지를 이용한 설문 조사를 진행하였다. 연세대학교에 입학한 후 운동량의 변화에 대한 조사와, 산책로와 계단 이용 빈도수에 관한 설문 조사를 진행하였다. (*별첨1) (중략)

(2) 연세대학교 국제 캠퍼스 산책로 현황 및 실태 조사

연세대학교 국제 캠퍼스 내외에 조성되어 있는 여러 산책로들의 현황을 알기 위해 5월 31일부터 6월 5일까지 도보로 대상지를 돌아다니면서 표본 조사를 하였으며 산책로들의 현황과 각 산책로의 문제점을 구체적으로 파악, 비교하기 위하여 스마트폰에 내장된 디지털 카메라로 산책로의 포장 상태, 주변 경관, 가로등의 설치 여부 등을 촬영하였다.(중략)

(3) 국내외 캠페인 및 계단 디자인 사례 조사

걷기 문화를 형성하는 데 도움이 되는 캠페인과 계단 디자인의 국내, 국외 사례를 조사하였다. 캠페인과 계단 디자인 사례들을 조사함으로써 아이디어를 얻고 그 아이디어를 연세대학교 국제 캠퍼스 학생들에게 적용할 수

있는 걷기 문화 형성 캠페인을 만드는 데 활용하였다.(중략)

3. 연구 내용

　(1) 캠페인 운동의 국내외 사례 조사 (중략)

　(2) 국제 캠퍼스 내외 산책로 실태 조사 (중략)

　(3) 계단 이용률을 높이기 위한 계단 디자인 조사 (중략)

　(4) 기숙사 내 산책과 관련된 프로그램 실태 조사 (중략)

　(5) 걷기 운동 활성화를 위한 계단 디자인 및 프로그램 기획 (중략)

4. 연구의 기대 효과

　(1) 운동 부족 문제 해결

　걷기는 연구의 중요성에서 언급한 바와 같이 신체적, 정신적 건강에 긍정적인 효과를 보인다. 이와 더불어 계단 오르기 또한 걷기와 마찬가지로 긍정적인 효과를 기대할 수 있으며 걷기에 비해 더 많은 열량을 소모한다는 점 등에서 더 나은 운동 효과를 기대할 수 있다. 우리들은 걷기와 계단 오르기를 하기에 알맞은 환경을 조성하고 유도함으로써 학우들의 운동량을 증가시키고 또한 이를 습관화시킴으로써 학우들로 하여금 걷기와 계단 오르기의 효과를 누리게 할 것이다. 이로써 우리는 학우들이 느끼고 있는 운동 부족 문제를 해결할 수 있다.

　(2) 산책의 편의성 증진

　이번 연구를 통해 국제 캠퍼스 내의 산책 시설이 어떤 문제점을 갖고 있는지, 그리고 이를 어떻게 해결해야 할 것인지에 대해 알아보았다. 본 연구가 제시한 산책로 개선 방안이 적극적으로 이루어진다면 국제 캠퍼스의 산책로의 질이 크게 향상될 것이다. 이는 기존에 산책로를 이용하던 학생들이 산책로에 대해 느끼던 불편 사항들을 해결해 주고 그들이 보다 좋은 시설의 산책로를 이용하게 해 줄 것으로 기대된다.

(3) 강의 시작 전 혼잡 완화

본 연구의 계획이 긍정적으로 진행되면 많은 학생들이 계단에 관심을 가질 것이며 계단 사용량이 늘어날 것으로 보인다. 이는 걷기 친화적 캠퍼스 환경을 조성하고, 강의 시작 직전에 엘리베이터로 많은 학생들이 몰리는 현상을 완화시켜 몇몇 위층에서만 탈 수 있는 현상을 줄여 주고 필요한 사람들이 탈 수 있게 될 것으로 기대된다.

5. 참고 문헌

• 윤채빈, 『세대별 걷기 참여자의 참여 동기, 참여 제약, 참여 지속 요인의 통합적 연구』, 인하대학교 석사학위논문, 2010.
• 윤채빈 · 박수정, 「세대별 걷기 참여자의 참여 제약 요인의 통합적 연구」, 『한국여가레크리에이션학회지』 34권1호, 한국여가레크리에이션학회, 2010.3.
• 이문석, 『공공 주택 단지의 산책로에 대한 이용 실태 및 만족도 분석: 포장 재료를 중심으로』, 경희대학교 석사학위논문, 2006.
• 백진엽 · 김성지, 「'작품'이 된 계단… '문화'로 오르다」, 『머니투데이』, 2010. 6. 22.
• *Stairway Stories: New York City 2011 to present*(http://www.spontaneousi nterventions.org/project/stairway-stories).
(중략)

위 예문은 조를 이루어 공동으로 작성한 제안서로, 대학 내 걷기 문화를 활성화하기 위해 시설 정비를 제안하고 자체적 노력을 촉구하고 있다. 조원들은 먼저 기숙사형 캠퍼스에서 대학생이 걷는 시간이 절대적으로 부족한 현실을 점검하고, 걷기 운동이 학생들의 건강과 능률에 가장 효율적인 운동법이라는 점을 확인하였다.

학생들에게 걷는 문화를 유도하기 위해서는 캠퍼스 배치와 시설을 보완할 필요가 있다는 주장을 뒷받침하기 위해 먼저, 설문 조사를 시행하였다. 다음으로, 캠퍼스 현장을 실제로 답사하고 디자인 설계와 프로그램 기획이라는 두 가지 측면에서 해결 방안을 제시하였다. 마지막으로, 이것이 학생들의 삶의 질과 학교의 이미지와 생산성에 도움이 되는 측면을 언급하고, 참고 문헌 목록에는 제안서를 작성할 때 참고했던 자료들을 기록하였다. 이처럼, 한 편의 제안서는 독자를 설득하고 제안을 실행할 수 있도록 치밀하게 작성되어야 한다.

2. 포스터 형식

최근에는 제안서의 내용을 효율적으로 전달할 수 있는 포스터 형식을 많이 사용하고 있다. 학술 대회를 비롯한 각종 대회에서도 발표의 요지를 한 장의 포스터에 담아내는 포스터 세션이 운영되는 경우가 있다. 문서 형식으로 이루어진 제안서는 구체적인 사안들에 대해 상세하게 기술할 수 있는 장점이 있는 반면, 포스터 형식의 제안서는 핵심 내용을 압축적으로 제시하여 더 짧은 시간에 설득할 수 있다는 장점이 있다.

학교, 정부, 기업뿐만 아니라 여러 사회 단체에서는 참신한 아이디어를 도출하고, 젊은 세대의 관심과 참여를 유도하기 위해 대학생을 대상으로 한 제안서 공모전들을 개최하고 있다. 포스터 형식의 제안서에는 한 면에 기획의 목적, 의의, 과정, 결과물 등을 담아내야 한다.

다음은 한 대학에서 주관한 제안서 포스터 공모전의 2016년 수상작으로, 대학생들이 기숙사 생활에서 일상적으로 겪는 고충을 해결할 수 있는 방안을 학교에 제시한 것이다. 이 대학의 학생들은 기숙사 생활을 하면서 실수로 카드 키를 방 안에 두고 나오는 일이 많아서 불편함을 겪고 있었다. 기숙사 생활을 하는 동안 이런 일들은 학생들 누구에게나 반복하여 벌어지고 있는 현상이어서 제안서 공모전의 주최인 대학 당국이나 학생들 측에서는 이 문제의 해결이 필요하다는 점에 공감할 수 있었다. 학생들은 이러한 사태를 사전에 예방할 수 있는 경고 시스템을 설치하자는 취지에서 포스터 형식을 활용하여 제안의 목적과 실태조사, 그리고 해결 방안을 제시하였다.

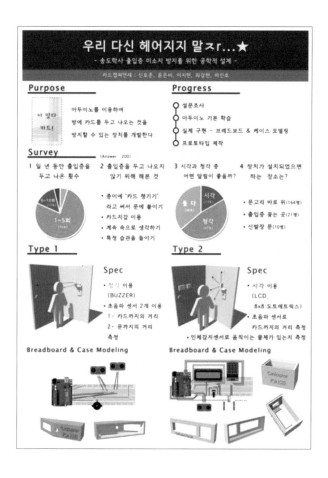

01 학교, 정부, 기업, 그리고 지역 사회, 사회 운동 단체 등에서는 일반인 및 대학생을 대상으로 제안서를 접수받고 있다. 아이디어, 기술, 디자인 등을 접수하는 각종 공모전을 찾아서 조사해 보자. 자신의 전공이나 관심사와 관련이 있는 공모전을 5가지 이상 찾아 '주제, 기한, 요건' 등을 확인하고, 도전하기에 적절한 공모전을 한 가지 선택하여 준비 계획을 세워 보자.

02 동료들과 함께 실제로 제안서를 작성하여 제출해 보자. 제안서의 성격에 따라 다르지만, 가급적 온라인 자료만 검색하지 말고 전문가의 조언을 들어 보거나 현장을 탐사하여 전문성을 높이고 실현 가능성을 타진해 보자. 이 과정에서 참여 관찰, 인터뷰, 설문지 등의 방법을 활용하여 현실을 파악하고 해결 방안을 점검해 보자.

다음은 '노인 복지 시설'을 제안하고자 했던 대학생들이 현장 인터뷰와 설문을 통해 자신들이 세운 가설과 해결 방안을 전면 수정하게 된 과정을 적은 사례이다. 이러한 시행착오를 참고하여, 참신하면서도 현실적이고 의미 있는 제안서를 작성하여 제출해 보자.

· **문제:** 고령화 사회로 인한 노인층의 증가로 노인들의 삶의 문제가 대두되고 있다.
· **가설:** 노인 복지 시설이 절대적으로 부족할 것이다.
· **문제 해결 방안:** 경로당, 운동 시설 등 노인 복지 시설을 지역 사회 곳곳에 설치하고 그 전체적인 수를 증대할 필요가 있다.

↓

· **현장 조사**: 탑골공원에 나온 노인을 대상으로 인터뷰를 시행했다.

· **예상치 못한 결과**:

1. 인터뷰 질문지의 예상 답안을 벗어나는 답변이 속출했다. 거주하고 있는 지역에는 노인
   정을 비롯한 노인 복지 시설이 잘되어 있으나 늘 비슷한 노인들끼리만 있어서 답답하다
   는 답변이 있었다. 탑골공원까지 나오는 이유는 남녀노소 다양한 사람들, 특히 젊은이들
   을 볼 수 있어서라고 했다. 이는 기존과 같은 노인 복지 시설의 양적 증대가 해결 방안이
   될 수 없음을 보여 주었기 때문에, 예상했던 문제 해결 방안을 수정할 필요가 있었다.

2. 인터뷰가 예상 시간을 초과하는 상황이 속출했다. 이들은 답변을 무척 길게 해서 예상했
   던 인터뷰 시간을 훨씬 초과하게 되었다. 질문에 대한 답변뿐 아니라 사적인 이야기들을
   많이 하는 이들은 자신의 경험과 지식, 감정을 나눌 대화 상대가 필요한 것으로 보였다.

· **문제 해결 방안 수정**: 노인을 위한 복지 시설은 노인만을 위한 기존의 복지 시설이 아닌, 젊
   은이들과 공존할 수 있는 시설로 전환할 필요가 있다. 또한 이들이 함께 만나 서로의 경험과
   지식을 교류할 수 있는 강연장이나 콘서트장, 광장 같은 공간이나 이벤트도 필요하다. 이는
   비단 노인만을 위한 것이 아니라 고령화 사회에서 사회 구성원들 간의 지식과 경험, 지혜를
   나누는 공존과 협력을 위해 필요한 것이다.

참고 문헌

• 신형기 외, 『과학 글쓰기: 제안서에서 논문과 프레젠테이션까지』, 사이언스북스,
  2006.

• 정경수, 『문서 작성 최소 원칙: 보고서 기획서 제안서 글쓰기』, 큰그림, 2017.

• 노버트 오부숀, 『설득: 커뮤니케이션에서 제안서 작성까지』, 이세진 옮김, 넥서스,
  2004.

13

학술 에세이 쓰기

"학술 에세이란 독창적인 관점으로 특정한 주제를 다루고, 합리적인 논증 과정을 통해 주장의 타당성을 입증하는 글쓰기 장르이다. 글쓴이는 객관적인 분석에 입각하여 독창적이고 주체적인 관점을 세우고, 자신의 주장이 독자에게 잘 전달될 수 있도록 논리를 구성해야 한다. 학술 에세이의 독자는 대학의 담화 공동체에 소속된 구성원에서부터 대학 바깥의 일반 독자에 이르기까지 다양하다."

"사건들은 해석하지 않으면 의미가 없다. 이해한다는 것 자체가 해석한다는 것이다. 해석하는 것은 현상을 바꿔 말하는 것이고, 과거를 수정하고 재평가하는 것이다."

Susan Sontag, 『해석에 반대한다(*Against Interpretation*)』

학술 에세이의 개념과 요건

1. 학술 에세이의 개념

학술 에세이란 독창적인 관점에 입각하여 특정한 주제를 다루고 합리적 논증 과정을 통해 주장의 타당성을 입증하는 글쓰기 양식을 말한다. 학술 에세이의 목표는 자신의 생각을 논리적 분석 과정 없이 피상적으로 기술하거나, 일정한 자료를 소개·요약·정리하는 데 있지 않다. 글쓴이는 객관적인 분석에 입각하여 독창적이고 주체적인 관점을 세우고, 자신의 주장이 독자에게 잘 전달될 수 있도록 논리를 구성해야 한다.

학술 에세이는 글쓴이의 경험과 생각을 중요시하여 자유로운 해석의 가능성을 보여 준다. 다만 여기서 유의할 점은 자신의 경험을 지나치게 일반화하거나 인상평 수준에서 기술하는 데 머물지 않아야 한다는 것이다. 글쓴이의 주관적인 느낌과 감상에 의존하는 수필과 달리, 논의 대상에 대한 관점이 분명하게 드러나야 하며 형식적·내용적 차원에서 논리와 체계를 잘 갖추어야 한다.

또한, 학술 에세이는 객관적이고 신뢰할 만한 근거를 통해 주장의 타당성을 입증하는 논증의 과정을 담고 있다. 글쓴이는 학술 에세이가 갖추어야 할 최소한의 요건을 이해하고 이를 준수해야 한다. 다만, 학술 에세이는 엄정한 체계와 형식을 갖추어 연구 절차와 내용을 상세히 기술해야 하는 학술 논문에 비해 상대적으로 유연하고 자유로운 글의 형식을 가진다.

학술 에세이의 독자는 대학의 담화 공동체에 소속된 구성원에서부터 대학 바깥의 일반 독자에 이르기까지 다양하다. 학술 에세이를 쓸 때에는 독자를 분명하게 설정하고, 다루고자 하는 주제에 대한 독자의 관심과 지식을 잘 파악해야 한다.

2. 학술 에세이의 요건

학술 에세이는 여느 글들과 마찬가지로 좋은 글이 갖추고 있는 여러 미덕들을 추구한다. 타당한 주제, 체계적인 구성, 명확한 문장은 기본 요건에 해당한다. 이외에도 학술 에세이가 갖추어야 할 요건은 다양한데, 이 가운데 먼저 제시할 필요가 있는 요건 세 가지를 들면 다음과 같다.

학술 에세이의 요건

(1) 독창적 관점

학술 에세이에서는 글쓴이의 참신한 관점이 선명하게 드러난다. 글쓴이는 자신이 가지고 있는 문제의식을 토대로 독자적인 질문을 구성해야 한다.

독창적 관점은 주체적으로 판단하고 창의적으로 사유하는 과정에서 생겨난다. 새로운 발상이나 참신한 시각은 반대되는 입장의 가치에 대한 오랜 숙고와 의미 있고 실현 가능한 대안에 대한 꾸준한 모색 끝에 얻어진다. 학술 에세이를 쓸 때에는 이 점을 고려하며 독창성 판단의 과정을 거쳐야 한다. 글쓴이는 자신의 생각이 새로운지 혹은 그렇지 않은지 분명하게 판단하기 위해 자료 조사와 분석을 수행한다. 기존의 연구 동향을 파악하고 누가 무엇을 어떻게 논의하였는지 검토하는 일을 통해 자신의 관점과 글의 주제가 의미 있고 새로운지 검증할 수 있다.

학술 에세이를 쓸 때, 글쓴이는 탐색의 과정에서 얻게 된 새로운 발상을 구체적인 문장의 형태로 구현하여 제시할 수 있어야 한다. 이때 글쓴이는 내용 면에서만이 아니라 기술 면에서도 자율성을 보장받는다. 학술 에세이에서는 합리적인 추정이나 주관적인 제언을 개진할 수 있으며, 수사적 표현과 비유를 적극적으로 활용할 수 있다. 필요하다면 감탄문, 의문문, 청유문 등의 서술 방법을 사용할 수도 있다. 객관적이고 구체적인 문장과 검증된 용어 사용을 엄격히 요구하는 학술 논문에 비해 표현과 기술의 차원에서 자유가 주어지는 것이다.

(2) 논리적 서술

학술 에세이에서는 글쓴이의 생각이 논리적인 서술을 통해 구현된다. 글쓴이는 문제의식을 분명하게 설정하고, 논리적이고 밀도 있는 분석에 의거하여 자기 의견의 타당성을 스스로 검증한다. 학술 에세이는 합리적인 근거를 통해 주장이 입증되는 과정을 담고 있다는 점에서 논증적 글쓰기의 성격을 가진다.

논제의 명확성, 주장의 합리성, 근거의 타당성은 학술 에세이가 필수적으로 갖추어야 할 기본 요건이다. 글쓴이는 자기의 의견을 논리적이고 정합적으로 기술하고, 이론적·경험적 논거를 구체적으로 제시해야 한다. 또한 구상의 단계에서는 물론이고, 실제로 글을 써 나가는 과정에서도 참조하거나 활용한 자료가 객관적이고 신뢰할 만한 것인지, 또는 반드시 필요한 것인지 거듭해서 확인해야 한다.

논증은 궁극적으로 독자의 수용 여부를 결정짓는 열쇠이다. 아무리 창의적인 생각이라고 하더라도 논거를 설득력 있게 제시하지 않으면, 독자의 마음을 움직일 수 없다. 독자가 글의 핵심 논지를 이해하고 글쓴이의 입장을 적극적으로 검토하거나 수용하게 만들기 위해서는 타당한 설득의 과정이 필요하다. 특히 학술 에세이를 읽는 독자가 전문가에만 한정되어 있지 않은 만큼 일반 독자도 쉽게 이해하고 공감할 수 있도록 논리 전개의 과정을 잘 구성해야 한다.

(3) 학술적 탐색

학술 에세이에서는 학문적 엄정성을 준수한다. 학술 에세이는 자칫 무형식의 형식을 추구하는 글로 오인되는 경우가 있는데, 이것은 잘못된 생각이다. 엄격한 체제와 규범을 따라야 하는 학술 논문에 비해 상대적으로 형식적·내용적 자율성을 지닌다는 뜻이지, 학술 글쓰기가 갖추어야 할 기본 요건을 지키지 않아도 된다는 말은 아니다. 학술 에세이를 쓰는 일이 어려운 까닭은 자유로운 사고와 창의적인 발상을 추구하면서도 사유의 내용을 일정한 형식에 따라 논리적으로 기술할 수 있어야 하기 때문이다.

글쓴이는 기본적으로 학습 윤리나 연구 윤리를 준수하고, 필요한 연구 절차나 방법을 이해해야 한다. 자신의 관점을 정립하고 의견을 논리적으로 서술하기 위해 자료를 충실히 조사·분석하고 활용하며, 적합한 개념·이론·방법론을 찾아 적용하는 등의 학술적 탐색의 과정을 거친다. 이 과정에서 다른 사람의 글이나 기존의 자료를 참조하였다면, 반드시 인용을 통해 출처를 밝힌다.

학술 논문의 서론에 연구의 목적과 의의, 선행 연구, 연구 대상과 방법론 등이 체계적으로 정리되어 있듯이, 학술 에세이를 쓸 때에도 이 사항들을 충분히 고려하고 반영할 필요가 있다. 다만, 학술 에세이에서는 연구 절차와 내용을 상세히 기술하지는 않아도 된다. 즉, 장과 절과 항의 구분 방식에 따라 전체 내용을 구성하지 않아도 되며, 글쓴이의 판단에 따라 글의 형식과 서술 방식을 선택할 수 있고 글의 분량도 조절할 수 있다.

학술 에세이 쓰기의 실제

학술 에세이 쓰기 과정은 일반적인 학술 글쓰기와 마찬가지로 크게 '계획하기, 작성하기, 고쳐쓰기'의 세 단계로 구성된다. 학술 에세이를 쓰기에 앞서 각 단계의 성격과 세부 활동을 이해할 필요가 있다.

'계획하기'의 단계에서는 ① 학술 에세이를 쓰는 이유와 목적 탐색하기, ② 예상 독자를 설정하고 특징 분석하기, ③ 탐색할 자료의 성격과 범위 정하기, ④ 문제의식을 구체화하여 주제 정하기, ⑤ 계획서 작성하기 등의 활동이 이루어진다.

'작성하기'의 단계에서는 ① 글의 구성과 체계 짜기, ② 서두-본론-결말에 해당하는 내용 구성하기, ③ 인용할 자료의 위치와 서술 분량 정하기, ④ 적합한 서술과 표현 방법을 찾아 활용하기 등의 활동이 이루어진다.

'고쳐쓰기'의 단계에서는 ① 글이 학술 에세이의 성격에 부합하는지, ② 계획한 내용이 작성의 단계에서 잘 실현되었는지, ③ 글의 전체적인 내용이 주제에 부합하는지, ④ 글이 일관성 있게 잘 전개되었는지, ⑤ 구성과 표현상의 문제는 없는지 등을 점검하며 글을 수정하고 보완한다.

1. 주제 설정하기

학술 에세이 쓰기에서 가장 중요한 과정은 주제를 설정하는 단계이다. 사람들은 흔히 글을 써 나가는 과정에서는 많은 정성을 들이지만, 주제를 탐색하고 검증하는 과정에서는 집중력을 보이지 않거나 수동적인 자세를 취한다. 그런데 '어떻게 쓰느냐'에 앞서 글의 가치를 결정짓는 핵심 요인은 '무엇에 대하여 쓰느냐' 하는 것이다. 좋은 학술 에세이를 쓰기 위해서는 무엇보다도 참신하고 가치 있는 주제를 찾기 위해 노력해야 한다.

(1) 주제 탐색하기

학술 에세이의 경우, 과제의 성격과 요건에 따라 주제를 탐색하는 과정은 달라질 수 있다. 학술 에세이 과제는 다양한 방식으로 제시될 수 있는데, 일반적인 사례 세 가지를 소개하면 다음과 같다.

■ 텍스트가 제시되는 경우

글쓰기의 대상이 특정 텍스트로 한정된 경우에는 텍스트를 중심에 놓고 무엇을 쓸 것인지를 계획할 수 있다. 시, 소설, 영화, 연극, 음악, 회화 등의 예술 작품이나 연구서, 대중서와 같은 저작물이 논의 대상으로 제시되었다면, 주어진 텍스트를 감상하는 일에서부터 글쓰기 활동은 시작된다.

이 경우에는 사전 조사를 미리 하는 것보다 텍스트를 읽거나 보는 활동을 선행하는 것이 효과적이다. 솔직한 감상 평과 지적 호기심은 텍스트 분석의 출발점이자 글쓰기의 중요한 동력이다. 따라서 텍스트 감상이 이루어진 이후에, 기존의 관점과 논의를 검토하고 자신의 생각을 견주어 보며 화제와 주제를 탐색하는 것이 바람직하다. 또한 논리적이고 체계적인 분석을 하기 위해서는 텍스트가 속한 장르에 대한 이해를 가져야 하며, 학술 에세이의 주제를 잘 드러내 줄 수 있는 적합한 분석 방법과 서술 방식을 모색할 필요가 있다.

■ 화제가 제시되는 경우

공통의 화제가 주어진 경우에는 우선, 해당 화제가 제시된 맥락과 선정 이유를 이해해야 한다. 공통의 화제는 과제 제출자가 제시한 것일 수도 있고, 동료들과 함께 논의한 결과 선택된 것일 수도 있다. 이 경우에는 화제와 관련된 자료들을 탐색하는 활동에 바로 진입할 수 있다. 다만, 여기서 한 가지 유의해야 하는 것은 화제가 부여되었다고 해서 무엇에 관하여 쓸 것인지가 곧바로 결정되는 것은 아니라는 점이다.

글쓴이는 화제와 관련하여 평소 자신이 가지고 있던 생각이나 관심사를 떠올려 보며 문제의식을 구체화한다. 또한 다양한 자료들을 탐색하는 과정에서 화제와 관련된 기존의 논의 지형을 폭넓게 파악하고, 이를 매개로 복합적인 인식을 갖거나 이전과는 다른 관점에서 문제를 재해석한다. 글쓴이는 화제를 새롭게 인식하고 그것을 정제하여 재조직하며, 발견한 정보나 아이디어를 분류하고 유형화하는 활동을 통해 문제의식을 구체적으로 구성한다.

■ 자유 과제인 경우

글쓴이가 자유롭게 화제를 선택할 수 있는 경우에는 여러 절차를 밟아 가면서 주제를 설정하는 것이 바람직하다. 공통의 텍스트나 화제가 주어지지 않은 경우에는 넓은 탐구 영역에서 관심사를 좁혀 나가며 화제를 찾는다. 이때에는 참신하거나 의미 있는 주제를 설정해야 한다는 부담감을 내려놓고 자유롭게 생각을 확장하는 것이 도움이 된다.

화제를 찾는 여러 방법을 활용해 보는 것도 한 가지 방법이다. 이를테면, 브레인스토밍을 한 내용을 분류하고 범주화하여 관심 있는 화제를 찾아볼 수 있다. 화제를 정한 다음에는 이와 관련하여 그동안 어떠한 쟁점이 제기되었는지, 주로 어떤 주체가 관심을 갖고 의견을 표명하였는지, 각각이 제시하는 주장과 근거는 어떤 특징을 가지는지 등을 검토한다. 이 과정에서 글쓴이는 화제로부터 구체적인 문제의식을 획득할 수 있고, 독자적인 관점과 입장을 세울 수 있다.

한편, 글쓴이가 직접 화제와 주제를 선택할 수 있는 경우에는 적절한 연구 방법을 찾고 이를 학습하는 데도 많은 노력을 기울여야 한다. 글의 주제나 목적에 적합한 연구 방법을 모색하기 위해서는 일반적으로 많이 활용하는 연구 방법들(실험, 참여 관찰, 인터뷰, 설문 조사, 텍스트 분석 등)을 폭넓게 탐색해 보는 것이 도움이 된다.

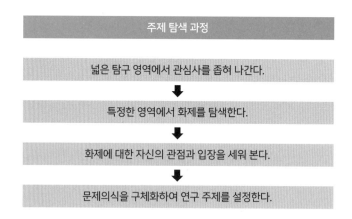

(2) 주제 검증하기

학술 에세이를 준비하는 과정에서 관심 있는 화제를 발견하고 주제를 구체화하였다면, 다음 단계에서는 주제의 가치와 논의의 필요성을 객관적으로 판단한다. 주제를 검증하는 과정에서는 '비평하기', '진술하기', '창안하기', '논증하기',

'검토하기', '수정하기' 등의 활동을 차례대로 수행한다.

주제 검증 과정	
비평하기	글의 주제와 관련된 자료들을 조사 · 분석 · 요약하기
진술하기	글의 목적과 의의를 구체적으로 말하기
창안하기	주장을 구성하고 주제문을 만들기
논증하기	근거를 제시하고 설명하기
검토하기	다른 관점들을 파악하고 반대 의견을 예측하기
수정하기	주장을 점검하고 논의를 수정 · 보완하기

기본적으로 '주제 검증 과정'은 글을 구상하는 단계에서 이루어진다. 그러나 이것이 곧 검증의 완료를 뜻하지는 않는다. 검증의 작업은 본격적으로 글을 써 나가는 과정에서도 이루어지며, 글을 완성하는 순간까지 지속된다. 특히 구상 단계에서 생각한 내용이 실제 쓰기의 과정에서는 다른 형태로 바뀔 수 있으며, 예측하지 못했던 문제들이 발생하는 경우도 있기 때문에 글쓴이는 주제와 관련된 고민들을 계속해서 붙들고 있게 된다.

■ 주제문 만들기

글쓴이는 글의 주제를 하나의 완결된 문장으로 만들어 제시할 수 있어야 한다. 주제문은 독자가 이해하거나 수용하기를 바라는 중심 주장을 담고 있으며, 글의 핵심 내용, 모색의 방향과 해결 방안, 예측되는 결론 등을 지시하기도 한다. 주제문은 글쓴이의 관점과 입장이 얼마나 명료하고 구체적인지, 글의 내용이 얼마나 참신하고 의미 있는지를 한눈에 확인할 수 있게 해 준다.

글쓴이는 주제문을 통해 자신이 가지고 있는 문제의식의 의미와 가치를 검토하고, 글이 전개되는 방식과 나아갈 방향을 예측할 수 있다. 주제문이 자신의 의견이나 태도를 분명하게 나타내 주지 못한다고 생각되거나, 추상적인 내용과 불분명한 표현으로 구성되어 있다고 판단된다면, 이러한 결과를 초래한 원인을 찾아보고 개선 방안을 모색해야 한다. 주제를 검증하는 과정에서 글쓴이는 주제문을 수정 및 보완할 수 있고, 글을 쓰기 이전에 거쳐야 할 준비 과정을 잘 밟았는지 확인할 수 있다.

■ 주제문 활용하기

주제문을 완성한 후에는 글의 제목과 핵심어를 작성한다. 주제문은 제목과 핵심어를 만드는 데 필요한 자원을 제공하며, 반대로 제목과 핵심어를 선정하는 과정을 통해 주제문이 향후에 작성될 글의 전체 내용을 통합적이면서도 압축적으로 잘 담아내고 있는지 확인할 수 있다.

또한, 주제문은 각 단락의 소주제문을 구성하는 데도 활용된다. 소주제문은 주제문과 마찬가지로, 하나의 완결된 문장으로 만들어야 하며 각 단락의 핵심 내용을 잘 드러내야 한다. 주제문을 글의 거점으로 삼아 각 단락의 소주제문을 작성하고, 나아가 이를 통해 주제문이 단락별 내용을 효과적으로 응축하고 있는지 점검한다.

'제목-핵심어-주제문-단락별 소주제문'은 서로 상호 반영적 관계를 맺고 있으며, 논리적으로도 긴밀하게 연관되어 있다. 글을 계획하는 단계에서 각 요소 간의 관련성을 충분하게 검토해야만 주제 의식에서 벗어나지 않고 통일성과 응집력을 갖춘 글을 쓸 수 있다. 글을 실제로 써 나가는 과정에서 제목과 핵심어는 수정될 수 있지만, 수정의 폭이 지나치게 넓다면 구상한 내용과 작성되는 내용 사이의 편차를 반드시 확인해 보아야 한다.

2. 계획서 작성하기

학술 에세이 쓰기 과제를 수행할 때에는 본격적인 글쓰기에 들어가기에 앞서 '계획서'를 작성하는 과정을 거친다. 계획서에는 글의 제목, 주제와 목표, 대상과 방법론, 결과와 제언, 참고 문헌 등이 포함된다. 다만, 과제의 성격에 따라 계획서의 세부 요건과 내용은 달라질 수 있다.

(1) 제목

글의 제목을 작성한다. 제목의 요건은 두 가지로 대별된다. 첫째, 글의 주제와 목적이 잘 드러나야 한다. 둘째, 독자의 관심과 흥미를 불러일으켜야 한다. 필요한 경우, 부제목을 활용하여 글의 핵심 내용을 구체적으로 명시할 수 있다.

(2) 주제와 목표

글을 쓰는 이유와 목적을 밝힌다. 글의 주제를 구체적으로 명시하고, 해당 주제의 중요성과 가치를 설명한다. 기존의 논의들이 갖는 성취와 한계를 보여 주고, 자신의 글이 어떠한 점에서 차별화되는지 기술한다. 이와 함께, 사전 조사 단계에서 획득한 정보를 요약하여 서술한다. 이상의 내용을 토대로, 글쓴이가 현재 설정한 목표와 달성 방안을 제시한다.

(3) 대상과 방법론

글에서 다룰 구체적인 논의 대상과 범위를 밝히고 선정 기준과 이유를 설명한다. 활용하고자 하는 연구 방법론을 소개하고, 그것의 필요성과 적합성을 기술한다. 향후 예상되는 글쓰기의 절차와 연구 과정을 소개한다.

(4) 결과와 제언

글을 써 나가는 과정에서 무엇에 대해 알게 되고 어떠한 지식을 습득할 수 있을지 예상해 본다. 또한 글의 의의와 기대 효과를 예측하여 기술한다. 글의 성취와 한계를 미리 짚어 보고, 향후의 논의가 나아가야 할 방향에 대하여 제언한다.

(5) 참고 문헌

학술 에세이 계획서를 작성하기 위해 참조한 자료들의 출처와 서지 사항을 밝힌다. 이와 함께, 향후에 검토할 자료의 범위와 출처를 명시한다.

〈학술 에세이 계획서〉

■ 글쓴이 이름 :

제목	
주제와 목표	
대상과 방법론	
결과와 제언	
참고 문헌	

학술 에세이 계획서 견본

학술 에세이를 쓸 때에는 위에 제시한 내용과 항목들을 포함한 계획서를 작성하여 현재 쓰고자 하는 주제의 가치와 글의 의의를 판단해 보아야 한다. 계획서를 꼼꼼하고 충실하게 작성하면, 글의 의의와 가치를 구체적으로 검토해 볼 수 있을 뿐만 아니라, 글을 써 나갈 때 맞닥뜨리게 되는 여러 문제들을 최소화할 수 있다.

3. 글 검토하기

한 편의 학술 에세이를 완성한 후에는 자기가 쓴 글을 검토하는 시간을 가져야 한다. 최소한 1회 이상의 수정을 거쳐야 하며, 가능하다면 여러 번의 검토를 통해 미흡한 점이나 문제가 되는 부분을 발견하고 해결 방안을 마련하기 위해 노력해야 한다.

고쳐쓰기의 단계에서는 교수자나 동료에게 글에 대한 강평을 들을 수도 있고, 글쓴이 스스로 논평자가 되어 자기 글을 검토하는 기회를 가질 수도 있다. 동료 강평의 경험은 글쓴이가 자신과 타인의 글을 다양한 관점에서 관찰하고 분석할 수 있는 기회를 제공한다. 또한, 집단 토론의 과정을 통해 글쓴이는 자기가 쓴 글의 의미와 한계를 새롭게 인식할 수 있으며, 더 넓은 차원에서는 과제를 한층 더 정확하게 이해할 수 있다.

동료의 글을 강평할 때나 글쓴이가 자기 글의 논평자 역할을 맡았을 때에는 전문성을 높이기 위해 여러 방법을 활용하는 것이 좋다. '글 점검표'를 사용하여 '주제-구성-단락-문장'의 세부 요소들을 구체적으로 점검할 수 있고, '질문하기'의 방법을 통해 '문제 발견-원인 진단-해결 방안'에 대한 깊이 있는 대화를 나누어 볼 수 있다. 또한, 다음과 같은 질문들을 던져 봄으로써 자신이 쓴 글이 학술 에세이의 성격에 부합하는지 점검하는 것도 한 가지 방법이다.

학술 에세이 점검 방법
독창적 관점을 제시하고 있는가?
논증의 형식을 취하고 있는가?
주장과 근거가 타당한가?
참조 및 활용한 자료의 출처를 밝혔는가?
독자에게 도움이 될 만한 글인가?

학술 에세이 검토 과정을 마치고 나서는 편집editing과 교정proofreading을 통해 글을 최종적으로 다듬고 보완한다. 완성한 글은 과제 마감 기한에 맞춰 제출한다.

학습 활동

01 다음 예문은 학생이 작성한 학술 에세이이다. 글쓴이는 '예술의 사회적 의미'라는 공통의 화제에 대하여 "예술은 언제 예술이 되는가?"라는 질문을 제기하고, 이것으로부터 특정한 주제를 도출하였다. 글을 읽고 아래의 활동을 해 보자.

예술은 언제 예술이 되는가
-'뱅크시(Banksy)'의 작품 활동과 대중의 감상법

언젠가 당신이 유명한 미술관에 들러 명화로 알려진 그림들을 감상했다고 상정해 보자. 모나리자 앞을 가득 메운 인파를 연상해 볼 수 있듯이, 당신은 아마도 명화로 알려진 작품 앞에서 무언가 의미 있는 인상을 받고자 애쓸 것이다. 그런데 '명화'로 알고 보았던 그림들이 사실은 몰래 전시된 무명작가의 작품이라고 한다면, 당신은 어떤 기분에 휩싸일 것 같은가? 이는 흡사 영화에서나 일어날 법한 일로 보이지만, 몇 년 전 대영 박물관에서 실제로 발생한 적이 있는 일이다. 어느 작가 한 사람이 자신의 작품을 대영 박물관에 몰래 전시하였는데, 관람객들은 물론이고 박물관 관계자들마저도 그것이 '명화가 아니라는 사실'을 전혀 알아차리지 못했다고 한다. 이러한 에피소드가 알려진 것은 누군가의 제보에 의해서가 아니라 작품을 직접 그곳에 가져다 두었던 화가 자신의 입을 통해서였다. 그렇다면, 과연 이러한 모험을 감행한 예술가는 누구이고, 그는 어떠한 연유로 이러한 행위를 벌였을까? 또한 그러한 작품을 창작하고 전시하는 파격적 행보는 어떻게 해석될 수 있을까?

이 사건의 주인공은 다름 아닌 '아트 테러리스트'라 불리며 세간의 이목을 집중시키고 있는 '뱅크시'라는 작가이다. 뱅크시는 '거리의 낙서'라 불리는 '그라피티'를 주로 다루며, 사회적 이슈를 소재로 삼아 기발한 그림을 그리기로 유명하다. 흥미롭게도 위와 같은 놀라운 사건과 창의적인 그림들로 명성을 얻게 되면서 그의 작품을 바라보는 사회적 시선에는 모종의 변화가 발생했다. 그의 그림은 예술 작품으로 인식되고 있을 뿐 아니라, 수억 원을 호가하며 판매되고 있기도 하다. 이러한 현상은 우리로 하여금 과연 '무엇이 예술을 예술로 인식하게 만드는가', '무엇이 예술을 예술답게 하는가'라는 물음을 제기하게 만든다는 점에서 주목된다.

현재 우리 사회에서는 공인받은 미술관에 전시되어 있는 작품이나, 일부의 사람들이 소장하고 있는 예술적 가치를 인정받은 작품들이 '예술품'으로 간주되고 있다. 과거에는 예술품을 향유할 권리가 소수에게 주어졌지만, 이른바 점차적인 '예술 작품 감상의 민주화'로 이제는 일반 대중이 일정한 대가를 지불하면 언제든 유명한 작품들을 감상할 수 있는 기회를 갖게 되었다. 그러나 이것이 곧바로 작품에 대한 이해의 증진과 감상의 질적 향상으로 이어지지는 않았다. 아직까지도 많은 사람들은 예술 작품을 충분히 감상하고 향유하지 못한다. 특히 예술적 소양이 필요한 난해한 작품들의 경우, "비평가나 예술가들이 명화라고 하니까 좋은 작품이겠지."라고 생각하며 '감상'을 하기보다는 보편적으로 통용되는 작품에 대한 '감상법'을 숙지한다. 그런데 이 상황은 우리로 하여금 이러한 현상이 비단 관객의 무지에서 기인하는 것만은 아니라는 점을 상기하게 만든다.

관람객들의 경우 예술가의 심오한 철학이나 해당 작품이 지니고 있는 특유한 기법과 의미에 대해 정확하고도 풍부한 이해를 갖지 못하는 경우가 많다. 말하자면, 작품의 '유명성' 자체를 향유하고 여기에서 감상의 의미를 찾는 것이다. 물론 예술가들이 심오한 발상과 미학적 열정을 자신의 작품에 담아내는 것은 좋다. 하지만 해당 작품을 일반인들이 대체로 이해하지 못한다면, 그 작품은 일부의 사람들과의 교감에만 성공했다고 할 수 있을 것이다. 이러한 경우 예술가들은 대중과의 폭넓은 소통보다는 창작 자체에서 얻어지는 자족적인 만족감으로부터 작품 활동의 의미를 찾게 된다. 그런데 만약 일부의 예술가나 평론가 같은 전문가들 사이에서만 이해와 공감이 발생한다면, 그리고 이때 '대중의 감성과 감상'에 대한 고려가 거의 반영되지 않았다면 어떨까? 이러한 이해의 양극화가 더 급격히 진행된다고 가정한다면, 언젠가 우리는 예술(가)과 비예술(가)의 도식적 경계 안에서 예술을 향유할 자격을 상실해 버릴지도 모른다. 무수한 글들이, 심지어는 가장 내밀한 사적 글쓰기라고 일컬어지는 일기조차도 독자를 가정하고 있듯이, 다른 장르의 예술 작품들도 기본적으로는 소통을 전제로, 더불어 그것을 목표로 삼고 있다. 현재 한국의 실정에 비추어 보자면, 일반인들이 예술 작품에 접근할 수 있는 권한은 상당 부분 확대되었지만, 그것을 향유할 수 있는 상황과 여건은 충분히 조성되었다고 보기 어렵다. 관객들이 '왜' 작품을 보러 가는지 인식할 필요가 있듯이, 예술가들이나 관계자들 역시 관객들이 작품을 진정으로 '감상'할 수 있게 배려해 줄 필요가 있다. 칸트가 언급한 바 있듯이, 예술에 관한 미적 판단은 다른 사람들과 공유할 수 있는 것(공통감)에 기초해 있다고 하지 않았던가.

  메트로폴리탄 박물관에 뱅크시가 〈당신은 예쁜 눈을 가졌군요〉라는 그림을 도둑 전시했을 때, 해당 작품을 본 사람들은 환경 오염의 위험성을 적시한 획기적인 작품이라며 감탄을 금치 못했다. 또한 '그려질 때마다 지워지는 운명'이었던 뱅크시의 그림들은 그가 영국의 한 편의점 담벼락에 아동 착취에 관한 그림을 그린 후 아이들의 노동력 착취 실태를 효과적으로 비판했다는 찬사를 받고 예술 작품으로 인정받게 되었다. 실제로 그의 작품들을 보면 한결같이 작가의 창의성이 돋보일 뿐 아니라, 그가 작품에서, 더불어 작품을 통해서 무엇을 말하고자 하는지가 잘 드러나 있음을 알 수 있다. 창의성과 실험 정신으로 예술적 가치에 대한 규정을 계속해서 갱신해 나가는 작가의 열정과 의지, 그리고 이것이 동시대인들의 감수성과 이해력에 상응하는 방식으로 표출되고 있다는 점이 아마도 그의 그림을 '미학적 성취를 가지면서도 대중적 관심을 불러일으키는 작품'으로 만들어 준 요인이 아닐까 싶다.

'예술(가)이란 무엇인가'를 규정하는 방식은 저마다 다르겠지만, 톨스토이가 거듭해서 강조한 바 있듯이 그것은 보는 이에게 감동과 즐거움을 전해 주는 것이어야 할 뿐 아니라, 어떠한 각성을 일으키는 것이기도 해야 한다. 이때의 각성이 물론 반드시 정치적이거나 사회적인 의미를 내장하는 것일 필요는 없다. 그것은 그 자체로 예술에 대한 규정과 의미를 새롭게 일깨우거나 성찰하게 하는 것이어도 좋다. 뱅크시의 작품들이 '예술적'이라고 말해질 수 있는 것은 그것이 대중으로 하여금 '예술에 대한 각성'을 일으켰기 때문일 것이다. 심오한 작품 세계를 갖는다고 말해지는 고평가된 작품, 그러나 대중이 접근하기도 이해하기도 어려운 작품보다 뱅크시의 그림들이 더 큰 깨달음과 즐거움을 준다는 세간의 평가도 이러한 맥락에서 그 의미를 음미해 볼 수 있다.

언젠가 뱅크시는 도둑 전시를 하고 나서 이렇게 소감을 밝힌 적이 있다. "자연사 박물관, 대영 박물관, 뉴욕 현대 미술관, 메트로폴리탄 미술관, 브루클린 미술관, 많은 미술관을 돌아다니는 동안 나도 이 정도는 그릴 수 있을 것이라고 생각했다. 그러니 실제로 시도한 것은 자연스러운 일이 아닌가?" 매우 도발적이면서도 자신만만한 발언이 아닐 수 없다. 그의 작품 활동을 지켜보는 우리는 창작의 재능을 가지지는 못한 만큼, 그와 같이 행동할 수는 없겠으나 최소한 그가 보여 준 일련의 행동들이 지니는 의미에 대해서는 함께 생각해 볼 수 있을 것이다. '예술 작품' 나아가 '명화'에 대한 규정과 인식을 무너뜨리며 자기의 작품을 그 자리에 위치시키는 뱅크시의 작품 활동은 기성 예술계에 대한 도전이라고 할 수 있다. 또한 그러한 의미에서 그의 예술 활동은 '전위적' 성격을 가진다. 뿐만 아니라, 이러한 활동은 미술관에 있는 것만이 예술 작품은 아니라는 점을 새삼 환기시킨다. 미술관과 박물관, 그리고 이곳저곳의 기념관이 아닌 '일상의 장소들'에서 피어오르는 예술적 영감과 그것의 표현물들이 언제든지 '예술 작품'이 될 수 있다는 점을 말이다. 우리도 그들도 모르는 사이에 예술 작품은 일상의 삶이 영위되는 장소들에서, 바로 우리의 곁에서 탄생하고 있을지도 모른다. 또 한 가지, 여기서 잊지 말아야 할 것은 '예술 작품을 취급한다'고 할 때, '취급'을 담당하는 주체가 비단 예술가와 그를 둘러싼 전문가들만은 아니라는 사실이다. 거기에는 작품을 감상하는 무수한 수용자들의 자리가 포함되어 있다. 아마도 그들의 자리를 고려하지 않는 작품은 그만큼이나 자신이 그려내고자 하는 세계에 대한 대중의 폭넓은 이해를 획득하지는 못할 것이다.

학생 글

1) 이 글이 학술 에세이가 갖추어야 할 세 가지 요건('독창적 관점', '논리적 서술', '학술적 탐색')을 두루 충족하고 있는지 검토해 보자. 만약 미흡한 점이 있다면, 이를 개선할 방법을 모색하고 구체적인 수정 및 보완 계획을 세워 보자.

2) 본문에서 제시된 세 가지 요건 외에 학술 에세이를 쓸 때 고려해야 할 점들로는 무엇이 있을지 논의해 보자. 나아가, 자신이 생각한 요건을 하나의 개념으로 만들어 제시해 보자.

3) 한 편의 학술 에세이를 쓴다고 가정하고 '예술의 사회적 의미'에 대해 생각해 보자. 예문의 글쓴이와 같이 특정한 문제의식을 담고 있는 주제를 정한 후, '학술 에세이 계획서'를 작성하여 자신이 설정한 주제의 의의와 가치를 검토해 보자.

02 다음 예문은 학생이 작성한 학술 에세이이다. 글쓴이는 '한국 사회와 (비)정상성의 재생산'이라는 공통의 화제에 대하여 "정상 가족은 존재하는가?"라는 질문을 제기하고 이것으로부터 특정한 주제를 도출하였다. 글을 읽고 아래의 활동을 해 보자.

예문

정상 가족 이데올로기와 소수자

사람들은 '가족'이라는 단어를 접했을 때 가장 먼저 어떤 이미지를 떠올릴까? 초등학생 아이가 가족의 모습을 담은 그림을 그려 오라는 숙제를 받고 그릴 법한 장면을 한번 상상해 보자. 아마도 사람들은 이 그림에서 자신들이 익숙하게 보아 왔고 또 기대하는 모습을 찾고자 할 것이다. 이 그림에는 부모와 자신, 그리고 형제나 자매가 담겨 있을 것이며, 직계 혈통의 구성원이 아닌 사람들이나, 장애를 가지고 있거나 외국인의 얼굴을 한 사람들은 부재할 것이다. 또한 누구도 슬프거나 불행한 표정을 짓고 있지 않을 수 있다. 이것이 대다수의 사람들이 생각하는 '평범한' 가족의 모습, 다시 말해 우리 사회의 '정상 가족 이데올로기'가 떠받치고 있는 '정상 가족'의 모습이다.

우리는 저마다 어떤 대상에 대한 '일반적인 이미지'를 형성하며 살아간다. 이것이 하나의 약속된 기호가 되면, 의사소통은 좀 더 용이해지며 긍정적인 기능을 하기도 한다. 그러나 때로 이러한 이미지들은 의사소통을 돕기는커녕 오히려 상호 간의 이해를 저해할 수 있고, 심지어는 그 자체가 하나의 폭력처럼 작용할 수도 있다. '가족'에 대한 사회적 이해와 상상 역시 이러한 맥락에서 비판적으로 검토해 보아야 한다. 못나거나 흠집이 난 사과를 두고 우리는 '비정상 사과'라고 부르지 않지만, 이상하게도 사회는 사람들을 향해서는 '정상과 비정상'의 잣대를 들이댄다. 정상 가족 이데올로기는 지배 담론이 규정한 정상 가족 이외의 모든 가족의 형태를 '비정상'인 것으로 만들어 버린다. 개인 그 자체로는 소수자에 속하지 않은 사람들도 비/정상 가족의 틀 안에서는 소수자로 규정될 수 있다. 이 이데올로기 자체가 소수자를 (재)생산하고 사람들에게 차별과 억압을 가하는 하나의 억압적 장치로 작용하는 것이다.

사회에서 통용되는 정상 가족에 해당하려면, 다음과 같은 몇 가지 조건을 충족해야 한다. 첫째, 부부나 부부와 그 자녀로 이루어지는 가족 구성 조건을 충족할 것. 둘째, 그 가족 구성원들은 화목하고 행복하다는 정서적 조건을 충족할 것. 셋째, 가족 구성원이 수행하는 역할이 사회가 부과한 젠더 역할에 부합할 것(근래 들어서 이에 대한 요구가 약화되고 있는 추세를 보인다.) 등등……. 그런데 이러한 조건을 충족하지 못하여 정상 가족의 범주에서 밀려난 가족의 형태는 사실 매우 많다. 주변에서 가장 빈번하게 접할 수 있는 비정상 가족은 이혼 가정이며 독거노인, 조손 가정, 이주 여성 가정 등도 이미 사회 곳곳에서 볼 수 있는 가족의 형태이다. 성 소수자로 구성된 가족이나 싱글 맘 등도 존재한다. 사회를 이루는 가장 작은 단위가 가족이라는 말처럼 가족의 문제는 사회의 문제로 확장될 수 있으며, 사회 문제의 단면이 가족의 모습에서 나타날 수도 있다. 정상 가족 이데올로기와 소수자의 문제도 마찬가지이다. 위에 제시한 비정상 가족 유형의 다수가 사회적 소수자들을 포함한다는 것을 보면, 정상 가족 이데올로기를 통하여 비정상 가족에 주목할 때 우리 사회의 소수자 문제를 전반적으로 조망할 수 있다는 것을 알 수 있다. 이것은 우리가 정상 가족 이데올로기에 주목해야 하는 또 하나의 이유이다.

혹자는 정상 가족 이데올로기가 꼭 부정적인 것만은 아니라고 주장하는데, 그 이유는 다음과 같다. 우선, 정상 가족 이데올로기가 제시하는 가족상은 그 사회에 존재하는 여러 가족의 형태 중 가장 보편적인 모습이므로 많은 구성원이 이에 해당될 것이다. 가족상의 일부로서 제시되는 가족 구성원의 역할은 사회적 도덕규범을 토대로 형성된 것이기 때문에 많은 가족의 구성원들이 이를 모델로 삼아 행동할 때 사회의 질서 유지에 기여할 수 있다. 또한 가족의 기능 수행이라는 동일한 맥락에서 부·모·자녀로 구성된 가족이 아이를 양육할 수 있는 최적의 상태이며, 이러한 조건이 아이의 정서적 안정과 성장에 중요한 영향을 미치기 때문에 이 형태는 이데올로기로서 존재할 만한 가치가 있다는 주장 또한 제기된다. 이러한 주장에 따르면 정상 가족 이데올로기는 가족이 사회의 세포로서 원활히 기능할 수 있도록 돕는 지침이 된다.

그러나 이는 이데올로기 안에서 그 바람직한 가족상이 하나의 제안이 아닌 절대적인 기준으로 변하여 소수자에 대한 차별의 도구가 될 수밖에 없다는 태생적 한계를 지니고 있기에 비판의 대상이 된다. 정상 가족 이데올로기에 대하여 제기할 수 있는 문제의식은 크게 두 가지로 나뉠 수 있다. 하나는 정상 가족 이데올로기 자체가 지닌 문제점에 관한 것이며, 또 다른 하나는 정상 가족 이데올로기를 통해 생겨난 소수자들이 겪는 문제에 관한 것이다. 이 두 문제는 상호 유기적으로 연결되어 있다. 우선 정상 가족 이데올로기 자체의 큰 문제점은 '정상'이라는 개념이 매우 배타적이라는 것과 그 기준이 모호하여 상대적이라는 것이다. '정상'이라는 단어는 그 반대 개념인 '비정상'의 존재를 가정하고 있으며, 이를 생산하고 구체화한다. '비정상'이란 다분히 부정적인 뉘앙스를 내포하고 있기에 이 용어를 사용하는 것 자체가 정상의 범주에서 밀려난 사람들에 대한 배제의 시작이 된다. 또한 '정상'이라는 인식은 어디까지나 사회의 지배 담론을 통하여 형성된다. 사회가 변화하면 정상에 대한 기준과 그 형태도 변화한다.

정상 가족에도 이러한 정상의 유동적 특성이 그대로 반영되어 있다. 예컨대, 조선 시대의 지배적 가족 형태는 대가족이었으며, 축첩 제도가 공인되고 있었다. 그러나 1915년에 이르러 총독부 통첩(24호)으로 첩의 호적 입적이 금지됨으로써 첩은 공인되지 않게 되었다. 또한 1943년에 고등 법원에서 축첩이 재판상의 이혼 원인이 된다고 판시하였으나, 형법상으로는 남자의 간통 행위는 처벌하지 않고 허용되었다. 8·15 해방 이후, 제헌 헌법은 남녀평등의 원칙(8조)과 특히 혼인의 남녀동권 및 순결(20조)을 규정함으로써 축첩은 금지된다. 이에 따라 형법은 간통죄에서 남자도 처벌하는 쌍벌주의를 취하였으며, 공무원법상으로는 축첩이 징계 사유가 되었다.[1] 하지만 현재 우리 사회는 일부일처의 핵가족을 정상 가족으로 여기고 있다. 불과 50년 정도의 시간 동안 정상 가족에 대한 사회적 인식과 제도가 완전히 변화한 것이다. 이는 정상 가족이 다분히 유동적인 개념임을 체감하게 하는 사례이다. 유동성은 부정적 기능만 하지는 않지만, 그렇다고 가족의 본질을 지시하는 개념이 될 수는 없다. 우리는 이러한 사실을 어렴풋하게나마 인지하고 있다. 그럼에도 '정상'의 범주에 소속되고 싶다는 욕망에 이끌려 현재 규정된 '정상성'을 절대적인 것인 양 선망하고, 이를 기준으로 자신과 타인의 정상성, 행복도(度), 권리를 재단하는 폭력에 가담하곤 한다. 자신의 가정 내 불화나 가족 구성원의 결손을 부끄럽게 여겨 이를 의식적으로 감추거나, 비정상 가족에게 동정 어린 시선을 보내는 것은 드문 일이 아니다. 의도한 것이든 그렇지 않든 간에 비정상 가족에 대한 차별적 인식과 발언 역시 빈번하게 접할 수 있다.

정상 가족 이데올로기가 규정하고 있는 '비정상 가족'의 구성원은 대다수가 이미 사회적 소수자라는, 그 자체로 여러 차별과 억압의 상황에 놓여 있는 사람들이다. 정상 가족 이데올로기는 이들에게 '가족'의 이름으로 한번 더 비정상이라는 낙인의 꺼풀을 덧씌운다. 또한 정상 가족 이데올로기에 의해서 사회의 제도 체계가 형성될 때, 이는 인식적 차원의 차별을 넘어서 소수자를 제도의 사각지대로 내모는 폭력이 된다. 특히 한국의 경우, 여전히 남아 있는 조선의 유교 문화와 가부장적 풍조의 영향을 받아 법 제도가 형성된 만큼 이러한 시각을 많이 반영하고 있다. 의료 결정권을 둘러싼 논쟁으로 나타나는 자기 결정권 문제가 이를 가장 명확하게 보여 주는 사례에 해당한다. 현재 대한민국 의료법에 따르면, 의료 행위 시 보호자의 동의가 추가적으로 이루어져야 한다는 수술 동의서에 대한 법률이 따로 존재하지 않는다. 그럼에도 대부분의 병원들이 보호자의 수술 동의서를 받는 것을 보편적인 관행으로 삼고 있다. 이때 요구되는 보호자의 자격은 이를 명시한 법률이 없는 관계로 병원에서 자체적으로 정하기 때문에 병원마다 조금씩 차이를 보인다. 그러나 일반적으로 '법률혼 관계의 배우자'나 '친족 혈족'의 범위 내에서 보호자의 자격이 결정된다. 재산 상속의 경우도 이와 유사하다. 가사 소송에 관련된 민법은 피상속인의 직계 비속, 직계 존속, 형제자매, 4촌 이내의 방계 혈족(배우자는 상속인과 동순위로 공동 상속인이 된다.) 순으로 상속의 권리가 보장된다고 명시하고 있으며 동거인에 대한 언급은 '상당한' 기간 동거 · 간호 그 밖의 방법으로 피상속인을 '특별히 부양'하거나 피상속인의 재산의 유지 또는 증가에 '특별히 기여한' 자에 대하여 '공동 상속인의 협의로 정한 그 자의 기여분을 공제한 것'에 그친다.[2] 이는 상속법 또한 철저히 혼인 관계와 친족 중심으로 이루어져 있음을 의미한다.

이러한 제도들은 우리 사회의 정상 가족 이데올로기를 잘 반영하고 있다. 그러나 해당 조건을 충족하지 못하는 가족의 형태는 우리가 생각하는 것보다 더 많고 다양하다. 예를 들어, 독거노인, 동성 부부, 싱글 맘을 포함한 비혼자 등은 현 제도상으로는 의료상의 혜택을 충분히 받을 수 없다. 또한 동성 부부나 비혼·동거 가족의 경우 법률혼 관계를 인정받지 못하여 상속뿐만 아니라 가족 수당 수급, 주택공사의 주택 입주 등에 있어서도 차별을 받는다. 다수와는 다른 형태의 가족에 속해 있다는 이유만으로 자신의 권리를 충분히 행사할 수 없는 것이며, 사회는 이러한 처우가 갖는 부당성을 고려하지 않는 것이다.

이른바 비정상 가족의 구성원이 갖는 의료 결정권이나 상속권과 같은 문제는 사회적 차원에서 적극적으로 검토되어야 할 의제이다. 최근 자기 결정권을 강조한 사전 의사 결정 제도가 거론되고 있어 고무적이다. 사전 의사 결정 제도란 온전한 판단 능력을 갖지 못하는 상태에 대비하여 자신이 받고자 하는 치료의 형태와 방식을 하나의 기록으로 남기는 행위로, 자신이 받을 의료 행위를 결정할 권한, 대리인을 지명할 권한, 심폐 소생술을 거절할 권한, 원하지 않는 치료 행위를 구체적으로 명시할 권한 등을 포함한다.[3] 이 가운데 대리인의 지명은 특히 자신의 가족이 법률혼 관계나 친족 관계가 아니라는 데서 발생하는 권한의 제약을 완화한다는 점에서 의미가 있다. 또한 권한 제약의 문제는 혼인 관계에 준하여 배우자로서 누릴 수 있는 법적 이익의 일부나 전부를 보장하는 시민 결합 제도를 통해서도 해소될 수 있다. 이 밖에도 여러 제도적 차원의 보완 방안이 있을 수 있다. 이상에서와 같이 제도적 차원의 변화를 모색하는 일은 정상 가족 이데올로기를 비판적으로 검토하는 일과 함께 이루어질 필요가 있다. 정상 가족 이데올로기에 대한 성찰은 뿌리 깊은 관습적 인식의 허구성과 대면하게 하며, 제도라는 규약 역시 고정적인 것이 아니라 지속적으로 검토하고 개선해 나가야 할 대상임을 일깨운다.

정상 가족이라는 개념은 그 시대의 보편적인 가족의 모습을 반영하고 있는 경우가 많다. 그러나 보편적인 것을 절대화하거나 신비화하는 일은 정상성에 대한 강박을 낳고 보편의 범주에 포함될 수 없는 무수한 존재들을 터부시한다는 점에서 문제적이며 또한 위험하다. 정상 가족 이데올로기는 자신의 사회적 기반이 되는 가정의 영역에서 정상과 비정상을 규정하여 구분 짓고, 비정상으로 분류된 존재를 타자화함으로써 그들로부터 차별화된 자신의 우월성을 구성하는 하나의 수단으로 소비된다. 이러한 정상성에 대한 강박의 기저에는 남들과 같아지고 싶다는 안정에 대한 욕구가 왜곡된 형태로 변형되어 자리하고 있다. 폭력적 구별 짓기를 통해 획득되는 상대적 안정감과 우월감은 그것의 생성 메커니즘이 보여 주듯 한없이 허약한 것이며, 자신보다 더 나은 상대와 직면했을 때 언제든 부서지기 쉽다. 상대적 안정감과 우월감은 낙오와 상실의 다른 얼굴인 것이다. 이러한 맥락에서 보건대, 한국 사회에 필요한 것은 정상성에 대한 환상이나 강박으로부터 벗어나 보다 메타적인 차원에서, 정상성의 논리가 작동되는 방식과 이 논리에 의해 포함/배제되는 존재들을 비판적으로 사유하는 일이라 할 것이다. 이것은 곧 '정상-비정상'이라는 규정적 틀(또는 언어)이 갖는 폭력성을 응시함으로써, 기존의 관습적 인식에 종속되지 않는 새로운 틀(또는 언어)로 서로 다른 위치를 점하는 사회의 다양한 존재들을 그려 낼 수 있는 하나의 방편이 될 것이다.

학생 글

---

1) 「첩(妾)」, 『두산 백과』, http://www.doopedia.co.kr/
2) 민법 제1000조, 제1003조, 제1008조의2
3) 이금미, 『연명 치료 중단과 사전 의사 결정에 관한 고찰』, 연세대학교 석사학위논문, 2007, 4쪽.

1) 이 글이 〈학술 에세이 점검 방법〉의 다섯 가지 사항을 잘 충족하고 있는지 검토해 보자. 아쉬운 점이나 문제가 될 만한 부분이 있다면, 구체적인 수정 및 보완 방안을 마련하여 제시해 보자.

2) '한국 사회와 (비)정상성의 재생산' 문제에 대해 생각해 보고, 예문의 글쓴이와 같이 특정한 문제의식을 담고 있는 한 편의 학술 에세이를 써 보자.

03 오랜 세월 인류는 미래 사회의 존재들에 대한 상상력을 펼쳐 왔다. 상상의 세계에서 제시되는 미래 사회에는 인간이 잔존하기도 하고 그렇지 않기도 하며, 때로 인간 이외의 존재들이 등장하기도 한다. 실제로 인류는 과학 기술의 발달을 통해 이러한 상상력이 실현되는 장면을 목격하기도 하였다. 한 예로, 영화에서나 등장하던 인공 지능 로봇이 언제부터인가 미래의 인류 사회를 상상할 때 없어서는 안 되는 존재로 부상하였다. 인공 지능 로봇의 능력에 대한 기대, 또는 우려를 표명하는 목소리가 한층 높아지는 현상은 점차 인류가 이 존재와 함께 살아가게 될 날이 가까워지고 있음을 알려 주고 있다. 이러한 상황을 고려하면서 인공 지능 로봇의 '의식, 감정, 마음'의 문제를 다루고 있는 다음 예문을 읽고 아래의 활동을 해 보자.

예문

감정: 무엇이 중요한지를 결정하는 주체

최근 들어 인공 지능을 연구하는 학자들은 의식의 핵심이 감정이라는 사실을 깨닫기 시작했다. 신경 과학자 안토니오 다마시오는 전전두엽(논리적 생각을 관장하는 부분)과 감정 중추(대뇌변연계)의 연결 부위에 손상을 입은 환자들이 가치 판단에 혼란을 겪는다는 사실을 알아냈다. 이들에게는 모든 것이 동일한 가치를 갖기 때문에, 아주 단순한 선택을 해야 할 때조차(물건을 살 때나 약속 시간을 잡을 때, 또는 펜의 색상을 고를 때 등) 아무런 결정도 내리지 못한다. 그러므로 감정은 절대 사치품이 아니다. 감정이 없는 로봇은 무엇이 중요하고 무엇이 사소한 일인지 결정할 수 없다. 과거에 감정은 인공 지능 분야에서 부차적인 문제로 취급되었지만, 지금은 가장 중요한 테마로 떠오르고 있다.

로봇이 길을 가다가 화재 현장을 목격했다면, 사람보다 컴퓨터 파일을 먼저 구할 것이다. 로봇에 내장된 프로그램이 "일꾼은 다른 사람으로 대체할 수 있지만, 한번 손상된 파일은 복구할 수 없다."라고 주장할 것이기 때문이다. 로봇이 이런 오류를 범하지 않으려면 중요한 일과 사소한 일을 구별하도록 프로그램되어야 하는데, 이 과정을 빠르고 정확하게 수행하는 것이 바로 '감정'이다. 그러므로 로봇은 "사람의 목숨이 물건보다 중요하고, 비상시에는 어른보다 어린아이를 먼저 구해야 하며, 비싼 물건이 싼 물건보다 귀하다."라는 등 일련의 가치 기준이 있어야 한다. 그런데 로봇은 가치를 스스로 판단할 수 없으므로, 방대한 가치 목록을 입력해 줘야 한다.

로봇에게 감정을 부여하기란 결코 쉽지 않다. 감정은 종종 비논리적인 데 반해, 로봇은 논리의 최상급인 수학에 의존하기 때문이다. 따라서 실리콘으로 구현된 의식은 인간의 의식과 다를 수밖에 없다. 우리가 느끼는 감정은 아주 빠르게 진행되고, 전전두피질이 아닌 대뇌변연계에서 생성되기 때문에 제어하기가 어려우며, 흔히 한쪽으로 치우쳐 있다. (중략) 실리콘 의식이 탑재된 로봇은 보디랭귀지처럼 사람들 사이에 오가는 미묘한 신호를 고려하지 않을 것이다. 사람들은 보통 방 안에 들어가면 연장자를 위해 자리를 양보하고 상사에게 예의를 표한다. 우리는 행동과 말투 그리고 미묘한 몸짓을 통해 상대방에게 복종 의사를 표현하는 데 익숙해져 있다. 보디랭귀지는 언어보다 역사가 오래되었기 때문에, 두뇌와 밀접하게 연결되어 있다. 로봇이 사회에 진출하여 사람들과 함께 살아가려면 이 무의식적인 신호를 배워야 한다.

인간의 의식은 오랜 진화 기간 동안 비정상적인 요인에 많은 영향을 받았다. 그러나 로봇에게는 이 부분이 빠져 있고 앞으로도 구현하기 어려우므로, 실리콘 의식은 사람처럼 허술하거나 변덕스럽지 않을 것이다.

미치오 카쿠, 『마음의 미래』, 박병철 옮김, 김영사, 2015, 360~362쪽.

1) 물리학자인 미치오 카쿠는 자신의 책인 『마음의 미래』에서 '인공 지능 로봇과 인류의 미래'에 대한 관심을 다양한 질문들을 통해 구체적으로 표명하고 있다. 이를테면, "인공 지능 로봇에 어떤 감정을 입력해야 할까? 감정을 프로그램해서 컴퓨터에 업로드할 수 있을까? 로봇도 거짓말을 할 수 있을까? 로봇이 고통을 느낄 수 있을까? '윤리적 로봇'이라는 개념은 성립 가능한가? 로봇은 자아의식을 가질 수 있을까?" 등의 질문을 하고 있다. 이 책에 제시된 여러 질문 중에서 관심이 있는 것을 선택하여 해당 질문의 타당성을 검증해 보자.

2) 다가올 미래 사회에 인류의 삶은 과연 어떤 모습일지 상상해 보자. '미래 사회와 인류'라는 공통의 화제로부터 자신만의 주제를 도출한 후, 한 편의 학술 에세이를 써 보자.

참고 문헌

• 정희모 외,『대학 글쓰기』, 삼인, 2008.

• 미치오 카쿠,『마음의 미래-인간은 마음을 지배할 수 있는가』, 박병철 옮김, 김영사,
  2015.

• W. 부스, G. 컬럼, J. 윌리엄스,『학술 논문 작성법』, 양기석 옮김, 나남출판, 2000.

• Teresa Thonney, *Academic writing : concepts and connections, with
  readings*, New York; Oxford: Oxford University Press, 2016.

14

학술 보고서와 논문 쓰기

"학술 보고서와 논문은 학습과 연구 성과를 주어진 양식에 맞추어 작성하는 글로, 학술 활동의 과정과 결과를 일정한 체계와 논리를 갖춰 구성하는 글쓰기 장르이다. 학술 보고서는 학습과 조사의 절차 및 내용을 보고하는 글이고, 논문은 전공 분야에서 요구하는 형식에 맞춰 연구 결과를 논증하여 기술하는 글로, 학위 논문과 전문 학술지에 게재되는 학술 논문 등이 있다. 학술 보고서와 논문 모두 선명한 논제, 적절한 방법론, 타당한 논리를 기본 요건으로 한다."

"대학에서 요구하는 글은 대부분 '학술적 담화(academic discourse)'로 정의되는 글이다. 이러한 글은 학문적 담화 공동체가 요구하는 것들에 부응할 수 있을 때 가능해진다."

Linda Flower, 『글쓰기의 문제 해결 전략(*Problem-solving Strategies for Writing*)』

학술 보고서와 논문의 개념과 요건

1. 학술 보고서와 논문의 개념

대학에서 작성하는 학술 보고서와 논문은 학습과 연구 성과를 주어진 양식에 맞추어 작성하는 글로, 학술 활동의 과정과 결과를 일정한 체계와 논리를 갖춰 구성하는 글쓰기 양식이다.

학술 보고서에는 학습 보고서, 실험·실습 보고서, 답사 보고서, 조사 보고서 등 여러 유형이 있는데, 모두 구체적인 학습 방향과 목적에 부합하는 충실하고 체계적인 정리를 요구하는 글이다. 학술 보고서는 학습과 조사의 절차 및 내용을 보고하는 글이므로, 주어진 목표와 정해진 형식을 잘 파악하여 작성해야 한다.

논문은 전공 분야에서 요구하는 형식에 맞춰 연구 결과를 논증하여 기술하는 글로, 주로 학위 논문과 전문 학술지에 게재되는 학술 논문을 가리킨다. 논문은 학술적 전문성에 기반을 둔 글로, 특정한 학습 환경에 긴밀하게 조응하는 학술 보고서보다는 더 본격적인 준비와 엄정한 연구 과정을 거쳐 써야 한다.

2. 학술 보고서와 논문의 요건

학술 보고서와 논문은 학습과 연구 결과를 기술記述하는 데 요구되는 절차와 형식을 준수하여 체계와 논리를 갖추어 작성해야 한다. 학술 보고서는 수행하고 있는 학습 및 학술 분야가 요구하는 적합한 과제, 방법론, 절차적 타당성을 고려하여 작성한다. 논문 역시 마찬가지이기는 하지만, 학술 보고서와 다르게 논문 작성 과정에서는 필수적으로 따르는 규범이 있으므로 이를 준수해야 한다. 학술 보고서와 논문 모두 선명한 논제, 적절한 방법론, 타당한 논리를 기본 요건으로 한다.

(1) 과제 및 연구 논제의 선명성과 독창성

학술 보고서와 논문 모두 설정하고 있는 과제나 논제가 학술적 의의와 의미를 지녀야 한다. 학술 보고서는 글쓴이가 따라야 할 학습 목표가 비교적 분명하게 주어지는 경우가 많다. 따라서 논의 대상이 선명하고 학습 목표에 부합하는지, 학습 환경이 요구하는 사항을 성실하게 지키고 있는지 검토하여 작성하는 것이 중요하다.

논문은 학술 보고서에 비해 연구자의 창의성이 더 중요한 의미를 가진다. 논문의 창의성은 기존 연구 성과를 바탕으로 하되 연구자가 새롭게 발견하고 구성한 결과를 제시할 때 성취할 수 있다. 논문이 기존 연구의 정리나 보고에 그친다면 좋은 평가를 받을 수 없으므로 학문적 엄밀성뿐만 아니라 창의적 역량을 발휘할 수 있는 논제 설정이 필수적이다.

(2) 연구 목적과 연구 대상 및 방법론 서술의 중요성

학술 보고서나 논문을 쓸 때에는 학습 및 연구의 목적, 대상, 방법론을 명료하게 서술해야 한다. 학술 에세이가 비교적 자유로운 형식을 갖는다면, 학술 보고서와 논문은 과제나 연구의 의의, 절차와 방법의 합목적성과 타당성을 충분히 검증하고 체계적으로 기술해야 한다.

이를 위해 서론 부분에서는 연구 목적, 대상, 방법론을 쓴다. 특히 논문의 경우는 선행 연구에 대한 서술이 필수적이다. 학술지에 게재하는 소논문과 학위 논문 모두 마찬가지이다. 소논문에서는 연구사 검토를 서론의 일부로 작성할 수 있다. 학위 논문에서는 서론의 작은 절로 구성하여, 자신이 규명한 문제와 연구 결과가 지닌 의의를 충실하게 제시할 수 있도록 배치한다.

(3) 체제와 양식적 규범 준수

학술 보고서와 논문은 적지 않은 분량을 써야 하고 질적으로도 정제된 글쓰기를 요구한다. 따라서 글의 체계와 질서를 잘 잡아야 한다. 목적과 방법론 그리고 주요 내용과 성과를 논리적으로 구성하여 전달하기 위해서이다. 이를 고려하여 학술적 성격이 강한 보고서와 논문은 작성 순서와 서술 양식이 정해져 있는 경우가 많다.

학술 보고서와 논문의 양식은 전공 분야에 따라 조금씩 차이가 있으므로 주어진 체제를 파악하여 기술한다. 일반적으로 연구 목적, 연구 방법론, 연구 내용, 결론의 순서를 갖추어 작성하고, 장·절·항을 나누어 대단위·중단위·소단위로 구분하여 서술한다. 학위 논문과 소논문은 국문 초록과 영문 초록을 함께 게재하며, 핵심어Key words를 찾아 나열하는 것이 원칙이다.

(4) 학습 윤리 및 연구 윤리의 준수

대학에서 하는 학술적 글쓰기는 학습 윤리와 연구 윤리를 준수해야 한다. 학술 보고서와 논문은 방법론과 연구 절차의 타당성을 증명하고, 자신의 관점과 주장을 논증하는 글이다. 이 과정에서 다양한 참고 자료를 활용하게 되는데, 참고 자료의 출처를 성실하고 정확하게 밝히는 것이 중요하다.

주석의 양식은 보고서를 작성할 때 따라야 하는 규약이나, 논문을 게재하는 학술지의 규범에 맞춘다. 학술지의 경우에는 정해진 방식이 다르므로 해당 학술지의 형식을 따르면 된다. 학위 논문 역시 학문 영역이나 대학(원)에 따라 차이가 있으므로 기관에서 정한 학위 논문 작성 방법을 파악하여 준수한다.

학술 보고서와 논문 쓰기의 실제

학술 보고서와 논문은 정해진 양식에 따라 작성한다. 양식은 학습 환경이나 학문 분야에 따라 차이가 있지만, 모두 글의 체계를 잡아 내용과 서술 순서가 명확하게 드러나도록 구성해야 한다.

일반적으로 이미 정해져 있는 양식적 규범이 있기 때문에, 주어진 형식을 따른다면 기본적인 체제를 갖출 수 있는데, 이때 글을 이루는 모든 부분들을 질서 있게 배치하는 능력이 필수적으로 요구된다. 학술 보고서와 논문을 쓸 때 중요하게 고려해야 할 사항을 중심으로 실제로 작성하는 방식을 살펴보면 아래와 같다.

1. 학술 보고서

학술 보고서는 '표지→차례→본문→참고 문헌'의 순서로 구성한다. 표지 상단에는 보고서의 제목을 쓰고 하단에는 출제일, 과목명, 담당 교수, 학과, 학번, 이름을 일목요연하게 적는다.

글의 차례는 따로 써서 밝혀 준다. 차례가 간략하다면 본문 단락을 시작하기 전에 윗부분에 정리하여 표기하며, 공동 학술 보고서와 같이 내용과 분량이 많다면 별도의 페이지를 할애하여 작성한다. 차례는 장, 절, 항 단위를 구분하여 숫자나 문자를 붙이고 적절한 제목을 달아 전체 내용이 잘 드러나도록 정리한다. 장, 절, 항의 구성 방식은 다음을 참고한다.

- 수문자식: 숫자와 문자를 함께 이용하여 장(章), 절(節), 항(項) 등으로 표시하는 방식
  - 장 – 'I, II' 등의 로마 숫자
  - 절 – 1과 2 등의 아라비아 숫자, A와 B, 또는 가와 나 같은 문자

■ 항 – 1과 2, 또는 1)과 2) 등의 아라비아 숫자

- 숫자식: 숫자만으로 나열하여 표시하는 방식

  ■ 장 – 한 자리 수 1, 2로 표시

  ■ 절 – 두 자리 수 1.1 및 1.2 등으로 표시

  ■ 항 – 세 자리 수 1.1.1 및 1.1.2 등으로 표시

- 장절식: '제1장', '제1절' 등으로 장과 절을 구별

- 단락식: 장이나 절 이하를 단락으로 띄어서 구분하고, 일련번호를 붙이는 방식

다음은 학생이 작성한 학습 보고서의 일부로, 표지와 차례를 다음과 같이 만들었다.

칼 폴라니의
"사회의 보호" 이념에 대한 고찰

과목명 ○○○○○

학과명 ○○○○○

학 번 ○○○○○   성 명 ○○○

담당 교수 ○○○

제출일 ○○○○년 ○○월 ○○일

〈차 례〉

1. 노동의 상품화와 자본주의의 전개

근대화와 산업화의 물결은 근대 국민 국가라는 새로운 형태의 통치 체제를 탄생시켰다. 새로운 체제가 국민을 통치하는 방법은 끊임없는 생산을 유도하는 것이었다. 다양한 주체성과 이데올로기를 사회 영역에 전면적으로 등장시키는 것, 이데올로기를 내화한 구성원을 끊임없이 생산해 내는 것이 새로운 통치 체제의 핵심이었다. 그러나 근대화와 보조를 맞춘 산업화는 본래 생산하고자 했던 수많은 '사회적 주체들'을 '노동력'이라는 이름 아래 종속시켜 '객체'로 만들어 버리는 결과를 낳았다. 산업화의 과정이자 결과로서 등장한 시장 경제 체제는 인간성의 지속적인 훼손과 경제 영역에 의한 사회 영역의 잠식을 낳은 것이다. (중략)

이 글에서는 우선 인간성을 훼손한 산업화가 어떤 양상으로 전개되었는지 고찰한다. 그리고 사회의 일부분이었던 경제 영역이 사회를 잠식하게 된 과정을 살펴본다. 이에 대한 고찰을 바탕으로 '사회 보호'의 역사를 규명하고, 인간성과 사회의 보호가 어떻게 가능할지 미래 지향적 관점에서 전망해 보고자 한다. 논의의 전개를 위해 이 글에서 핵심적으로 살펴볼 이론은 칼 폴라니의 논의다. 그는 『거대한 전환』에서 사회와 시장의 관계를 규명하고 나아가 인간 노동이 상품화되면서 초래된 인간적 삶의 파괴를 천착했다. "사회의 보호"라는 폴라니의 문제의식은 자본주의의 잔인한 속도와 이 속도를 늦추려는 정책적 모색 사이의 역학 관계를 규명하기 위해 구축된 것이다.

칼 폴라니의 사회 보호 개념을 살펴보고 오늘날 그의 이론이 갖는 의미와 의의를 성찰하기 위해 우선 노동의 상품화에 관한 논의를 검토하고 이어서 사회 보호 시도의 이념과 역사에 대한 해석을 분석할 것이다. 마지막 결론에서는 폴라니 이론을 적용하여 오늘날 사회 보호의 이념과 실천이 어떻게 구현되어야 할지 논할 것이다.

〈예문 1〉은 경제학자 칼 폴라니의 이론을 "사회의 보호"라는 문제에 초점을 맞추어 파악하고, 그 의미를 규명하는 '학습 보고서' 서론의 일부이다. 보고서 양식을 준수하여 별도의 표지에 과제명을 쓰고 강좌와 제출자 관련 정보를 순서에 맞추어 기입하였다.

본문 전개에 앞서 차례를 제시하여, 글 전체의 구성과 흐름이 선명하게 드러나도록 하였다. 총 4장으로 이루어진 이 글은 서론과 결론을 포함하여 장을 숫자로 구분하고, 각각의 내용을 압축한 제목을 붙였다.

다음은 동료들과 조 활동을 수행하고 작성한 공동 학습 보고서의 표지와 차례이다.

대나무숲 소비 심리 고찰

과목명: 글쓰기

교수명: ○○○

제출일: ○○○○년 ○○월 ○○일

제출자: ○○과 학번 ○○○

　　　　○○과 학번 ○○○

　　　　○○과 학번 ○○○

차례

표지에는 보고서 제목과 활동에 참여한 구성원의 정보를 모두 기록하였다. 차례는 별도의 페이지로 작성하였는데, 장·절·항은 숫자와 문자를 함께 사용하여 표시하였다. 그리고 소제목을 달아 내용을 효과적으로 인지할 수 있도록 정돈하였다. 표와 그림의 경우 페이지 수를 따로 표기하여 분별이 잘되도록 하였다.

이공 계열 학생들이 작성하는 학습 보고서로는 실험 보고서가 대표적이다. 실험 보고서는 실험의 목적과 절차와 결과 등을 일정한 형식을 갖추어 작성한 것으로, 모든 과정과 결과를 명료하고 정확하게 기록하는 것이 중요하다. 실험 보고서는 일반적으로 다음과 같은 항목으로 구성된다.(http://phylab.yonsei.ac.kr/)

■ 표지: '제목', '학과', '분반', '작성자', '작성 일자', '공동 실험자' 등을 기록한다.
1) 실험 목적: 수행하게 될 실험의 목적, 의의 등을 기술한다.
2) 이론: 실험에 필요한 이론을 정리하고 필요한 그림, 계산식 등을 첨가한다.
3) 실험 및 장치: 실험에 필요한 기구와 장치 및 준비물 등을 기록한다.
4) 실험 방법: 실험을 하는 과정과 구체적인 방법을 설명한다. 장치에 대한 그림 등도 포함할 수 있다.
5) 실험 결과: 실험 결과를 정리하고, 그 결과에 대해서 이미 알려져 있는 값이나 이론식을 이용하여 구한 기대치와 비교하여 정리한다. 주요 내용을 효과적으로 전달할 수 있도록 작성 방식에 유의한다.
6) 결과 분석: 보고서의 핵심 부분으로, 실험의 가장 중요한 부분을 부각하여 선명하게 전달할 수 있도록 한다.
7) 토의 및 건의 사항: 실험 오차 요인에 대한 분석을 기록한다. 건의 사항에는 새로운 아이디어나 실험의 개선 사항 등을 쓴다.

8) 참고 문헌: 참고 문헌을 정확하게 표기하여 학술 보고서의 격식을 갖춘다.

<실험 예비 보고서와 결과 보고서>

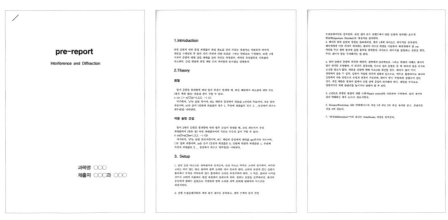

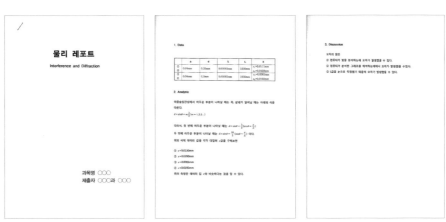

위의 실험 보고서의 경우, 주어진 양식에 따라 실험 목적introduction, 이론 theory, 실험 기구 및 장치와 실험 방법set up을 기록하여 예비 보고서를 작성하였다. 실험 결과result와 분석analysis, 그리고 토의discussion 내용은 실험실에서 요구하는 별도의 결과 보고서 양식에 맞추어 완성하였다. 실험 방법은 일곱 개의 항목으로 나누어 기록하고, 토의 부분 역시 세 개의 항으로 나누어 간단명료하게 기록하여 실험 보고서의 체계성과 정확성을 갖추고자 하였다.

2. 학위 논문

학위 논문은 대학(원)마다 정해진 양식이 있으므로 소속 대학(원)의 논문 작성법을 따른다. 다음은 연세대학교 대학원에서 규정한 학위 논문 구성 및 순서이다. 학위 논문 구성 및 순서와 차례 견본을 통하여 학위 논문 체제의 대강을 파악할 수 있다.(https://graduate.yonsei.ac.kr/kor/sub05/sub05_02.asp)

인문·사회 과학 분야

1. **머리지면**
   겉표지
   표제면
   제출서
   인준서
   차례
   통계표 및 도표 차례 (통계표나 도표가 있을 때)
   국문 요약 (하단부에 핵심어 10단어 이내 기입)

2. **본문**
   서론
   본론
   결론

3. 참고 자료

참고 문헌

찾아보기

부록, 색인, 기타

영문 요약(하단부에 Key words 10단어 이내 기입)

자연 과학 분야

1. 머리지면

겉표지

표제면

제출서

인준서

차례

그림 및 표 차례(그림 또는 표가 있을 때)

약기호표(약기호표가 있을 때)

국문 요약(하단부에 핵심어 10단어 이내 기입)

2. 본문

서론

재료 및 방법

결과

고찰(논의)

결론

3. 참고 문헌

4. 영문 요약 (하단부에 Key words 10단어 이내 기입)

<학위 논문 차례 견본>

차례

　학위 논문의 양식은 공식화되어 있으므로 규범을 준수하여 작성한다. 차례 역시 정해진 형식에 따라 구성한다. 장, 절, 항에는 각각에 해당하는 내용만을 정확하게 기술하여, 논문으로서 전체적인 결합과 체제가 매끄럽게 이루어지도록 한다.

학습 활동

01 자신이 쓴 학술 보고서 가운데 하나를 선택하여 양식 및 체제의 적절성을 검토하고, 다음 사항을 고려하며 수정할 부분을 찾아 고쳐 보자.

- 과제명이 명확하고 적절하게 표현되어 있는가?
- 장, 절, 항 구성이 체계적인가?
- 소제목을 효과적으로 붙였는가?
- 연구 목적, 연구 대상, 연구 방법론이 어떻게 서술되어 있는가?
- 참고 문헌과 주석 규범을 준수하고 있는가?

02 캠퍼스 공간 활용 현황을 조사하고 개선할 점을 탐색하는 과제가 주어졌디는 가정하에, 다음 내용에 따라 공동 조사를 수행하고 보고서를 작성해 보자.

1) 화제를 좁혀서 적절한 논제를 설정하기
2) 조사 대상과 방법 정하기
3) 조사 계획 및 역할 분담 검토하기
4) 보고서 체제와 개요 짜기
5) 참고 자료 조사하여 정리하기

03 자신의 전공 분야에 해당하는 학위 논문 및 소논문을 한 편씩 찾아 양식을 확인하고 장, 절, 항의 구성 방식을 검토해 보자.

참고 문헌

• 정희모 외, 『대학 글쓰기』, 삼인, 2008.

• 연세대학교 일반물리학 실험실 http://phylab.yonsei.ac.kr/

• 연세대학교 일반대학원 https://graduate.yonsei.ac.kr/kor/sub05/sub05_02.
asp

언어 규범과 바른 문장의 이해

"글쓰기의 기초는 문장 쓰기이다. 모호한 생각도 문장을 통해 비로소 형체를 갖춘 정확한 표현으로 완성되어 소통할 수 있다. 좋은 문장이란 글쓴이가 의도한 바를 간결하고 정확하게 드러내어 쉽게 읽히고, 쉽게 이해되는 문장이다. 올바른 학술 글쓰기를 위해서는 한국어 공동체의 사회적 규약인 문법, 맞춤법, 띄어쓰기 등 표기법에 맞는 문장을 쓰는 능력을 키워야 한다. 이것이 학술 글쓰기의 출발이다."

언어 규범의 이해

글쓰기의 기초는 문장 쓰기이다. 모호한 생각도 문장을 통해 비로소 형체를 갖춘다. 그리고 문장 다듬기를 통해 더 정교하고 논리적인 글이 된다. 그렇다면 어떤 문장이 좋은 문장인가. 좋은 문장은 의도한 바를 간결하고 정확하게 드러내어 쉽게 읽히고 이해되는 문장이다. 그러기 위해서는 의미를 기록하고 전달하는 데 필요한 언어 규범을 따르되 이해와 소통을 위해 공동체의 규약에도 맞아야 한다.

가장 기본적인 것은 말을 글로 기록하는 규약인 맞춤법, 띄어쓰기, 표기법이다. 한국어에는 이에 관한 표준어 규정이 있다. 이와 더불어, 공동체의 사회적 규약으로서 문장을 구성하는 문법, 적절한 한국어 사용에 필요한 어법도 존재한다. 언어 규범에는 다양한 층위가 있다. 규범의 원리를 이해하면 적절하고 정확하게 언어를 사용할 수 있고, 좋은 문장을 쓸 수 있다.

- 표준어: 시간, 지역, 집단 등에 따라 달라질 수 있는 어휘들 중에서 발음이나 글자로 쓰는 표준적 어휘 형태를 정한 것.
- 맞춤법: 말해지는 단어를 글자로 옮기는 방법. 철자를 쓰는 방법.
- 띄어쓰기: 단어를 이어 쓸 때 의미를 이해하기 쉽게 붙여 쓰거나 띄어 쓰는 방법.
- 외래어 표기법: 외래어 또는 외국어를 한글로 표기하는 방법.

표준어는 지역, 계층, 영역 등 다양한 사용 맥락에서 나타나는 여러 가지 언어 사용 양상 중에서 언어 사용의 표준적 형태를 정한 것으로, 많은 사람들이 오해 없이 의사소통하고, '국민 누구나 공통으로 사용할 수 있게 한 공용어'이다 (표준어 사정 원칙의 제1장 총칙). 시대에 따라 변화하거나 다양한 형태로 사용되는 어휘와 발음에 대해, 어떤 것이 표준 어휘 형태(제3장 어휘 선택의 변화에 따른 표준어 규정)이고 표준 발음(제2장 발음 변화에 따른 표준어 규정)인지를 정하게 된다.

한국 사회에는 명문화된 표준어 규정, 표준어가 존재한다

1933년 조선어학회가 한글 맞춤법 통일안을 제정한 이후에, 문인과 언어 연구자들을 포함해 지역이나 인구를 고려해 구성한 '표준어사정위원회'에서 본격적으로 표준어 사정(査定)을 하였다. 분단 후에는 남한에서는 국립국어원, 북한에서는 국어사정위원회가 표준어 사정을 한다. 언어생활을 위한 어문 규정에는 표준 어휘를 지정하는 표준어 규정 외에 소리나 말을 형태나 글로 옮기는 맞춤법 규정이 있다. 그 밖에 외래어 사용에 원칙을 제시하는 외래어 표기법, 우리말을 로마자로 표기하기 위한 로마자 표기법 등 현대의 다양한 언어 사용 상황에 대한 규정들이 포함된다.

문법은 그 의미가 제대로 이해될 수 있도록 문장을 구성하는 규칙이다. 이것은 의사소통의 수단이 말인가 글인가에 따라 달라질 수 있다. 문장을 쓸 때에는 단어를 문자로 옮기는 법, 단어에 단어를 이어 쓸 때의 띄어쓰기, 글에 적합하게 문장을 구성하는 원리를 이해할 필요가 있다.

맞춤법과 띄어쓰기는 우리 글자의 특징을 고려하여 어떻게 단어를 쓰고, 또 적절한 방식으로 띄어 써서 이해하기 쉽게 문장을 쓸 것인가를 규정한다는 점에서 문장 쓰기와 직접 연관된다. 그중에서도 한글 맞춤법은 소리를 형태로 옮기는 법, 다시 말해 말해진 것을 글로 쓰는 것에 관한 기초 규범이다.

한글 맞춤법 제1항은 "표준어를 소리대로 적되, 어법에 맞도록 함을 원칙으로 한다."라고 되어 있다. 이것은 원칙적으로는 소리를 나타내는 글자로써 말을 그대로 적되, 의미를 체계적으로 이해할 수 있도록 어법을 지킨다는 뜻이다. 예를 들어, 눈으로 볼 때 의미를 쉽게 알아보도록 단어의 형태를 일정하게 고정하는 것(예: 하꾜/학꾜/학교), 단어를 붙여 쓰거나 띄어 써서 문장의 의미를 쉽게 이해할 수 있도록 하는 것(예: 우리밥먹자 vs. 우리 밥 먹자)이 있다.

1. 표준어

　표준어는 시간, 지역, 집단 등에 따라 달라질 수 있는 어휘들 중에서 발음이나 글자로 쓰는 표준적 어휘 형태를 정한 것이다.

　(1) 시대나 사회의 변화 속에서 변화하거나 새롭게 결정되는 표준어(발음, 어휘)는 개별적인 단어 수준에서 기억해야 한다. 표준어 사정 결과에 따라 하나의 형태만이 인정되기도 하고, 복수의 형태가 표준어로 인정되기도 한다.

　(2) 두 개의 표준어를 인정한 경우
　　예) 가뭄/가물, 가엾다/가엽다, 여쭙다/여쭈다
　　　　외우다/외다, 떨어트리다/떨어뜨리다
　　　　자장면/짜장면, 소고기/쇠고기

2. 맞춤법

맞춤법은 말해지는 단어를 글자로 옮기는 방법, 즉 철자를 쓰는 방법이다.

(1) (기본 원칙) 소리 나는 대로 쓴다.
　예) 며칠, 설거지

(2) (의미 파악을 위해) 소리 나는 대로가 아니라 정해진 형태를 밝혀 적는다.

예) 늙고[늘꼬], 늙지[늑찌], 늙는[능는], 꽃이[꼬치], 꽃을[꼬츨],
　　일찍이[일찌기]

■ 문법적 과정을 이해해야 할 경우: 발음은 비슷해도 문법적 과정과 형태가 다름

봬요(○)(← 뵈 + 어 + 요)	뵈요(×)
거예요(○)(← 이에요)	거에요(×)
해도 돼(○)(← 되 + 어) / 해도 되고(○)	해도 되(×) / 되고, 되지(○)

■ 실제 발음으로 써서 틀린 경우: 입말의 표현이나 발음은 글의 형태와 다름

할게(○)	할께(×)
들르다(○)	들리다(×)
가려고(○)	갈려고(×)
자려면(○)	잘려면(×)
땀에 절어서(○)	땀에 쩔어서(×)

구어체 표현 중 잘못된 표현

 질문　표준어 중 구어체 표현 중 잘못 쓰이고 있는 사례로는 무엇이 있는지 알고 싶습니다.

 답변　'갈게'의 '-ㄹ게'를 '-ㄹ께'로 쓰거나, '먹으려고'의 '-으려고'를 '-을려고'로 쓰거나, '가려면'의 '-려면'을 '-ㄹ려면'으로 쓰거나, '자려야 잘 수 없다'의 '-려야'를 '-ㄹ려야/-ㄹ래야'로 쓰는 등의 잘못이 있고, 이 밖에도 '불리다'를 '불리우다'로 쓴다든지, '친구 집에 들르다'의 '들르다'를 '들리다'로, '설레다'를 '설레이다'로, '돌을 부수다'의 '부수다'를 '부시다'로 쓰는 등의 잘못이 있습니다.

출처: 국립국어원, 우리말 바로쓰기

■ 의미와 형태를 구분해야 할 경우: 형태에 따라 의미가 다름

• 답을 다 맞혔어.	• 줄을 잘 맞춰 서세요.
• 3번 문제는 틀렸어.	• 우린 서로 생각이 다른 거야.
• 왜 이쪽을 가리키면서 웃지?	• 한국어를 가르치면서 대학원을 다녀요.
(손으로 지시하다.)	(지식이나 기술을 전하고 알려 주다.)
• 학생으로서 할 일	• 피로써 맹세한 충성
(자격)	(수단)
• 애들이 노래를 얼마나 잘하던지.	• 네가 그걸 하든지 말든지 난 상관없어.
(경험)	(선택)
• 왠지 으스스해.	• 이게 웬일이래?
(왜인지)	(무슨)
• 난 그런 사람이 아니오.	• '예', '아니요'로 대답하세요.
(앞의 사실을 부정할 때 쓰는 말)	(대답할 때 쓰는 말)
• 직접 보니 그 가수 노래 정말 잘 하데(하더라).	• 친구가 콘서트 갔다 왔는데 그 가수 노래 정말 잘 한대(한다고 해).
• 자꾸 그러면 난 안 할래.	• 그렇게 하는 건 옳지 않아.
(동사의 수식어, 짧은 부정)	(동사·형용사의 부정형, 긴 부정)

주의해야 할 맞춤법의 예 1

'맞추다'일까? '마추다'일까?

한때 '맞추다'와 '마추다'를 구분해 '어긋남 없이 꼭 맞도록 하다, 갖다 대어 붙이다, 올바로 대다, 정도를 알맞게 하다'의 뜻으로는 '맞추다', '일정한 치수나 규격대로 만들도록 미리 맡기다, 약속하다'의 뜻으로는 '마추다'를 썼으나, 최근 한글 맞춤법에서는 구별 없이 '맞추다'로 쓰도록 하고 있다. (관련 조항: 한글 맞춤법 4장 3절 22항, 6장 1절 55항. 출처: 표준국어대사전)

'웬일'과 '왠일', '이따가'와 '있다가', '오랜만에'와 '오랫만에'

'웬일', '이따가', '오랜만에' 등은 연관된 의미(왠일, 있다가)나 사이시옷(오랫만에)의 존재를 떠올리며 과도하게 분석해 잘못 쓰는 경우도 있다.

주의해야 할 맞춤법의 예 2

 질문 '아니오'로 써야 하는지, '아니요'로 써야 하는지 알려 주십시오.

 답변 '아니오'나 '아니요' 중 어느 하나가 맞고 다른 하나는 틀렸다고 할 수 있는 것이 아니라, '아니오'를 써야 할 때가 따로 있고 '아니요'를 써야 할 때가 따로 있습니다. 먼저 '아니오'는 어떤 사실을 부정하는 뜻을 나타내는 '아니다'의 활용형으로 다음 (1)과 같이 한 문장의 서술어로만 쓰입니다. '-오'는 동사, 형용사의 어간 뒤나 선어말 어미 뒤에 붙는 어미이며 따라서 이때에는 '-오'가 없으면 온전한 문장이 되지 않습니다.

(1) ㄱ. 철수가 산에 가오.
  ㄴ. 어서 오시오.
  ㄷ. 그것은 내 잘못이 아니오.

반면에 '아니요'는 다음 (2)의 예처럼 '예/네'와 상대되는 말로 쓰이는 감탄사입니다.

(2) ㄱ. 다음 물음에 '예', '아니오'로 답하시오.

(3) ㄴ. 아니요(아뇨), 아직 못 갔다 왔습니다.

즉 '아니요'는 윗사람이 묻는 말에 부정하여 대답할 때 쓰는 말인데 이때 '아니요'는 '아뇨'로 줄여서 쓸 수 있습니다. 만일 아랫사람이나 대등한 위치에 있는 사람이 묻는 말에 부정하여 대답할 때는 '아니'를 씁니다. 이 경우엔 '응'이 '아니'와 상대되는 말이 됩니다.

출처: 국립국어원, 우리말 바로쓰기

3. 띄어쓰기

띄어쓰기는 문장에서 단어들을 이어 쓸 때, 이해하기 쉽게 붙여 쓰거나 띄어 쓰는 방법이다.

(1) 조사를 제외한 모든 단어는 띄어 쓴다. 조사는 앞말에 의미, 형태, 기능적으로 종속되어 있으므로 붙여 쓰고, 여러 조사가 이어질 경우에도 붙여 쓴다. 붙여 쓰는 예는 다음과 같다.

예) 학교<u>에서만이라도</u>, "알았다."<u>라고</u>, 옵니다<u>그려</u>

조사는 앞말에 종속되어 있다

'언니<u>가</u>, 형<u>이</u>' 등에서 보듯이 앞 단어의 음성적 환경(모음으로 끝나는지, 받침으로 끝나는지)에 따라 조사의 모양은 달라지고, '언니는, 언닌'에서처럼 앞 단어의 형태에 녹아들기도 한다. '언니<u>가</u>, 언니<u>를</u>, 언니<u>에게</u>'에서처럼 그 단어의 문장 내 기능을 달리 만들기도 한다. 조사는 그런 점에서 앞말에 종속된 것으로 보고 붙여 쓴다.

(2) 어떤 표현이 한 단어인지는 사전을 참고하여 확인할 수 있다. 예를 들어, '이야기하다'는 둘 이상의 단어가 합쳐진 듯 보이지만, 사전을 찾아보면 하나의 품사('동사') 자격을 가지고 의미가 풀이되어 있는 하나의 단어임을 확인할 수 있다. '이야기'와 '하다'가 각각 하나의 단어라고 해서 '이야기하다'가 두 단어인 것은 아니다.

예) 이 글은 젊은이들의 언어 사용에 대해 <u>이야기하고자</u> 한다.

'이야기하다'에 대한 검색 결과입니다.(1건)

이야기-하다 전체 보기
「동사」
  [1]【…에/에게 …을】【…에/에게 -ㄴ지를】【…에/에게 -고】(('…을' 대신에 '…에 대하여'가 쓰이기도 한다))
「1」어떤 사물이나 사실, 현상에 대하여 일정한 줄거리를 가지고 말을 하거나 글로 쓰다.
「2」자신이 경험한 지난 일이나 마음속에 있는 생각을 남에게 일러 주다.
「3」어떤 사실에 관하여, 또는 있지 않은 일을 사실처럼 꾸며 재미있게 말을 한다.
  [2]【(…과)】【(…과) …을】【(…과) -ㄴ지를】(('…과'가 나타나지 않을 때는 여럿임을 뜻하는 말이 주어로 온다))(('…을' 대신에 '…에 대하여'가 쓰이기도 한다))
다른 사람과 말을 주고받다.
  [3]【…을 …으로】【…을 -고】【-고】
소문이나 평판을 내다.

출처: 국립국어원, 표준국어대사전

명사에 명사가 이어질 때의 띄어쓰기

표준어 및 띄어쓰기 규정에 기초해 띄어 쓰는 것이 원칙이지만 실제로 명사와 명사가 이어지는 경우 합성된 한 단어('사회생활')인지, 단어와 단어가 이어진 것('사회 활동')인지 구별하기는 쉽지 않다. 신문이나 출판물 등 여러 매체에서도 지면의 제약과 편의상의 이유로 붙여 쓰는 경우가 많다.

4. 외래어 표기법

외래어 표기법은 외래어 또는 외국어를 한글로 표기하는 방법이다.

(1) 원칙: 외래어의 1 음운은 원칙적으로 1 기호로 적는다(제2항).

받침에는 'ㄱ, ㄴ, ㄹ, ㅁ, ㅂ, ㅅ, ㅇ'만을 쓴다(제3항).

파열음 표기에는 된소리를 쓰지 않는 것을 원칙으로 한다(제4항).

이미 굳어진 외래어는 관용을 존중하되, 그 범위와 용례는 따로 정한다(제5항).

(2) 세칙: 한글의 음절 구성을 고려해 말끝에 오는 자음은 받침으로 적거나 '으'를 붙여 적는다. 모음의 긴소리는 표기하지 않는다.

예) 갭(gap), 캣(cat), 북(book), 로봇(robot), 랜드(land)

지그재그(zigzag), 시그널(signal)

팀(team)[ti : m], 루트(route)[ru : t]

(3) 외국의 인명, 지명 표기: 원칙과 세칙에 따르되 세칙에 포함되지 않은 언어권은 원지음을 따른다. 이미 제3국의 발음이나 번역명이 통용되고 있는 경우 관용에 따른다.

예) 헤이그(Hague), 시저(Caesar)

예) 태평양(Pacific ocean), 흑해(Black Sea)

(4) 동양의 인명, 지명 표기: 중국과 일본의 지명, 중국의 인명은 예전부터 한국 한자음으로 읽어 온 관용이 있어(예: 동경, 상해) 널리 알려진 경우 이를 허용한다. 그러나 현대에 쓰게 된 이름과 일본의 인명은 중국어, 일본어 표기법에 따른다.

외래어 표기법 제4장 인명, 지명 표기의 원칙, 제2절 동양의 인명, 지명 표기

■ 제1항 중국 인명은 과거인과 현대인을 구분하여 과거인은 종전의 한자음대로 표기하고, 현대인은 원칙적으로 중국어 표기법에 따라 표기하되, 필요한 경우 한자를 병기한다.

■ 제2항 중국의 역사 지명으로서 현재 쓰이지 않는 것은 우리 한자음대로 하고, 현재 지명과 동일한 것은 중국어 표기법에 따라 표기하되, 필요한 경우 한자를 병기한다.

■ 제3항 일본의 인명과 지명은 과거와 현대의 구분 없이 일본어 표기법에 따라 표기하는 것을 원칙으로 하되, 필요한 경우 한자를 병기한다.

■ 제4항 중국 및 일본의 지명 가운데 한국 한자음으로 읽는 관용이 있는 것은 이를 허용한다.

東京	도쿄, 동경	京都	교토, 경도	上海	상하이, 상해
臺灣	타이완, 대만	黃河	황허, 황하		

출처: 국립국어원

한국어의 어법과 문법에 맞는 문장

말을 할 때에는 간단한 단어만으로도 대화할 수 있다. 순서를 바꾸어 말하거나 가벼운 실수를 해도 의사소통을 할 수 있다. 표정과 제스처, 상황 등의 맥락을 통해 의미를 알 수 있기 때문이다. 그러나 글은 그런 맥락을 떠나 존재한다는 점에서 다르다. 언제, 어디에서, 누가 읽어도 완전히 이해할 수 있도록 문법과 어법에 맞게 써야 한다.

문장은 간결하게 쓰는 것이 좋다. 긴 문장은 논리가 모호해 보일 뿐만 아니라 오류나 실수도 잘 드러나지 않는다. 정확하고 간결한 문장을 쓰기 위해서는 하나의 생각은 한 문장으로 쓰는 것이 좋다. 또, 한국어 문법뿐만 아니라 문장을 적절하게 사용하기 위한 어법도 잘 알아야 한다.

1. 문장 성분의 어울림

문장은 주어와 서술어가 일치하고, 각 성분들이 서로 어울려야 한다. 간단한 문장은 주어와 서술어를 일치시키기 쉽지만, 길고 복잡한 문장은 주어와 서술어의 관계를 놓치기 쉽다. 그럴 경우 주어와 서술어를 파악해 서로 어울리는지 확인해야 한다.

예) • <u>우리가 주목하는 것은</u> 양측의 갈등이 지속적으로 고조되는 상황에서도 극단적 충돌에는 이르지 않<u>기 때문이다.</u>(×)

　　• <u>우리가 주목하는 것은</u> 양측의 갈등이 지속적으로 고조되는 상황에서도 극단적 충돌에는 이르지 않고 있<u>다는 사실이다.</u>(○)

예) • <u>기상청은</u> 올여름 장마가 예년보다 한 달 이상 길어질 것으로 예측하면서 장마 피해액이 수백억에 이를 것으로 <u>집계되고 있다.</u>(×)

- 기상청은 올여름 장마가 예년보다 한 달 이상 길어질 것으로 예측하면서 장마 피해액이 수백억에 이를 것으로 집계하였다.(○)

예) • 그의 목표는 세계 최고의 축구 선수가 되는 것이었고, 그래서 단 하루도 연습을 쉬지 않았다.(×)

   • 그의 목표는 세계 최고의 축구 선수가 되는 것이었고, 그래서 그는 단 하루도 연습을 쉬지 않았다.(○)

예) • 이러한 언어 사용에 대해서 사회적인 인식은 어떨까?(×)

   : 언어 사용에 대한 사회적 인식 / 언어 사용에 대해서 어떻게 인식하는가

'-에 대하여'와 '-에 대한'

'대하여/대해'는 '생각하다, 인식하다'와 같은 동사와 어울리는 반면, 뒤에 명사 '인식'이 올 경우 그에 맞춰 '대한'이 쓰여야 한다.

---

2. 조사와 어미의 정확한 사용

문장과 문장의 논리적 관계를 정확히 표현하려면 조사와 연결 어미를 제대로 사용해야 한다. 한국어에는 의미를 미묘하게 달리 표현하는 조사나 연결 어미들이 많다. 그 표현들이 지닌 의미나 기능의 차이를 구분하고, 문체에 따른 용법의 차이를 익혀서 적절하고 다양한 표현을 사용해야 한다.

예) 최근의 혐오 범죄는 약자 스스로 약자를 혐오의 대상으로 보고 있다는 점에 문제의 복잡함이 있다.

'–에서 –하다'와 '–에 있다'

문장 안에서 어떤 어휘에는 특정한 어휘 표현이 이어지는 것이 문법적이고 자연스럽다. 예를 들어, 동작성이 강한 '하다'는 조사 '에서'를 취하고, 존재성을 나타내는 '있다'는 '에'를 취한다.

3. 이중 피동과 사동 표현 지양

'–지다'는 '만들다, 쓰다' 같은 동사에 피동의 의미를 더하거나(예: 만들어지다, 써지다), '예쁘다, 작다' 같은 형용사에 변화의 의미를 더하는 데 사용된다 (예: 예뻐지다, 작아지다). 따라서 이미 '–이–, –히–, –리–, –기–'가 포함된 '잊히다, 불리다, 나뉘다, 모이다, 보이다' 등의 피동사에는 '–지다'를 함께 쓸 필요가 없다.

잘못 쓴 표현	바른 표현
• 어렸을 때 기억은 쉽게 <u>잊혀지지</u> 않지.	• 어렸을 때 기억은 쉽게 <u>잊히지</u> 않지.
• 이름이 <u>불려질</u> 때마다 학생들이 손을 들고 대답했다.	• 이름이 <u>불릴</u> 때마다 학생들이 손을 들고 대답했다.
• 정치적 입장 차이로 기성세대와 젊은 세대가 더 극단적으로 <u>나뉘어진</u> 듯하다.	• 정치적 입장 차이로 기성세대와 젊은 세대가 더 극단적으로 <u>나뉜</u> 듯하다.
• 우리 사회의 약자들에게 더 많은 관심이 <u>모여져야</u> 한다.	• 우리 사회의 약자들에게 더 많은 관심이 <u>모여야</u> 한다.
• 12월에 한-중 정상 회담이 다시 한번 열릴 것으로 <u>보여집니다</u>.	• 12월에 한-중 정상 회담이 다시 한번 열릴 것으로 <u>보입니다</u>.

예를 들어, '교육하다, 소개하다, 설득하다'와 같이 누군가에게 어떤 행동을 하거나 영향을 주는 의미를 지닌 표현이나, '개선하다'처럼 속성이나 상태를 다른 상태로 바꾸는 동사적 의미를 지닌 표현들은 사동과 비슷한 느낌이 있어 '–

시키다'를 함께 쓰는 경우가 있다. 그러나 이런 표현들은 '−하다'만으로 그 의미를 표현할 수 있어서 '−시키다'를 쓸 필요가 없다.

잘못 쓴 표현	바른 표현
• 농산물 시장에서는 소비자와 생산자를 직접 <u>연결시켜</u> 유통 과정을 단순화하려는 움직임이 늘고 있다.	• 농산물 시장에서는 소비자와 생산자를 직접 <u>연결해</u> 유통 과정을 단순화하려는 움직임이 늘고 있다.
• 우리 사회는 아이들을 어떻게 <u>교육시킬</u> 것인지에 관해 더 진지하게 논의해야 한다.	• 우리 사회는 아이들을 어떻게 <u>교육할</u> 것인지에 관해 더 진지하게 논의해야 한다.
• 선생님은 아이들에게 새로 온 학생을 <u>소개시켰다</u>.	• 선생님은 아이들에게 새로 온 학생을 <u>소개했다</u>.
• 토론의 의의는 상대를 <u>설득시키는</u> 것에 있지 않다.	• 토론의 의의는 상대를 <u>설득하는</u> 것에 있지 않다.
• 회사는 직원들의 노동 환경을 <u>개선시키기</u> 위해 좀 더 노력해야 한다.	• 회사는 직원들의 노동 환경을 <u>개선하기</u> 위해 좀 더 노력해야 한다.

4. 조사의 올바른 사용

조사를 제대로 사용해야 의미 전달이 정확해진다. 예를 들어, 조사 '−을/를'이나 '−이/가'는 각각 대상이나 주체를 나타내는 문법적 의미 외에 앞에 온 표현에 초점을 두고 그 의미를 강조해 주는 등 문장을 다채롭게 만드는 다른 의미도 가지고 있다.

'공부하다'와 '공부를 하다', '논의되다'와 '논의가 되다'는 문장 속에서 미묘한 의미 차이를 드러낸다. 다른 일이 아닌 '공부'를 한 것, 단지 어떤 사안이 논의된 것이 아니라 '논의가' 되었으나 결정은 되지 않았거나 '비로소 논의가 된 것'일 수도 있다. '−에 가다', '−에 보내다'의 처소를 나타내는 '에'도 '을/를'로 대체하면 그 표현에 초점을 두거나 강조하는 의미를 나타내게 된다.

따라서 문장이 담고 있는 의미와 앞뒤의 맥락을 면밀하게 살펴본 후 신중하게 써야 한다.

조사의 사용에 따른 의미의 차이

• 우리가 사랑을 하긴 한 거야?	• 우리가 사랑하긴 한 거야?
• 대학을 간다고 고민이 끝나는 게 아니다.	• 대학에 간다고 고민이 끝나는 게 아니다.
• 우리 사회에서도 학생 인권 문제가 논의되기 시작했다.	• 우리 사회에서 학생 인권 문제가 논의되기 시작했다.

'사랑하다'와 '사랑을 하다'의 차이

'사랑하다'와 '사랑을 하다'의 의미 차이는 무엇일까? '그들은 사랑을 했다'가 '그들은 사랑했다' 와 다른 점은 '사랑'을 강조한 것, '혹시 다른 것으로 보일지도 모르지만 그들이 한 것은 사랑이 었다'는 의미이다. 따라서 정확하게 알고 구별하여 써야 한다.

5. 한자어 표현의 정확한 사용

'−에 대한/대하여', '−에 의한/의하여' 등 몇몇 한자어 표현을 맥락에 관계없이 사용하는 경향이 있다. 의미의 차이를 고려하여 표현을 구별해서 사용해야 한다. 예를 들어, '−에 대한'은 '(−을/를) 위한, 향한'이나 ' (−을/를) 이루기 위한, 다루는, 하고자 하는' 등 다른 표현으로 바꿀 수 있다. '−에 의한' 역시 '−에 따른', '−로 빚어진'처럼 그 의미를 잘 나타내는 표현을 찾아서 사용한다.

-에 의한/의하여	수정 후
• 그것은 기계 작동 오류에 의한 사고였다.	• 그것은 기계 작동 오류에 따른 사고였다.
• 실수에 의한 일이니 잊어버립시다.	• 실수로 빚어진 일이니 잊어버립시다.
• 생각은 언어에 의하여 표현된다.	• 생각은 언어로 표현된다.

-에 대한/대하여	수정 후
• 어린이에 대한 교육은 미래에 대한 투자이다.	• 어린이를 교육하는 일은 미래를 위한 투자이다.
• 그들은 낯선 곳에 대한 동경으로 여행을 떠났다.	• 그들은 낯선 곳을 향한 동경으로 여행을 떠났다.
• 그런 일은 우리에 대한 배신이야.	• 그런 일은 우리를 배신하는 일이야.
• 저는 그의 주장에 대해 동의할 수 없습니다.	• 저는 그의 주장에 동의할 수 없습니다.

6. 불필요한 표현의 삭제

'-하는 데 있어', '-함에 있어'나 '-에 있어', '-에게 있어'와 같이 불필요한 표현을 쓰는 경우도 많다. 습관적으로 사용하는 굳어진 표현 대신에, 간결하고 자연스러운 표현을 써야 한다.

-하는 데/함에 있어	간결한 표현
• 살아가는 데 있어 가장 중요한 게 뭘까?	• 살아가는 데(에) 가장 중요한 게 뭘까?
• 사람을 만남에 있어 지나친 공손도 예가 아니다.	• 사람을 만날 때 지나친 공손도 예가 아니다.

-에/에게 있어	수정 후
• 그에게 있어 친구는 가족 이상이었다.	• 그에게 친구는 가족 이상이었다.
• 경쟁에 있어 가장 중요한 것은 공정함이다.	• 경쟁에서 가장 중요한 것은 공정함이다.

학습 활동

01 다음 밑줄 친 부분을 한국어 문법에 맞게 고쳐 보자.

- 그들은 여전히 서로<u>에 대해</u> 깊이 신뢰하고 있어요.
- 노력<u>에 대한</u> 대가를 정당하게 받을 수 있는 사회가 정의로운 사회 아닐까요?
- 누군가의 이론을 비판<u>함에 있어</u> 중요한 것은 그의 관점을 우선 인정하는 것이다.
- 후회 없는 삶이란 단지 하고 싶은 일을 지금 하는 <u>삶일 뿐</u>이다.
- 한국 <u>같은 경우</u>도 지금처럼 외국인 유입이 늘어날 경우 머지않아 이민 사회에 진입하게 된다.
- 소풍 갈 생각에 나는 어젯밤부터 마음이 <u>설레였다</u>.
- 삼겹살을 먹고 고기 냄새가 옷에 <u>배여</u> 고생했다.
- 오늘 아침은 하늘이 활짝 <u>개여서</u> 기분이 좋다.

괄호 안에서 맞는 표현을 골라 보자.

1) 시험이 끝나자마자 아이들은 서로 답을 (맞춰 / 맞혀) 보느라고 정신이 없었어요.

2) 뭘 잘못했는지 (곰곰히 / 곰곰이) 생각 좀 해 봐.

3) 이게 (왠 / 웬) 날벼락?

4) 그것은 사실이 (아니오 / 아니요).

5) 요즘에도 옷을 (맞추어 / 마추어) 입는 사람들이 있긴 있지요.

참고 문헌

- 국립국어원, 『표준국어대사전』, 두산동아, 1999.

- 김정선, 『내 문장이 그렇게 이상한가요? 내가 쓴 글, 내가 다듬는 법』, 도서출판 유유, 2016.

- 김주우, 『우리말 맞춤법』, 길벗이지톡, 2013.

- 정희모 · 이재성, 『글쓰기의 전략』, 들녘, 2005.

- 국립국어원 (http://www.korean.go.kr/).

- 국립국어원 누리집 온라인 가나다 (http://krdic.naver.com).